日本中世の東西と都鄙

Eastern, Western, Central, and Peripheral Linkages of Medieval Japan

中世史研究会五〇周年大会論集

Commemorative Papers for the 50th Annual Conference

中世史研究会 編

The Medieval Historical Society of Japan

思文閣出版

中世史研究会五〇年の歩み

安藤　弥（中世史研究会二〇二二年度代表委員）

はじめに

中世史研究会五〇周年大会論集の出版にあたり、本会の二〇二二年度代表委員を務めました安藤弥より、「中世史研究会五〇年の歩み」をご紹介いたします。

私自身は振り返ってみれば二〇〇〇年に先輩方からの強いお誘いがあって入会し、二〇〇五年二月に初めて例会報告を行い、二〇〇七年度から委員となって現在に至ります。およそ二二年の関わりである距離感を表明した上で、まず本会の創設から二〇世紀の歩みを「歴史」として、次に直接関与した二一世紀の歩みを同時代の営みとして、確かめたいと思います。根拠資料はおもに『年報中世史研究』（以下「年報」）の創刊号から最新号まで、また若干の聞き伝えや聞き取り、そして実際に目の当たりにした経験となります。

一　本会の創設と二〇世紀の歩み

中世史研究会は一九七三年に発足しました。最初の規約は「一九七三年六月十四日」に発効しています。一九七六年の年報創刊号における「発刊の辞」および「後記」をお示しします（資料1・2）。年報は発足後三年目で創刊されたわけですが、これらによれば、名古屋に若手の中世史研究者が多く集まり、特に名古屋大学の大学院に入学したばかりの五人の院生が「大学の壁を越え、社会に開かれた場を通じて、互いの研究をぶつけ触発し合い、自らを確かめ成長したい」と考え、それをうけて会員約三〇人で発足したといいます。ちなみにこの五人とは、年報第二九号における追悼「網野善彦先生を偲ぶ」で稲葉伸道さんが、小林保夫さん、小田雄三さん、清田善樹さん、金龍静さん、そして稲葉さん本人だったことを明記しています。当時の名大には佐藤進一さん、網野善彦さんという二人の中世史研究の大家がおり、五人の院生がお二方、さらには三鬼清一郎さんら教員陣に相談し、発足を実現していったと聞いています。名大という枠を作らないよう、愛知教育大学の新行紀一さんに相談があったともうかがっていますし、年報創刊時の代表委員は南山大学の須磨千頴さんでした。

創刊号「発刊の辞」には須磨さんの文章として「この研究会は特別な主義主張を掲げているわけではない」とあります。また「中世」とうたいながら、平安中期から近世初頭まで時代幅は広く、「相互の自由な交流・討論を通じて琢磨しあいつつ、絶えず真摯な研究態度を持続し、日本中世史研究の進展に寄与しうる成果を一つでも多く生み出すように努力を続けたいという」願いが記されています。同時に創刊号の「後記」には、「大胆な仮

資料1　『年報中世史研究』創刊号「発刊の辞」（一九七六年五月）

こゝ一〇年ほどのうちに、名古屋近辺に在住する日本中世史の研究者が次第に数を増して、十指を三たび屈するほどの状態になった。ことに大学院クラスの若い研究者が多くなっている。そういう情況の中で、お互いの交流と親睦をはかりながら、中世史研究の一層の発展をめざして、研究会をつくろうという動きが生れ、最初の集り（第一回例会）を持つのと同時に「中世史研究会」を発足させることになったのは、一九七三年六月のことであった。以来三年、私達は「研究会」の活動の主軸を、原則として月一回の例会に置き、会員の研究発表を中心に、時には東京・京都など他地域在住の研究者の発表を聴く機会を持ち得て、互いに啓発され刺激しあいながら、順調な歩みを続けて現在に至っている。

会の歩みが軌道にのると共に、その活動状況を記録し、研究成果を広く学界に報告するための場としての機関誌の発行について、私たちはおい〳〵に検討して来たが、このたびそれを年報という形で創刊することになった。年一回の発行で

あり、またさほど大部なものではないにしても、会員数三〇名程度の私たちの研究会が、永続的にそれを維持してゆくためには、やはりいろ〳〵な意味で今後かなりの努力を要求されることになるであろう。しかし、私達はこうして機関誌を持つことにより、それを一つの核ともして、会の活動内容をさらに充実したものにしてゆきたいと考えている。この研究会は特別な主義主張を掲げているわけではない。また会員個々の研究分野はさまざまだし、時代的にも中世とはいいながらかなりの散開を示しているのであるが、相互の自由な交流・討論を通じて琢磨しあいつつ、絶えず真摯な研究態度を持続し、日本中世史研究の進展に寄与しうる成果を一つでも多く生み出すように努力を続けたいというのが、私たちの共通の願いである。この年報が、今後相応に年輪を重ねながら、そうした私達の努力をその時ごとに反映し、小さくても内容の豊かな研究誌として存在し続けるよう、同学の方々の厳しい御叱正をお願い申し上げて、発刊の辞とする。

一九七六年三月

中世史研究会

代表委員　須磨千頴

資料2　『年報中世史研究』創刊号「後記」（一九七六年五月）

中世史研究会を作ろうという声が、全国から名古屋に集まった五人の若者の中に生れ、不安と期待の中から第一歩を踏み出して、三年が経過した。大学の壁を越え、社会に開かれた場を通じて、互いの研究をぶつけ触発し合い、自らを確かめ成長したい、というのが私達の願いであった。幸い、その願いは多くの人々の願いと重なり、今、その成果のひとつである機関誌を発刊するに至った。

この若い都市名古屋には、東と西を代表する東京や京都の歴史学、あるいは東北・広島・九州の如き地域に根ざした歴史学の伝統は浅い。しかし、そのことは殻を持たない私達の有利でもある。ともすれば、殻が大きく重くなりすぎると、身動きがとれなくなる。殻がないことは弱さを表わす以上に強さを示す。その強さは、会員ひとり〳〵の持つ個性が、中世史研究会という渦巻星霜の中で、より輝きを増したとき証明されるだろう。

この会が、今後、中世史研究の発展にどのような影響を与えていくのかはわからないが、私達は大胆な仮説と着実な実証の積み重ねから、時間に耐えうる確実なものを築きたいと思う。会の名称には「日本」とか「名古屋」の文字を冠していない。これは私達の願いを示している。中世史研究会は全国の中世史家に開かれている。（Ｉ）

説と着実な実証の積み重ねから、時間に耐えうる確実なものを築きたい」、そして「会の名称には「日本」とか「名古屋」の文字を冠していない」として「中世史研究会は全国の中世史家に開かれている」とします。これは現在に至るまで継続し、共有している会の性格と特徴だと思います。

とはいえ、一九七三年六月に第一回例会、網野善彦「中世における非農業民の存在形態」を開催して以降、月一回程度の例会報告を重ね、年報もいわゆる「三号雑誌」に終わることを危惧しつつ、それを乗り越えていく中で、たとえば年報第一〇号の「後記」には中世史ブームが従来の「正統的歴史学」への反逆から始まったというくだりが見出されたり、第一三号の「後記」には新しい「社会史研究」の潮流が、戦後歴史学の主流を為していた社会経済史研究に対する批判として出発したというような認識が見られたりしています。政治的な主義主張でないことはもちろんながら、学問・研究に関する批判的な態度、新しい全体像を提示すべきという課題意識は確かにうかがうことができます。

会が歩みを進める中で、担い手の移り変わりや若手の不足がやがて危惧され、一九八六年度からは例会に加えて卒論発表会が企画開催され、現在にも続けられています。

一九八二年度の一〇周年記念大会、一九九二年度の二〇周年記念大会と、一〇年ごとの周年記念も企画・実現されました。また、年報第一〇号、第二〇号には会の歩みをふりかえる文章が掲載され、当時の実状と課題をうかがうこともできます。年報毎号の「後記」はとても興味深く、本欄が「編集後記」ではなく某個人の勝手な雑感欄であるのが年報の伝統である旨、第二一号で示されたり、「手書きからワープロ、そしてパソコンへ」という技術の移り変わりへの心情吐露なども、実感的に読めたりします。年報については、創刊・継続的発刊にあたって諸氏からの経済的支援があったこともうかがっておりますが、各学会における販売努力とともに、何よりも現在に至るまで、意欲的な投稿と厳正な査読により、価値の高い掲載論考の多数であることが本会そのものの価値につながっています。ちなみに今回、年報を読み直す中で個人的には、第一一号で安良城盛昭さんが網野さんへの反論を投稿したいと申し出ての、その論考掲載の実現、会員諸氏への投稿の呼びかけとそれに応じた第一四号の新城常三さんの論考掲載などに瞠目した次第です。

二　二一世紀における歩みと現状

ここからは私自身が直接関与した時代に入りますが、二〇世紀末から二一世紀に入る頃の歴史学界全体の課題に今、触れる時間と力量はなく、私個人がそのつど目の当たりにして、感じたことを中心に述べることで、お許しください。二〇〇二年度に開催された三〇周年記念大会には私も参加しましたが、そこで初日に私の直接の先輩方が研究報告され、翌年の年報に論文掲載されたのをたいへん刺激的に受けとめました。周年記念大会の初日には若手の登竜門的機会があるという伝統は四〇周年や、五〇周年の今回にもまさに受け継がれています。また、三〇周年記念の際にテーマ「中世を問い直す」として、「研究会の名称である「中世史」（自体）の再検討」が問われましたが、その課題を今、十分に継承してこれたかという点には、反省があります。

例会報告を私自身、何度か行い、そして委員として例会・特別例会・大会・卒論発表会への参加、運営（そして事後の懇親会に至るまで）に積極的に関わってきましたが、そこで感じたことは、例会やその後の懇親会（討論の延長戦）における、学問的な厳しさを持ったやりとりはもちろんながら、同時に、例会等がいわゆる研究者ではない一般の方にも参加の間口が大きく開かれ、実際に参加を得てきたことも、本会の特徴であるということです。会として学問・研究内容の「社会的公開性」についてはつねに不十分さも指摘されましょうが、意味ある場の開放も、毎月の例会を中心に、取り組まれてきたと思います。

例会の会場については名古屋駅西の「名古屋国鉄会館」、また駅東の「ウインクあいち」などを使用してきました。一八時三〇分にはじまり、二一時に終わる例会のその後に行われる懇親会の会場にも変遷がありますが、そこでの議論からさらに帰りの電車の中で議論の再延長戦をよくしたことなども懐かしい想い出となっています。

例会については他の研究会と合同で行ったり、史料見学会などを行ったりもしてきました。

例会の通算については今回の大会で第五一六回になります。本会では総会後に行うものを大会と言ったり、特別例会と言ったりする特徴がありまして、そのため大会も含めて通算しています。

これまでの大会・特別例会では、お一人、もしくはお二人からの研究報告を聴いたり、周年記念のみならずテーマを定めてシンポジウムを開催したりすることもしてきました。とりわけ、本会にゆかりのとても深い網野善彦さん、佐藤進一さんについてはその業績を検証するシンポジウムを開催し、そこで中世史研究の各論点をめぐる議論が行われました。

二〇一二年、四〇周年記念大会においては「日本中世史のなかの東海地域」をテーマにシンポジウムを行いました。それまで「特定の地域史に重点を置くということなく、全国的視野に立って幅広く中世の時代・社会を探ろうとしてきた」本会が「東海」をテーマに掲げて取り扱うことについては、一つには愛知県史などの自治体史に本会関係者が深く携わっていたことがあり、もう一つには「列島の東西」、東国・西国の議論を問い直すことが射程にありました。この点をより深めて五〇周年記念大会のテーマが生まれてきたわけですが、その問題設定の詳細は、本書の第Ⅰ部・第Ⅱ部の各導入文において示されることになります。

おわりに

あらためて中世史研究会の歩みを確かめつつ、現状を考えてみると、折々に提起された「中世」の枠組みの問いかえし、全体像の構築を目指して、など、現時点で明らかな到達点はいまだ持ち得ていないというのが、あくまで個人的な反省にたっての実感です。しかしながら、新型コロナウイルスの流行といった歴史的状況にも直面しながら、地道に例会や大会の開催、年報の発刊を営み続けて築いてきた土台は、多くの皆様のご参加やご支援をいただきながら、確かなものがあるとも感じています。五〇年にわたり積み重ねられてきた歴史を受け継ぎながら、これからの本会の取り組みに奮起していきたいと考えます。

中世史研究会略年表

1973.6.14	中世史研究会発足(「規約」発効)。第１回例会：網野善彦「中世における非農業民の存在形態—鵜飼を中心として—」(参加者28人)
1976.5.31	『年報中世史研究』創刊号発刊。
1979.6.28	「中世史研究会規約」改正。
1982.7.3-4	第10回総会・10周年記念大会(研究報告・記念講演〈佐藤進一〉)を名古屋市博物館で開催→翌年度の年報第８号に論文２本掲載。
1985.5.23	『年報中世史研究』第10号に「回顧　中世史研究会」掲載。総目次(創刊号～第９号)掲載。
1986.3.16	第１回卒論発表会開催(学生７人：名大３・愛教大２・愛大２)。
1992.7.4-5	第20回総会・20周年記念大会(テーマ「中世の王権と国家」、研究報告・記念講演〈網野善彦〉)を名古屋大学で開催→翌年度の年報第18号に大会特集掲載(付「二〇周年記念大会特集に寄せて」)。
1994.5.26	『年報中世史研究』第19号に「特集　戦国社会論」掲載。
1995.5.	『年報中世史研究』第20号に「第20号の発刊に際して」掲載。総目次(第10号～第19号)掲載。
2002.7.13-14	第30回総会・30周年記念大会(テーマ「中世を問い直す」、研究報告・シンポジウム)を中京大学で開催→翌年度の年報第28号に大会特集掲載(付「中世史研究会三十周年記念大会シンポジウム開催に寄せて」)。
2004.5.28	『年報中世史研究』第29号に「追悼　網野善彦先生を偲ぶ」掲載。
2004.7.3	名古屋大学日本史学研究室と共催で「網野先生を偲ぶ会」開催。
2005.5.28	『年報中世史研究』第30号に総目次(第20号～第29号)掲載。
2005.9.3	この年より例会の開催曜日が原則、木曜から金曜に変更。総会開催月も７月より９月に変更(会計年度も９月からとなる)。
2006.9.2	大会においてシンポジウム「中世史家・網野善彦—原点の検証—」開催(会場：名古屋大学)→翌年度の年報第32号にシンポジウム記録掲載。
2012.9.8-9	第40回総会・40周年記念大会(テーマ「日本中世史のなかの東海地域」、研究報告・シンポジウム)を名古屋大学で開催→翌年度の年報第38号に大会特集掲載(付「シンポジウム「日本中世史のなかの東海地域」の開催にあたって」)。
2015.5.23	『年報中世史研究』第40号に総目次(第30号～第39号)掲載。「桜井好朗氏を偲ぶ」掲載。
2016.9.10	「中世史研究会規約」増訂→翌年度の年報第42号に「中世史研究会規約　新旧対照表」掲載。
2018.5.26	『年報中世史研究』第43号に「追悼　佐藤進一先生を偲ぶ」掲載。
2018.9.17	大会において「シンポジウム　武家官位から中世を問い直す」開催(会場：ウインクあいち)→翌年度の年報第44号にシンポジウム記録掲載。
2019.9.14	大会において「シンポジウム佐藤進一の軌跡—いま、「中世国家」を問う—」開催(会場：名古屋大学)→翌年度の年報第45号においてシンポジウム記録掲載。
2022.9.24-25	第50回総会・50周年記念大会①(【総合テーマ】「日本中世の東西と都鄙」・【小テーマ】「列島東西の社会構造とその変質」、研究報告・シンポジウム)開催。
2023.9.23-24	第51回総会・50周年記念大会②(【総合テーマ】「日本中世の東西と都鄙」・【小テーマ】「都鄙の連関と相互認識」、研究報告・シンポジウム)開催。

第Ⅰ部

列島東西の社会構造とその変質

本書の目的および第Ⅰ部「列島東西の社会構造とその変質」テーマ設定の趣旨

中世史研究会では、五〇周年大会のシンポジウムを、二〇二二年九月と二三年九月の、二年にわたる大会企画として開催した。ここでは、この二年間の大会企画のコンセプト、およびとくに一年目に二日間をかけて開催したシンポジウムⅠ（本成果論集第Ⅰ部）の趣旨を説明する。

「日本中世史研究の発展と研究者相互の協力と親睦をはかることを目的」（規約第一条）とする本会では、毎月の「例会」と、年一回の「大会」を開催し、その成果や投稿論文等による年一回編集の会誌『年報中世史研究』の刊行を主たる事業にすえて、これまで半世紀にわたって活動を継続してきた。

とくに大会は、一〇年ごとの周年記念大会において、少し規模の大きい記念講演やシンポジウムを開催してきた。その過去の周年大会を振り返ってみると、

- 一〇周年では、故佐藤進一氏による記念講演と七本の研究報告
- 二〇周年では、大会テーマを「中世の王権と国家」として、故網野善彦氏の記念講演および五本の研究報告
- 三〇周年では、「中世を問い直す」との大会テーマのもと、五本の個別報告に基づくシンポジウムおよび三本の研究報告

•四〇周年では、テーマ「日本中世史のなかの東海地域」のもと、五本の個別報告に基づくシンポジウムおよび三本の研究報告

となっている。

五〇周年を迎えるにあたり、本会委員会では、単なる単独テーマによる大会とするのではなく、先輩研究者たちが議論を積み重ねてきた過去のこれらの周年シンポの成果を踏まえ、そこからの連続性をもたせた大会シンポジウムを企画しようと、数年前から議論してきた。

そこで、今あらためて、過去の周年大会シンポジウムの論点を簡潔に整理しておこう。

まず、一九九二年開催の二〇周年大会では、その三年前の昭和から平成への天皇の代替わりを契機として、広く人文・社会科学の諸分野で「王権」に関する研究が盛んになったことを背景に、王権および「国家」制度史に関する研究の到達点を考え、そこから課題を導き出していこうとの取り組みであった。二〇二二年九月二四日、五〇周年大会シンポジウムのコメンテーターとして招いた村井章介氏も、三〇年前の当日、「易姓革命と中世天皇制」と題する発表をおこなった。

次に、二〇〇二年の三〇周年のテーマ「中世を問い直す」で何を問い直したのかというと、当時の代表委員稲葉伸道氏の開催趣旨による設定論点は、「武士論」「仏教・寺院社会論」「荘園制論」および「王権論等」となっている。歴史研究が精緻になり細密化していくなかで、あえて平安後期から織豊期までの幅広い時代把握を意識し、さらに「中世」という時代区分そのものの区分基準を問い直そうとする意欲的なシンポジウムだったと評価できる。

そして、二〇一二年の四〇周年は、そのテーマの通り「中世史のなかの東海地域」を取りあげている。名古屋を含む東海地域は、「東」と「西」に挟まれた地域であるという特質を踏まえ、当時代表委員で二

〇二二年九月二五日の総合討論の司会を務めた水野智之氏の趣旨説明によると、そもそも「東国的」であるとか「西国的」であるとかの二者択一的な中世社会像をイメージしてしまう現状に対して、東海地域論を組み上げることで、その相対化を図るよう目指すことが提起されている。

このように、過去の記念大会で、まず中央の「王権」や「国家」を考え、次にそこから「荘園制」や「武士論」「仏教論」に展開させ、さらに列島中央部に位置する「東海」地域の独自性をあぶり出してきたこれまでの成果を踏まえ、二年間にわたる五〇周年記念大会では、以下の二つの論点について議論することとした。

一つめは、中世の日本列島社会において、「東」「東国」とされる地域と「西」「西国」とされる地域の、それぞれの社会構造の特質をどう描くことができるか、そして時代の進行と地域社会の変化の過程でその特徴がどう変質したのか、という論点である。そこで、大会一年めのシンポジウムⅠのテーマを、「列島東西の社会構造とその変質」に設定した。

二つめの論点は、東西社会そのものではなく、東と西および都（みやこ）と鄙（ひな）の関係性と、その流動する相互認識のあり方を考察することである。これは大会二年めのシンポジウムⅡの課題とし、テーマを「都鄙の連関と相互認識」と設定した。

そして、この二つの小テーマを総括する二年間の大会の全体テーマを、「日本中世の東西と都鄙」とした。中世史研究の「東」と「西」の到達点を確認し、また「東西」および「都鄙」の連関構造をあぶり出すことによって相互の相対化を図り、それらの枠組みの是非を問いつつ、その統一的・全体的理解の可能性を議論していきたいと考える。

なお、「東国」と「西国」に焦点を当てた中世史研究としては、二〇一三年八月に四国愛媛県松山市で開催された第五一回中世史サマーセミナーのシンポジウム「中世の西国と東国」がある。その成果は、川岡勉編『中世の西国と東国―権力から探る地域的特性―』（戎光祥出版、二〇一四年）として論集が刊行されている。全国の中世史研究者の交流を図ってきたのがこのサマーセミナーであるが、一方で、学問的には東と西の研究者の間で認識が大きく異なる場合があり、その隔たりが拡大していることを受けて設定されたものと理解し、私も当日の会場に参加した。充実した議論が展開されたセミナーであったが、今あらためてその成果論集を振り返ると、サブタイトルに「権力から探る地域的特性」とあるように、シンポジウムの指定討論者とその内容がいわゆる政治権力論に偏ったきらいは否めない。

そこで、「列島東西の社会構造とその変質」と銘打った大会シンポジウムⅠでは、六名の報告者と二名のコメンテーターを人選し、そこでは政治権力論だけでなく、流通経済や文化意識等、なるべく幅広い分野からの研究報告を織り交ぜることで、中世史全般の総合的議論を図り、中世後期東西の政治権力論に偏ったサマーセミナーへの補完性と発展性を意識したいとも考えた。

そして、二年間に及ぶこの中世史研究会五〇周年記念大会シンポジウムの成果を、大会当日に参加できなかった方々を含め、より広い中世史の研究者および一般の方々に紹介することを念頭に、当日の個別報告と討論の流れにおおよそ沿ったこの大会論集を刊行することとした。

まず次頁からは、大会一年度めの「列島東西の社会構造とその変質」に関わる六本の個別報告とそれに呼応した二本のコメントおよび展望、そしてそれらを結びつけるための当日の討論記録を、ご味読いただきたい。

鹿毛敏夫（中世史研究会五〇周年大会論集編集委員）

第1章

鎌倉禅・京都禅・博多禅の間隙

斎藤夏来

はじめに

本章は、南北朝期列島社会の「間隙」に生きた五山僧の典型例として、平心処斉（覚源禅師、生没一二八七～一三六九）の年譜（伝記）の精読を試みる。年譜によると、平心は、鎌倉後期に肥前「千羽」氏の一族にうまれたという。ついで、同じ「千羽ノ一家」で蘭渓道隆の法嗣《はっす》であり、入元の経験もあった林叟徳瓊に師事しながら、鎌倉から越後方面へ往来し、おそらく博多からの入元も志すが、林叟の同意がなく断念する。そののち、遠江・三河から濃尾国境域にかけての山間部で、狩猟や樵などを生業とする帰依者の人脈にたよって移住を重ね、その途上で知遇を得た一峰明一の京都東福寺住持補任に随侍したこともあった。しかし平心は、一般的に禅宗の中心地として論じられる鎌倉にも博多にも京都にも定着していない。鎌倉禅や京都禅や博多禅といった政治・経済の要地を中心とした認識では捉えきれない平心の経歴は、果たして五山僧としては例外だったのかどうか。現代の都市中心社会を反映するかのように、中世の列島社会は都市中心に論じられることが通常となった観もある。しかし本章では、中央・都市に従属するとみなされがちな各地方社会、筆者のいう「夷中《いなか》」(1)、ないし本章の表題である「間隙」が、列島中世社会の全体構造をあらためて見直す基点ともなるような力量を備えていた事実関係、ひいては、「禅宗史」にのみ限られない平心年譜の史料としての魅力について、論じてみたい。

一　永正年譜の成立と関連史料

濃尾の国境域、現在の愛知県瀬戸市域に所在する定光寺は、近世初頭には尾張藩祖徳川義直をまつる源敬公廟が設営され、藩主らが参詣を繰り返すなど、尾張藩からも重視されていた(2)。それは同寺が、南北朝期創建の中世禅刹として、濃尾地域において一目をおかれる歴史を有していたことが前提となろう。同寺には、みるべき中世史料がいくつか伝来している。おおよその成立年代順に列挙しておくと、つぎのようになる。

①貞治四（一三六五）年七月日、高野山智荘厳院仏舎利事（木造覚源禅師坐像胎内文書）
②貞治五（一三六六）年六月、退蔵庵卵塔棟札銘
③貞治五（一三六六）年、木造覚源禅師坐像玉眼当て紙墨書
④応安二（一三六九）年以前、平心処斉書状（後年の招来品か）
⑤応安三（一三七〇）年、鈍夫全快筆、鎌倉寿福寺桂光庵入祖堂法語
⑥応永二三（一四一六）年奥書、版本大般若経（近隣の永保寺塔頭旧蔵品、元禄期の招来品）
⑦応仁元（一四六七）年五月写、平心処斉頂相自賛
⑧文明一六（一四八四）年の年紀記事あり、「祠堂帳」
⑨永正五（一五〇八）年、前東勝雄峰著賛、覚照禅師（林叟徳瓊）頂相
⑩永正六（一五〇九）年、平心四世法孫徳勤書写奥書、「（内題）定光寺開山覚源禅師年譜」
⑪永禄元（一五五八）年前後に原型成立か、「年代記」

⑫天正七（一五七九）年以前成立か、伝策彦周良賛「渡唐天神図」（後年の招来品か）
⑬寛文八（一六六八）年奥書、「覚源禅師年譜略」
⑭享保二（一七一七）年書写、「覚源禅師偈頌」

これらはおおむね、筆者も編纂作業に従事した『瀬戸市史　資料編三　原始・古代・中世』に収録されており、一部は写真図版も付されている[3]。

本章の主要な検討対象は⑩である。以下、永正年譜と略称する。その成立事情を直接示す史料はみあたらないが、平心の師であり一族ともされる⑨林叟頂相の制作におそらく連動するであろう。定光寺伝来の中世史料から、永正年譜の成立事情をさらにさぐってみよう。まず⑪「年代記」は、近世初期にかけて書き継がれているが、永禄元（一五五八）年条に「第百七今上天皇」とあり、このころまでに原型が成立していたかとみられる。諸書からの引用記事を基本とするが、定光寺および平心に関する独自の記事もある。たとえば、暦応三（一三四〇）年条に「平心禾上定光建立七堂成就」、貞治三（一三六四）年条に「定光寺涅槃像画、絵師蓮判官代四郎入道沙弥祖鑑幷道念、僧了杲願主」、応安二（一三六九）年条に「十二月廿九日平心和尚遷化八十三齢」とある。このうち、涅槃図の願主とされる「了杲」は、④平心書状が「定光寺知事方管領道永上座」の退任をめぐり「御談合」を求めている諸僧の一人、「静勝庵主了杲御房」に該当し得る。⑭「覚源禅師偈頌」で⑦平心自賛頂相の請賛者と分かる「杲上人」も同一人であろうか。平心示寂は永正年譜に記されないが、平心の位牌安置に関わる⑤もふまえると、応安二年八三歳没としてよいであろう。さらに⑪「年代記」で永正年譜成立前後をみると、明応六（一四九七）年に「大地震」、翌年以後に「霙降」や「飢饉」が散見、文亀二（一五〇二）年に「八月晦日大風抜木覆屋」、翌三年に「大旱大地枯渇七月□日□降」、永正年譜書写の翌永正七（一五一〇）年に「大地震堂舎破敗定光寺仏殿方□山門一□□散（カ）」、一〇年に「尾州兵乱（悉カ）」、一三年に「地震」、一四年に「熱田遷宮」および七年前の地震倒壊からの復興ともみられる「定光寺山門立柱」など、寺周辺の地域史に関わる多難な状況が記されている。

定光寺はこのころ、どのように存続していたのか。近世史料の状況からみると、山林資源が中世においても重要であったであろうが、明確な寺領の初見は、天正一三（一五八五）年七月から翌年四月頃の「織田信雄分限帳」で、「一 弐百参拾貫文 下はた川くツかけ 定光寺 尾塞次兵衛」[4]とある。それより以前は、周辺の有力百姓・土豪らが、自身および近親者の個人救済を求めて奉納していた祠堂米銭類が重要な経済基盤であった。⑧「祠堂帳」はその記録である。約三六〇件の納入記事があり、うち約一八〇件に年紀の記載がある。最古の年紀は文明一六（一四八四）年であるが、前後に六俵の納入者として、無価弥公禅師、雄峯座元、大初永玄らの名がある。このうち無価弥公禅師は、博多聖福寺の「当山世代牒」や「不二遺稿」によれば、応永期（一四二八年以前）に筑前十刹聖福寺の住持に任じられている無価掌珍に該当し得る。[5]大初永玄は、「越雪集」によると宝徳期（一四四九～五二年）のころ長門の諸山長福寺、[6]ついで「扶桑五山記」によると京都五山建仁寺の住持に任じられている五山僧に該当し得る。雄峯（峰）座元は、相模十刹東勝寺の住持に任じられている⑨の著賛者であろう。彼らがいずれも、住持身分の付与を主目的とした坐公文の受給者だったとすれば、応永期以来の尾張定光寺の構成員とみても不自然ではない。そののち、⑪「年代記」で「定光寺山門立柱」が記される永正一四（一五一七）年から、⑧「祠堂帳」の年紀の記載が急に整う。まさにそのころ、近隣の有力者とみられる丹津四郎左衛門や科野長江修理進らの六俵施入の「取次」として、永正年譜の書写者と同じ「徳勤（蔵主）」の名がみえる。⑧「祠堂帳」の最新の年紀は天正七（一五七九）年二月で、明智藤右衛門入道と同内方の夫妻が「現存」と肩書を付されており、生前にそれぞれ「拾弐俵」を納入している。

以上をまとめていえば、永正期のころの濃尾の多難な地域情勢をふまえて、近隣の有力者層の個人救済への欲求に対応すべく、近世初頭の妙心寺派による定光寺中興に先立ついわば永正の中興があり、その一環として、開山平心の言行および教えに対する関心が高まり、永正年譜として書写されまとめられた、と考え得る。

ところで平心の年譜としては、もう一点、⑬がある。以下、寛文年譜と略称する。この寛文年譜について玉村竹二は、「仮名文の行状」である永正年譜を「漢訳」したものとする。(7) しかし寛文年譜の記事内容は、永正年譜の「漢訳」というにはとどまらない別本というべき相違がある。たとえば玉村は、寛文年譜に記される平心の遺偈について、他人のものだという近世の学僧卍元師蛮の指摘も挙げて、年譜の信頼性に注意を喚起している。ところが実は、定光寺から離れたのちの平心の示寂について記さない永正年譜に、この遺偈は記されていない。

両年譜は、事績の順序が大きく異なっているところもあるが、玉村はおおむね、寛文年譜の順序に依拠して平心の伝記をまとめている。寛文年譜では年紀の記載が補充されており、平心の行状を年代順に記述するうえでも好都合であったからだろう。永正年譜の場合にも、たとえば平心は二五歳の折に、鎌倉寿福寺の住持となっていた渡来僧の清拙正澄から道号を付与されたと記す。寛文年譜は「延慶三（一三一〇）年庚戌、師二十四歳」の時とする。しかし清拙の列島への渡来はそれよりのち、嘉暦元（一三二六）年八月のこととされる。(8) 玉村も記すとおり、清拙が平心に与えた道号の墨蹟二点が伝わっており、うち旧高松藩主松平家の旧蔵品には嘉暦三年の干支が明記されている。(9)

玉村は、寛文年譜が元徳元（一三二九）年条に関連づけている一峰明一の東福寺住持補任について、「康永末年―一三四四？―らしく（中略）平心の一峰会下首座のことも、事実がないか、または定光寺開創後のことかで、この説は一応疑ってかかるべきである」とする。ただし平心の詩文集にあたる⑭「覚源禅師偈頌」は、近世の書写、入手ながら、仏海禅師（一峰）の頂相賛を含んでおり、両者間の交流の傍証となる。永正年譜は、平心の一峰東福寺住持補任への随侍について、四二歳時＝嘉暦三（一三二八）年頃と、濃尾国境域に到来していた五四歳時＝暦応三（一三四〇）年頃との間に記載している。両年譜とも、平心が一峰の東福寺住持招請の受諾を諫止すべく三河実相寺に出向いたと記すが、今川了俊「難太平記」によれば今川氏被官層の出身で了俊の師でもあった一峰は、著賛している実相寺伝来の千手観音像が地元の「龍人」伝説と結びつけられるなど[10]、三河に確固たる基盤をもつ五山僧であった。同寺には、一峰を東福寺住持に補任しようとしている摂関家御教書の原本も伝わる。近年の研究で、この二点の補任状は、平心五二歳時の建武五（一三三八）年の頃、東福寺檀越一条経通の意を受けたものと考証された[11]。その一節に、「相構早速御入院候者、真実可為御本意候、且当寺、故聖一国師（円爾）草創霊場候、争可被棄捐候哉」とある。平心による諫止の影響かどうか、儀礼的な謙譲にすぎないかはともかく、一峰はたしかに東福寺住持着任を渋り、そのことが招請者側を苛立たせ、「棄捐」と表現されている。

寛文年譜の成立事情について、いまのところ明確な関連史料を得ていないが、江戸期編纂の僧伝類に収録されている平心の年譜は、一見して永正年譜より寛文年譜に近い。江戸期編纂の僧伝類のなかでも成立が早いと目される「禅林僧伝」[12]は、林鵞峰が「本朝通鑑」編纂のため、寛文四（一六六四）年に京都五山に提出を命じ、翌年に提出させたもの、同じく平心年譜を含む「禅林諸祖伝」は、宝永七（一七一〇）年の前田綱紀書写本が現存最古だが、明暦三（一六五七）年の大火で焼失した林羅山所持の「祖師伝」を祖本とするかと指摘されている[13]。他方、定光寺本の寛文年譜は、末尾に定光寺が妙心寺派禅刹として中興されたのちの中興二世要門宗左による寛文八（一六六八）年奥書がある。江戸や京都での僧伝成立期と並行しているが、のち「延宝伝灯録」「本朝高僧伝」を編纂した卍元師蛮は、平心の年譜については定光寺まで書写のため到来したらしい[14]。つまり寛文年譜は、寺領付与との関連で開山伝記等の編纂が活発化した一七世紀半ば頃の京都や[15]、それをもとに歴史書編纂の事業が活発化した江戸の影響をうけつつも、京都や江戸で編纂されたものではなく、近世尾張の定光寺において作成されたものが、京都や江戸に提供され、以後の僧伝類に踏襲されていったのではないか。

あらためて永正年譜と寛文年譜とを比較してみると、平心の延暦寺への登山は、ひとかどの禅僧として東福寺住持一峰のもとで首座をつとめていた五二歳頃のこと（永正年譜）か、それとも修学期の一七歳時のこと（寛文年譜）か、また、平心は寺を出て檀越信徒のもとに赴く（永正年譜）のか、それとも檀越信徒が平心のいる寺に参る（寛文年譜）のか、などの違いがある。宗派の本山に連なり寺領を有することで存続を図る近世禅院と、遠近の百姓・地下人の信仰をひきつけようとする中世五山僧との違いが、寛文年譜と永正年譜との違いとして現れているのではないか。平心が檀越に招かれ諸堂復興に出向いた帰路、老齢とは思えない健脚ぶりや、出家は馬には乗らないといいつつ見事に早馬を乗りこなし、平心自ら、自分の父は迅速に鎌倉に推参する御家人であったと仄めかしている記述が、寛文年譜にはないが永正年譜にはある。その平心の話相手として、「某シ」や「汝」という人物が姿をあらわす。永正年譜には、平心に随侍していた人の証言に基づいている箇所があると考えられる。

　永正年譜と寛文年譜との相違としてもっとも重大なのは、修学期の平心が、師の林叟の指示で鎌倉から越後へ出向いた折の描写であると思う。越後から鎌倉への帰路に、新田義貞の倒幕挙兵の拠点ともなる上野国世良田で、平心が経会に経衆として招かれた記事はよく知られているが、永正年譜は世良田の所在地を「上総」と誤記していることもあってか、寛文年譜の簡潔な記事の方が同時代性が高いという指摘もある(16)。しかし中世史料としては永正年譜に重きを置くべきである。ここで注目したいのは、目的地であった越後に関する両年譜の描写の違いである。越後における平心の動きとして、永正年譜は「自是五里斗奥《ヲク》ニ光明蔵読僧アリ、嘘状ヲ付ケルニ、聽而領掌アリ、此レ読テハ只非ス二禅録ニ一、内典外典八宗兼学之人ナリ、天竺本朝無双之学生也、延暦寺之伝教、慈覚、又高埜弘法大師ニモ不レ滅《ヲトラ》程ノ明匠也」、寛文年譜は「爰五里之外、有光明蔵之談義、屢〻留聴聞之、更禅知識難逢、師忽然思惟、覚照禅師被戒吾不信懈怠、実老婆心切之儀也、不可求他知識、自厥赴鎌倉」と記す。越後には未知の「天竺本朝無双の学生《がくしょう》」がいたという中世つまり永正の認識が、近世つまり寛文には、鎌倉の本山の師にまさる人物は地方にはいないと、見事に反転させられている。中世の越後といえば、流刑となった親鸞の飛躍の地といったことが思い浮かぶが、具体的に永正年譜と並べてみたい資史料がある。たとえば越後関山神社の銅製菩薩立像は、伝来の事情は未詳であるにせよ、法隆寺夢殿救世観音菩薩立像に酷似し、銅成分の組成からみて六世紀後半頃の百済製とされる(17)。蘭渓道隆の建長寺上堂法語には、「昨日、人有りて高麗従り来たり、便ち奥州に入り去る」とあり、出羽羽黒山近くで活動し玉泉寺を開いた高麗僧の了然法明に該当し得る(18)。越後の隣国に絡む動向だが、参照しておきたい。越後華報寺には、母方が越後所縁であった南禅寺開山無関普門の止住に関する記録があり、地域史に存在感を示している(19)。長享二（一四八八）年のころ、関東の乱を避け越後経由で美濃に戻ろうとした万里集九は、積雪のため越後天台別院太平古寺に足止めとなったところ、藤吾村の海印主盟の義綱禅師なる人物から、「落梅の周伯弼の編する所の家法の詩は、海内叢社の諸童子、之を読まざる者無し。但、其点、参差《しんし》として、義、多く通ぜず。請う、朱墨を加え、仄平を分ち、以て我が家の蒙稚に遺さば、則ち豈、幸ならずや(20)」との依頼をうけている。「間隙」の水準の高さは、円爾高弟とされる美濃の学僧竹翁の小師（門弟）らの様子にも示される。寛文年譜は、「竹翁小師、逐師（平心）徳風詣会裏者、若干衆而已」と限定的に記すが、永正年譜は、竹翁にしたがう「僧達」の要望にこたえ、平心が「景徳伝灯録」について講じ、平心が尾張定光寺や美濃禅蔵寺に転じたのちも「不断往来」と記す。永正年譜は、のちに「京都紫野超侍者」の小師が、平心の「法道隆《サカン》」なることを慕い「会下」に連なり、「鬼病」から救われた逸話を記す。平心は大徳寺開山宗峰妙超に匹敵する禅僧であるという永正期定光寺周辺の自己主張であろう。

優れた学知は、鎌倉、京都ないし博多などの中央や都市に集結しているのであり、地方ないし列島の「間隙」は、こうした中央都市の学知に追随はしてもその能力水準は遠く及ばないのだろうか。南北朝期の平心に関する永正期濃尾地域の認識を示す永正年譜は、そのような列島中世史や禅宗史の通念の転換を強く迫っているのではないか。節を改めて、永正年譜の見どころをさらに探ってみよう。

二　永正年譜にみる山林有名道人の特色

鎌倉後期以後の禅僧、その主流であった五山僧については、室町期にかけての対外交渉能力や、いわゆる国書等の対外関係文書の起草能力をしるべく、彼らの入元、入明の事績が重視されてきた。しかし平心の場合、渡海入元を志したものの断念したとされている。すなわち、永正年譜は「時ニ師渡唐之志アリ、夜話之次、覚照禅師ニ此由申給、無㆓御返事㆒、師之背《ソムイテ》㆑命ニ不可然トテ留給エリ」、寛文年譜は「師三十五歳（中略）三月初、師入室啓度唐之志、覚照無語、師云、尊命不可背、則休哉」と記す。この渡海断念から何を読み取れようか。

「本朝高僧伝」で渡海断念の類例を集めてみると、江州睿山沙門皇慶伝（一〇四九年没）に「人多曰、八幡大神挽留焉」[21]、相州極楽寺沙門忍性伝（一三〇三年没）に「睿尊抑止」、上州吉祥寺沙門円月伝（一三七五年没）に「州牧不許」、京兆東福寺沙門宝洲伝（一三八三没）に「公府有故不許渡海」などとある。皇慶ないし八幡神の事例は、「神国」意識の影があるといえようか。忍性の場合、弟子の周辺に入宋の形跡がある[22]。中巌円月は、自歴譜に「綱司」が許さずとあるが[23]、のちに入元を果たしている。中巌の同道者だった南海宝洲もあらためて渡海を試み、高麗に漂着したという。同じく渡海経験のある南北朝期肥後の禅僧大智は、「大元」との活発な交流を喜びとしつつも、「大元」や「関東」に真価があるのかと戒める偈頌を示している[24]。林叟自身も、永正年譜や寛文年譜によると渡海経験者であったが[25]、平心の渡海の志については「無御返事」ないし「無語」とあり、厳密には賛成とも反対とも表明していない。これをどうみるか。

永正年譜を読み進めてゆくと、後年の平心自身も、弟子の増加のため檀越から小庵の拡張を提案された際、「無御返事」とまったく同じ反応を示している。赤痢にかかり服薬を勧められたときには「領掌モナシ」、頂相の制作を打診されたときには、やはり「無御返事」とある。しかしいずれの事例も、弟子たちは平心の反応に構わず実行し、平心は追認している。林叟の「無御返事」について、両年譜は不同意と解するが、この逸話が仮に事実だったとすれば、自分で決めてやり遂げよというのが、いかにも禅僧らしい林叟の教えだったのではないか。

中巌円月や南海宝洲の事例では、「州牧」や「公府」の制止という他律的な事情が記されていたが、「空華日用工夫略集」永和三（一三七七）年九月二二日条に、「近年大明禁日本僧行脚、皆集在天界寺、不許妄出入及看俗書等」とある。明の海禁強化のため、従来のような渡海や留学が難しくなったのである。[26]そののちまもなく、永徳元（一三八一）年一二月一二日付の斯波義将奉書として出された「諸山条々法式」内の室町幕府追加法一二八条は、「一住持職事、或ⓐ異朝名匠、或ⓑ山林有名道人、或ⓒ為公方以別儀勧請、不在制限、ⓓ若七十五以後老西堂亦同前、直饒其器用、雖堪可任、若捧権門挙者、不可成公文、叢林大弊依此一事、故固制之、若有理運並出者、拈鬮子可定之」と規定する。[27]権門推挙の排除など、禅院住持補任一般に期待されていた「公論」との絡みで注目されるが、ここで確認したいのは、五山等の禅院住持に補任されるべき禅僧の資質に関するⓐ〜ⓓの規定である。従来の禅宗史や五山僧の議論は、ⓐ対外関係か、ⓒ将軍等の帰依に傾きがちで、ⓐ異朝名匠にかわる五山僧の資質が検討されたのも、明の海禁強化をうけての措置とみえやすい。しかし注目したいのは、ⓒ将軍の帰依僧や、当時としては尊崇に値する肉体的頑健を示すⓓ老僧よりも、ⓑ山林有名道人が、ⓐ異朝名匠について記されている序列である。さかのぼれば、「続日本紀」天平宝字二（七五八）年八月朔日条に、「天下諸国隠於山林清行逸士十年以上、皆令得度」とあるなど、古代以来国家に登用されるべきすぐれた仏教者は、渡海経験者だけでなく、「山林」からも見出されようとしていた。では、貿易商らの帰依や支援が想定される渡海僧に対し、山林有名道人にはどのような生計の途があったのか、どのような信徒や檀越がついたのか。永正年譜は、そのようなことを考える手がかりを多く含む。

青年期の平心が、師の林叟の指示で、越後に出向いたのちの鎌倉への帰路、上野世良田宿の長者から経衆の一員に招かれた逸話は先にもみた。このとき平心は、「施物一貫文」のうちから「香銭五百文」を師の林叟に呈したという。のちに遠江や三河の山間部で山林に交わる生活に入った平心は、「三州ホシノ、一族神郷殿」から、「我在所ニクホト申候深山候、昔行基菩薩造立候観音之仏殿候、アワレ御越アツテ愚癡蒙昧衆ヲモ化度メサレ利益アレカシ」と要請され、応じており、世良田と同様の施物があったと想像される。ホシノの事例は、実話であるか疑う必要もあろうが、同地周辺は、熱田大宮司一族と目される星野氏との関係があったらしい(28)。永正年譜の記事は、ある程度は信頼し得る三河星野氏関係の中世史料として顧みられる必要があろう。

山林に暮らす平心の周囲には、領内の「愚癡蒙昧衆」の教化を求める領主層だけでなく、「樵子」や「狩」を生業とする山間の人々も姿をあらわす。たとえば、「行脚僧」の紹介で平心のもとに参じた「美濃国タキロ《（多岐路）》藤左衛門尉」は、強いて平心のもとで「出家」を遂げて「聖源房」と名づけられる。同人の紹介で平心と引き合わされた濃尾国境域の「尾州水野中郷殿」は、聖源房の「狩ナトノ時知人」であった。なお寛文年譜では、聖源房の生業が「狩」であったとは明記されていない。仏教では狩猟など殺生の是非は大きな関心事であり、五山文学では「中務四郎起五輪塔請説法」が、殺生を主題としていることでしられる(29)。しかし五山僧は一般的に、「治生産業」についてはそのまま認め、ことさら主題化しなかった点に、むしろ特徴がある。永正年譜においても、タキロ藤左衛門尉改め聖眼房は、「アラケナキ男」とも「無慚放逸ナル者」ともいわれているが、殺生をともなう猟師としての生業が、とくに問題視された形跡はない。むしろ山間の狩猟民の人脈が、平心の山間移住を支えた様相をみてとれる。聖眼房に導かれ濃尾国境域に到来した平心が、最初に居所を構えたのが「旧炭釜」であったことも、平心の檀越の生業ないし性格を考える一助となろう。なお永正年譜によれば、定光寺の創建は、同地の「小田之山内入道」による小庵の拡張から発展したらしい。同寺の本尊とされた地蔵は、「京都ニ名仏師印吉法印」がおり、その制作とされ、現存の本尊に該当すると考えられているが、「印吉」はおそらく足利氏により重用された仏師院吉であろう。[30]小田氏の人脈によるのか、平心の人脈によるのかは決しがたい。

永正年譜でいえば平心六七歳＝文和二（一三五三）年頃より以後、やはり小田氏を名乗る「小田入道殿浄行トカリ殿」が定光寺に平心を訪ね、「我所領之内破堂アマタアリシヲ、修理造立イタシ候、御越有テ焼香メサレ御結縁アラハ本望也」と要望したという。貞治四（一三六五）年七月日付の①高野山智荘厳院仏舎利事は、翌貞治五年墨書の③玉眼当て紙を伴う平心木像胎内から見出されたものだが、こうした「破堂」再興に関連するかもしれない。同文書に記されている舎利の伝授は、遍智院三品親王の「御夢想」により諸方に広く配布されることになったもので、筆者である石門は、正平五（一三五〇）年という南朝方の年号を用いる智荘厳院住持権少僧都朝遍から、慈渕という人物をへて舎利の伝授をうけ、さらに仲山という人物に相伝したと読める。

遍智院三品親王とは、おそらく大覚寺統・後二条天皇の第五皇子聖尊法親王（生没一三〇四〜一三七〇）である。聖尊は各地の武士とも競いつつ、遍智院領等の拡大を進めていたが[31]、貞和四（一三四八）年に、足利尊氏の信任をうけていた賢俊ないしその後継者に、没後という条件つきながら権益等を「返付」せざるを得なくなっている[32]。①の段階でまだ生存していた聖尊は、高野山の朝遍らを従え、あえて南朝年号を用いた舎利頒布という手段を通じ、かつて権益を争った地方武士等との関係を再構築しつつ、失地の回復をめざしていたのではないか。高野山を基点とした舎利頒布は、各地の諸勢力に通用力があり[33]、聖尊が高野山の朝遍に行わせた舎利頒布についても、石門や仲山など、濃尾国境域の地方武士に類する人々が呼応したのであろう。ただし石門らは、これ以上の舎利伝授をとどめ、一切を平心に委ね、①は寿像として制作された平心の木像内に納められたのであろう。なお、「トカリ殿」や「尾州水野中郷殿」と近隣の有力者で、一族ともみられる同地の水野氏は、観応の擾乱では直義方に従い、正平七年にかけて関東の南朝方に属した形跡がある[34]。聖尊の舎利頒布と並行する動向である。

このようにみてゆくと、山林有名道人とは、五山僧の檀越として一般に想定されているような、将軍、大名、あるいは有力貿易商など、都市に集住する政治的ないし社会的地位が高い人々とはおおよそ異質な、聖眼や石門など、列島社会の無名の人々から広範に支持を集めていることが要件であり、五山僧の檀越に関する通念の変更が必要だと考えられよう。しかし永正年譜に関連する山間の人々は、禅の「高度な教え」など理解できるはずもなく、禅僧としての平心に帰依していたとは限らない、と考える余地は、なお残るだろうか。たしかに、山林に交わることを決意した平心自身が、当初は「焼指」をも厭わない法華の行者のような覚悟を示している。狩猟民のタキロ藤左衛門尉のち聖眼房と知己であった「中郷殿」は、平心に「法花之一理ヲ聴聞ノ望ニテ候」と述べ、平心は「安キ程ノ事」と応じ、「提婆品」の一節を説いたという。法華の行者のような相貌をもって、平心が山林社会に受け容れられていった面はあろう。

しかし永正年譜によるならば、平心はこうした山間の人々に対し、あくまでも鎌倉建長寺蘭渓道隆の孫弟子、または鎌倉寿福寺林叟徳瓊の弟子と紹介されている。さらに注目すべきは、平心が山林の生活にふさわしい漢詩をしばしば愛唱していたとされること、しかもその漢詩は、漢字表記がしばしば異なっているのだが、それは誤写というより音写といえないかどうか、である。

たとえば永正年譜は、平心の愛唱詩として、「和漢朗詠集」にみえる「桃李言《ものい》はず春幾ばくか暮れぬる　煙霞跡無し昔誰か栖みし」を挙げるが、「煙霞」を「遠家」と音写し、のち修正している。同じく、「和漢朗詠集」に小野国風の漢詩として収録されている「刑鞭蒲朽ちて蛍空しく去る、諫鼓苔深うして鳥驚かず」は、刑罰のための鞭の不要をもって世上の安定を称える詩文だが、永正年譜は「刑鞭蒲」を「渓返釜」と音写し、のち「返釜」は修正されている。南宋・洪邁編「唐人絶句」などで詳細未詳の李九齢の作とされる「乱山堆裡茅廬を結び　已に紅塵と共に跡漸く疎なり　問う莫かれ野人生計の事　窓前流水枕前の書」（後述の芥川龍之介の引用による）について、永正年譜は杜甫の詩文と誤認しており、「乱山堆裡」を「乱雲臺裏」、「已共」を「市井」、「窓前」を「門前」と変じ、のち「臺」に「堆」を傍記している。こうした漢字の異同は⑭「覚源禅師偈頌」にもみうけられ、書写者らの浅学の現れという面もあろう。しかし、とくに音写とみえる諸事例は、厳密に音韻が一致しているわけではないにせよ、文字ではなく耳を通じ開山愛唱とされた漢詩が親しまれていた状況を示してはいないだろうか。なお平心愛唱とされる漢詩の引用は、寛文年譜では一切省略されている。

杜甫の作と誤認されていた李九齢の漢詩は、比較的最近まで、教材としてもよく用いられていたらしい。芥川龍之介はこの漢詩について、「少時漢詩なるものを作らせられた時度たびお手本の役をつとめた李九齢《りきうれい》の七絶《しちぜつ》である。今は子供心に感心したほど、名詩とも何《なん》とも思つてゐない。乱山堆裡《らんざんたいり》に茅廬《ばうろ》を結んでゐても、恩給証書に貯金の通帳位《かよひちやうくらゐ》は持つてゐたのだらうと思つてゐる」（ルビは原文ママ）と述べている。[35]「生計」をどのように立ててゆくのか「問う莫かれ」、などといわれても、問わざるを得ないし、むしろ重要だというのは、この漢詩の近代的な読み方ではあろう。しかし、仮に生計が立つとするなら、あなたは何がしたいのか、「窓前流水枕前の書」こそ最大の喜びと思うが、あなたはどうか。そのような問いかけが、おそらくこの詩文の真意であり、近現代人が見過ごしがちな重みがありはしないか。永正年譜によれば、日々こうした漢詩を愛唱していた平心の「閑居」をきいた中郷殿が、「白鳥御花風情ナリ、我生涯之間ハ音信可致」と述べたという。芥川の発想にあわせるなら、中郷殿は平心にとっての「恩給証書」「通帳」であったかもしれないし、その経済的な内実が考察されてもよい。しかし自身が「生涯」をかけた関心事は「白鳥御花風情ナリ」と述べ、詩文の深い問いかけに関心をもち得る諸個人が濃尾国境の山間部にいたとされることもまた、列島中世の底力を考える手がかりとなろう。

ところで平心は、自身も作詩する五山文学僧の一員、いわば詩人であった。近世以後の書写しか確認できないものの、⑭「覚源禅師偈頌」がその作品集にあたる。そのなかに、「人□頼有護身符　何必外辺別用書　大地採来無不薬　今朝請病一時除　時僧数染病」という作品がある。衆僧の間に「染病」がみられた折、「外辺別用の書」など不要だという平心の医薬観を示すのであろう。永正年譜をみてゆくと、老境に入った平心が赤痢をわずらったとき、本人は「我定業ナラハ不可叶、釈尊ノ涅槃ヲハ耆婆モ不叶」すなわちインドの伝説的な名医である耆婆すら釈尊の涅槃、ないし人の定業というべき死は左右できないと述べ、服薬を拒否していた。ところがこのあと、「尾州萱津之万仏トテ名医アリ、僧ヲツカワシ此由万仏ニ言ケレハ、万仏云、尋常ノ薬ハ不可叶トテ、大薬ヲ進上申ス」という注目すべき一節が続く。⑭「覚源禅師偈頌」をみてゆくと、この萱津の名医のための土葬法語とみられる「万仏大徳掩土」がある。「子孫遠大、家門繁昌、老幼安穏、福寿増長、亨(享)寿已是七十有余霜、世縁俄尽、一旦告死亡」とあり、万仏は一家を構える有力者であったが、平心に先立ち七十余歳で亡くなったこと、「即是今時之薬王、伝良医術、可謂上古之長倉」とあり医家であったことなどを読み取れる。

永正年譜によれば、平心はかつて渡海を断念したのち、「九州故郷」の肥前に滞在していたが、ある「春夜」に「イカメシキ武者」の夢をみて、「漸夢覚テ身辺湿気アリ、腰ニヒトシ漏失アリ、自是永ク婬欲心断絶ス、速ニ不浄ヲモス、キ、仏前ニ洒水シ、畳ナトヲモ清メテアリシ」とある。夢精を伴ったかとも読める生々しい記事である。そののち、鎌倉寿福寺の「桂光庵ヲ可レ守」という師の「遺言」が届けられたため、平心は再び鎌倉へ向かうのだが、その様子は、「地頭方地下人等マテ、イトマコイアツテ関東エ下給ナリ」と描写されている。平心の帰依者には肥前の「地下人等」まで含まれていたと読み取れる。平心は、一峰に随侍して京都に出た折にも、仏海禅師すなわち一峰に帰依する同地の「町人《マチフト》」と交流し、「十念」を授けたとされる。これら「地下人」「町人」および万仏をめぐる描写は、厳密にいえば永正期の定光寺周辺の人々の認識で、寛文年譜にもみえないが、萱津宿は平心の生存期より以前から、一遍聖絵や円覚寺領富田荘絵図などに姿をあらわす繁華な町場であった[36]。名医万仏はおそらく、当時の尾張を代表する宿場であった萱津の有力な「町人」に類する「地下人」であり、万仏本人やその遺族が、平心から詩文を授けられる檀越の一員であったことは、中世萱津に関する従来未知の事実といえよう。五山僧ならではの儒仏一致の漢詩文類は、南北朝期においても永正期においても、中央の支配層とも高度な知識人とも言いがたい「間隙」の地下人層にまでたしかに受容され、彼らを導いていたのである。

おわりに

主として南北朝期に活躍した五山僧で、室町幕府追加法が想定した「山林有名道人」の具体例と目される平心処斉の東奔西走を支えた列島上の構造的特質とは何か。本章では、上野国世良田宿や尾張国萱津宿など、従来から知られてきた宿の長老、いわゆる有徳人層の成長をみたが、遠江から濃尾国境域にかけての山林社会に築かれていた狩猟民の人脈という他史料では見出しにくい事象も論じ得た。本論集の主題である列島東西の構造的特質というとき、まずはこうした人や物の移動および集積に伴う富や余剰の創出に関心が向かいやすい。しかし富や余剰の創出といった価値が、今日においては際限のない欲望の拡大を促し、種々の危機を招いているとするなら、それとは別の価値に即した歴史像の構築も必要となろう。かつて列島東西の地下人らは、富や余剰の創出とは異質な、どのような信仰的、文化的な価値に生きようとしていたのか、そのようなことを知るには、歴史学の検討対象から除外されがちな詩文類から、彼らの文化的力量を推しはかる作業に着手する必要があると考えた。

中世後期の尾張定光寺では、災害や戦乱が続発していたからこそ「永正の中興」が図られていた。その過程で、たとえば「莫問野人生計事」、食えないでは人生成り立たないなどとごまかすな、という古典からの問いかけが、平心の愛唱句として見出されていた。こうした問いかけは、列島中世中央の支配層や現代先進国に暮らす人々のみが悩み得る「贅沢」ではなく、南北朝期五山僧の信徒であった濃尾国境域の狩猟民や樵に通じる諸個人、あるいは戦乱や災害が頻発していた永正期濃尾国境域の諸個人、ひいては戦乱や飢餓に苦しむ現代世界各地の諸個人にも共有され得る、実は即答し難い人類史的な問いかけなのではなかろうか。先師の個人的な資質を知るべく詳しい伝記類を残すのは禅宗の特徴だが、永正年譜はとりわけ、平心の生々しい肉体的な営みと、自然美を捉えようとする詩文類とを活写している。個人という事象について、歴史学は時代や社会の一部とのみ考えようとしがちだが、永正年譜を含む禅宗史料群は、個人は天地自然の一部ではないのか、そこから時代や社会に帰属しきらない価値を引き出し得ないのかなど、歴史学が脇に置こうとする価値をしばしば語ろうとしているようである。

(1) 斎藤夏来『五山僧がつなぐ列島史―足利政権期の宗教と政治―』（名古屋大学出版会、二〇一八年）第一〇章。
(2) 斎藤夏来『徳川のまつりごと―中世百姓の信仰的到達―』（吉川弘文館、二〇二三年）第二部第一章。
(3) 愛知県瀬戸市、二〇〇五年発行。本稿ではあらためて原本図版等を確認し、翻刻を改めた箇所がある。ほか、⑨は瀬戸市歴史民俗資料館編集発行『定光寺宝物展―定光寺からみる瀬戸の歴史―』（展示図録、二〇〇〇年）一六頁、『愛知県史　資料編一〇　中世三』三〇二頁七一七号、⑬は太田正弘編『定光寺誌』（応夢山定光寺、一九八五年）一八六頁以下の全文翻刻を参照。
(4) 『瀬戸市史　資料編三　原始・古代・中世』三一〇頁二六六号。
(5) 以上、『新修福岡市史　資料編　中世一』四〇一頁、『五山文学全集　三』二九七〇頁を参照。
(6) 『五山文学新集　別巻二』一二九頁。
(7) 玉村の見解は、以下、「平心處齊（へいしんしょせい）」（玉村竹二『五山禅僧伝記集成　新装版』思文閣出版、二〇〇三年、五七八～五八二頁）による。
(8) 『対外関係史総合年表』（吉川弘文館、一九九九年）二六一～二六二頁（嘉暦元年の項）。
(9) 清拙正澄墨蹟二点（「服部正次氏所蔵」「松平頼壽氏所蔵」『大日本史料』六―三一、一八四～一八五頁図版、太田編注(3)書、村田正志序文、『瀬戸市史　資料編三　原始・古代・中世』二一一頁一四一号、『愛知県史　通史編二　中世二・織豊』六六二頁カラー図版など）。
(10) 千手観音像（実相寺所蔵、『愛知県史　別編　文化財二　絵画』二〇〇頁六一号）、「瑞境山実相安国禅寺伝記」（実相寺所蔵、『新修西尾市史　資料編三　近世一』七六二頁二九八号）。

(11)『新修西尾市史　資料編二　古代・中世』巻頭カラー図版一九・二〇、村瀬貴則「三河実相寺所蔵一条経通御教書について―東福寺大檀那による長老職補任と九条流―」（『新編西尾市史研究』六、二〇二〇年）。
(12) 平心年譜については、『大日本史料』六―三一、一六八頁以下に収録。
(13) 榎本渉『南宋・元代日中渡航僧伝記集成　附　江戸時代における僧伝集積過程の研究』（勉誠出版、二〇一三年）二二五～二二六・二四三、三一七～三二七頁。
(14) 榎本注(13)書、二九四頁。
(15) 榎本注(13)書、二六六頁。
(16) 山本世紀『上野国における禅仏教の流入と展開』（刀水書房、二〇〇三年）六七頁、田中大喜『中世武士団構造の研究』（校倉書房、二〇一一年）二三五頁、山本隆志『東国における武士勢力の成立と展開―東国武士論の再構築―』（思文閣出版、二〇一二年）二五八～二六〇頁、高橋修「武士団と領主支配」（『岩波講座日本歴史六　中世一』二〇一三年）一八七頁など。
(17) 吉村武彦・吉川真司・川尻秋生編『（シリーズ　古代史をひらく）古代寺院―新たに見えてきた生活と文化―』（岩波書店、二〇一九年）一五六～一五七頁（藤岡穣論文）。
(18)『蘭渓道隆禅師全集　一』二三三頁（原文三六頁、補注四五五頁）、村井章介編『東アジアのなかの建長寺―宗教・政治・文化が交叉する禅の聖地―』（勉誠出版、二〇一四年）二八頁（横内裕人論文）など。
(19)「大明国師行状」「無関和尚塔銘」（中野豈任『忘れられた霊場―中世心性史の試み―』（平凡社、一九八八年）四六・一一三頁による）。
(20)「梅花無尽蔵」五（芳賀幸四郎『中世禅林の学問および文学に関する研究』（日本学術振興会、一九五六年）二九六頁、市木武雄『梅花無尽蔵注釈　三』（続群書類従完成会、一九九三年）四七六頁など）。
(21) 五味文彦編『交流・物流・越境―中世都市研究一一』（新人物往来社、二〇〇五年）九六頁（榎本渉論文）。
(22) 細川涼一『日本中世の社会と寺社』（思文閣出版、二〇一三年）一七一頁、大塚紀弘「鎌倉時代の日宋交流と南宋律院―律書版本と教学の伝播―」（『日本歴史』八二五、二〇一七年）二七頁。
(23) 注(8)『対外関係史総合年表』二五四頁（一三一八年の項）。

(24) 水野弥穂子『日本の禅語録九　大智』（講談社、一九七八年）一四二・一五〇・二四一・二四六〜二四八・二五六・二五七頁など。
(25) 注(8)『対外関係史総合年表』二四二頁（一二九五年の項、寛文年譜による）。
(26) 村井章介『東アジア往還—漢詩と外交—』（朝日新聞社、一九九五年）七九頁、榎本渉『僧侶と海商たちの東シナ海』（講談社、二〇一〇年）二二二頁。
(27) 『中世法制史料集　二』五五頁。
(28) 西島太郎『室町幕府将軍直臣と格式』（八木書店、二〇二四年）第二部第七章。
(29) 「東海一漚別集」所収（『五山文学新集　四』五四五頁、山本世紀注(16)書、一〇〇頁、芳澤元『日本中世社会と禅林文芸』（吉川弘文館、二〇一七年）二四七・二七三頁など）。
(30) 峰岸純夫・江田郁夫編『足利尊氏再発見—一族をめぐる肖像・仏像・古文書—』（吉川弘文館、二〇一一年）五二〜五三頁（奥健夫コラム）および七五頁（山本勉論文）、『愛知県史　別編　文化財三　彫刻』一三七頁など。
(31) 建武三年二月、院林了法言上状・足利尊氏袖判紙背外題（『醍醐寺文書之二』四四七号）。
(32) 貞和四年六月日、聖尊奥上署判和与状（『山城三宝院文書』『大日本史料』六—一一、八七四頁）、今川佳世子「醍醐寺遍智院をめぐる三宝院賢俊と遍智院宮聖尊の相論について」（『鴨台史学』四、二〇〇四年）、『瀬戸市史　通史編上』（愛知県瀬戸市、二〇〇七年）一七三〜一七四頁（斎藤夏来執筆）など。
(33) 文保二年四月二二日、十一面観音立像胎内文書（長野県上伊那郡辰野町上島観音堂所蔵、井原今朝男『史実　中世仏教一　今にいたる寺院と葬送の実像』（興山舎、二〇一一年）三一四頁）。
(34) 正平七年閏二月二三日、新田義興感状（「水野家文書」『瀬戸市史　資料編三　原始・古代・中世』二一七頁一五一号）など。
(35) 芥川龍之介「野人生計事」（『芥川龍之介全集　四』（筑摩書房、一九七一年）一一七頁以下）。
(36) 松尾剛次『日本中世の禅と律』（吉川弘文館、二〇〇三年）一六八〜一七二頁。同書もふれる現地遺跡については、蔭山誠一・加藤博紀・鬼頭剛・鈴木正貴・松田訓「中世萱津を考える」（『愛知県埋蔵文化財センター　研究紀要』八、二〇〇七年）七四〜七五頁。

第2章　西遷・北遷武家領主と鎌倉期東国武家社会

田中大喜

はじめに

二〇二二年度の中世史研究会五〇周年記念大会では、「列島東西の社会構造とその変質」がテーマに掲げられた。このテーマには、列島における東国と西国の社会的・文化的構造の差異を重視する研究視角がうかがえるが、かつてこの具体相を明らかにした網野善彦(1)は中世史研究会を活躍の場の一つとしていたことを想起すると、本大会にふさわしいテーマといえるだろう。

さて、網野が明らかにしたように、列島の東西には社会的・文化的構造の差異が存在し、前近代においてはそれがいっそう顕著だった。しかしその一方で、鎌倉期には列島の東西を結ぶ人・モノの盛んな交流があったことが明らかにされていることに鑑みると、列島の東西社会の差異を過度に強調し、両者を対立的に捉えることは控えるべきと考える。そこで本章では、列島の東西社会に盛んな交流があった実態を重視し、交流を通じて東国と西国それぞれに固有の社会構造が形成されたという認識を研究の視座に据えたい。

こうした視座に立って本大会のテーマについて考えたとき、一四世紀末から一五世紀初頭に進行した、京都と鎌倉を中心とした列島東西地域における支配権力と経済圏の分離化という現象は、交流を通じて形成された列島東西の社会構造に大きな影響を及ぼしたことが予想され、注目されよう。ただし、当該期以降も北関東などの東国の周縁部では、京都との交流が継続したことが知られており[(2)]、この点は留意する必要がある。本章では、以上の研究視座と問題意識をもとに、列島の東西社会交流の一媒体となった西遷・北遷武家領主を題材として、一三世紀後半から一四世紀にかけて彼らを受け入れた西国ないしは東国周縁部の社会が、一五世紀を画期にいかに変容したかを追究する。これにより、「列島東西の社会構造とその変質」の具体相の一端に迫ってみたい。

一　西遷・北遷武家領主の東国アイデンティティー

本節ではまず、西遷・北遷武家領主を受け入れた西国ないしは東国周縁部の社会では、いかなる地域秩序が形成されたかについて考察する。その際、東国武家領主の北遷よりも西遷の方が事例に富むため、西遷の事例に即して考察することにする。

上総国伊南荘から肥前国彼杵荘戸町浦に西遷した深堀氏は、一四世紀半ばに明意（深堀時通）の跡所領をめぐり、深堀時広（明意の子息）と同時元・清時兄弟との間で紛争が勃発した。この紛争の状況を詳細に伝える、時元・清時兄弟を鎮西管領へ提訴した次の時広の申状からは、西遷・北遷武家領主を受け入れた地域秩序の様相を具体的にうかがうことができる。

［史料一］「深堀文書」[(3)]

深堀三郎五郎時広謹言上、

（中略）

右、彼時元・同舎弟清時等、今年三月十一日、相語河原□〔源〕六・伊佐早四郎・榴平次入道以下与力人等、押寄時□□□〔広所領〕平山沢浦、致放火狼藉之間、就訴申、仰于両使遂検見、以起請文可注進之由、被成御奉書之刻、両使遂検□〔見〕、任実正、焼跡現在之由、使節定勝・通広等以□□□〔起請文〕令注進云々、如此御沙汰厳密之最中、奉忽緒御沙汰、今月十一日、彼時元相語河原源六・伊佐早四郎・榲平次入道以下与力人等、重押寄平山沢浦、致苅麦□〔狼〕藉之間、欲訴申之処、剰同廿二日、彼時元引率□□□〔件与力〕人等、重押寄平山沢浦、先度苅残之作麦悉以苅取之、結句、令刃傷時広下人丹藤三宗三郎等之条、言語道断之狼藉也、（中略）、且被成御奉書、被召出時元・同与力人伊佐早四郎・河原源六・榲平次入道以下輩等、放火苅麦刃傷狼藉等罪科重畳之上者、為向後傍輩、任定法為被行重科、言上如件、

暦応五年（一三四二）四月　日

この史料で注目すべきは、傍線部である。すなわち、時元・清時兄弟は、河原源六・伊佐早四郎・榲平次入道らを「与力人」として、時広の所領に対し、当年だけでも三度にわたって実力行使に及んだことが確認できる。ここからは、深堀氏内部の相続問題に河原・伊佐早・榲氏らが介入した様子が知られるが、これは取りも直さず、深堀氏の所領知行が河原・伊佐早・榲氏らによって保障されていたことを示している。すると、河原氏らは彼杵荘南方およびその東隣の伊佐早荘の在来武家領主だった(4)ことに鑑みると、深堀氏とその西遷先の在来武家領主とは互いに所領知行を保障し合う関係を築いていた実態が看取されよう。これが、西遷・北遷武家領主を受け入れた西国ないしは東国周縁部の社会に形成された地域秩序のあり方と理解できる。

こうした地域秩序のあり方からは、一見すると、西遷・北遷武家領主が在来武家領主によって構成されていた地域秩序に組み込まれ、両者は同化しつつあった様子が見て取れるように思われる。しかしながら、深堀氏はこの紛争を通じて「三浦深堀」と名乗るようになり、系譜関係がないにもかかわらず自らを有力東国武家領主である三浦氏の系譜に位置づけ、在来武家領主との出自の差異を主張するようになる(5)。この点に関して、西遷・北遷

武家領主の多くは西遷・北遷後も東国本領に由来する名字を使用したという事実を想起すると、先の深堀氏の主張は決して特異なものではないことに気づくだろう。すなわち、西遷・北遷武家領主は、在来武家領主によって構成されていた地域秩序に組み込まれたことを契機として、彼らとの差異を自覚し、自らが東国に出自を持つ武家領主であるという自己認識を表出したのである。したがって、西遷・北遷武家領主を受け入れた西国ないしは東国周縁部の社会では、西遷・北遷武家領主と在来武家領主との出自＝政治的立場の差異を構造化した地域秩序が形成されたと理解できよう(6)。

西遷・北遷武家領主が在来武家領主との出自＝政治的立場の差異を自覚するようになった契機は、右で述べたように、彼らが在来武家領主によって構成されていた地域秩序に組み込まれた点にあると考える。すると、西遷・北遷武家領主は東国本領に由来する名字を使用して「東国出身」者であるという自己認識を表出することで、在来武家領主と一線を画し、彼らとの同化を避けようとしたと考えられよう。本章では、このように西遷・北遷武家領主が在来武家領主との同化の忌避＝差別化を目的として表出した自己認識を、東国アイデンティティーと呼ぶことにする(7)。

さて、西遷・北遷武家領主が東国アイデンティティーを表出した目的が在来武家領主との差別化にあったとするならば、東国アイデンティティーとは在来武家領主に対する優越意識を含意していたと考えられるが、それは一四世紀の東国御家人の歴史認識に根ざしたものだったと見受けられる。すなわち、田辺旬の研究(8)によると、鎌倉末期の御家人たちは、源頼朝の家人となった先祖によって自らの家が開創されたという歴史認識を持ったという。このような鎌倉末期の御家人たちの歴史認識は、一三世紀後半に現れた頼朝権威の高揚に連動して形成されたものだったと思われるが(9)、注意すべきは、これが御家人一般ではなく東国御家人特有の歴史認識だったという点である。すると、ここから一四世紀の東国御家人のなかには、先祖が頼朝の家人になって鎌倉幕府の草創に携わり、自らの家が開創されたことを誇る優越意識が醸成された様子がうかがえよう。これが東国アイデンティティーの思想的基盤になったと考えられるのである。

東国アイデンティティーを表出した西遷・北遷武家領主は、置文や伝承を通じて自らの家の創始者と認識した先祖と頼朝との関係を確認し、これを再生産した様子がうかがえる。たとえば、武蔵国入西郡小代郷から肥後国野原荘に西遷した小代氏の場合、一四世紀初頭に作成された伊重の置文のなかに、先祖の行平が頼朝に親しく仕えた事績が記されたことが確認できる[10]。置文は、譲状と同じく譲与者＝置文作成者の死後に被譲与者（相続人）に公開され、その後、嫡流家に保管された[11]。このことに鑑みると、伊重の置文も彼の死後に被譲与者に公開されて内容の共有が図られ、その後、嫡流家に保管された置文は祖先祭祀の機会ごとに一族に公開されたと推測される[12]。こうして、先祖の行平が頼朝に親しく仕えたという事績は伊重の子孫たちに伝えられて共有され、小代氏は東国アイデンティティーを再生産していったと考えられる。

また、武蔵国大里郡久下郷から丹波国氷上郡栗作郷に西遷した久下氏の場合、享禄四（一五三一）年に成立した系図[13]のなかに、重光が石橋山合戦の際に先陣を務めたことで頼朝から賞され、「一番」の文字が記された旗を賜ったというエピソードが確認できる。このエピソードは『太平記』にも見えるので[14]、少なくとも一四世紀以来久下氏のなかで語り継がれてきた伝承と見られる。久下氏は、こうした伝承を語り継ぐことで先祖の重光が頼朝の挙兵を支えたという歴史を一族で共有し、東国アイデンティティーを再生産したと考えられよう[15]。このように西遷・北遷武家領主の家に伝わった置文や伝承は、東国アイデンティティーの再生産装置になったと見られるのである。

なお、陸奥国信夫荘から伊勢国一志郡肥留へ西遷した佐藤氏も、南北朝期に作成されたと指摘されるその系図[16]を見ると、奥州合戦に際して師広が白旗を掲げ「安達大木戸」にて頼朝のもとに参陣したところ、頼朝が自筆で

「寿文」を書いて旗の蟬口に取り付けたというエピソードが確認できる。奥州合戦の際に頼朝方に与した陸奥国の武家領主も、関東の武家領主と同様に先祖と頼朝との関係を語り継ぎ、東国アイデンティティーを表出・再生産していったことが知られよう。東国アイデンティティーは、先祖が頼朝の家人になった「東国」の武家領主に広く芽生えた様子がうかがえ、興味深い。

二　鎌倉期東国武家社会の権威化と相対化

西遷・北遷武家領主を受け入れた西国ないしは東国周縁部の社会では、西遷・北遷武家領主と在来武家領主との出自＝政治的立場の差異を構造化した地域秩序が形成され、そのなかで前者は東国アイデンティティーを表出した。次に本節では、この東国アイデンティティーのその後の展開について考察する。

前述したように、西遷・北遷武家領主は東国本領に由来する名字を名乗り続けたが、これは彼らの東国アイデンティティーを可視化する現象として理解できる。そして、これが西遷・北遷先の社会で通用したということは、東国アイデンティティーが在来武家領主たちに受け入れられたことを表していると考えられるが、次の考古学の成果は、この様子を具体的にうかがうことができ、注目される。

すなわち、小野正敏によると、各地で発掘される一五世紀から一六世紀にかけての城館からは、白磁四耳壺・梅瓶、青磁盤・酒海壺、青磁花生・花瓶・太鼓胴盤、青磁器台、天目茶碗・茶入・茶壺、香炉といった鎌倉の御家人屋敷から出土する唐物威信材と同器種ないしは同時代のものが多く出土するという(17)。小野は、これらを「鎌倉モデル」と呼び、「鎌倉で使われていた威信財という武家の価値観が、連綿と戦国大名の中に継承された(18)」と評価している。ここで注目すべきは、この「鎌倉モデル」は周防国の大内館（大内氏）や伊予国の湯築城（河野氏）などの東国に出自を持たない武家領主の城館からも出土しているという事実である。つまり、この事実は、東国アイデンティティーに付随したと考えられる鎌倉期の東国武家社会で形成された価値観を、一五世紀から一六世紀にかけての在来武家領主も権威の源泉と認めたことを示しており、東国アイデンティティーが在来武家領主に受け入れられた様子を具体的に示していると捉えられるのである。

加えて、在来武家領主である大内氏に関しては、一五世紀半ばから一六世紀前半における次の動向も注目される。すなわち、まず一つは、大内氏は一五世紀半ばに家臣団の再編を行ったが、その際に「御家人制」を導入し、家臣団に対する宛行状を袖判下文の様式で発給するようになったことである(19)。

【史料二】「先大津河原村庄屋久保平右衛門家文書(20)」

（花押）

下　久保新左衛門尉行経

可令早領地長門国阿武郡福田村四拾石足

右以人、所充行者也、守先例、可全領知之状如件、

長禄二年（一四五八）三月十一日

大内氏が右のような袖判下文を発給するようになったことについて、川岡勉は、「大内氏が将軍家にとって代わる機能を果たすに至ったことを示す(21)」と指摘している。ここで川岡が指摘している「将軍家」とは室町幕府のそれであり、川岡は大内氏の御家人制を、室町幕府の御家人制を意識したものと捉えているようである。しかしながら、当時の室町幕府では袖判下文は消滅した文書だった(22)ことに鑑みると、大内氏が意識した御家人制とは鎌倉幕府の御家人制と考えるのが至当だろう。したがって、大内氏が御家人制を導入した目的とは、当主を鎌倉幕府の将軍家に擬し、鎌倉期の東国武家社会の秩序を規範として家臣団を再編することにあったと考えられよう(23)。

もう一つは、一六世紀前半に家臣の右田弘詮が行った、鎌倉幕府の正史である『吾妻鏡』の集成事業である。

これも、大内氏が鎌倉期の東国武家社会を意識した事業だったと考えられる。

すなわち、右田が集成した『吾妻鏡』の巻末識語には、「此関東記録〈号吾妻鏡〉者、為文武諸道之亀鑑之由、年来雖触耳、依非世流布之類、不能遂一見之、既難達宿望之処、去文亀之初、不慮得便宜写本」[24]とある。周知の通り、『吾妻鏡』は早くに散逸しており、当時はすでに入手困難な稀覯本になっていた。しかも、揃いの完本の形で伝来しておらず、一部の記事のみを断片的に写し留めた抄出本や数年分の零本の形で伝わっている場合がほとんどだった[25]。右の識語に「依非世流布之類」とあるのは、こうした当時の『吾妻鏡』の状態を表しており、そのため右田は、これを「一見」することを「宿望」としていたのである。ここで興味深いのが、それにもかかわらず、右田の周りでは『吾妻鏡』を「文武諸道之亀鑑」になる書籍と認識していたという事実である。この事実から、当時の右田をはじめとする大内氏家中の人びとは『吾妻鏡』に対して憧憬を抱いていた様子がうかがえるが、これが『吾妻鏡』集成事業の動機になったことは疑いない。そして、その根底には、『吾妻鏡』に描かれた鎌倉期の東国武家社会を権威化して捉える風潮があったと考えられよう。

このように一五世紀半ばから一六世紀前半の大内氏では、鎌倉期の東国武家社会の秩序を規範として家臣団の再編を行い、かつそれを権威化して捉えるようになった様子がうかがえるのである。文献史料からも、当該期の大内氏は東国アイデンティティーに付随したと考えられる鎌倉期の東国武家社会の規範や価値観を受容した様子が知られるわけだが、このような大内氏の動向も、東国アイデンティティーが在来武家領主に受け入れられたことを示す事例として注目されよう。

それでは、東国に出自を持たないにもかかわらず、なぜ在来武家領主は東国アイデンティティーを受け入れたのだろうか。この点に関して、一五世紀から一六世紀にかけての城館から「鎌倉モデル」が出土することを指摘した小野は、それが京都の東山殿の室礼のあり方や唐物の価値について記した『君台観左右帳記』のなかに描かれ、朝倉氏や大内氏がこれを所持していた事実に着目し、鎌倉幕府を武家政権のルーツと意識した足利将軍に裏づけされ、発信された価値観を戦国期の武家領主が受容したことを示していると論じた(26)。在来武家領主が東国アイデンティティーを受け入れた要因として、足利将軍によってオーソライズされた規範の存在を想定する小野の議論は大変興味深く、首肯できるが、もう一つの要因として、日常的に交流する西遷・北遷武家領主からの影響も考えてみる余地があるだろう。

すなわち、在来武家領主は西遷・北遷武家領主とともに地域秩序を形成したことで、西遷・北遷武家領主と日常的に交流したと考えられる。そしてそのなかで、西遷・北遷武家領主が発信する自らの先祖が鎌倉幕府の草創に携わったことを誇る歴史認識や、鎌倉期の東国武家社会で形成された規範や価値観に触れることで、東国アイデンティティーに馴染み、これを受け入れていったのではなかろうか。ただし、西遷・北遷武家領主が発信する歴史認識は在来武家領主に対する優越意識を含んでいたため、在来武家領主がこれを容認したとは考えにくい。東国アイデンティティーに付随した諸要素について、在来武家領主は自らの都合に適合するものだけを選択して受容したと見るべきだろう。在来武家領主はいわば、東国アイデンティティーを換骨奪胎して受け入れたと考えられるのである。

そして、その背景として看過できないのが、一四世紀末から一五世紀初頭に進行した、京都と鎌倉を中心とした列島東西両地域における支配権力と経済圏の分離化という現象である。すなわち、植田真平によると、当該期の列島社会では鎌倉府ならびに鎌倉を中心とする支配権力・経済圏と室町幕府ならびに京都を中心とする支配権力・経済圏とが分立し、前者には地域的な自律性と完結性を持つ東国社会が成立したという(27)。この指摘を踏まえると、列島東西両地域において支配権力と経済圏が分離し、西国および東国周縁部の社会と東国社会との交流が縮小したことで、西国および東国周縁部の在来武家領主は武家社会のルーツとなった鎌倉期の東国武家社会に対する憧憬を抱き、これを権威化して捉えるようになったと考えられよう。これが、東国アイデンティティーが在来武家領主に受け入れられた素地になったと考えられるのである。

しかしその一方で、東国の周縁部に北遷した東国武家領主のなかには、一五世紀前半に名字を東国本領に由来するものから北遷先の所領に由来するものへ改める者が現れた。たとえば、越後国奥山荘に北遷した和田氏は、当該期に名字を「中条」や「黒川」に改めているのである。これはいったい、北遷武家領主のいかなる認識を表しているのだろうか。この問題について、次の史料が注目される。

【史料三】「中条文書」(28)

記録

前土佐守平房資法名秀叟、曽祖父茂資■《宮》将軍之諍之時、尊氏将軍参御方、於諸国在々所々合戦仁度々高名是抜群也、関東薩埵山之合戦仁忠節依異他、将軍尊氏自武羅於曳割、於馬上酸苗《カタハミ》之文(紋)於嚙剪、軍忠之号テ証拠ト家文仁賜所也、是施ス面目ヲ者歟、於モ一家ニ此文可限当方仁者哉、(後略)

一五世紀半ばに中条房資によって作成された、中条氏の歴史をまとめた記録である。この史料で注目すべきは、房資は自家の歴史を曽祖父の茂資が足利尊氏のもとに参陣したところから説き起こしており、頼朝ではなく尊氏との関係から自家が始まったと認識している点である。ここから一五世紀半ばの北遷武家領主のなかには、鎌倉期の東国武家社会を相対化する歴史認識を持つ者が現れたことが知られよう。このような歴史認識を持った北遷武家領主が、名字を東国本領に由来するものから北遷先の所領に由来するものへ改めたと考えられる。

中条氏がこのような歴史認識を持つに至った契機としては、応永三〇（一四二三）年に勃発した越後応永の乱の影響が考えられる。守護上杉派と守護代長尾派とが衝突したこの乱は、京都の室町幕府と関東の鎌倉府とがそれぞれ守護派・守護代派を後方から支援したことで、京都—鎌倉間の対立と連動しながら展開した(29)。房資は、この乱に幕府が支援する守護派の中心人物の一人として参戦し、鎌倉府と敵対した。しかし、翌年二月に鎌倉公方足利持氏が将軍足利義持に恭順の意を示したことで京都―鎌倉間の関係が改善され、乱も終息に向かったが、この直後にはじめて「和田中条」という名字が確認できるのである[30]。この事実に鑑みると、幕府＝守護派の中条氏は、鎌倉府＝守護代派との緊張関係という現実の政治状況を背景に、鎌倉府と距離をとる志向性を持つようになり、そこから鎌倉府を中心とする東国武家社会のベースとなった鎌倉期の東国武家社会を相対化する歴史認識を芽生えさせたと考えられよう。

一五世紀になっても東国の周縁部は京都との交流が継続したこともあり、中条氏のように幕府と結びついて鎌倉府と敵対する北遷武家領主が現れた。こうした者たちは、鎌倉期の東国武家社会を相対化する歴史認識を持つようになり、西遷武家領主や西国の在来武家領主と異なり東国アイデンティティーを希薄化させていったと考えられる。したがって、西国社会と東国周縁部の社会とでは、一五世紀を画期に東国アイデンティティーの影響力という点において対照的な社会が形成されたと考えられるのである。

おわりに

以上、本章では、列島の東西社会交流の一媒体となった西遷・北遷武家領主を題材として、彼らが表出した東国アイデンティティーという自己認識の展開に着目しながら、彼らを受け入れた西国ないしは東国周縁部の社会が、一五世紀を画期にいかに変容したかを追究した。本章の内容をまとめると次の通りとなる。

一三世紀後半から一四世紀にかけて、西遷・北遷武家領主を受け入れた西国ないしは東国周縁部の社会では、西遷・北遷武家領主と在来武家領主との結合が進み、前者は後者によって構成される地域秩序に組み込まれていった。こうした動向を受けた西遷・北遷武家領主は、先祖が源頼朝の家人になり、鎌倉幕府の草創に携わったことを誇る優越意識を醸成させたことを思想的基盤として、「東国出身」者であるという自己認識＝東国アイデンティティーを表出し、在来武家領主との差別化を図った。そして彼らは、置文や伝承を通じて先祖と頼朝との関係を確認し、東国アイデンティティーを再生産していった。

西遷・北遷武家領主が表出した東国アイデンティティーは、日常的な交流を通じて在来武家領主に受け入れられた。ただし、東国アイデンティティーに含まれた西遷・北遷武家領主の在来武家領主に対する優越意識は、在来武家領主に受け入れられなかったと見られることから、在来武家領主は東国アイデンティティーを自らの都合に適合させる形で換骨奪胎して受け入れたと考えられる。そしてその背景には、一四世紀末から一五世紀初頭において進行した、列島東西両地域における支配権力と経済圏の分離化という現象があった。これにより西国および東国周縁部の社会と東国社会との交流が縮小したことで、西国および東国周縁部の在来武家領主は武家社会のルーツとなった鎌倉期の東国武家社会に対する憧憬を抱き、これを権威化して捉えるようになったのである。しかしその一方で、東国の周縁部は京都との交流が継続したこともあり、幕府と結びついて鎌倉府と敵対する北遷武家領主が現れた。彼らは、鎌倉府を中心とする東国武家社会のベースとなった鎌倉期の東国武家社会を相対化する歴史認識を持つようになり、西遷武家領主や西国の在来武家領主と異なり東国アイデンティティーを希薄化させていった。こうして西国社会と東国周縁部の社会とでは、一五世紀を画期に東国アイデンティティーの影響力という点において対照的な社会が形成されたのである。

本章では、西遷・北遷武家領主が表出した東国アイデンティティーという自己認識の展開に焦点を当てて考察したため、これが西遷・北遷武家領主の領主支配にいかなる影響を与え(31)、支配対象となった地域社会にどのような変化をもたらしたのかについては考察が及ばなかった。また、大内氏が自らの始祖を百済の琳聖太子としたように(32)、在来武家領主は東国アイデンティティーを受け入れる一方で、それとは異なる独自のアイデンティティーを持っていたが、両者はどのように止揚されたのだろうか。これらの問題は、いずれも「列島東西の社会構造とその変質」を追究するうえで重要な課題と考えるが、ひとまずここで擱筆して諸賢のご批正を仰ぐこととしたい。

（1）　網野善彦『東と西の語る日本の歴史』（そしえて、一九八二年）。
（2）　清水亮「南北朝・室町期の「北関東」武士と京都」（江田郁夫・簗瀬大輔編『中世の北関東と京都』高志書院、二〇二〇年）。
（3）　暦応五年四月日付深堀時広申状（『南北朝遺文九州編』一七七六号）。
（4）　彼杵荘と伊佐早荘が存在した肥前国東・西彼杵郡および南・北高来郡の在来武家領主（小地頭）については、『長崎県史　古代・中世編』中世編一第三章第一節・第二節（長崎県、一九八〇年、瀬野精一郎執筆）が、網羅的に紹介・検討している。
（5）　この点については、拙稿「「三浦深堀」氏の誕生」（『三浦一族研究』一五、二〇一一年）参照。
（6）　清水亮「鎌倉幕府御家人制が中世後期に遺したもの」（秋山哲雄・田中大喜・野口華世編『増補改訂新版　日本中世史入門』勉誠出版、二〇二一年）は、一四世紀に東国御家人出身者と西国御家人出身者が一揆などの結合を結んでいく動向について、「東国御家人と西国御家人の差別が、地域社会レベルで解消の方向に向かっていたことを示唆している」（二三四頁）と指摘している。この清水の指摘は、東国御家人（東国武家領主）の西遷によって、地域社会では彼らと西国御家人（在来武家領主）との権力編成上の差別が解消されていくことを指摘したものであり、異論はない。しかしその一方で、西遷・北遷武家領主の自意識という観点から見ると、地域社会における彼らと在来武家領主との差異は構造化したように思われる。
（7）　河合正治「鎌倉幕府の成立と西国の動向」（『歴史教育』八―七、一九六〇年）は、西遷御家人は東国本領を維持することで西国御家人に対する優越意識を持ったと指摘しており、東国アイデンティティーに関する先駆的な指摘として注目される。しかし、東国アイデンティティーの形成は、東国本領の維持ではなく、西遷・北遷後の在来武家領主との関係性から考えるべきだろう。

（8）田辺旬「鎌倉期武士の先祖観と南北朝内乱」（『鎌倉遺文研究』四二、二〇一八年）。
（9）この点については、鈴木由美「鎌倉期の「源氏の嫡流」」（日本史史料研究会編『将軍・執権・連署』吉川弘文館、二〇一八年）参照。なお、一三世紀後半における頼朝権威の高揚の背景には、細川重男「右近衛大将源惟康」（『鎌倉北条氏の神話と歴史』日本史史料研究会、二〇〇七年、初出二〇〇二年）が論じる、北条時宗政権が推進した七代将軍惟康王の頼朝化政策があったと考えられる。
（10）「肥後古記集覧」（年月日欠）小代伊重置文写（『東松山市史　資料編第二巻　古代～中世　文書・記録・板石塔婆編』東松山市、一九八二年、三三九号）。この史料については、さしあたり、石井進「武士の置文と系図」（『鎌倉武士の実像』平凡社、一九八七年、初出一九八六年）参照。
（11）石井進同右論文は、伊重の置文に見える「鎌倉ノ御料」や「右大将ノ御料」を頼朝と解釈している。これに対し、大会当日の討論において、「御料」には貴人の妻という意味もあるので、これは北条政子を指すのではないかという質問が寄せられた。しかし、置文には「鎌倉ノ右大将ノ御料ノ御兄悪源太殿」ともあるので、やはり頼朝と解釈するのが妥当だろう。
（12）この点については、拙稿「中世武家の置文と譲状」（『国立歴史民俗博物館研究報告』二二三、二〇二一年）参照。
（13）「久下靖家文書」久下系図（『熊谷市史　資料編二　古代・中世　本編』熊谷市、二〇一三年、第五章所収）。
（14）『太平記　二』（日本古典文学大系34、岩波書店、一九六〇年）巻第九「足利殿着御篠村則国人馳参事」。
（15）ただし、実際のところ、久下氏は石橋山合戦には平家方として参戦したため、このエピソードは史実とは異なる言説となる。この点について、田辺旬「鎌倉幕府の戦死者顕彰」（『歴史評論』七一四、二〇〇九年）は、鎌倉幕府が石橋山合戦を幕府開創の記念碑的な合戦に位置づけて顕彰した政策の影響と指摘している。
（16）佐藤系図ならびに信夫佐藤氏については、石水博物館編『重要文化財　佐藤家文書の世界』（石水博物館、二〇一一年）参照。なお、佐藤系図については、桐田貴史氏のご教示を得た。記して感謝申し上げる。
（17）小野正敏「威信財としての貿易陶磁と場」（小野正敏・萩原三雄編『戦国時代の考古学』高志書院、二〇〇三年）、同「唐物威信財と武家社会」（『陶説』七四五、二〇一五年）。
（18）小野正敏「平泉、鎌倉、一乗谷」（『平泉文化研究年報』一五、二〇一五年）一四頁。

(19) この点については、川岡勉「大内氏の軍事編成と御家人制」（『室町幕府と守護権力』吉川弘文館、二〇〇二年、初出一九八二年）。
(20) 長禄二年三月一一日付某袖判下文（『萩藩閥閲録遺漏』巻四ノ一）。川岡同右論文は、本史料を大内氏袖判下文の初見としている。
(21) 川岡注(19)論文、三〇一頁。
(22) この点については、上島有「室町幕府文書」（『日本古文書学講座　第四巻　中世編一』雄山閣出版、一九八〇年）参照。
(23) [史料二] が発給された当時の大内氏当主は、大内教弘だった。伊藤幸司「中世西国諸氏の系譜認識」（九州史学研究会編『境界のアイデンティティ　『九州史学』創刊五〇周年記念論文集　上』岩田書院、二〇〇八年）によると、教弘は嘉吉の乱で死去した持世に変わって急遽家督を継承したため、自身を領国における唯一の公権力者として位置づけるなど、立場の確立に努めたという。大内氏の御家人制の導入も、こうした教弘の施策の一つと理解できよう。
(24) 和田英松・八代国治編『校訂増補　吾妻鏡　第三』（広谷国書刊行会、一九一五年）。
(25) 高橋秀樹「吾妻鏡の諸本」（佐藤和彦・谷口榮編『吾妻鏡事典』東京堂出版、二〇〇七年）は、現存する『吾妻鏡』の代表的な諸本を紹介している。
(26) 小野注(17)・(18)論文参照。
(27) 植田真平「東国社会と鎌倉府権力の展開」（『歴史学研究』一〇〇七、二〇二一年）。
(28) 享徳三（一四五四）年四月二八日付秀叟（中条房資）軍功記録（『室町遺文関東編』〈以下、『室関』と略称〉四一四一号）。
(29) 越後応永の乱については、『中条町史　通史編』第二編第三章第三節（中条町、二〇〇四年、田村裕執筆）、黒嶋敏「奥羽から見た越後応永の乱」（『国立歴史民俗博物館研究報告』二四五、二〇二四年）参照。
(30) 「中条文書」応永三二（一四二五）年六月一日付長尾朝景書下写（『室関』二一二二号）。なお、「黒川」という名字の初見史料は、「三浦和田黒川文書」正長元（一四二八）年六月九日付性景（長尾邦景）書下（『室関』二四五五号）である。越後応永の乱において、黒川氏は当初守護代派に与したが、乱後に幕府に従った。

（31）　海津一朗「中世在地社会における秩序と暴力」（『歴史学研究』五九九、一九八九年）は、西遷した東国武士は家系の名誉意識を打ち出し、自らの家・家風を軸にした新秩序を在地社会に打ち立てていく際のイデオロギー的バックボーンにしたと論じている。また、野口実「中世東国武家社会における苗字の継承と再生産」（同編『第二期関東武士研究叢書第五巻　千葉氏の研究』名著出版、二〇〇〇年、初出一九九七年）も、千葉氏を事例に、西遷・北遷御家人は東国本領に由来する名字を称することで幕府創業の功臣としての名誉ある家系を主張し、在地支配のイデオロギー的バックボーンとしたと論じている。両氏が着目した東国武士（御家人）の家系の名誉意識は、本章で論じた西遷・北遷武家領主の東国アイデンティティーに通じるものと考えられ、東国アイデンティティーが西遷・北遷武家領主の領主支配に与えた影響を考えるうえで示唆に富む。

（32）　大内氏の琳聖太子後胤説話については、さしあたり、須田牧子「大内氏の先祖観の形成とその意義」（『中世日朝関係と大内氏』東京大学出版会、二〇一一年、初出が二〇〇二年・二〇〇六年の二論文を統合）、伊藤注（23）論文参照。

〔付記〕　本稿は、ＪＳＰＳ科研費JP19H01313「西遷・北遷東国武士の社会的権力化」（研究代表者：田中大喜）の成果の一部でもある。

第3章　瀬戸内海流通の構造転換――「陶晴賢安芸厳島掟書写」の再考――

中島雄彦

はじめに

中世後期の流通をめぐって、脇田晴子や佐々木銀弥は京都を中心とした市場圏とその求心的な流通構造を提示した。(1)

これに対して三浦圭一は「地域的分業流通」の重要性を見出し、鈴木敦子は「在地の市場を包摂した地域経済圏」の形成と畿内への求心性をともなわない地域間の遠隔地流通を提唱した。(2)鈴木は、安芸国内流通と瀬戸内海流通の接点となる厳島、また地域市場であり厳島から安芸国内陸部への中継地であった廿日市を史料から読み解き、厳島を中心とする地域経済圏の存在を明らかにしたのである。

やがて、応仁の乱以降の首都市場圏の求心性に疑問を投げかける研究がみられるようになり、(3)一九九〇年代になると、畿内に直結しない物流ルートが多く検出されるようになった。(4)また、考古学研究との相乗効果もみられるようになった。(5)守護・戦国大名の領国経済圏によって首都市場圏が相対化されていくとする分析や、(6)一六世紀の流通を遠隔地間流通と首都圏流通と海外貿易の三重構造とみる研究は、(7)参照すべき流通史研究の成果と言える。

一方、多くの市場（経済圏）と物流ルートが検出されたものの、それらの相関関係や変遷については、多くが未解明として残されている。戦争によって領国経済が刻々と変化し、海外との交易がある種活発化する一六世紀にあっては、市場と各々のルートの関係性を動態的に捉えることが求められる。本章では、鈴木敦子が取り上げた史料の一つである「陶晴賢安芸厳島掟書写」の再考を通じて、厳島を結節点とするルートの関係性を考察し、瀬戸内海流通の構造転換の一齣に迫りたい。

一　「警固米」と「唐荷駄別役銭」

本章で検討の中心となる史料を次に掲げる。

［史料一］「陶晴賢安芸厳島掟書写」[8]

　　掟　　有御判（陶晴賢）

一(1) 当嶋（厳島）見世屋敷事、当町人之外不可存知事

一(2) 諸廻舟着岸舟留停止事

一(3) 対諸廻船、警固米被申懸之儀無謂事

一(4) 御家来衆、寄事於左右、無道之取操無謂事

一(5) 於嶋中、博奕停止事

一(6) 於当嶋、諸国商人付合時、或号国質・所質互公事申結事者、自今以後可停止事

一(7) 当山木守役事、無油断可裁判事

　付、木守有背申旨族者、搦取其身至山口可列下事

右、前々就或地下、就或諸商人、仮権家非分之沙汰在之云々、併諸国之煩甚不可然也、向後者、以有道之儀、

行《（被）》定直《（置）》所也、若有違犯族者、不謂他国人、可被加刑伐、爰御分国中輩者、点定家財、其上猶可被削子々孫々
跡者也、仍下地《（知）》如件、

天文廿一・二月廿八日　　　　奉
丹後守《（江良房栄）》

行論の前に厳島を膝下社領とする厳島社の組織、ならびに厳島をめぐる政治情勢について概観しておこう。

平安末期以降、厳島社は、神主、社家・内侍・供僧（「社家三方」とされる）によって構成され、神主が統括した。承久の乱に際して藤原親実が神主職を幕府より与えられ、永正五（一五〇八）年に大内氏に随伴して上京した興親が死去するまで藤原氏が神主職を相続する。興親没後、藤原神主家の血縁である友田氏が神主となるが、友田氏は尼子氏・安芸武田氏に与して大内氏と争い、天文一〇（一五四一）年四月、大内氏の侵攻をうけて神主の友田広就は父興藤と揃って桜尾城・五日市城にて自害した。これにより藤原氏血流の神主は断絶した。その後、同年一二月、藤原神主家の姻戚関係にあたる杉景教が大内義隆によって神主に取り立てられた。神主はいわば在地領主的存在であったが、義隆は所領を前代に比べて大幅に削減した。一方、興親没後、社家のなかでも大宮の棚守役を勤仕する棚守房顕が大内氏との師檀関係から権勢を増し、友田氏が滅んだのちは厳島社の経営の中心となった[9]。

大内義隆は、尼子氏・安芸武田氏らと連携して反大内氏陣営にあった大友氏と天文七（一五三八）年に講和。同一〇年五月に武田氏を滅ぼし、安芸国を掌中に収め、同一六年には河野氏、能島村上氏と講和した。しかし、天文二〇（一五五一）年九月一日に、重臣であった陶晴賢によって自害に追い込まれる（大寧寺の変）。陶晴賢は謀叛の早い段階から厳島を占拠したという[10]。晴賢は翌二一年三月に大友晴英（大内義長）を山口に迎えた[11]。毛利元就は挙兵から晴賢に従っていたが、天文二三年五月に晴賢と断交、弘治元（一五五五）年九～一〇月の厳島合戦で勝利し、晴賢を自害させ、その後、同三年四月に大内義長を滅ぼした[12]。

さて、［史料一］は「大願寺文書」として伝えられており、陶晴賢が定めた掟書を、晴賢の奉行人である江良房栄が奉者となって発給し、それを大願寺が写し取ったものである。

大願寺は厳島内の寺院で、藤原神主時代に厳島社の造営領を神主より安堵され、天文一〇年以降は、鍛冶・番匠・檜皮師などの職人を統率するようになった。また、大願寺は、大内氏に「当嶋中無主屋敷」を「造営料所」として安堵され[13]、さらに、自ら買得するなどして厳島内に屋敷を集積している[14]。こうしたことを背景に、大願寺は「陶晴賢安芸厳島掟書」を写し取る必要があったものと推測される[15]。第七条「付、木守有背申旨族者、搦取其身至山口可列下事」や大内氏、毛利氏による厳島支配に関する先行研究から[16]、大願寺は、屋敷地の管理や商業活動を監督する陶氏の現地代理人的存在を通じて同掟書を発給と同時期に実見したと考えられる。

（1）白井氏による「警固米」の徴収

［史料一］第三条に対しては、陶晴賢の施策として消極的な評価が多く見られる。本項では第三条の「警固米」について検討する。第三条について、鈴木敦子は「陶氏が海賊衆村上氏の駄別料徴収を禁止したものを法令化した条文である」と述べており[17]、松井輝昭も能島村上氏による「唐荷駄別役銭」徴収の禁止も含まれていると解していることから[18]、次項で「駄別料」・「唐荷駄別役銭」について考察を加えることで、まず両者が同一のものであるのか明らかにしていきたい。「警固米」賦課に関する事例として白井氏を取り上げる。

［史料二］「大内氏奉行人連署書状」[19]

当①社法会之時、予州衆参詣之処、諸②浦警固衆諸事違乱之条、近③年一円与州船無着津之間、迷惑之由、以連署之状言上之通、遂披露之処、被成御心得候、向後之儀、聊④不可有違乱之由、対警固衆堅固被　仰付之条、成奉書候、各可被得其心候、恐々謹言

五月廿一日

（青景）隆著（花押）

（龍崎）隆輔（花押）

厳島
社家三方中

本史料の年代は天文一六（一五四七）年と推定されている[20]。伊予からの厳島社法会の参詣者に対して（傍線部①）、「警固衆」が「違乱」をおこなっていた（傍線部②）。そのため、伊予からの着船が無くなってしまい、「迷惑」であることを社家三方が愁訴した（傍線部③）。そこで、大内義隆は「警固衆」へ「違乱」の停止を命じた（傍線部④）。その「警固衆」の一つが白井氏で、文中に見える「奉書」（傍線部④）が次の史料である。

［史料三］「大内氏奉行人連署書状案[21]」

①厳嶋法会之時、予州衆参詣之処、②号警固諸事違乱之条、③近年一円与州船無着津之間、社家衆迷惑之由言上之趣、遂披露之処、於事実者不可然候、④殊当時御和談之上者、聊不可有其煩之由、被　仰出候、向後可被成其覚悟事肝要之由、堅固可申之旨候、恐々謹言、

五月廿一日

青景越後守　隆著　在判

龍崎賀加守（ママ）　隆輔　同

陶尾張守　隆房　同

白井孫次郎殿（隆徹）

白井縫殿助殿（房胤）

白井備後守殿（之徹）

［史料三］を受けて、白井氏は厳島社の棚守房顕に対して反駁している。

【史料四】「白井氏連署書状」[22]

猶申候、①警固米事有様義候之条、依其社参之舟相滞儀有間敷候、御申談候、不及覚悟存候、
依御注進被成御奉書候、仍而予州舟参詣之時我等致違乱候之由、被　仰出候、如何成儀共御申候哉、②然者与
州舟無渡海之通、両三人事、近年宮嶋表御警固義不勤申候、其上警固前之儀、且而不存知候、併御注進故候、
仰天仕候、依御返状山口以参上可致言上候、恐々謹言、

九月十六日　　房胤（花押）
之徹（花押）
隆徹（花押）

野坂左近将監殿（棚守房顕）
御宿所

警固衆の「違乱」とは「警固米」の徴収であった（傍線部①）。白井氏側の主張は、「警固米」を課すことは以前からあったことであり、これをもって伊予からの参詣者を乗せた船が滞ることはないというものである。「警固米」を課すことは「違乱」ではないという認識であった。傍線部②では、伊予からの渡航船が無いことから「宮嶋表」では「警固」はつとめていないと述べており、「近年」においても、白井氏は「宮嶋表」以外の海域では「警固米」を徴収していたとみられる。

白井氏は仁保島周辺を本拠とする海洋領主であり、「海上諸公事」を武田氏に安堵されていたが[23]、大永七（一五二七）年より大内氏の麾下に属することとなる。松岡久人は、「上乗権と警固米徴収権が仁保島近海において存在したことは明らかであり、白井氏が有した仁保島海上公事というのは少なくともこれらの権限を含む包括的な権限であったであろう」と述べている[24]。白井氏の活動はおもに広島湾内であったと考えられ、天文九（一五四〇）

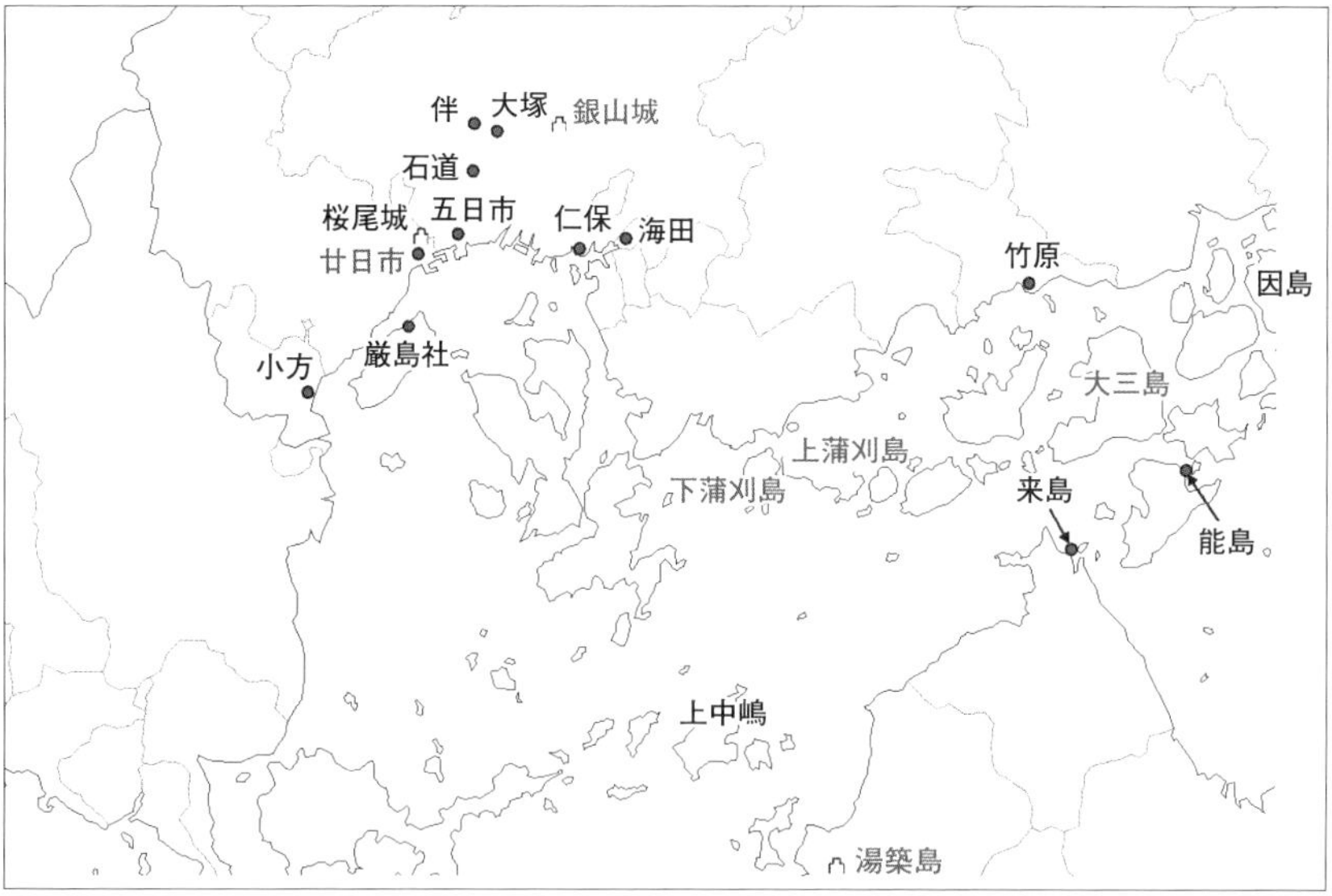

厳島周辺関係図　※現在の白地図に加筆して作成

年には、「従小方至開田《（海田）》渡海船」を「自佐東河内海賊」（＝武田水軍）から防衛したことに対して大内氏から感状を受けている[25]。

また、白井氏は大内氏の水軍として伊予に遠征することもあった。小原隆名（中務丞）に宛てた天文一〇（一五四一）年七月二八日「白井房胤手負注文[26]」には、「今度至与州上中嶋、為御警固小原中務丞一所仁被差遣」とある。注目したいのは、その軍事活動が「警固」とされていることである。これは、大内氏側からの史料でも確認される[27]。［史料三］傍線部②の「号警固」からは、大内氏に認められた活動であれば「警固」であったことが窺われ、「警固米」の賦課も認可されたと考えられる。

陶晴賢謀叛時の白井氏の動向は不明ながら、謀叛後、程なく陶氏に属したと推測される。天文二二（一五五三）年には、白井賢胤（房胤）が、大内義隆に安堵された「所帯」を大内義長から安堵されている[28]。

（2）能島村上氏による「駄別料」の徴収

「唐荷駄別役銭」に関する史料をみていく。

［史料五］「大内氏奉行人連署奉書」(29)

①唐荷駄別役銭之事、②村上善靏丸愁訴之条、被　仰付之処、③厳嶋其外於津々浦々荷物点検之間、迷惑之由、言
上之趣遂披露、被成御心得候、然者④於堺津、日向薩摩唐荷役如旧例可申付之由、対村上堅固被成　御下知候、
各得其心、無煩往返之覚悟肝要候也、仍状如件、

五月廿一日

（青景）隆著（花押）
（伊田）興理（花押）
（岡部）隆景（花押）

各中

堺津紅屋
五郎右衛門男

「唐荷駄別役銭」について、村上善靏丸が大内氏に愁訴したところ、大内氏は一旦許可する（傍線部①・②）。愁訴の内容は「荷物点検」である。しかし、厳島その他の津々浦々での「荷物点検」を堺の商人紅屋五郎右衛門が「迷惑」であると訴えた（傍線部③）。大内氏は紅屋の訴えを認め、村上氏に対して、堺において「日向薩摩唐荷役」の徴収をおこなうよう旧例の如く申し付けた（傍線部④）。藤井崇は村上善靏丸を能島村上氏の一族と推定し、［史料五］を天文一七（一五四八）年頃と比定している(30)。

村上氏は因島・能島・来島を本拠とする三氏族に大きく分けられ、応仁の乱前後に「三島村上氏勢力が芸予諸島域における海域支配を確立していく」(31)。永禄期には、塩飽以東への航行時に能島村上氏の代官に「津公事」を支払うのが慣例になっており、細川高国が村上宮内大夫（隆勝、武吉の祖父）に「讃岐国料所塩飽島代官職」を与

えた時期（年未詳）にまで遡る可能性がある。一方、塩飽以西については「上乗」制度が永禄五（一五六二）年以前には確立していた(32)。能島村上氏は天文一〇年前後の大内氏と尼子氏との争いでは尼子氏に与し、伊予河野氏とともに芸予諸島にかけて争いを展開した。その後、天文一六年四月頃には大内方となっており(33)、自立性の強い海洋領主といえる(34)。陶晴賢謀叛時の動静は不詳ながら親交は通じていたとみられ、大内義長から能島村上氏当主の武吉へ「馳走」を謝す書状が発給されている(35)。

さて、「唐荷駄別役銭」の徴収は陶氏時代になっても問題となっている。

【史料六】「陶晴賢書状案(36)」

①京堺之諸商人号駄別料、近年対村上右近大夫隆重、於芸州厳嶋可受用之由、先代（大内義隆）被申付候、②件之駄別之事更無謂事之条、為当代（大内義長）被停止候、右之駄別之事者、③至薩摩従堺之浜往返之商人、前々者遂其節之由申候、④於厳嶋隆重受用之儀者、曽以不可有之候、此等之趣御一門中江御演説干要候、猶江良丹後守（房栄）可申候、恐々謹言、

卯月廿日　（陶）晴賢

村上太郎殿

今岡伯耆守殿

御宿所

「唐荷駄別役銭」は、ここでは「駄別料」となっている。宛所の「村上太郎」は能島村上氏当主の武吉で、「村上右近大夫隆重」は、武吉の一族（近世の系図では叔父）である(37)。また、宛所の「今岡伯耆守」は、伊予河野氏の重臣・今岡氏の一族であろう(38)。

大内義隆は、「近年」、村上隆重に厳島において「京堺之商人」からの「駄別料」徴収を許可したが（傍線部①）、謂われのないことであるので大内義長は停止した（傍線部②）。「駄別料」は以前より薩摩と堺を往復する商人へ

賦課していたというのが能島村上氏の主張であったが（傍線部③）、厳島での「受用」は過去にもない（傍線部④）ことから、陶氏はこれを禁じたのである。実際に大内義隆が隆重に許可したかは史料では確認できない。

厳島での「駄別料」賦課を禁じた陶晴賢は、京・堺の商人に対して駄別料免除の礼銭を要求する。

【史料七】「大願寺円海書状」(39)

御奉書之旨、具以令拝見候、

一松鶴軒就御帰落〔洛〕、①京堺之商人駄別安堵料之内万疋之事、於京都可致調進一通之儀認、対法泉寺可渡申之通、被　仰出候、尤其旨存候、②雖然彼駄別安堵料之儀者、於当嶋町諸国上下諸商人衆令内談、相調申事候之条、一通認対法泉寺難渡申候、③但来九月十四日当町入事候之条、定而京堺商人衆早々可為着嶋候之間、御奉書之趣則可申聞候、仍右就安堵料之儀、去十八日従房栄（江良）茂対堺商人衆、延引以外不可然之由堅被仰上候、同従当寺も其分数度申上候、④乍去今程賊船多候之而、室・塩飽舟度々不慮之儀出来候、就其京堺商人衆各々致迷惑之由風聞候、⑤何茂来法会ニ必右安堵銭之儀ハ可致馳走之通、堅固可申与候、又唯今　御奉書之段、房栄至御陣所急度可遂注進候、此等之趣、可然之様御披露所仰候、恐惶謹言、

八月廿六日　　円海（花押）

伊香賀（房明）民部少輔殿

毛利（房継）掃部允殿

大願寺住持の円海が陶氏奉行人に宛てた書状である。傍線部①の「駄別安堵料」は、関連史料には「京幷堺津商人衆被申請駄別御免除候付而、御礼銭万疋之事」とみえる(40)。陶氏は、「安堵料」を京都で調進すべしとの書簡を認めるよう大願寺へ要請した。ところが、大願寺は、「安堵料」は厳島の「町」において「諸国上下諸商人衆」が分担すべきものであるとして、「一通」を認めることを渋っている（傍線部②）。大願寺は「安堵料」の調

進そのものに反対しているのではなく（傍線部③）、京・堺の商人に限定せず、厳島を利用する「諸国上下諸商人衆」（傍線部②）が普く負担すべきであると主張しているのである。

相田二郎は「唐荷駄別役銭」について、貨物の分量にかかり、船中では不正を生じ易いため、その分量は陸揚げの際に計られた、そして、航行の「警固」に対する「警固料」であるとした(41)。傍線部④から鈴木敦子や山内譲も航海の安全保障への対価と捉えている(42)。松井輝昭も「海上の支配者としての同氏（能島村上氏―筆者注）に認められた新しい形の税」とした上で、航海の安全を保障する警固料と解釈している(43)。

しかし、「安堵銭」を調進すべきことを「堅固可申与候」（傍線部⑤）という大願寺の主張は、「室・塩飽舟度々不慮之儀出来」（傍線部④）という京・堺の商人衆の訴えを礼銭不払いの理由としてまったく取り合っていないように読み取れる。「唐荷駄別役銭」は二次的には航海の安全保障への期待を伴うものかもしれないが、［史料五］傍線部③から、船舶の積荷量に応じた賦課で、通行料のような性格であったと推察される。また、着岸した際に徴収されるものであった。だからこそ、大願寺は［史料七］傍線部②のように、厳島に着岸する諸国商人が分担すべきことを主張したと考えられるのである。

「警固米」とは大内氏の水軍である「警固衆」による賦課であった。「警固」は、大内氏の水軍である「警固衆」としての「公的」な活動であると同時に、一定海域の航行の安全を保障する、大内氏から認められた「私的」な活動でもあった。いわば二面性があったのであり(44)、大内氏は「公的」な活動の反対給付として「警固米」賦課の権益を安堵し、「警固衆」は「私的」な活動の対価として「警固米」を航海者から徴したのであった。また、賦課の対象は、本節で取り上げた史料では「予州衆」の船舶であり、広島湾内を航行する際に徴された。「警固米」を忌避して参詣者が減ってしまったことから、厳島社の社家三方は訴えたのであった。

一方、「唐荷駄別役銭」は、積荷に課される関税のような性格で、賦課したのは能島村上氏のような広い海域で自立的に活動している海洋領主であった。また、賦課の対象は広い海域を交易のために航行する京・堺の商人衆などの「諸国上下諸商人衆」であり、「唐荷駄別役銭」を「迷惑」として訴えたのは堺の商人であった。
「警固米」と「唐荷駄別役銭」は賦課の性格、主体、客体のいずれも異なっており、[史料一]第三条で両者を停止したと解することはできないだろう。同条は、あくまでも「警固米」を禁じた条文と考えられる。

二　厳島市場の拡大

(1)　厳島社法会の再興と参詣衆

第一節では、天文一〇年代から二〇年代初めにかけて、大内義隆と陶晴賢による厳島社参詣衆への「警固米」の停止と、厳島での「唐荷駄別役銭」の停止（義隆はのちに許可か）という事態が同時期に惹起していたことをみた。本節では、義隆・晴賢両者がおこなった、これらの政策の背景について考察する。
まず、[史料二]〜[史料四]にみられる、厳島社の法会時に伊予から船舶で参詣する人びとに注目したい。義隆による警固米停止を受けて、伊予河野氏の最有力家臣であった来島通康は、(45)同国中に向けて厳島社への参詣を促している（[史料八]傍線部②）。

[史料八]「来島通康書状」(46)

（前略）毎事御祈誓之義憑入候、仍近年依物忩参詣之衆無之候歟、就其被遂社訴、①御警固之旁江被成御奉書候、案文令披見候、②国表参衆如前々可有物詣候、猶委細二神田兵衛尉（種則）・原大郎左衛門尉（興生）可申候、恐々謹言、

九月十四日　（来島）通康（花押）

棚守左近将監（房顕）殿

御返報

傍線部①にある「御奉書」の「案文」の一つが［史料三］にあたるだろう。来島通康が警固に「御」を冠しているのは、「警固之旁」が大内氏に属していたことの顕れといえる。「物忩」の原因である警固米を賦課するのは、大内氏の警固衆であったとあらためて認識できよう。通康の家臣である二神種則と原興生から棚守房顕へ宛てた連署状には、[47]「得其意国中被相触候之条、如前々可有参詣候」と、施行を約する旨が記されている。

［史料四］とともに宛所が棚守房顕であることから、伊予からの参詣衆の回復には社家三方、なかでも棚守房顕の積極的なはたらきかけがあったことは間違いない。その契機は［史料三］傍線部④から、大内氏と河野氏の和睦にあったと考えられる。川岡勉は和睦の時期を天文一六（一五四七）年頃としている。[48]

また、大内義隆は安芸国内からの参詣者の保全も図っている。[49]厳島社の法会に参詣衆が来なくなることから、佐東郡方面から五日市へ抜ける街道上にあたる伴・大塚・石道（五日市町大字石内）の「新関」を停止している。関銭の停止も社家三方による積極的なはたらきかけ（「愁訴」）によるものであった。

次いで厳島社の法会（祭礼を含む）である。友田氏神主時代に法会は大きく退転したとみられ、大内義隆は天文一〇（一五四一）年に厳島を支配下に置くと、積極的に厳島社の復興を促し、祭礼を再興した。社領の安堵や徳政をおこなって財政基盤を整備し、祭料を安堵している。[50]厳島社の祭礼保護政策は陶晴賢も踏襲した。大内氏の奉行人の連署をもつ天文一三年五月一八日「厳島年中祭料条々案」[51]裏には、陶晴賢奉行人が証判を据えている。法会の中でも内宮（厳島内）の三月一五日の御戸開節会と九月一四日の一切経会は重要視され、のちに「大法会」となった。[52]晴賢は厳島社が「神事」・「造営」に専念するよう掟書を定めている。[53]

また、大内義隆は商業振興策もおこなった。厳島社の「神事」にあわせて「御分国中諸商人司」の栗林助左衛門を厳島へ派遣し、「諸国商人等」が参集するよう図ったり、[54]「法会」にあわせて「新儀仁出薬座度之由」という社家の訴えを認めている。[55]

（2）遠隔地流通の市場化

第一節での「唐荷駄別役銭」についての考察を振り返ってみると、大内義隆は村上善鶴丸に対して、厳島ではなく堺において「唐荷駄別役銭」の徴収を認めた。しかし、村上隆重は厳島において「駄別料」を徴収していた。能島村上氏は堺ではなく厳島に拘泥したわけであるが、それは「唐荷駄別役銭」の徴収場所として、堺に比べると厳島にメリットがあったからと考えられる。「駄別料」が積荷を基準とした賦課であったことに鑑みると、厳島で「唐荷」が減少し、厳島に比して堺では「駄別料」が減少するからではないだろうか。

ところで、［史料五］傍線部④「日向薩摩唐荷役」からは、厳島以西から「唐荷」[56]を積載した船舶が厳島へ来航していた様子を窺うことができる。［史料六］傍線部③「至薩摩従堺之浜往返之商人」が示す通り、九州から畿内にかけて船舶は往来していたものとみられる。「駄別料」免除の礼銭を払うべきなのは厳島に参集する「諸国上下諸商人衆」との厳島社側（大願寺）の認識（［史料七］傍線部②）は、こうした状況を暗示している。

とはいえ［史料七］傍線部①からは、厳島での「駄別料」支払いを免除された恩恵を被ったのは「京堺之商人」であるとの陶晴賢の認識を看取できる。京・堺の商人が「唐荷」を堺で販売した場合、瀬戸内海東部域で活動する能島村上氏は堺で「駄別料」を徴収すればよいが、厳島で販売したために、能島村上氏は厳島で「駄別料」を徴収することを望んだと考えられる。この場合、厳島で「唐荷」を販売する厳島以西の商人は巻き込まれる形になる。厳島での能島村上氏による「駄別料」徴収の停止によってもっとも実益を得たのは京・堺の商人であり、晴賢の認識は状況を的確に把握したものといえる。

京・堺の商人が畿内ではなく厳島で「唐荷」を捌くようになった契機は、厳島社の法会の再興と考えられる。［史料七］傍線部③では、九月の大法会にあわせて京・堺の商人が厳島に参集する様子を読み取ることができる。「梅霖守龍周防下向日記[57]」は、東福寺の梅霖守龍が天文一九〜二〇（一五五〇〜五一）年に京都―山口間を航路で往復した記録である。梅霖守龍は堺で九月四日に便船をみつけ、当初は八日の出港予定だったが一四日に出港し、二三日に厳島に到着している。その船は「塩飽之源三」の船であった。また、山口から東福寺への帰路においては、三月一八日に厳島で便船を探してもらう手配をとり、「室ノ五郎大夫」の船に乗り込むことになった。当初は二六日の予定だったが二八日に出港している。商船とは言えないが、九月と三月の大法会にあわせて便船が畿内―厳島間を往復していた。

大内義隆によって再興された法会に安芸国内、伊予国などから参詣衆が集まり、市場として拡大した厳島を目的地として京・堺の商人を含む「諸国上下諸商人衆」は「唐荷」を持ち込んだのである。

三　陶晴賢の流通政策

陶晴賢は厳島合戦で毛利元就に敗れる。来島通康は毛利氏を支援し、厳島合戦の勝敗に寄与したといえる。池享は、通康の判断理由として、陶氏による「警固料」・「駄別料」の停止（＝「水軍にとっては死活問題」）を推定している[58]。陶晴賢の「駄別料」停止は失敗だったのか。また、［史料七］傍線部④を瀬戸内海航行における治安の悪化と捉え、晴賢による「駄別料」停止を消極的に評価する見解もある[59]。鈴木敦子は、「陶氏は村上氏に代わって海上通行権の掌握を試みたが、結果的には失敗に終わった」としている[60]。

しかし、「駄別料」停止の影響を直接被った能島村上氏は、厳島合戦において陶氏を支援していないが、一方で毛利氏に与した徴証もみられない[61]。また、「室・塩飽舟度々不慮之儀」と「駄別料」の停止とを直接結びつけてよいのであろうか。先述の「梅霖守龍周防下向日記」において、梅霖守龍は往路、「比々島」（岡山県玉野市）を過ぎて塩飽へ寄港するまでに「賊船一艘」と遭遇、「鉄炮」によって防衛したことを記している。帰路では、「田河原」（竹原）を出航すると、「関之大将ウカ島賊船十五艘」に遭遇し、礼銭を過分に支払っている[62]。晴賢による「駄別料」停止以前から海賊との争いや海賊への礼銭支払いは常態化していたと考えられる。「駄別料」が瀬戸内海航行の安全に大きく機能していたのかは疑問といえよう。

では、陶晴賢は厳島社法会の興隆政策を引き継ぎ、参詣者を集めながらも、厳島という市場に参集する商人へは何ら配慮を示さなかったのであろうか。そこで、［史料一］第六条にある「国質・所質」に注目したい。

田中克行の研究に拠ると(63)、播磨国以西で国質・所質がみられるのは［史料一］と明応七（一四九八）年七月二五日「室町幕府奉行人連署奉書」(64)のみである。同奉書は、明応度遣明船の帰国時に起きた質取に関する事件の裁定ついて、船団の警固役をつとめていた島津忠朝に宛てて幕府が発給したものである。事件の詳細については桜井英治や松井輝昭の研究に譲り(65)、本章の関心事から質取を概説すると、富島与太郎宗利（摂津商人）の「唐船荷物」を備後国尾道で「備前国牛窓所質」として押し取るという行為と、宗利が、備後国住人の草井出雲守代官の荷物を国質として差し押さえようとする二つの質取行為が発生した。渡唐船のように多くの「国」や「所」を通過する船や商人は、常に国質や所質に遭遇する危険性をはらんでいたといえる。市場への参集を促すために中世市場法には国質・郷質・所質を禁じた条文が多くみられる(66)。

また、多様な地域の渡航者が船中に乗り合わせる場合も、同様の危険性があった。船中での質取を禁止した例として「渡唐船法度条々」を紹介しておきたい(67)。その第一一条に「一、国質・所質停止之事」とある。同法度は写本ながら天文一六（一五四七）年二月二〇日付で大内氏家臣連署によって発給された形式をとる。奥書には「右ノ法度書ハ讃州生島浦池水太郎兵衛予州能島衆ト相與ニシテ令渡唐故ニ彼カ家ニ在リ古書ナル故ニ求置今コ、ニ記ス」とある。同史料が収載された「南海通紀」は近世の編纂物であるが、大内義隆が天文八年、同一六年に遣明船を派遣したときの記録(68)と比較すると、航海時の規則や慣習を反映している条文がいくつか確認できる。

さて、大内義隆は厳島における「駄別料」徴収を禁じ、堺において徴収するよう指示した。のちには、厳島での徴収を承認（黙認）した可能性もあった。一方、陶晴賢は厳島において禁じたに留まる。両者の相違について考察を加えてみたい。

先述の通り、義隆は二度、遣明船を派遣している。一五世紀の遣明船派遣については、佐伯弘次が、幕府から瀬戸内海沿岸、および九州沿海地域の守護や海賊に警固の命令が下されていたことを明らかにしている[69]。永正三（一五〇六）年の遣明船派遣について、橋本雄は、「恐らく、地域権力の領域・領海ごとに警固衆がつき、リレー方式で遣明船を警固したのであろう」と推測している[70]。

天文期の遣明船警固について詳細な検討はできないが、天文八年度遣明船警固に肥前松浦氏、肥後相良氏の協力があり、天文一六年度遣明船派遣時に相良氏に警固を命じる幕府奉行人奉書が発給されていることから[71]、天文期の遣明船警固体制も、実質的には大内氏によって、形式上は幕府からの命によって領域・領海ごとに遣明船を警固する体制が構築されようとしていたのではないだろうか。

大内氏が天文七年に大友氏と和睦し、同一〇年に武田氏を滅ぼしたことで厳島は大内氏によって保障された瀬戸内海航路上の安全地帯の最東端となり、同一六年、大内氏が河野氏と和睦したことにより瀬戸内海航路の安全は増した。すなわち、遣明船派遣に積極的であった大内義隆が、瀬戸内海東部域の安定を期待して能島村上氏と良好な関係を築くために、堺だけでなく厳島においても駄別料徴収を承認（黙認）した可能性はある[72]。

一方、陶晴賢がクーデター（大寧寺の変）を起こした時の状況は、足利義輝は京都を離れ、室町幕府の求心力は一層の低下をみせており[73]、仮に遣明船を派遣したところで、その警固体制は機能不全になっていたであろう。大内義長による遣明船（弘治度）は幕府の関与のない非公式な派遣とみられている[74]。

また、厳島は、季節性はあるが、市場として拡大しており、畿内の商人も参集するほどの活況を呈していた。陶晴賢にとって瀬戸内海東部域の安定は必須ではなく、参集する商人の安全を図ることに特化すればよい状況であった。「於当嶋、諸国商人付合時」（〔史料一〕）、場所と時を限定して国質と所質を禁じ、厳島の市場としての機能向上を意図したと考えられる。

陶晴賢は、政治経済的側面からみれば、状況を的確に判断し、適切な掟書（〔史料一〕）を発給したといえる。

おわりに

厳島が市場として急速に成長した過程をみてきた。そこには天文一〇（一五四一）年の大内氏による厳島支配（攻略）と、天文一六年の大内氏と伊予河野氏との講和という政治・軍事的な契機があり、天文七年の大内氏と大友氏の講和という要因も推測された。

しかしながら、背景には、大内氏や陶氏だけではなく、厳島社の法会への参詣衆を増やしたい社家三方、安芸国内からの参詣衆、伊予国から厳島への参詣衆、参詣者の保全を図りたい来島氏、厳島で唐荷を商いたい京・堺をはじめとした諸国商人衆、これらの人びとの合意があった。さらには、航路上で活動する警固衆や海洋領主（海賊）の思惑も大いに関与していた。それらの要素が短期的に相関性を変化させることで流通ルートと市場圏が形成されていたのである。能島村上氏の動静は、厳島市場圏の求心性の向上が畿内への求心性を相対的に低下させたことを示している。

鈴木敦子がすでに指摘している通り、安芸国内や伊予国からの参詣衆は参詣だけが目的ではないだろう。市場を目的とした者も多かったことは想像される。さらに、安芸国内、伊予国からというのは、あくまでも渡航ルート上の問題であって、厳島市場の射程は、両国以上に広がっていたはずである。また、「陶晴賢安芸厳島掟書写」の再考を副題としながら、市場法としての評価は中途となった。陶晴賢によって西瀬戸内海上の求心的市場に位置付けられようとした厳島の変遷とともに検討が必要であろう。今後の課題としたい。

（1）脇田晴子『日本中世商業発達史の研究』（御茶の水書房、一九六九年）。佐々木銀弥『中世商品流通史の研究』（法政大学出版局、一九七二年）。

（2）三浦圭一「十六世紀における地域的分業流通の構造」（永原慶二編『戦国期の権力と社会』東京大学出版会、一九七六年）。鈴木敦子『日本中世社会の流通構造』第一部第一章・第三章（校倉書房、二〇〇〇年。初出、「中世後期における地域経済圏の構造」『一九八〇年度歴史学研究会大会報告』歴史学研究別冊特集、一九八〇年、および「地域市場としての厳島門前町と流通支配」『富士大学紀要』一六—二、一九八三年）。

（3）新城常三「室町後期の関所—兵庫及び淀川の交通量の低下—」（『年報中世史研究』一四、一九八九年）。瀬田勝哉「荘園解体期の京都流通をめぐる2、3の問題」（『武蔵大学人文学会雑誌』二四—二・三、一九九二年）。早島大祐「中世後期社会の展開と首都」（『日本史研究』四八七、二〇〇三年）。

（4）井上寛司「中世西日本海域の水運と交流」（『海と列島文化二　日本海と出雲世界』小学館、一九九一年）。榎原雅治「中世後期の山陽道」（石井進編『中世の村と流通』吉川弘文館、一九九二年）。綿貫友子「中世後期東国における流通の展開と地域社会」（『歴史学研究』六六四、一九九四年）。市村高男「中世西日本における流通と海運」（橋本久和・市村高男編『中世西日本の流通と交通』高志書院、二〇〇四年）。

（5）矢田俊文『地震と中世の流通』（高志書院、二〇一〇年）。

（6）桜井英治・中西聡編『新体系日本史一二　流通経済史』（山川出版社、二〇〇二年）。

（7）井原今朝男「〔コメント〕中世後期における債務と経済構造—求心的経済構造の空洞化—」（『日本史研究』四八七、二〇〇三年）。

（8）『中世法制史料集四　武家家法Ⅱ』（岩波書店、一九九八年）。本章では史料を引用する場合、旧字体は新字体に置き換えている。（番号）は条数を表す（筆者注）。

（9）松岡久人『安芸厳島社』（法蔵館、一九八六年）。なお、社家三方の島内定住は、一五世紀前半頃と推測されている。

（10）「房顕覚書」（『広島県史　古代中世資料編Ⅲ（厳島文書編二）』広島県、一九七八年）。以下、『広島県史　古代中世資料編』は巻数に応じて『広島県史Ⅲ』と表記する。

（11）これより陶晴賢は隆房から名を改めたとされるが、本章では晴賢で統一する。

(12) 松岡注(9)書。松井輝昭『厳島文書伝来の研究―中世文書管理史論―』（吉川弘文館、二〇〇八年）。藤井崇『大内義隆―類葉武徳の家を称し、大名の器に載る―』（ミネルヴァ書房、二〇一九年）。長谷川博史『大内氏の興亡と西日本社会』（吉川弘文館、二〇二〇年）。池享『毛利領国の拡大と尼子・大友氏』（吉川弘文館、二〇二〇年）。

(13) （天文一〇年）三月九日「大内氏奉行人連署書状」・（天文一〇年）三月九日「大内氏奉行人連署書状」・天文一〇年三月二一日「厳島屋敷打渡注文」（『広島県史Ⅲ』「大願寺文書」二一〜二三）。

(14) 「大願寺買得屋敷書立」（「大願寺文書」五三）。

(15) 天文二四年閏一〇月一八日「毛利氏奉行人連署判物」（「大願寺文書」九四）で、毛利氏は「社頭廻家」を毀ち、「家作」を禁じ、大願寺に「裁判」を任せている。この権限が陶氏時代に遡る徴証は無いが、厳島島内の屋敷に関して大きな権益を持っていたと推測される。また、次項での考察から、大願寺は商人統制にも深く関与していたとみられる。

(16) 本多博之「戦国大名毛利氏の厳島支配と厳島「役人」」（『安田女子大学紀要』二八、二〇〇〇年）。同「戦国大名毛利氏の厳島支配と町衆」（『安田文芸論叢　研究と資料』二〇〇一年）。

(17) 鈴木注(2)書。

(18) 松井輝昭「中世後期の瀬戸内海水運と海賊―西瀬戸内海を中心に―」（地方史研究協議会編『海と風土―瀬戸内海地域の生活と交流―』雄山閣、二〇〇二年）。

(19) 「厳島野坂文書」四〇（『広島県史Ⅱ』（厳島文書編一）』一九七六年）。傍線、丸囲数字は筆者注、以下、同じ。

(20) 川岡勉『中世の地域権力と西国社会』（清文堂出版、二〇〇六年）。

(21) 「巻子本厳島文書」三〇（『広島県史Ⅲ』）。

(22) 「厳島野坂文書」八五。

(23) 明応四年一〇月一七日「武田元信安堵状」（『萩藩閥閲録』山口県文書館、一九六七〜七一年、「巻九四　白井友之進」）。

(24) 松岡久人「中世末広島湾頭をめぐる大名の抗争と海上権」（岸田裕之編『戦国大名論集六　中国大名の研究』吉川弘文館、一九八四年）。

(25) （天文九年）六月二〇日「大内氏家臣連署奉書」（『戦国遺文　瀬戸内水軍編』東京堂出版、二〇一二年、三八）。以下、『戦国遺文　瀬戸内水軍編』と史料番号は『瀬戸内』三八と表す。

(26)『瀬戸内』四七。小原隆名は、大内氏の家臣で水軍を編成した（藤井注(12)書）。
(27)天文一五年九月一三日「大内氏家臣連署奉書」（『瀬戸内』五六）。
(28)天文二二年二月一三日「大内義長袖判安堵状写」（「巻九四　白井友之進」）。
(29)「厳島野坂文書」四四。
(30)藤井注(12)書。
(31)市川裕士「南北朝・室町期における芸予の政治動向と沼田小早川氏の海上進出」（『芸備地方史研究』二三五・二三六、二〇〇三年）。
(32)山内譲『海賊と海城―瀬戸内の戦国史―』（平凡社、一九九七年）。松井輝昭「中世の瀬戸内海の海賊の生態と海の秩序」（白幡洋三郎編著『瀬戸内海の文化と環境』神戸新聞総合出版センター、一九九九年）。
(33)山内譲『瀬戸内の海賊　村上武吉の戦い』（講談社、二〇〇五年）。
(34)岸田裕之『大名領国の経済構造』（岩波書店、二〇〇一年）。
(35)（年未詳）四月二二日「大内義長書状」（『愛媛県史　資料編　古代・中世』愛媛県、一九八三年、一七六九「屋代島村上文書」）。
(36)「大願寺文書」六七。
(37)山内注(33)書。
(38)今岡氏については、『愛媛県史　古代Ⅱ・中世』（愛媛県、一九八四年）を参照した。
(39)「大願寺文書」六八。
(40)「宣堯書状」（「大願寺文書」六九）。
(41)相田二郎『中世の関所』（吉川弘文館、一九八三年復刊、初版は一九四三年）。
(42)鈴木注(2)書。山内注(32)書。
(43)松井注(18)論文。
(44)小川雄『水軍と海賊の戦国史』（平凡社、二〇二〇年）。
(45)川岡勉・西尾和美『伊予河野氏と中世瀬戸内世界―戦国時代の西国守護―』（愛媛新聞社、二〇〇四年）。

(46) 「野坂文書」三八三（『広島県史Ⅲ』）。
(47) （年未詳）九月一四日「来島通康家臣連署書状」（「厳島野坂文書」一七八四）。
(48) 川岡注(20)書。『広島県史』は［史料二］～［史料四］を天文一二年と比定しており、鈴木敦子（注(2)書）も同年と措定している。
(49) （年未詳）五月二一日「大内氏奉行人連署書状」（「厳島野坂文書」四五）。
(50) 天文一〇年七月五日「大内氏奉行人連署厳島社祭礼再興下知条々」（「巻子本厳島文書」五三）。天文一〇年七月五日「大内義隆下文写」（「厳島野坂文書」九・一〇）。（年未詳）五月二一日「大内氏奉行人連署書状」（同四六）。天文一三年五月一八日「厳島年中祭料条々案」（同一〇四）。
(51) 注(50)「厳島年中祭料条々案」。
(52) 永禄六年八月一三日「厳島内外宮社役神事次第」（「巻子本厳島文書」五五）。
(53) 天文二一年二月二八日「陶晴賢厳島掟写」（「巻子本厳島文書」三六―一）。
(54) （年未詳）九月一一日「江良房栄書状」（「厳島野坂文書」六五）。
(55) （年未詳）五月九日「大内氏奉行人連署書状」（「厳島野坂文書」四一）。
(56) 「唐荷」の具体相について解明することはできなかった。本章で取りあげた史料にみられる通り、南九州から畿内へ輸送されていることから、ここでは外国からの「舶来品」という程度の意味に解釈している。
(57) 『山口県史　史料編　中世二』（山口県、一九九六年）。
(58) 池注(12)書。
(59) 黒嶋敏『海の武士団―水軍と海賊のあいだ―』（講談社、二〇一三年）。
(60) 鈴木注(2)書。
(61) 秋山伸隆「厳島合戦再考」（県立広島大学　宮島学センター編『宮島学』溪水社、二〇一四年）。
(62) 海賊については、山内譲『中世の港と海賊』（法政大学出版局、二〇一一年）を参照した。
(63) 田中克行『中世の惣村と文書』（山川出版社、一九九八年）。
(64) 「黒岡帯刀氏旧蔵文書」一二（『広島県史Ⅴ』広島県、一九八〇年）。

(65)　桜井英治『日本中世の経済構造』（岩波書店、一九九六年）。松井輝昭「中世の瀬戸内海水運における尾道の位置」（柴垣勇夫編『中世瀬戸内の流通と交流』塙書房、二〇〇五年）。

(66)　佐々木銀弥『日本中世の都市と法』（吉川弘文館、一九九四年）。

(67)　「南海通紀」（『改定　史籍集覧』第七冊、臨川書店、一九八三年）。

(68)　牧田諦亮編『策彦入明記の研究（上）』（法蔵館、一九五五年）。同編『策彦入明記の研究（下）』（法蔵館、一九五九年）。

(69)　佐伯弘次「室町時代の遣明船警固について」（九州大学国史学研究室編『古代中世史論集』吉川弘文館、一九九〇年）。

(70)　橋本雄『中世日本の国際関係―東アジア通交圏と偽使問題―』（吉川弘文館、二〇〇五年）。

(71)　鹿毛敏夫『アジアのなかの戦国大名―西国の群雄と経営戦略―』（吉川弘文館、二〇一五年）。同『戦国大名の海外交易』（勉誠出版、二〇一九年）。

(72)　長谷川注(12)書。

(73)　山田康弘『足利義輝・義昭―天下諸侍、御主に候―』（ミネルヴァ書房、二〇一九年）。天文一八（一五四九）年、将軍足利義輝は三好長慶と対立して京都から没落、翌年には前将軍足利義晴が没する。義輝は同二一年に長慶と和睦し、帰洛した。

(74)　須田牧子「大内氏の外交と室町政権」（川岡勉・古賀信幸編『西国の文化と外交』清文堂出版、二〇一一年）。鹿毛注(71)書。

〔付記〕　本稿の基となった報告は、二〇〇八年度に名古屋大学大学院へ提出した修士論文「厳島社と戦国期権力」の一部について、補訂を加え、再構成して作成した。

第4章　織豊期の都市法と諸地域

山下智也

はじめに

織豊期の都市法を考える際、楽市楽座令の検討は不可分な関係にある。その理由について佐々木銀弥は、「楽市・楽座」文言のない楽市楽座令の一覧を提示しており[1]、都市法の中には、楽市楽座令に類する法令が多く存在するからであると述べる。楽市・楽座は一部の領主、地域権力が使用した文言で、使用例はおもに畿内近国〜東国と限定される。そうした偏りのある使用状況において、楽市楽座令とそれに類する法令に内容や役割の違いはあるのだろうか。この点を検討することで、流通政策および都市法に関する東西の比較が可能となろう。

楽市楽座令を多く使用した織田信長の流通政策について池上裕子は、戦争を除き唯一なしたことと評価した[2]。しかし、近年はその流通政策への見直しが進み、楽市楽座令＝信長独自のものとの偏見も払拭されつつある[3]。楽市楽座令の再検討が進み、長澤伸樹の著書『楽市楽座令の研究』の刊行はその一つの到達点と言えよう[4]。長澤は楽市楽座令や都市法を広く取り扱い、対象となる都市・市場とその周辺＝一定の地域に焦点を当て、楽市を「他の市町や新宿と十把一絡に括ることはできない」「きわめてローカルかつ場当たり的な性格を帯びていた」とし、

「楽市」という修辞（レトリック）を用いた法を施行したと説いた。「楽市」や楽市楽座令は周辺市場の実態や他の市場法と大差ないとするのは重要な指摘である。(5)長澤の著書は個別事例研究の集大成とも言えるが、一方で、法令の持つ特性を地域偏差として認識することの是非は今後の課題となる。織豊期の地域権力が同時期に異なる地域で限定的に「楽市」文言を用いた法令を採用したことは、各権力の流通政策における東西の差異や社会構造の特質を探る一つの素材になると考えられる。

また織豊期の都市に関する最新の成果として仁木宏は、市場法・流通関係文書全体像の中で楽市令を評価した長澤論をふまえ、美濃国全体において都市・流通構造の中で地域権力の政策を土岐・斎藤氏時代の都市法令から豊臣政権期までの広い年代を対象に考察している状況にある。(6)

以上から、本章では対象を地域権力の領国単位まで広げて検討し、そこで得られた特徴を他の地域権力が発する都市法とも比較検討していくこととする。対象地域の拡大の一例として仁木は織田権力の支配する美濃国を対象に論じているが、(7)本章ではこれに加え織田権力の流通政策の基盤となった尾張を含めた地域の政策方針について事例検証する。

楽市楽座令と都市法については、織田氏領国から東の各地域権力の政策を示す都市法の構成要素を確認し、法令全体の持つ機能と発給者の目的・意図、「楽市」文言のない類似の法令が並行して発布された意義を検討することで、織豊期権力の流通政策における東西の差異をどのように理解すべきか考察してみたい。

一　織田権力の都市流通政策と基本方針

（1）尾張国における都市流通支配

織田権力の経済力の源泉は、信秀の頃から織田弾正忠家が津島湊を掌握していたことによるとされる。(8)支配の実態について具体的なところは判然としていないが、織田信長には側室の兄で商人的性格を持つ人物・生駒家長がおり、家長に舟運の権益を認めた(9)。身近に舟輸送を行う商人とつながる人物がいたことは湊支配にも少なからず影響を持っていたと推察される。ここでは織田権力の尾張における流通経済政策の方針はどのようだったかを見ていきたい。

①瀬戸の焼物

永禄六（一五六三）年一二月、織田信長は、尾張国瀬戸に制札を与えた。

［史料一］織田信長制札(10)

制□〔札〕　□□〔瀬戸〕

一瀬戸物之事、諸口商人国中往□〔反〕不可有違乱之事、

一当□〔郷〕出合之白俵物幷□〔塩〕あい〔相〕物以下、出入不可有違乱、次当日横道商馬停止之事

一新儀諸役・郷質・所質不可取之事

右条々、違犯之輩在之者、速可加成敗者也、仍下知如件、

永禄六年十二月日　（花押）

右の制札により、瀬戸物流通のため「諸口商人国中往□〔反〕」に違乱がないよう規定し、瀬戸では特定の商品（特産品）の流通を支援したことがわかる。後の楽市令における商人の往来の自由・安全につながるものとして考えることができる。

第二条の「次当日横道商馬停止之事」について、「横道」は、脇道のほか、人道に背くこと、不正と知りながら行うことなどを意味するが、市の当日における内容で、かつ人ではなく商馬に関することと考えると脇道を通り、瀬戸郷を経由しないことを想定したと推測される。その場合、織田権力が後に金森、安土の楽市令において

実施した市場強制は、信長尾張在国時代から行っていたことの延長として位置づけることができるのである。

信長が支援したのは瀬戸物の流通だけではない。天正二（一五七四）年正月一二日、瀬戸物職人である加藤景茂に対して朱印状を発給し、景茂による瀬戸焼物の窯の独占を認めており、特定の職人による窯生産を保護していた[11]。

②鋳物師頭　水野太郎左衛門家

鋳物師に対する特権付与の事例も確認できる。信長は、永禄五年二月、尾張国中での鐘・鰐口の鋳造・専売特権を水野範直に認めた[12]。

鋳物は生活必需品であるとともに武器・軍事物資としても重要なため、その鋳造特権・専売権として熱田の鉄屋での鋳造を停止させる代わりに、鍋釜の仕入れの管理を任せることで旧来、朝廷の管轄下にあった鋳物師を尾張での鋳物鋳造・専売権については水野太郎左衛門家に限定したのである。熱田の鋳物師と重なっていた権益・管轄を整理し、仕入れという一面については同家を頂点とした尾張国内における流通体制のヒエラルキーを創出することで、同業者組合である座と同じような構造を生み出したと考えられる。

③熱田加藤氏（東・西加藤家）

織田権力は、商人に対しても特権付与を行っていた。蔵を持ち、質物を扱う高利貸も担っていたと考えられる熱田の商人であり土豪の加藤家には判物が複数伝わっており、同家に対して織田権力は商売上の特権を認め、集積した土地を安堵している[13]。これは信長以前からのことであり、領主交代の都度、加藤家が権利の保障を求めていたと考えられることから、尾張における流通体制は、商人の側から規定されていった部分もあるということになろう。

④商人司　伊藤宗十郎家

尾張の商人関連でよく知られているのが商人司伊藤宗十郎である。信長は、元亀三（一五七二）年一二月二日、次の朱印状を伊藤宗十郎に与えた。

【史料二】　伊藤宗十郎宛織田信長朱印状（「伊藤宗十郎家文書」(14)）

尾・濃両国之唐人方幷呉服方商買司之儀、改而申付訖、誰々雖為売子、万吾分、夷子講之裁許可在之、然者他国商人茂於当所令商売者、可及其届、為扶助申付候上、猥之儀不可有之状如件、

元亀三

十二月二日　（花押）

惣（宗）十郎へ

信長は、伊藤宗十郎を尾張・美濃の唐人方並びに呉服方商人司に任じ、他国の商人が両国で唐物や呉服の商売をする場合は、宗十郎が管理する夷子講に所属する形で行うこととした。そしてこのことを、織田家臣団（林秀貞、島田秀光・木下秀吉ら奉行人、柴田勝家、佐久間信盛・信栄、不破光治）と嫡男信忠が追認している。かつては写しのみが知られていたが、「伊藤宗十郎家文書」原本が発見されたことから(15)、再び商人司に注目が集まっている。

矢野義典は、伊藤宗十郎の位置づけが高いにもかかわらず、信長の朱印を得ても尾張各領主所領内では個別に認可が必要であったと説く(16)。つまり、織田権力の直轄領でない尾張に所領を持つ家臣団の領内での権利を得るには、彼らの同意が必要で、各判物が発給されたという。筆者は宗十郎が自らこれらを個別に獲得したことには同意するが、これはむしろ宗十郎側が直轄領以外で他の商人から反発を受けないための理論武装で、家臣団の側からすればやはり信長の追認したということになるのではなかろうか。織田氏としては、信忠にこれまでの路線を継承する形で実践経験を積ませようという狙いがあったと考えられる。

【史料三】　夷講納所文（「伊藤宗十郎家文書」）

（印「夷」）納所如件、

天正九年ミとし（三年）きり　　かりちかへなし

（印文不詳印）かうミやうし

弥太郎

「伊藤宗十郎家文書」の原本の中でも注目されるのが、［史料三］の天正九（一五八一）年夷講「納所」札である。「ミとし（三年）きり」とあって、三年の役の負担年数、もしくは納金に対する夷講参加期間だと考えられる。織田氏─商人司・伊藤宗十郎─夷講（所属商人）の座的構造が展開されていたことはすでに指摘があるが[17]、この札が媒介となり座が成立していたことになる。

⑤信忠の路線継承

織田権力において、その政策方針が一時的なものか、継続的かを判断する一つの指標として、家督継承者である織田信忠が信長の政策をどのように引き継いでいたのかが挙げられる。上野鉄屋水野太郎左衛門に対しては、天正二年正月、「任朱印如前々申付候」とする安堵を行った[18]。信長の朱印状と同内容である鋳造特権と鍋釜の仕入れの管理について「鉄屋大工職」と称してその権利を認めている。まだ信重を名乗る家督継承以前のものだが、将来の家督継承のため、織田家本国尾張での内政の一部を信忠が単独で担い始めており、代替わり安堵に近いものであった考えられる。

これと同時期に発給されたのが、伊藤宗十郎宛ての判物である。同時期でありながら名乗りは信忠と異なるが、信忠は水野太郎左衛門と同じく「任朱印之旨」として尾張・美濃の商人司であることを認めた[19]。

信忠は家督継承後も同様に天正四年一二月一三日、熱田両加藤氏に宛て、信長とほぼ同文の判物を与えた[20]。信長も以前の証文に基づいて買得地を安堵し徳政等を免除していたが、信忠も信長個人の認めた内容を安堵したというわけではなく、それ以前の状態を含む「任証文之旨」として、その特権を認めた。家督継承後の代替わり安堵であるため、前例踏襲となっているが、旧証文の内容をそのまま認めていることから、政策方針上も特定の商人について特権を認める姿勢は変わっていない。

（2）美濃国における都市流通支配

本項では前項でみた尾張に続き、永禄一〇（一五六七）年に獲得した美濃の所領において織田権力がどのような政策をとっていたのか、確認・検討したい。

①美濃の鉄座と商人宿

織田信長は、岐阜に入った後の永禄一二年、西濃勢至の鉄座商人玉井小兵衛尉と鉄座の「座人中」に対して朱印状を与えている(21)。玉井氏は、多芸郡（現養老郡）の土豪で周辺の商品流通を押さえた人物である。前者の朱印状によれば以前より地域領主から荷物の往来について認められており、それらを権利の根拠として新領主となった信長に鉄商売の権益安堵を求め、認められている。後者の朱印状からは鉄座が組織され商人宿を経営していることが確認できるが、鉄・鍬商売役銭と小売について「座牌方如前々当国座人中任覚悟」とあり、鉄座によって商売役と往来商人の小売の可否が決められたと考えられる。また、「座牌方」は宛所の「座人中」とは別に往来の鉄・鍬商人で勢至での小売を認められた者のことを指す。仁木宏が「牌」を「しるしの札」「証拠の札」とするように(22)、小売が認められた者に「牌」が配られるのではないかと推察される。

②榑《くれ》の座

続いて東美濃では、信長は、永禄一〇年一二月という岐阜入城後の早い段階で、飛驒川筋下麻生の座商人・長谷川氏に対して、関から東の米田川までを境に榑座による榑を中心とした木材の輸送販売（専売権）を認めている。[23]これについて長澤伸樹は、対価として信長への材木運上が行われた可能性を指摘している。[24]一方、区間が限定されているということは、史料上確認はできないもののその他の流域では他の座商人が材木流通を取り仕切っていたと考えられよう。地域社会の実態を反映したものとして、座商人同士の権利争いが表出した部分ではないだろうか。

③関の鍛冶師

東美濃は関鍛冶の存在が知られるが、織田氏も鍛冶職人に対して権利を保障していた。元亀二（一五七一）年七月、信長は、関鍛冶七流のうち奈良流兼常に対し「当所鍛冶職」と名田について「親令裁許分」の買得を認めた。[25]ここには「如前々」とあって、これまで鍛冶職を持ち名田を集積してきたという実態に則してそのまま安堵していることがわかる。特定の鍛冶師に対する特権付与は尾張でも行ってきたことで共通している。これも材木の場合と同様に生産を保護することにより、武具の生産を依頼しそれを献納させることが狙いと推測される。

本節で確認した事例を基に、小括として尾張・美濃における織田権力の商業・流通政策の方針とその背景についてまとめておきたい。

1．織田氏領国の商人・職人の存在形態は座が基本[26]

仁木宏は「座的な特権に基づく商業・生産・流通などを維持する地域・分野と、そうした制約をはずして楽市・楽座的な政策を実行しようとする部分が混在」しているとするが[27]至言であり、尾張・美濃両国とも、座を形成し特権を付与して支配しようとしたのが基本で、楽市・楽座は一部であったことを確認した。

2．商人の往来自由から市場強制へ

安野眞幸は、織田権力の流通政策の変容について、加納の楽市楽座令に代表される商人の自由な往来の保障から、元亀二年九月府中府宮（大国霊神社）宛て制札[28]を初めとしてみられる市場強制へと転換していったことを説く[29]。しかし、その萌芽はそれ以前からみられ、加納の楽市令までは地域の実態に則して使い分けをし、次第に強制のみを選択するようになったものと考えられる。

以上、織田氏領国下では、美濃加納に楽市を展開する一方、養老方面や関などでは商・職人を掌握し、座の構造による商品流通支配が行われた。尾張でも鋳物師頭水野氏・熱田加藤氏・商人司伊藤氏など特定商人を中心とした座的な支配が展開しており、むしろ、座の構造による流通統制が基本となることを確認した。

二　尾張・美濃での市立て

(1)　織田権力下の市立て

織田氏領国から離れて同時期の他氏領国を見ると、たとえば後北条氏領国では天正期に新宿立てラッシュを迎えていた。池上裕子は、後北条氏が新宿を伝馬負担地として掌握することを目指していたと明らかにしている[30]。そうした新設の宿場は単なる開発拠点としての宿にとどまらず、伝馬課役という目的のほか、市場の開かれる市町としての属性も兼ね備えていた。

翻って織田氏領国では宿立てや市立てに関する史料に乏しい。隣国三河では、徳川氏による根石原新市[31]、土呂八町新市[32]などの市立てが史料で確認できるが、尾張・美濃は三河の状況に比して市立ての状況に不明な点が多い。そこで本節では、尾張・美濃における宿・市の存立状況はどうであったのかを確認し、まず織田権力における市立てから検討したい。

①織田信忠の市立て保障と町立て

織田権力下の尾張・美濃における市立ての事例は天正八（一五八〇）年まで下る。同年一〇月、織田信忠は美濃国今尾町・駒野町（現本巣郡・海津市）の市立てを保障した[33]。ただし、「如前々可相立」とあり、新規の市場を立てたのではなく、既存の市場の市立て、つまりは同市での市場営業許可であった。

信忠の施策の中で、後北条領国の宿立てに近いものとして町立ての事例がある。

［史料四］織田信忠掟書[34]

掟

一呂久渡舟、為往還之当町立置之条、門並諸役等一切令免許事

一従桑名上下之船、幷材木可相著事

一理不尽之使、惣而非分之課役、自元如誔不可有之事

右条々、若於違犯輩者、速可厳科者也、仍下知如件、

天正八年十二月　日（花押）

今尾・駒野両町での市場営業許可から二か月後の十二月、信忠は呂久渡舟の往還のため「当町立置」いた。門並諸役を免除とし、楽市令のように町への人々の集住を図り、呂久―桑名間を往来する船が取り扱う材木については、呂久に着岸することを強制させた。譴責使の不入や理不尽な課役賦課を停止して、違反者は厳科に処すことを定めたのである。信忠は、伝馬の宿の代わりに、材木流通の中継地・荷揚げ地としての湊町を整備することを企図していたと考えられよう。また信忠は、家督継承以前から舟運・材木流通についても継続して対応しており[35]、材木流通の統制に関する経験を活かした都市化を目的とする法令となっている。

②織田信雄の新市場設定

本能寺の変の直後、尾張国内で新市場の設定を実施したのは信長三男の信雄である。天正一〇年七月、信雄は末森丸山（現名古屋市）新市場に定書を出し、押買・狼藉禁止、喧嘩口論両成敗、新儀諸役免除とした[36]。これは、

本能寺の変後の後継者争いに深く関連しており、軍勢の横暴を防ぐという混乱の回避が第一の目的となっているが、宛所となる末森丸山は新市場とされ、本能寺の変による混乱が発生する以前は、城下の興隆を目的とした新市場の設定であったと考えられる。

なお、信雄は同時期に、上野鉄屋の水野太郎左衛門に対し鉄屋大工職と家屋敷について安堵を行っている[37]。緊急のためか花押印を使用しているが、これは信長の後継者であることを意識した継ぎ目安堵であると考えられる。

（2）豊臣政権下尾張の宿・市

①富田聖徳寺寺内市

織田・徳川両氏と羽柴氏の争いとなった小牧・長久手の戦いに至って、羽柴方による市場への対応がみられる。天正一二（一五八四）年六月、羽柴秀吉は、富田の聖徳寺（現一宮市）に制札を与え、陣取・放火・理不尽の催促禁止、市日規定（一・六日）、市日に出入の者の違乱・煩い停止を掲げた[38]。戦いの過程で秀吉が竹ヶ鼻城を落とした頃にあたり、戦後対応として、軍勢の横暴を防ぎ、一・六日の市場を開催して、人々を集めて復興させようとしたと考えられる。ただし、この市も新規の市場ではない。同年三月一七日の織田信雄の判物によれば、寺内町中の年貢初役免除や違乱・煩い停止を命じていて、すでに寺内町として発展していた地域であり[39]、同五月二日の羽柴秀吉の軍勢の「乱妨狼藉」などを禁止する定書中で「をしかひ以下一銭切」と商売に関する規定が盛り込まれていて、その寺内町には商いを行う場が含まれていたことがわかる。そのため、先の戦後復興の市日規定と市場での平和を創出するための条項も、既存の市場を活かして戦後に再確認・保護安堵を行う施策であったということになるのである。

②臨時伝馬負担地：熱田・清須

旧織田氏領時代を含め尾張国では市場に関する文書はあっても、宿場に関する文書はほとんど見られない。その中でわずかに登場する伝馬関係史料から、宿場の機能を見出すことができる。秀吉が天下人となって以降の尾張は、清須城の織田信雄が治めていたが、小田原北条氏征伐に当たって行き帰りの軍勢の経路となった信雄の所領内では、秀吉から朱印状が発給された。天正一八年八月二七日、尾州熱田および清須町に対し伝馬申付けの停止、売買物諸役の免除と押買い・狼藉者の処罰、喧嘩口論の停止を定めた[40]。伝馬停止条項は裏を返せば伝馬供出が可能な地であったことを意味し、小田原合戦前から朱印状発給までは臨時の役負担地であったと考えられるが[41]、ここでは、池上裕子が後北条領国についての考察でみた、伝馬の宿に類する伝馬と宿の関係性[42]が戦後になって破棄され、住民は伝馬という公的な荷物・物資の輸送のための負担から解放されたことを意味するものであり、駄賃徴収が可能な通常の宿場運営体制に戻ったと考えられる。

③関白秀次蔵入地における市立て

小田原攻め後に所領配置が変わり、秀吉甥の豊臣秀次が尾張国主となった。豊臣期の尾張は荒廃が進んでいたことから、秀吉と秀次が復興のために手を尽くしていた。秀次は関白職も兼帯しているために清須にはほとんど入っておらず、留守居として実務を担ったのは実父の三好常閑である。常閑は、文禄三（一五九四）年七月一日、清須城下御園町の市に判物を下している[43]。御園町の市については「如前々」八のつく日の三斎市を立てることとした。この頃常閑は、秀次の指示により、堤普請などに動員されて清須に移っていた他村の住人の帰村を進めており、その過程で、清須の市町を通常の運営に戻すため市日を以前の通り定めたものと考えられる。

ここまでの小括として信忠期以降の尾張・美濃における市立て事情を整理しておきたい。織田氏領国における新規市（町）立てはごく僅かであった。後北条氏などが新規市立ての掟書に盛り込むことの多い市日規定も一部にみられたが、尾張・美濃で確認される市への対応のほとんどは既存の市の確認・安堵として行われたもので、後北条領国の新市・新宿立てラッシュには及ばないという状況であった。

後北条氏領国のうち武蔵国では、小田原合戦の起こる天正一七〜一八年においても新宿立てが行われていたことが確認される。(44) 後北条氏領国においては領主の論理だけでなく、有力土豪層からの宿立て要求もあり、地域・領主双方の意向が合致することで宿立てが行われていたことが明らかにされているが(45)、織田氏領国の尾張・美濃においては、信忠による河川流通支配の強化、事変・戦乱による混乱からの回復、信雄による清須大改修、秀吉・秀次による尾張国の衰微への対応・復興といった、上からの論理中心で進められた限定的なものであったと言えよう。また尾張・美濃における領主の都市流通政策は、既存の市を重用し、城下町・城下の市の発展に目を向けたものであったと結論付けられる。

三　都市法の構成と諸地域における比較

（1）　東国各地の都市法と条文構成

前節までに織田権力の基盤となった尾張・美濃における都市流通政策の方針を確認した。ここでは楽市令の発給事例のある今川氏・北条氏をはじめとした東国の地域権力発給の都市法と織田権力の都市法について、それらの法を構成する要素を基に比較検討していきたい。

〈今川氏領〉

今川氏領の都市法で筆者が注目するのはまず大石寺関係の二点である。天文二四（一五五五）年六月七日、大石寺門前市に対して今川氏は次の条項による定書を発給した。(46)

［史料五］今川氏大石寺定書

定（印「如律令」）

一雖為大宮之役、就無前々儀者、不可及沙汰之事

一門前商買之物不可有諸役事

一於門前前々市無之処、只今立之儀令停止之事

右条々、為新儀之条、堅所申付也、若於違犯之輩者、依注進可下知者也、仍如件、

天文廿四年

六月七日

大石寺

大石寺門前市において①新規の役賦課停止、②門前商売品に対する諸役不可、③新規市立て（市の並立）を不可とし、違反者の注進について取り決めている。

同寺宛ての定書はもう一通あり、永禄三（一五六〇）年八月一七日には、今川氏真が禁制を与えている。(47)氏真はこの時大石寺門前において①殺生禁断、②門前での乱暴狼藉の停止、③寺内諸沙汰の裁許、④被官が檀那だと言って横暴を働くことの停止、⑤非道を申しかけることの停止、⑥門前への馬場設置不可、⑦門前へ来る荷物（商品）への押買狼藉不可、⑧竹木伐採の停止、⑨新規の役賦課停止、⑩門前商売品への諸役不可、⑪新規市立て（市の並立）不可と違反者の注進について定めており、天文期の定書と比べて多くの条文を載せている。これは、桶狭間の戦い後の地域の動揺や混乱を収めようと、継目安堵も兼ねたものとして発給されたため、通常寺院に対して行う権益の安堵と市場法が合わさって一つの定書として形成されたという特徴がある。

また永禄九年四月三日、駿河富士大宮市・関の定書において「楽市」文言が採用されている。(48)箇条書きではないが、この定書では富士大宮の六斎市において①押買狼藉非分および諸役の一円停止、②楽市として申し付ける

こと、③新役の神田橋関（役銭）停止を謳い、違反者に対する処罰文言も載せられている。

今川氏は、前節で見た織田氏と同様、特定の商人を商人頭として据えて特権を認め、彼らを筆頭とする座に商人を所属させて統制を任せており[49]、限定的な楽市の発給という状況は共通する部分である。

〈上杉氏領〉

上杉氏領については佐々木銀弥による検討があることから詳しくはそちらを参照されたいが[50]、早い時期の法令についてその構成を確認しておきたい。

まず、永禄三年五月一三日付けの長尾藤景等連署による越後府内の定書では、前書において町人の困窮状況をふまえ既存の諸役・地子を五年間免除することとし、本文で①町人の地子免除に伴う寺社領地子の補塡（寄進）、②給人への給付に対する軍役奉公、③他国船の安全な出入りのため役所船に限り諸役（銭）を掛けること（ただし二階堂・青苧座の船は検分を要する）、④清濁酒役の停止、⑤麴子役の停止、⑥雪垣設置役の停止（ただし宿送りは要負担）、⑦他国商人への荷物駄賃賦課は問屋・商人衆の談合によって決定すること、⑧薬座から若林の所へ来た代用品についての規定、⑨商売品に役を掛けてとることの停止、⑩茶の役停止、⑪地子などは適切に命じて御料所を置くので今後は不入とする、ということを定めた。

次いで永禄七年四月二〇日、上杉輝虎（謙信）は、柏崎町中において、①商売で出入りの荷物への新役停止、②青苧役の皆済徹底、③住人の還住・帰住を命じる、ただし抑留されている場合は交名注進すること、④盗賊や付火犯を申告した場合は褒美を与える、⑤無道狼藉を働く人物にはまず交名注進の上、搦めたり討ち留めても町人の落ち度とはならない、⑥年季証判を停止し別紙に改めること、とした定書を出し、罪科文言を付している。

この後も越後府内や柏崎については、法令が出されているが、伝馬なら伝馬についてと特定の事項に特化した内容で、都度、地域の実態や要請をふまえた条項・構成として発給されたものと考えられる[51]。

〈武田氏領〉

武田氏領では天正八（一五八〇）年一二月一三日、今川氏時代より町場であった富士大宮の西町新市に対し定書を発布した。(52)

［史料六］　武田家朱印状

定（竜朱印）

富士大宮西町新市事

一、日限　朔日　六日　十一日　十六日　廿一日　廿六日たるへき事

一、押買狼籍すへからさる事

一、喧嘩口論いたすへからさる事

右、具在前、

天正八年庚辰　　曽根下野守

十二月十三日　　奉之

富士大宮西町新市について、①市日規程（一・六日）、②押買狼藉の停止、③喧嘩口論の停止を定めた。この市場が一・六の市であることを明示しているところは後北条氏の法令でしばしば用いられるもので、領国を超えて共通している条項である。富士大宮自体は元より浅間神社の門前町であったが、町場の発展により既存の市場だけでなく西町にも新たに市が立てられたのだと考えられる。町場の平和創出を目的とした条文のみで構成されており、今川氏時代には楽市であった同町の市場とは役負担など市の置かれている状況は異なると考えられる。

〈後北条氏領〉

後北条氏は楽市令を発布していることから、まずはそれを見てみたい。

［史料七］後北条氏武蔵世田谷新宿楽市掟書(53)

掟

一市之日一ヶ月
　一日　　六日　　十一日
　十六日　廿一日　廿六日
一押買狼藉、堅令停止事
一国質・郷質不可取之事
一諸役一切不可有之事
　已上
右為楽市定置所如件、
天正六　　　　　　奉之
　九月廿九日　　山角上野介
世田谷
　新宿

天正六年九月二九日、後北条氏は世田谷新宿について、①市日を一・六の日と規定し、②押買狼藉の停止、③国質・郷質の禁止、④諸役免除の四箇条を掲げ、以上を楽市として定め置くとした。「為楽市」を一つ書の後に配し、それ以前の条文を含む状態を楽市として定めている。条文の構成と配列から考えれば、世田谷新宿が楽市たる条件がこの四箇条であることを示していることになろう。

次に、後北条氏領国下で発給された都市法で、楽市令と同等のように扱われたことのある法令がある。天正一四年二月晦日、後北条氏に従属する武蔵国松山の国衆上田憲定が松山本郷に与えた制札である。

［史料八］上田憲定制札写(54)

制札

一喧嘩口論幷押買狼藉可□停止事、

一当市之日、諸色他所へ出事、相違有間敷候、但兵粮・竹木ハ堅出間敷事、

一於当市商売之物、諸色共ニ役有間敷事、

一当市へ来者、借銭・借米不可致、催促殊質取致間敷事、

一市之日、商人中ニ而如何様之問答有之共、奉公人一言も不可綺、町人さはきたるへき事、

右条々、新市庭之事に候間、段而可申付相応、若背此旨者有之者、代官幷町人衆より早可致披露者也、仍如件、

戊

二月晦日　　　　憲定（花押）

本郷新市場

憲定は武蔵国松山本郷新市場について、①喧嘩口論・押買狼藉の停止、②市日において色々な品を他所へ出すことを認める、ただし兵粮・竹木は不可、③商売品役の免除、④市での借銭・借米の禁止と催促不可、⑤市日の商人での揉め事は町人裁きとするとし、違反者については披露するよう命じた。諸役免除も盛り込まれているが、①・②が先に掲げられており軍事的な緊張状態を反映したものとわかる。

ここまで東国の各地域権力が発給する都市法を例にそれぞれの条文構成を見たが、それらにおおよそ含まれる

構成要素を下記の通りにまとめた。

《都市法のおもな構成要素》

a 市日・市立・宿立規程、b 諸役免除、c 新規課役停止、d 座特権否定、e（商人／商品の）往来保障／市場強制、f 押買狼藉・喧嘩口論等の停止（平和規定）、g 質取行為の停止、h 徳政・債務破棄、i 譴責使等不入、j 犯罪者の摘発（盗人・放火などの相互監視）と被害者補償（善意の第三者）、k 徳政免除、l 集住・居住者還住、m その他、n 処罰規定・罪科文言等

これを基に各都市法の構成要素を一覧にしたものが別表〔主要な都市法の構成要素一覧（抄出）〕である。

（2） 織田信長の楽市楽座令

前項で確認した都市法のおもな構成要素と対照しながら、織田権力の発給する楽市楽座令の構成要素をあらためて確認する。

まず織田権力の楽市楽座令として確認するのは、永禄一〇年一〇月「楽市場」宛（表No.12）(55) および同一一年九月「加納」宛の美濃加納楽市令（表No.14）である。

【史料九】 織田信長制札(56)

定　　加納

一当市場越居之輩、分国往還煩有へからす、幷借銭借米さかり銭、敷地年貢門なミ諸役免許せしめ訖、譜代相伝之者たりといふとも、違乱すへからさる事、

一楽市楽座之上、諸商買すへき事、

一をしかひ狼藉喧嘩口論使入へからす、幷宿をとり非分申かくへからさる事、

h徳政・債務破棄	i譴責使等不入	j摘発・補償	k徳政免除	l集住・居住者還住	mその他	n処罰規定等	条数	楽市・楽座文言	文書群名	出典
							1	○	今堀日吉神社文書	『戦』佐　676号
					○	○	7		大願寺文書	『戦』瀬水　76号
					○	○	3		大石寺文書	『戦』今　1218号
	○				○		11		上杉家文書	『新』史3　276号
						○	11		国立公文書館所蔵判物証文写今川四	『戦』今　1570号
						○	3		清水寺文書	『戦』今　1698号
						○	3		加藤春夫氏所蔵文書	『愛』資11　319号
		○		○		○	6		上杉家文書	『新』史4　266号
					○		3		武州文書所収多摩郡源左衛門所蔵文書	『戦』後北　866号
							1		譜牒余録巻三三	『愛』資11　469号
						○	1	○	大宮司富士家文書	『戦』今　2081号
○	○					○	3	○	円徳寺文書	『岐』史古・中1　3号
	○			○		○	3		塚原文書	『岐』史古・中補　関市4－1号
○	○					○	3	◎	円徳寺文書	『岐』資古・中1　4号
							3	○	松平乗承家蔵古文書	新編　岡崎市史6　10号
	○				○	○	6		新編武蔵国風土記稿比企郡十	『戦』後北　1489号
						○	3		尾張大国霊神社文書	『愛』資11　783号
							1		譜牒余録巻三六	『愛』資11　911号
							5	◎	善立寺文書	『滋』5
							1		多田厚隆氏所蔵文書	『愛』資11・1222号
	○	○			○	○	13	◎	近江八幡市所蔵文書	『増織』下　722号、秀次展図録
	○					○	5		千葉県立中央図書館所蔵船橋大神宮文書	『戦』房　1655号
							5	○	大場文書	『戦』後北　2024号
						○	5	○	歳田神社文書	木村・村井史料紹介(『ヒストリア』194号)
					○	○	5		三木町文書	『兵』中世2　1号
		○			○		7		柏崎市立図書館所蔵文書	『新』資4　2276号
	○			○			1		葛田昌也文書	『戦』房　1744号
							3		丹波志	『新亀』資2　75
							1		市田靖氏所蔵文書／東高木文書	『岐』史古・中1　5号／3号
					○		3		龍野町文書	『兵』中世2　1号
						○	3		旧公文富士家文書	『戦』武　3462号
							1		甲斐国文書	『戦』武　3474号
	○						1		飯香岡八幡宮文書	『戦』房　1805号

主要な都市法の構成要素一覧（抄出）

No.	文書名	年月日	宛所・対象地	国	a 市日等規定	b 諸役免除	c 新規課役停止	d 座特権否定	e 往来保障／市場強制	f 平和規定	g 質取行為の停止
1	六角氏奉行人連署奉書案	天文18. 12. 11	枝村惣中	近江		□			○		
2	陶晴賢掟書案	天文21. 12. 28	（厳島ヵ）	安芸						○	○
3	今川義元朱印状	天文24. 6. 7	大石寺	駿河		○	○				
4	長尾氏老臣連署条目写	永禄3. 5. 3	（柏崎町）	越後	○	○					
5	今川氏真禁制写	永禄3. 8. 17	大石寺	駿河		○	○			○	
6	今川氏真朱印状	永禄4. 6. 1	清水寺衆徒中	駿河	○	○				○	
7	織田信長掟書	永禄6. 12.	瀬戸	尾張			○		○		○
8	上杉謙信制札	永禄7. 4. 20	荒浜屋宗九郎（柏崎町）	越後			○			○	
9	北条氏朱印状写	（永禄7）9. 20	（関戸郷ヵ）	武蔵	○	○					
10	松平家康判物写	永禄9. 1. 9	本多左近左衛門	三河	○	○					
11	今川氏真朱印状	永禄9. 4. 3	富士兵部少輔	駿河	□	○	○			○	
12	織田信長掟書	永禄10. 10	楽市場	美濃		○			○	○	
13	織田信長掟書写	永禄11. 2	―	美濃			○				○
14	織田信長掟書	永禄11. 9	加納	美濃		○		○	○	○	
15	徳川家康掟書	永禄13. 12.	小山新市	遠江		○				○	○
16	北条氏朱印状写	元亀2. 6. 10	本郷町人	武蔵		○				○	
17	織田信長掟書	元亀2. 9.	苻中府宮	尾張		○			○	○	○
18	徳川家康判物写	元亀4. 9. 23	上林越前（政重）	三河	○						
19	佐久間信栄禁制	天正2. 5.	金森町	近江		○			○	○	○
20	徳川家康判物	天正5. 2. 8	平野孫八郎	三河		○			○		
21	織田信長掟書	天正5. 6	安土山下町中	近江		○	○	○	○	○	
22	高城胤辰禁制写	（天正6）9. 19	船（富）橋	下総		○				○	○
23	北条氏掟書	天正6. 9. 29	世田谷新宿	武蔵	○	○				○	○
24	羽柴秀吉制札	天正7. 6. 28	淡川市庭	播磨	○	○			○ ※	○	○
25	羽柴秀吉掟書	天正8. 1. 17	（三木町）	播磨		○	○			○	
26	上杉景勝掟書	天正8. 2. 17	広居善右衛門尉・岩井民舞少輔、（柏崎町）	越後			○			○	
27	里見義頼朱印状	（天正8）6. 28	（横田郷新宿）	上総	○						
28	明智光秀掟書写	天正8. 7	宮田市場	丹波	○					○	○
29	織田信忠判物	天正8. 10.	今尾町市／駒野町市	美濃	○						
30	羽柴秀吉掟書	天正8. 10. 28	龍野町	播磨	○	○					
31	武田氏朱印状	天正8. 12. 13	富士大宮西町新市	駿河	○					○	
32	穴山信君掟書	天正8. 12. 27	（青柳新宿市）	甲斐	○						
33	原胤栄朱印状	天正9. 7. 5	谷沢丹波守	上総	○	○				○	

		○			○	○	5		柏崎市立図書館所蔵文書	『新』史　2278号
		○				○	3		武州文書所収比企郡要介所蔵文書	『戦』後北　2273号
	○					○	5		大西常代子氏所蔵文書	『富』史Ⅲ　22号
	□	○		□		○	7		柏崎市立図書館所蔵文書	『新』資4　2279号
							3		小杉町史	『富』史Ⅲ　51号文書
							3		水野太郎左衛門家文書	『愛』資12　13号
						○	1		村松泰明氏所蔵文書	『戦』後北　2394号
	○						1		古文書四	『戦』後北　2409号
		○	○			○	13	◎	馬見岡綿向神社文書	近江日野の歴史　8巻
				○		○	3		棚橋文書	『岐』史古・中1　2号
	○					○	3	◎	円徳寺文書	『岐』史古・中1　9号
	○						3		新編武蔵国風土記稿高麗郡八	『戦』後北　2588号
○	○	○	○			○	11		永田文書	『滋』5
						○	3		聖徳寺文書	『愛』資12　578号
	○					○	3	◎	円徳寺文書	『岐』史古・中1　10号
						○	3	○	難波武平氏所蔵文書	『戦』後北　2784号
		○				○	3	◎	城端古文書写	大日本史料11篇21
	○					○	5		武州文書所収比企郡要介所蔵文書	『戦』後北　2924号
	○	○	○				13	○	近江八幡市所蔵文書	『滋』5、秀次展図録
							1		専福寺文書	『岐』史古・中1　2号
	○			○		○	5	○	新編武蔵国風土記稿新座郡六	『戦』後北　3077号
							1		武州文書所収比企郡助太郎所蔵文書	『戦』後北　3118号
	○						1		下総旧事三	『戦』後北　3124号
	○						5		渡辺家文書	『戦』房　2134号
							1		長崎志	『豊』3　2517号
					○		3		熊崎右衛門氏所蔵文書	『岐』史古・中1　1号
						○	1	○	木村文書・難波文書	『戦』後北　3495号・同写　3496号
							3		浦和宿本陣文書	上尾市史　2　322〔二〕号
						○	3		千秋家文書／名古屋市秀吉清正記念館所蔵文書	『愛』資13　11・12号
							1		張州府志	『愛』資13　517号
	○	○			○	○	7	◎	近江八幡市所蔵文書	『滋』5
							1		内藤治幸家文書	『新甲』1　396号
				○	○	○	5		国立歴史民俗博物館所蔵文書	『戦』房　2547号
					○		5		旧後屋敷村某所蔵文書	『新甲』1　825号
						○	7		山崎八幡神社文書	『兵』中世3　2号
						○	5	○	大橋文書	『岐』史　古・中補　養老郡3　1号
						○	3		村上文書	『兵』中世2　2号

・出典表記　『愛』…『愛知県史』資料編、『岐』…『岐阜県史』史料編、『兵』…『兵庫県史』、『滋』…『滋賀県史』、『新』…『新潟県史』、『富』…『富山県史』、『兵』…『兵庫県史』、『新亀』…『新編亀山市史』、『新甲』…『新編甲州古文書』、『増織』…『増訂織田信長文書の研究』、『豊』…豊臣秀吉文書集、秀次展図録…刈谷市歴史博物館企画展図録『豊臣秀次』、『戦』佐…『戦国遺文』佐々木六角氏編、『戦』後北…『戦国遺文』後北条氏編、『戦』武…武田氏編、『戦』今…今川氏編、『戦』瀬水…瀬戸内水軍編、『戦』房…房総編

34	上杉景勝制札	天正9.7	（柏崎町）	越後						○	
35	上田長則掟書写	（天正9）9.晦	岡部越中守・本郷町人中	武蔵					○		
36	神保長住制札	天正9.11.12	放生津八幡領町・同三宮方	越中		○				○	
37	上杉景勝定書	天正9.12.10	柏崎	越後						○	
38	神保氏張制札	天正10.6.	手崎の町	越中	○					○	
39	織田信雄掟書	天正10.7	末盛丸山新市場	尾張	○		○			○	
40	上田長則朱印状	（天正10）8.16	本郷宿町人衆	武蔵					○		
41	北条氏朱印状写	（天正10）9.9	禰津領分	信濃		○			○		
42	蒲生氏郷定書写	天正10.12.29	（日野町）	近江		○	□	○	○	○	
43	織田信孝掟書	天正11.①	加納町	美濃		○					○
44	池田元助掟書	天正11.6.	加納	美濃		○		○	○	○	
45	北条氏朱印状写	天正11.11.10	高萩新宿	武蔵	○		○			○	○
46	浅野長吉定書	天正11.12.14	坂本町中	近江		○			○	○	○
47	羽柴秀吉制札	天正12.6.	聖徳寺	尾張	○					○	
48	池田照政掟書	天正12.7.	加納	美濃		○			○	○	
49	北条氏直掟書	天正13.2.28	荻野新宿	相模	○					○	○
50	前田利勝定書	天正13.10.9	直海郷北野村	越中	○					○	○
51	上田憲定掟書写	天正14.2.晦	松山本郷新市場	武蔵		○			○	○	
52	豊臣秀次掟書	天正14.6.	八幡山下町中	近江		○	○		○	○	○
53	池田輝政判物	天正14.10.18	専福寺	美濃	○					○	○
54	北条氏規掟書写	天正15.4.3	白子郷代官・百姓中	武蔵	○						
55	北条氏房朱印状写	天正15.6.16	伊達与兵衛、（井草宿）	武蔵	○	○					
56	北条氏政掟書写	天正15.7.6	関宿町人中	下総	○					○	
57	簗田助縄朱印状	天正16.2.3	（赤岩新宿）	下総		○				○	○
58	豊臣秀吉朱印状写	天正16.⑤.15	長崎惣町	肥後		○			○		
59	金森可重掟書	天正17.3.28	あきない町	美濃		○				○	
60	北条氏掟書	天正17.9.13	（荻野新宿ヵ）	相模	○					○	
61	浅野長吉禁制	天正18.7	浦和市	武蔵	○					○	○
62	豊臣秀吉朱印状	天正18.8.27	尾州熱田／尾州清須町	尾張		○				○	
63	三好常閑判物写	文禄3.7.1	ミその町老衆中	尾張	○						
64	京極高次定書	文禄3.8.3	八幡町中	近江		○	○			○	
65	浅野長政判物写	慶長2.11.11	和戸村新在家	甲斐		○					
66	里見家奉行人連署覚書	慶長3.7.29	在々商人中	安房	○				○		
67	浅野長政掟書写	慶長5.1.	後屋敷新町	甲斐	○	○			○		
68	池田輝政定書	慶長5.11.9	山田山崎町中	播磨	○	○			○	○	○
69	間宮彦次郎掟書写	慶長5.11.21	嶋田町中	美濃		○				○	○
70	池田輝政掟書	慶長5.11.29	淡河	播磨	○					○	○

・長澤伸樹著『楽市楽座令の研究』巻末付表「中近世以降期における市場法」を基に、条文構成の確認欄を追加して作成。紙幅の都合により筆者による中世史研究会大会報告時（2022年9月）の表から抄出、一部追加して掲載。
・直接記載がなくとも該当の場合は□、楽市・楽座の両文言がある場合は◎と表記。同日付け同内容のものはまとめて表記した。

右条々、於違犯之族者、可成敗者也、仍下知如件、

永禄十一年九月　日　（花押）

加納の楽市令は後発の［史料九］では、①市場在住者の分国内往還の自由（e）、借銭・借米および地子諸役免許（h、b）、②楽市楽座として諸商売をすること（諸役免除、座特権否定＝b、d）、③押買狼藉・喧嘩口論の停止（f）、譴責使不入（i）、宿の押借停止（f）とし、末尾に罪科文言（n）を載せる構成（b、d、e、f、h、i、n）となっている。楽市文言が宛所から第二条に移り、「楽座」であることも明記された。これにより、元の第二条は、第三条に入れ込まれている。また第一条の諸役免除規定がより詳細になっているほか、漢字仮名交じりの文へと文体も変更しており、受給者・読み手側の立場に沿ったものとなっていることがわかる。

次に、天正五年六月、安土山下町中宛の掟書（表№21）について見てみたい(57)。安土山下町中に対して、①楽市として諸座・諸役・諸公事免許（b、c、d）、②来商人の交通路と寄宿強制（e）、③普請免除（b）、④伝馬免許（b）、⑤付火なら亭主は無罪、失火なら糾明し追放（軽重は有）（j）、⑥咎人を泊めた際、子細を知らなければよいが、知っていてかくまったならば糾明し罪科に処す（j）、⑦購入品が盗品と知らなければ罪には問わないが、盗人を引き入れたなら古法に従って盗品を返却させる（j）、⑧分国中で徳政が実施されても安土は免除（k）、⑨移住者も先住民と同等に扱う、給人であるとして新儀課役をすることの停止（c）、⑩喧嘩口論、質取、押買・押売、宿の押借り停止（f）、⑪譴責使などは奉行に届けて糾明し対処すること（i）、⑫居住者は奉公人や諸職人であっても家並役は免除（b）、⑬博労について近江国中の馬売買は安土城下に集約（e）という一三箇条を定めた。構成はこれに罪科文言（n）を付したもの（b、c、d、e、f、i、j、k、n）となっており、安土令は安土城下町の建設に際して多くの課題を同時に解決すべく多くの要素を併せ持つ形となったと考えられる。

これをもとに条文構成を比較し、楽市令を含めた都市法を相対的に見たときにどのようなことがわかるのかを

まとめてみたい。

１．（a）市日規程は尾張・美濃ではあまり用いられない

市日に関する規定は、本能寺の変以前、信長在世時の織田氏領内においては、播磨国淡河楽市（表№24）など尾張・美濃以外の他地域のみで、信長没後に至っても豊臣氏が一部使用していることが確認される程度である（表№47他）。

２．構成要件（b、c、f）が法令の骨子として存在

構成要件として挙げた（b）諸役免除、（c）新規課役停止は関連性が高い条文であり、また、都市・市場での平和創出を目指して（f）押買狼藉・喧嘩口論等の停止（平和規定）が盛り込まれたものが都市法の根幹になると考えられる。加えて（g）質取行為の停止、（i）譴責使等不入、（j）犯罪者の摘発と被害者補償も市での平和創出に関与する要素となる。池上裕子は「押買狼藉・横合非分・喧嘩口論等の排除や防止と諸役免除・停止、「楽市令」との間に密接な関係がある」と述べ[58]、長澤伸樹も「「楽市」とはあくまでも、平和保障を求める在地の要求に基づき、（中略）後北条氏側の都合を優先した政治理念」としているが[59]、発給者の政策意図や受給者の要求など地域性が加わり、各構成要件が複合して形成されたものが都市法になるのである。

３．「楽市令」「楽市楽座令」は法令の総称としては適当ではない

領主が選択的に修辞として用いる「楽市」文言がなくとも同様の機能を果たす法令が存在することは、佐々木銀弥が確認し一覧に掲げた通りである[60]。また、長澤の楽市楽座令を都市法の一つとしてとくに何か突出して特徴のあるものではないとの言も示唆していることだが、個々の市場において「楽市」「楽座」状態は存在することから個別に楽市令、楽市楽座令と呼ぶことに異論はない。しかし、法令の中ではそれらも都市法の一部であり、総称として「楽市令」「楽市楽座令」と呼称することは、類似の法令が同時期に存在するという法令としての特

質を蔑ろにするものであり、適切ではない。それら単体の楽市令を含む都市法を相対的に見たとき、領主／地域権力が発布する都市法の根幹は共通しており、市日規定など一部の構成要素を除いて東西での偏差は少ない。その差が表れる部分は地域ごとに異なる実態を反映した根幹要素と掛け合わせとなる部分であると考えられる。

おわりに

いわゆる楽市楽座令について周辺市場を含み込んだ特定地域を対象とする研究が深化してきたことから、本章では、具体的な領主の流通政策をみる事例として尾張・美濃の二か国を対象に確認し、その上で条文構成を比較検討して織豊期の都市法令の構成要件とその傾向を見た。都市法の内容は、対象地域や周辺諸市との関係から規定されるものではあるが、基本的な構成要件は、諸役免除と都市における平和を創出するための条項をベースとしており、当該期の各権力の目指すべき都市像は大まかに一致していたと考えられる。そこに地域性が加味されて、尾張・美濃では、既存の市の保護に重点を置いた権利の追認・安堵が主体となっている。本章の対象地域は、東西に分かちがたい中間地域のように捉えられるが、畿内で形成された座の構造と近いものがあり、織田権力の尾張・美濃における流通政策はやや西国的な傾向を併せ持っていたとも考えられる。

一方、おもに東国では市日規程や各地域で克服すべき課題を組み合わせて個々の都市法を形成している。市日の規定はやや下って豊臣政権下よりこの地域や畿内近国での使用例が見られるようになり、東の法令を移植してきているようにもみえる。

「楽市」文言は地域的な課題をより鮮明にし、克服するために発給者によって採択されたもので、長澤伸樹が述べるように基本的にはその他の都市法と相違ない。そのため、楽市楽座令は都市法の枠組みの中に同等の法令が存在する中で、「楽市」文言が付与された一部の限定的な法令にすぎない。同法を都市法の代表としてみることは誤りであり、「楽市令」「楽市楽座令」を総称・概念的に用いることには難があることを指摘した。また都市法としてこれらの法令全体をみる限りでは東西の差異は少ないが、地域権力、ことに織田権力が採る流通政策の方針や地域の実態と法令では異なっており、流通の実態と法令はいわば本音と建て前のような関係にあると考えられる。東西認識のズレもそこに表れていると捉えられるのではないだろうか。

（1）佐々木銀弥「楽市楽座令と座の保障安堵」（『日本中世の都市と法』吉川弘文館、一九九四年、初出一九七六年）。
（2）池上裕子『（人物叢書）織田信長』（吉川弘文館、二〇一二年）。
（3）長澤伸樹『楽市楽座はあったのか』（平凡社、二〇一九年）。
（4）長澤伸樹『楽市楽座令の研究』（思文閣出版、二〇一七年）。同書で長澤は楽市令・楽市楽座令と受給・対象地域を検討し、従来指摘されていた織田政権の流通策の革新性を否定し、楽市の周辺の諸市を含む一定地域に視野を広げ、個々に政治・社会的情勢を加味してその背景を考察した。
（5）拙稿「書評　長澤伸樹著『楽市楽座令の研究』」（『年報中世史研究』四四、二〇一九年）。
（6）仁木宏「中近世移行期美濃国における権力と都市」（仁木・鈴木正貴編『天下人信長の基礎構造』高志書院、二〇二一年）。
（7）同前。
（8）小島広次「勝幡系織田氏と津島衆」（名古屋大学文学部国史学研究室編『名古屋大学日本史論集』下巻、吉川弘文館、一九七五年）。
（9）生駒文書（『愛知県史　資料編11　織豊1』三二一号）。なお、以下では『愛知県史　資料編』の出典は、『愛』巻次―番号のように表記する。
（10）加藤春夫氏所蔵文書（『愛』織豊1―三一九号）。
（11）多治見市所蔵文書（『愛』織豊1―九二三号）。

(12) 水野太郎左衛門家文書（『愛』織豊1―七六七号）。
(13) 天文二一（一五五二）年一二月一三日　加藤延隆・資景宛織田信長判物（『愛』中世3―一八五七号）、弘治四（一五五八）年正月二七日　加藤資景宛織田信長判物（『愛』中世3―二〇八八号）、加藤資景宛織田信長判物（西加藤家文書『愛』織豊1―二〇八号）。
(14) 伊藤宗十郎家文書（播磨良則「史料紹介　伊藤宗十郎家文書」『年報中世史研究』四一、二〇一六年）。
(15) 同前「史料紹介　伊藤宗十郎家文書」参照。
(16) 矢野義典「織田信長と商人司―「伊藤宗十郎家文書」の検討を通して―」（『史林』五五三、二〇二二年）。尾張・美濃の唐人方と呉服方の商人を統括する「商買司」「商人役」「商人司」について、矢野は信長の給人であって商人ではないとの評価をするが、その是非を問うまでの史料的根拠には乏しい。
(17) 桜井英治「商人司の支配構造と商人役」（『日本中世の経済構造』岩波書店、一九九六年、初出一九九三年）。播磨良則「楽座と城下町」（『ヒストリア』一一三、一九八六年）。
(18) 水野太郎左衛門家文書（『愛』織豊1―九二七号）。
(19) 注(14)伊藤宗十郎家文書。
(20) 西加藤家文書（『愛』織豊1―一二一八号）。
(21) 玉井文書（『岐阜県史』補遺、玉井文書―三号、同四号）。なお、『岐阜県史』は史料群別表記だが『愛知県史』と表記を統一し、以下ではその出典を、史料群名『岐』巻次、史料番号のように表記する。
(22) 仁木注(6)論文。
(23) 長谷川文書（『岐』古代・中世四、一号）。
(24) 長澤伸樹「織田信長の材木調達と流通支配」（東北史学会『歴史』一一五、二〇一〇年）。
(25) 武藤助右衛門所蔵文書（『岐』古代・中世一、一号）。
(26) このことは、筆者が二〇一六年七月の中世史研究会例会報告で述べた内容で、すでに仁木の注(6)論文にも引用されているが、未成稿であったことから、あらためて史料から読み解いたものとしてここに提示する。
(27) 仁木注(6)論文。

(28) 尾張大国霊神社文書（『愛』織豊1―七八三号）。
(29) 安野眞幸『楽市論―初期信長の流通政策―』（法政大学出版局、二〇〇九年）。
(30) 池上裕子「伝馬役と新宿」（『戦国史研究』八、一九八四年。のち同著『戦国時代社会構造の研究』校倉書房、一九九九年に採録）。
(31) 譜牒余録三三（『愛』織豊1―四六九号）。
(32) 譜牒余録三六（『愛』織豊1―九一一号）。
(33) 市田靖氏所蔵高木文書（『岐』古代・中世一、五号）、東高木文書（『岐』古代・中世四、三号）。
(34) （『岐』古代・中世一、馬淵文書―一号）。
(35) 長澤注(24)論文。山村亜希「岐阜城下町の空間構造と材木町」（『愛知県立大学日本文化学部論集　歴史文化学科編』五号、二〇一三年）。
(36) 関係史料は張州雑志七九（『愛』織豊1―九三七号）、高木修吉氏所蔵文書（『愛』織豊1―九七八号）、大阪青山歴史文学博物館所蔵文書（『愛』織豊1―一一五〇号）などがある。
(37) 水野太郎左衛門家文書（『愛』織豊2―一三号）。
(38) 水野太郎左衛門家文書（『愛』織豊2―一二号）。
(39) 聖徳寺文書（『愛』織豊2―五七八号）。
(40) 聖徳寺文書（『愛』織豊2―三一一号）。
(41) 千秋家文書（『愛』織豊3―一一号）、名古屋市秀吉清正記念館所蔵文書（『愛』織豊3―一二号）。
(42) 拙稿「合戦時の輸送と宿場―小田原合戦時の伝馬課役から―」（『織豊期研究』一八、二〇一六年）。
(43) 池上注(30)論文。
(44) 張州府志（『愛』織豊3―五一七号）。
(45) 「原兵庫助書状」難波文書（『戦国遺文　後北条氏編』第四巻、三五二二号）。
(46) 拙稿「後北条領国における新宿立て―原兵庫助訴状の検討―」（『日本歴史』八〇五、二〇一五年）。
(47) 大石寺文書（『戦国遺文　今川氏編』第二巻、一二一八号）。

(47)　今川氏真禁制写、判物証文写今川四（『戦国遺文　今川氏編』第二巻、一五七〇号）。
(48)　大宮司富士家文書（『戦国遺文　今川氏編』第三巻、二〇八一号）。
(49)　拙稿「コラム　今川氏を支える戦国期東海道の宿場と商人」（大石泰史編『今川氏年表　氏親・氏輝・義元・氏真』高志書院、二〇一七年）。
(50)　佐々木銀弥「越後上杉氏の都市法」（佐々木注(1)書、初出一九九〇年）。
(51)　越後柏崎町については、佐々木銀弥が注(50)論文において分類している通り、「都市問題の特定の事項に限って複数の箇条で規定した都市法」が散見され、課役や町中の平和維持など特定の課題解決を目的としたものが多く、他地域の都市法とはやや性質が異なる。
(52)　判物証文写武田二（『静岡県史』中世4—一三五五号）。
(53)　大場文書（『戦国遺文　後北条氏編』第三巻、二〇二四号）。
(54)　武州文書所収比企郡要助所蔵文書（『戦国遺文　後北条氏編』第四巻、二九二四号）。
(55)　円徳寺文書（『岐』古代・中世一、三号）。
(56)　円徳寺文書（『岐』古代・中世一、四号）。
(57)　近江八幡市所蔵文書（刈谷市歴史博物館図録『豊臣秀次—刈谷に新時代をもたらした関白殿下—』同館、二〇二一年）。
(58)　池上裕子「戦国期都市・流通論の再検討」（中世東国史研究会編『中世東国史の研究』東京大学出版会、一九八八年。のち池上注(30)著書採録）。
(59)　長澤伸樹「後北条領国における楽市—世田谷・荻野・白子—」（長澤注(4)書、第四章）。
(60)　佐々木注(1)論文掲載、表5「楽市楽座令一覧（楽市楽座記載を欠く分）」。

第5章　東西戦国大名の「地域国家」像

鹿毛敏夫

はじめに

中世史研究およびその研究史における、東と西の志向性の乖離が指摘されて久しい。たとえば、戦国期の大名権力の研究においては、伝統的な村支配の特質や権力の統合的理解が深化しつつある東国に対して、西国では流通経済や対外交渉の多様性・開放性への理解が進展する方向に向かっており、東西の研究志向の隙間は、埋まるどころか一段と広がりつつある。

中世史研究会において、過去の記念大会で、中央の「王権」や「国家」を考え、また列島中部に位置する「東海」地域の特質を考察してきた成果を踏まえ、五〇周年記念大会では、中世史研究の「東」と「西」の研究の到達点を確認し、また、「東西」および「都鄙」の連関構造を分析して、それらの統一的理解の可能性を探ることが課題とされた。そこで、本章では、戦国期の大名とその領国に関わる研究における東と西の志向性の現在地を確認し、その東西差異を止揚しうる総合的理解に向けた論理を探求することを目的に、論を進めて行きたい。

一　戦国大名研究の動向

まずは、日本における戦国大名研究の研究史の方向性とその経過について、三つの段階に分けて簡潔にまとめてみたい。本章での分析対象とする時代＝戦国時代は、おおよそ一五世紀後半から一六世紀までとしてとらえ、この時代に日本列島各地に誕生した地域権力を「戦国大名」と呼称する。

（1）一九六〇〜七〇年代の「大名領国制」論

まず、一九六〇〜七〇年代を特徴づけるものとして、永原慶二による北条・武田・今川・徳川諸領国における貫高制を主軸とした「大名領国制」論が挙げられる(1)。永原は、大名領国制を「在地領主制を基本的な構成原理とする日本中世社会の最後の一段階」と位置づけ、戦国大名について、「荘園制下の地頭職などの所職を梃子とし、族団的武力を核として成長した国人領主と異なり、支配領域においても、軍事力の構成においても、複数の国人領を包摂・統合した、より大規模な領域を独自の公権的支配の対象としている」点を強調した。

一方、勝俣鎮夫の場合は、北条領国の事例を中心とした戦国法の分析から大名権力を論じ、戦国大名の「国家」を、「理念的には大名権力から超越」するものとし、「国家の構成員たる「国にある者」＝国民すべてに対しその生存権を含めた保護義務を負うとともに、彼等に対し独自の絶対的支配権をその属性としてもつものと意識された存在」とする国家論から、大名権力の説明がなされた(2)。

こうした一九七〇年代までの研究史を今振り返ってみると、その議論が貫高制や戦国法等の政策分析を中心になされていたこと、そしてその分析対象が主として北条・武田・今川等の東国大名であること、が指摘できる。この点に関しては、のちに市村高男によって、「貫高制など一部の政策の展開状況を尺度として性格把握を試みる方法は、なお一面的な分析視角である」との批判が展開された[3]。

（２）一九八〇年代：実証研究および方法論における研究史の進展

次いで、一九八〇年代になると、個別諸大名領国を取りあげた実証的研究が進むとともに、その研究方法論に関する議論も進展した。

その個別研究成果の最たるものが、『戦国大名論集』全一八巻（吉川弘文館、一九八三〜八六年）の刊行であろう。同論集シリーズは、まず第一巻を総論とし、第二〜七巻で列島を東北・東国・中部・近畿・中国・九州に六区分して地域別に考察、さらに第八〜一六巻では、「後北条氏」「上杉氏」「武田氏」「今川氏」「徳川氏」「本願寺・一向一揆」「毛利氏」「長宗我部氏」「島津氏」の個別大名を配置し、そして第一七・一八巻に織田・豊臣統一政権成立史を配当する構成になっている。

これらについて、藤木久志は「権力の中・近世の間に占める独自の地位を追究」する成果の蓄積と称し[4]、また、永原は、「中世在地領主制の最高の段階」としての戦国大名領国制と、それを克服する方向性で次代の統一政権をとらえる考え方が成熟したと評している[5]。

しかしながら、ここでも依然、東西をめぐる問題点は残されたままであり、たとえば、西国九州の大友氏を研究する八木直樹はのちに、「貫高制・検地の実施、分国法の制定など、東国大名にみられる主要な政策に関して、戦国大名大友氏ではほぼその実施が確認できない。政策論を主体に「戦国大名」概念を立論した場合、大友氏はその「戦国大名」概念に含まれることはないだろう。しかし……[6]」と、基本的な「戦国大名」の概念規定に疑問と困惑を表している。

（3）近年：戦国大名領国の「地域国家」としての理解

そして、二〇〇〇年以降になると、戦国大名領国を「地域国家」として理解する議論が進展する。有光友學が、『日本の時代史』一二（吉川弘文館、二〇〇三年）を、「戦国の地域国家」というタイトルで、東西の大名領国に関する総論と各論を収めて編んだのはその典型である。

そしてこの段階になると、たとえば、川岡勉によって、「近年の戦国期研究は、戦国期の地域社会・地域権力のあり方は実に多様であることを明らかにしてきており、後北条氏など特定の地域権力を戦国大名の典型とし、そこに認められるいくつかの政策や政策基調を基準に全国の地域権力について大名領国制の進度を測定するような議論には疑問が投げかけられてきている」[7]との批判が提示されるようになり、また、村井祐樹からは、「先進・後進という曖昧な認識のもとに、他地域の大名権力との比較・検討を放棄するというような姿勢は克服されねばなるまい。畿内の大名も東国・西国の大名も同じ地域権力として、共通する部分、異なる部分を析出することがまず行われるべき」[8]との提言もなされるようになった。

二　時間・空間認識のあり方

さて次に、戦国期に対する時間と空間の認識のあり方について、考えていきたい。その材料としたいのが、近年に刊行された『列島の戦国史』シリーズ全九巻（吉川弘文館、二〇二〇～二一年）で、ここではその設計における問題点を指摘したい。

このシリーズが扱うのは、一五世紀後半から一七世紀初頭にかけての一六〇年間の日本列島であり、それを東日本・西日本・中央および全国という地域に分け（空間区分）、一五世紀後半・一六世紀前半・一六世紀後半・一七世紀初頭の四時期に時間区分して、分析する構成になっている。

そこで描かれた国内史のトータルな時間軸的把握は、次のような流れである。すなわち、明応の政変を契機に幕府の全国支配が崩れ、列島諸勢力の分裂と抗争が激化していく。そして、一六世紀第二四半期になると自立的な広域連携が誕生し、そこから統合へ向けた胎動が見られだす。そしてその動向は、東の河越合戦・西の厳島合戦における北条氏・毛利氏という新興勢力の勝利に帰結し、列島東西の地域覇権をめぐる争いが、一六世紀末に中央で生まれた織田・豊臣権力との関わりのなかで収束し、最終的に小田原合戦を経て全国制覇（「天下統一」）が完成するという整理で、確かに戦国史の文脈理解としてわかりやすいものとなっている。

しかしながら、一六〇年間の戦国史を、世紀の前半と後半に分け、その五〇年スパンの各時期を、明応の政変（一四九三年）→河越合戦（一五四六年）・厳島合戦（一五五五年）→小田原合戦（一五九〇年）という争乱を画期として時代把握しようとする全体フレームに着目すると、時代を単純に五〇年スパンで区切って叙述するフレームのため、歴史の動態がつかみづらい印象があり、そして、各巻の内容は、内乱・分裂・抗争・戦争・覇権・死闘・滅亡等の暴力的な言語に象徴させてその時代を語る構成になってしまっていると感じる(9)。

戦国期はその名称の通り、確かに人間同士の戦いの多い時代であった。しかし、その軍事的特徴の強い時期においても、各地に生きた天皇、将軍、諸大名から一般庶民までの日常が確かに存在していた。地域権力の闘争・合戦とその勝ち負け、そしてその勝者の軌跡ばかりにとらわれるのではなく、政治権力が分散状態の列島各地において、各々の大名が領域社会の為政者として、いかなる内政を行い、また、海外を含む支配領域外の政治権力とどのような外交関係を結んだかという、「地域国家」の為政者としての内政と外交のあり方を検討し、その特徴に応じた時間軸と空間軸を設定しながら、その多様性にあふれた地域社会の構造を比較・相対化させて叙述する「列島の戦国史」の描き方こそ、現代に求められる時代設計ではないだろうか。

三　東西認識の差異

そこで、前節で述べた時間・空間認識の問題と密接に関わらせながら、中世日本社会の東西認識の差異について考えていきたい。

ここでは、その材料として、『週刊朝日百科　週刊　新発見！　日本の歴史』という、一般向け雑誌であるが、ここ数十年間の研究史の新発見・新視点をコンパクトにまとめた雑誌を設定する。具体的には、同シリーズの二七号『戦国時代 二 戦国大名たちの素顔』（責任編集：黒田基樹・本多博之、二〇一四年）を取りあげることで、まさに戦国研究の東と西を牽引する研究者が、一冊の雑誌の中で東西をどう描き、そこにどのような東国・西国認識が込められているかに注目したい。

まず、巻頭の「ここまで分かった！　乱世一〇〇年の諸相」で、「今号では、北条氏や上杉氏など東国の戦国大名の領国支配や印判使用、大内氏や大友氏、尼子氏など西国大名の海上交易などに注目する」とし、東日本では「個々の村落や領主による紛争の解決システムとしての「戦国大名」が面的支配を進め、「御国」意識が生まれる様子が明らかになる一方、西日本では、環シナ海規模の交流にもつながる河野氏、海賊・村上氏、一条氏などの研究が進んでいる」とのリード文が、本誌へ誘う。

そして、近年の研究史における新発見・新視点として、次の四点が明示される。

①戦国大名の領国経営は現代国家の起源の一つ（天皇や将軍も超えて領域を面的に支配。村々や家来の紛争を抑止する存在）

②北条氏は村の維持に尽くし「御国」観念を生み出した（飢饉対策で、氏康から氏政へ当主が交代。北条氏は、村役人制や徳政、現物納など新しい政策を次々と繰り出した）

かった？）

③西国の大名たちは、アジアを見ていた（瀬戸内海や東シナ海、日本海を縦横無尽。東方への天下統一など眼中にな

④石見銀山の発見が、東アジアの貿易構造を変えた（西国の戦国大名たちは経済面でも攻防戦を展開していた）

雑誌のコンセプトが一般向けであるため、キャッチコピーも多少刺激的な表現になっているが、①と②が東国の新発見・新視点、③と④が西国のそれとしてクローズアップされている。

さらに読み進めると、「東国と西国の戦国大名」のコーナーでは、おおよそ、権力構造や領国支配の点で、東西の大名に共通するところもある。が、貿易が関係する経済・財政構造には違いがあり、西国には、地理的環境を背景に、東アジア諸国・諸地域と経済交流を行う大名が多い。一方、東国大名は、火薬の原料や生糸など外国産品の入手を、京・堺等の商人に依存していた、との東西理解が展開される。また、「戦国大名と「天下人」」のコーナーでは、上洛と国内統一が当時の戦国大名共通の目標であったとの見方が強いが、西国大名の中には、海外との経済交流を政策の柱としたものが多い。すなわち、すべての大名が上洛と国内統一をめざしていたのではない、との理解も紹介される。

とくに、西国をフィールドとする本多博之が、「西国大名の場合、政治的には東国大名と同様、幕府・朝廷がある京・畿内を意識しながらも、東アジア諸国・諸地域との外交・貿易を重要な経済基盤（火薬原料の硝石輸入の点では軍事基盤）ととらえて海外にも目を向けており、その点で東国大名とは異なっていた」と述べ、さらに「従来、大名領国を独立性を持った「地域国家」とみなし、大名権力による領国支配の実態について研究が進められてきた。その視角は間違いではないが、西国大名の場合は特に、幕府・朝廷への求心性とは別に東アジア世界への求心性についても検討する必要がある」と言及した点に、おおきな特徴を指摘できよう。

四　東西差異を包摂する総合的理解に向けた論理的方向性

前節で見てきたように、二〇〇〇年代以降の研究史における戦国大名「地域国家」論は、東と西で分析視角とその成果に大きな差異が認められる。では、そうした差異や矛盾を、どのような形で総合的理解の方向へとつなげていくことが可能であろうか。

たとえば、則竹雄一は、「戦国大名概念に包括されてきた権力体のあり方は、それぞれの個性をもって存在するのであり、典型を想定してそれとの比較では評価できない地域権力としての存在意味を持つはず」[10]とし、東西の違いそのものに意味があることを指摘する。

また、村井良介は、「個々の権力はそれぞれ異なっていることを前提にした上で、にもかかわらず、その内のあるものを「戦国大名」の名で括ることが、いかなる課題に応えるために有効かと問う必要がある」[11]と述べ、違いを乗り越える論理の構築の必要性を指摘する。

そうした考え方を受け、以下、三つの考察方法の可能性について私見を述べていこう。

（1）　陸域に加えての「海」の視点からの領国制の考察

まず、前述した一九八〇年代の『戦国大名論集　一　戦国大名の研究』に再度戻ると、この論集では、戦国大名研究の視点、戦国期の階級構成と社会構造、および戦国大名の権力構造と領国支配の三部構成に、戦国史研究の基軸となるべき論文一三本を収載し、編者の永原は、「幅広い視野からできるだけ多角的に取り上げるようつとめた」と説明する。

しかしながら、刊行から三五年以上が経過した今、研究環境の変化と分野の多様化にともなって、その選択は必ずしも「幅広い視野」「多角的」とは言いきれない状況になってしまっている。二一世紀の現代から見て、いくつかの視点の欠落のうちの最大のものが、戦国大名とその領国の特質を「海」からとらえて考察する論点の欠如である。

従来の戦国大名研究は、その領国を陸上における土地という枠組みのなかでとらえ、その所有関係や生産物の収奪実態に焦点をすえた考察が中心的課題として意識されてきた。そこでは、海を媒介とする人間の活動実態を積極的に分析していこうとする志向性はきわめて希薄であった。『戦国大名論集』の編集が、「東北」「近畿」「中国」「九州」等の同一陸上地域の枠組みで進められて完結し、「瀬戸内海」「東日本海」「伊勢湾岸」等の海域の枠組みがまったく想定されなかったことは、その証左と言える。

しかしながら、近年の研究動向を見てみると、たとえば、須田牧子や荒木和憲が、周防大内氏や対馬宗氏とその領国を、対馬海峡を介した朝鮮王朝との通交関係を基軸に分析したり(12)、黒嶋敏によって、薩摩島津氏の権力を、琉球王朝との政治的関係から考察する取り組みが進展している(13)。また、筆者も、肥後相良氏や豊後大友氏等の船を使った海外交易と、それを担った海民・水軍・貿易商人等の活動を、大名領国の海洋性・経済力の観点から考察した(14)。

大内・宗・島津・相良・大友の各事例から、海域の視点による大名領国制研究は、一見西国のみの特徴のように見える。しかし、東国大名関連の史料にも、大名の海域支配やその領国の海洋性に関するものが実は頻出する。たとえば、永禄期の今川氏領国の史料には、以下のようなものがある。

【史料一】今川氏真判物写（「興津文書」国立公文書館内閣文庫所蔵『諸家文書纂』八所収）

遠州大坂（掛川市）之内知行浜野浦爾繋置新船老艘之事

右、於諸浦湊諸役幷船役舟別、為新給恩永令免許畢、不準自余之条、役等一切不可有之、同立使肴買等不可

申懸之、雖然海賊惣次之時者、櫓手役可勤之者也、仍如件、

永禄五壬戌年
正月十一日
氏真（今川）「右ニ同」判
興津摂津守殿
（傍線は筆者付す、以下同）

【史料二】今川氏真朱印状（「東観音寺文書」）

新船壱艘之事、（印文「如律令」）一円停止諸役、為新寄進、永不可有相違者也、仍如件、

永禄五壬戌
十二月十八日
三州
小松原（豊橋市）
東観音寺

【史料三】礼豊書下（「熊野夫須美神社文書」）

猶以毎年、可為如此也、
自駿府（静岡市葵区）熊野山江御最花弐百拾貫文之事
右、以舟可有御届之由承候間、米銭共ニ其湊之儀、不可有相違候、若湊御不案内付而ハ、疋田九郎左衛門尉
馳走可申者也、仍如件、
永禄十一年

三月十六日　　　　　　　　　　礼豊（花押）
新居（湖西市）渡幷湊
　　奉行中

【史料四】 今川氏真判物写（「三沼津駅家文書」『駿河志料』巻九〇）

大岡庄（沼津市）上下商人・道者・問屋幷従諸湊以船出入之商人等之事
右、任前々之筋目、被官山中源三郎爾令領（預カ）状畢、縦雖有競望之輩、不可有許容、於子孫無相違可被申付者也、
仍如件、
　　永禄十一戊辰年
　　九月　　　　　　　　上総介（今川氏真）花押
（宛所欠）

「新船」「於諸浦湊諸役」「船役」「海賊」「渡幷湊奉行」「従諸湊以船出入之商人」等の記述が象徴するように、「海」に生きた人々の生活や社会的活動を示す史料は、明らかに東国にも存在することがわかるであろう。従来、本格的分析がなされていない東国においても、西国同様に、こうした海洋性関連史料を総合的に考察することは可能である。

さらに、戦国史研究に限らず、たとえば、村井章介による、一六～一七世紀前半の日本を、一国史的な見方にとどまらず、「列島にうち寄せる歴史の波」を意識した世界史的な文脈のなかで理解していこうとする営みや、[15]羽田正による、日本を含めた東アジアの一三～一八世紀の歴史を、海を介した人・モノ・情報の交流という視点から描こうとする研究動向[16]も、注目すべきであろう。

これらの成果は、陸上中心に叙述されてきた戦国時代史を海もしくは湖や川の視線で見直し、海・陸（もしくは水・陸）の総合的視野から戦国大名権力とその領国（「地域国家」像）をバランス良く分析することの有効性を示すものであり、こうした視点を取り込むことが、東西理解の乖離を埋める可能性を秘めていると考えられる。

（2）時代と空間を貫く事象からの領国制の考察

東と西の研究史における差異と矛盾の現状を脱し、総合的理解へ導く二つめの方法として、時代と空間を貫く事象からの領国制の考察が挙げられる。複数の事象候補が考えられるなかで、ここでは二つの視点を提唱しよう。

まず一つめは、人間の歴史の描き方としてよくある戦争や収奪への着目のみでなく、「鉱物資源」の獲得競争とその利活用実態から時代をとらえる視点である。ただし、従来的・常識的な金・銀・銅の比較では課題を深めることはできず、日本の歴史の実態にそくした分析として、銀は硫黄と比較した方が時代を把握しやすい(17)。

すなわち、硫黄は、室町期（一五〜一六世紀半ば過ぎ）日本の中心的鉱物資源であり、おもに中国明への輸出資源であった。その鉱物資源としての硫黄の恩恵を受けたのが、室町幕府と守護大名期の島津氏と大友氏である。周知のように、九州地方は遣明船航路に位置し、かつ島津・大友の両大名が領国内に有力硫黄鉱山（薩摩硫黄島、豊後硫黄山、豊後伽藍岳等）を保有していた実態がある。もちろん、東日本にも硫黄を産み出す火山はふんだんにあるが、国外への輸出貿易を行う国際環境が中世末段階の東国社会では未発達だった。

一方、銀は、戦国末期から近世前期（一六世紀半ば〜一七世紀）の中心的鉱物資源かつ主要輸出資源である。銀の場合は、中国地方を中心に有力銀鉱山（石見、但馬等）の開発と精錬技術の進歩がなされた。鉱物資源としての銀の恩恵を受けたのは、大内氏・山名氏・尼子氏・毛利氏等の硫黄全盛期には領国内に火山を有さないためにその恩恵を享受できなかった大名であり、のちに肥後の相良氏、そして豊臣統一政権が追従した。逆に島津・大友領国は、硫黄鉱山のメッカであったが、中世末期の段階で良質な銀鉱山は見つかっておらず、両氏は、東南アジア（カンボジア等）貿易を通しての銀の輸入とその利権をめぐって競合と抗争を繰り広げた。一方、四国地方に目を転じると、この地域には硫黄を産む火山も良質な銀鉱山もなく、鉱物資源からの恩恵を受けて経済的に潤う大規模大名が育ちにくい環境にあったのではとの仮説も成り立つ。

このように、「鉱物資源」の獲得競争とその利活用実態から総合的に考察すると、一五～一七世紀の列島社会は、「硫黄の世紀」から「銀の世紀」へと大きく時代相が転換したと考えられる。すなわち、室町・戦国・近世初頭までの武家社会日本は、硫黄山を領有する大名権力が経済的に優越した時代から、銀山権益を獲得した大名権力が優越する時代へと転換していったと言うことができよう。

この島津氏、大友氏から毛利氏、豊臣氏までの諸大名が各鉱物資源の獲得に競合する時代を経て、やがて一七世紀初頭に成立した徳川政権は、硫黄・銀両方の権益を全国的に獲得し、鉱物資源からの収益という点で安定した統一政権を実現できた。初期の江戸幕府は、「硫黄の世紀」から「銀の世紀」への転換を集約し、サルファーマネーとシルバーマネーの双方を優越的に獲得した徳川氏の鉱業政策によって経済的に支えられたものとも言えよう。ちなみに、その後の近代の歴史が、全国で炭鉱開発に伴う産業が隆盛を極めた「石炭の世紀」を経て、二〇世紀の「石油の世紀」＝オイルマネーの時代へと推移したのは、周知のとおりである。

このように、時代と空間を貫いたモノ・コト・動向の一例として、「鉱物資源」という観点からの歴史理解を試みたが、こうした視点から戦国期の日本社会を考察することは、東西社会の単純比較ではなく、列島各地の大名領国「地域国家」の動態を総合的に理解する試みにつながるのではと期待される。

次に二つめとして、前近代の計量社会の実態から時代をとらえる視点を挙げよう。ここでは、東西で対照的な社会実態が浮き彫りとなってくる。

中世後期から近世にかけての計量について、すでに先学の研究により、東の武田氏や徳川氏が、守随家に象徴される「秤座《はかりざ》」による計量統括を実施したことが明らかである(18)。これに対して、西の大友氏では、近年、豪商仲屋家に象徴される「計屋《はかりや》」による計量統括の実態が明確になってきた(19)。

すなわち、これらの成果を総合すると、東国大名は、「秤」という計量器具（公定器具）を領国に普遍化させて流通経済を掌握し、他方、西国大名は、「計る」という行為を行う商人をシステム上に設定することで流通経済を掌握しようとしたとの仮説が浮かび上がる。

すなわち、「はかり」という「もの」（名詞）からの静的領国統治を実現した東日本社会に対し、「はかる」という「行為」（動詞）からの動的領国統治を図らねばならなかった西日本社会の複雑性への注目である。その動的領国統治の実態を象徴する、次の史料が存在する。

［史料五］田原紹忍（親賢）書状（「蠣瀬文書」『大分県史料』八）

一符之内上市（大分市）岩田与三兵衛入道事、計屋之儀候条、上毛郡（福岡県豊前市）・下毛郡（大分県中津市）売買人、彼者所江罷著肝要之段、可被申付候、為存知候、恐々謹言、

十一月九日　　紹忍（田原親賢）（花押）

清成式部允殿

岡部宮内入道殿

史料は、大友氏奉行人田原紹忍（親賢）の書状で、その花押からおおよそ天正年間の発給とわかる。隣国豊前の上毛郡・下毛郡からの売買人が、大友氏の本拠都市である豊後府内で取引する際は、大名公定「計屋」岩田のもとに着荷するよう指示したものである。大友氏は、本拠の府内のみならず、古代からの要港佐賀関と、新興城下町の臼杵という、豊後国内の主要三都市に大名権力公定「計屋」を設置する流通経済政策を敷いている(20)。

公定「秤」を領国内に普遍化させることで衡量制の統制が可能となる東日本社会と、「計る」行為を専らとする商人のもとで衡量制を統制しなければならない西日本社会の、相互の特性について、今後検討していく必要がある。

（３）戦国大名の外交実態からの「地域国家」像の考察

東西の差異と矛盾を総合的理解へ導く三つめの方法として、戦国大名の外交実態からの「地域国家」像の考察が挙げられる。

まず、外部から見た戦国期日本の姿に着目したい。たとえば、バルトロメウ＝ヴェーリョ（Bartolomeu Velho、ポルトガル人地図作家）による「世界図」（フィレンツェ、美術学院 Accademia di Belle Arti蔵、一五六一年）による日本認識に着目すると、そこでは、南北縦長に九州から北海道までを描写して「IAPAM」と表記したうえで、北海道を除く本州・四国・九州を六つの地域に色分けして表記している。BANDOV（坂東＝後北条氏）、MIACOO（都＝室町幕府）、MAGVCHE（山口＝大内氏）、TOMSA（土佐＝一条氏）、BVGO（豊後＝大友氏）、CAGAXVMA（鹿児島＝島津氏）の六地域である。

村井章介は、「これは中世末の日本の政治地図をかなり正確に反映」したものと評価する。[21] 本章の視点からすると、ポルトガル人に六地域に区分されていると思わせた一六世紀半ば日本の「地域国家」の実態を、これまで考察されたことのない「外交」の視点から厳密に検討する必要が出てこよう。

戦国大名の外交実態からの「地域国家」像という点で注目したいのは、島津氏の対カンボジア国外交国書にみる「国家」意識である。

【史料六】島津義久国書案（霊雲院所蔵『頌詩』所収）

南蛮国甘埔寨賢主君浮喇哈力汪加尊兄閣下

夫惟、

博愛之謂仁、行而宜之謂（「之」脱カ）義、是天下公言也、爰有
貴国商船一隻、飄蕩来于日本九州薩之港口、价通事舎人子細問事由、船主握郎烏丕沙哥、貢使浮喇理璉沙哥、
副使党膠三牌、異口同意曰、昨自発船以来、凌鯨波千里、欲齎金書・貢物達豊州主源（大友）義鎮公矣、蓋聞去歳
戊寅冬、干戈争起、豊兵侵薩之地、忽被官軍一戦、々亡者十余万人、殆至喪身失家而已、今也九州属薩之
一麾矣、以故三賢使投金章・貢物於吾、諾曰我苟帰本国、詳説斯事、継今以往、我国必以貴国為善隣、
永々自他為和好、山砥河帯勿渝斯約、往還船舫亦可無絶期矣、然則右所述仁与義、豈不公言乎、仍呈金札、
献微物、聊洩陋志、事具于別幅、

伏望、

昭察、順序保重、恐惶不宣、

日本天正七年己卯仲冬上澣

薩隅日三州太守藤原（島津）義久頓顙

（読み下し）

南蛮国甘埔寨《カンボジア》賢主君浮喇《ブリヤ》哈力汪加《レアッチアアンチャ》尊兄閣下

それ惟《おも》うに、

博く愛する、これを仁と謂う、行いてこれを宜しうする、これを義と謂う（22）、これ天下の公言なり、ここに

貴国商船一隻有り、飄蕩《ひょうとう》として日本九州薩の港口に来たる、通事舎人に价して子細事由を問う、船主握郎《wo lang》烏丕沙哥《wu pei sha ge》、貢使浮喇理璉沙哥《fu la ly lian sha ge》、副使党膠三牌《dang miaosan pai》、異口同意にして曰く、昨《さき》に発船してより以来、鯨波千里を凌ぎ、金書・貢物を齎《もたら》し、豊州主源義鎮《よししげ》公に達せんと欲すと、けだし聞くに去歳戊寅の冬、干戈争い起き、豊兵薩の地を侵すに、忽《たちま》ち官軍との一戦を被《こうむ》り、戦亡せる者十余万人、ほとんど喪身失家に至るのみ、今九州は薩の一麾《いっき》に属す、故をもって三賢使は金章・貢物を吾に投ず、諾《だく》して曰く、我かりそめに本国に帰り、この事を詳説せんとす、継今以往、我国必ず貴国をもって善隣となし、永々に自他和好をなし、山《さん》砥《し》河《か》帯《たい》するとも、この約を渝《しず》めること勿《な》く、往還の船舫もまた期を絶うることなかるべしと、しかればすなわち右に述ぶる所の仁と義は、あに公言ならざらんや、よって金札を呈し、微物を献じて、聊《いささ》か陋志《ろうし》を洩《も》らさんとす、事は別幅に具す、

伏して望むらくは、

昭察せんことを、順序保重、恐惶不宣、

日本天正七年己卯仲冬上澣《じょうかん》

薩隅日三州太守藤原義久頓顙《とんそう》

以上の史料は、天正七（一五七九）年一一月上旬に、島津義久が「南蛮国甘埔寨賢主君」（カンボジア国王）に宛てた国書案で、島津氏の外交僧として活動した雪岑津興の起草と思われる。外交文書として、カンボジア国王をさす「南蛮国甘埔寨賢主君」と、カンボジア国をさす「貴国」、およびカンボジア国王の行為をさす「昭察」の三語への擡頭表現が、注目できる。

一五七九年段階のカンボジア国王は、サター一世（一五五三年生、一五七六年即位、一五九六年没）で、ポスト・アンコール期ロンヴェーク王都時代の国王である。また、「浮喇哈力汪加」は、国王のクメール語称号の一部に

漢字の音をあてて表記したものと考えられる。すなわち、サター一世の称号＝「プリヤ（浮喇）・レアッチア（哈力）・アンチャ（汪加）・プリヤ・ボロム・レアッチア・レアミア・トゥプディ」[23]の冒頭部分を漢字表記したもので、Preah Reachea は、王や王族に敬意を表してつける接頭語、Ang Cha は、サター一世の祖父アン・チャン（Ang Chan）王の血統を意味するものと解釈できる。

史料では、アン・チャン系カンボジア国王サター一世の商船一隻が薩摩の港に到来したことを受け、島津義久は、カンボジア人の船主と貢使（正使）、副使（この三名も漢字表記）を、通事を介して尋問したことがわかる。三名の使節は、自らが千里の波を越えて、カンボジア国王からの「金書」（国書）と「貢物」を「豊州主源義鎮公」（豊後国の大友義鎮）に贈るためにやってきたと返答した。

しかしながら、このカンボジア国王使節船の薩摩の港への「飄蕩」（漂着）は、実際には島津氏によるカンボジア船の抑留であった。すなわち、前年の高城・耳川の合戦で大友軍に勝利した島津義久が、敵対する大友氏がカンボジア国王と結ぶ外交関係を遮断し、新たな島津―カンボジア国王間の善隣外交関係を締結することを画策したのである。

また史料には、「三州」のみでなく「九州」全域が自領になったと誇張する島津義久の言葉を真に受けたカンボジア国王使が、義久の援助を得てカンボジアに帰国できれば本国王に九州の政権交代の事態を報告することを約し、国王全権使節として、今後、「我国」（カンボジア国）と「貴国」（薩摩国）で善隣和好関係を締結し、たとえ「山砥河帯するとも」（中国の泰山が砥石のように低くなり、黄河が帯のように細くなろうとも）、この外交協約を反故にしたり、相互往来する船を絶やすことのないようにすると述べたと記載しているが、これは、島津氏側が創作した台詞であろう。この外交画策が成功し、この後義弘期にかけての島津氏はカンボジア国との外交関係を確立している。

すなわち、一五七〇年代、カンボジア国王と島津氏は、「我国」「貴国」と呼び合う対等な「国家」意識をベースとした外交関係を締結したのであり、戦国大名「地域国家」による国家外交権行使の一事例として評価することが可能である。そこには、一六世紀後半における戦国大名「地域国家」の成熟した姿を見ることができる(24)。

戦国大名は、決して国内の国盗り合戦に終始したのでなく、「領国」の為政者として多様な外交チャンネルの締結を模索しながら、対外的な活動を繰り広げていた。そうした意味で、この時代を歴史的に正しく評価するには、群雄割拠から天下統一へ向かう日本史の文脈と、古代以来の東アジアにおける伝統的華夷秩序が弛緩して脱「中華」の国際秩序が形成されていく一六世紀のアジア史・世界史の文脈を、人間集団間の関係性を強く意識しながら相対的に結びつけて評価していく営みが大切となろう(25)。

おわりに

本章で述べてきたように、一九八〇年代までに交わされた戦国大名領国制の議論と、それによって描き出された戦国大名像には、分析のフィールドおよびその解析指標の面で限界性・偏向性があったことは否めない。当時、貫高制や検地の実施等、東国大名にみられる主要な政策が指標となった学界議論のなか、そうした政策を有さない大友氏の大名領国制を考察した外山幹夫の結論は、以下のようにならざるを得なかった。「大名領国制を論ずる際、これまで多く関東・東海・近畿地方等のいわゆる先進地帯、ないし中国地方の中間地帯のありかたがひきあいに出され、これを以て典型とし、この間、後進地九州についてはさして顧みられることがなかった。そして、僅かに「九州の情勢」として、特殊な例外を提示するのにも似た扱いがなされて来た。本書はそうしたありかたに対し、九州を射程内に組み込んでこれを見つめ、全国的な視野の中で正当にこれを位置づけるべく、大友氏を取り上げ、その大名領国制を論じたものである。ところで、大友氏の大名領国制に於いて、その殆どの側面について、矛盾・限界・脆弱性等を指摘して来た。大友氏は、後北条氏等にみるような貫高制に基づく統一的軍役は成立をみておらず、また領内検地の実施も認められない。このことだけを以てしても、確かにその後進権力たることを暴露するものである」(26)（波線は筆者付す）。

今後の戦国期大名領国の研究は、「先進」「後進」「脆弱」等の優劣評価や「典型」「例外」等の標準創出の価値観を乗り越える必要があるとともに、その存在の多様性を源泉とした研究視角・結果の差異を包摂する、総合的理解の構築に向けた各種の取り組みを進めていかなければならない。

そして、そもそもの問題として、日本史で「史実」として語られているもののなかに、実は、その根拠が曖昧なものや偏向的な考察によるもの、あるいは一面的な歴史観に負うものなど、その見直しを求められるものが少なくないことが挙げられる。とくに、本章で見てきた戦国時代史は、その典型である。

日本史における一五世紀後半～一六世紀は、「戦国」との名称の通り、確かに人間同士の戦いの多い時代だった。高校生たちが学ぶ教科書においても、この一六〇年間ほどの歴史は、応仁の乱・桶狭間の戦い・長篠合戦・賤ケ岳の戦い等の戦争や争乱を軸に時代の画期が示され、その内容も、争い・分裂・抗争・大勝・征討・征服・覇権、そして追放・屈服・滅亡等の暴力的な言語に象徴させてその時代を語る構成になっている。その教科書に学ぶ子どもたちの頭のなかには、必然的に、武力的勝者へのあこがれや英雄視、そしてその軍事的勝者が形作った社会の正当化・正義化の意識が醸成されていく。さらに、のちの近代国家の成立とそのテリトリーの存在を前提に、国家の歴史は分裂から統合へと向かうもので、その統合の妨げとなる「敵」を征討して滅ぼす（殺す）ことが歴史の必然的正義であったとの価値観のみが、重層的に再生産されていくのである。

一六〇年間に及んだ戦国大名の群雄割拠状態を脱して一元的な統一政権を樹立した、いわゆる「天下統一」の営みは、日本の政治史において、まぎれもなく重要な画期であり、その国家統合の取り組みが成されてこそ、以後の近世・近代日本の発展が実現した事実は、論を俟たない。しかし、その軍事的特徴の強い一六世紀という時期においても、列島各地に生きた人々の日常がたしかに存在した。第二節でも述べたが、「戦国」という時代をとらえる際、地域権力の闘争・合戦とその勝ち負け、そしてその勝者の軌跡ばかりにとらわれるのではなく、政治権力が分散状態の列島各地において、各々の大名が領域社会の「為政者」として、いかなる内政を行い、また、海外を含む支配領域外の政治権力とどのような外交関係を結んだかという視点からの考察が重要と考える。

「地域国家」の為政者である諸大名の内政と外交のあり方を冷静に分析・検討し、その特徴に応じた時間軸と空間軸を設定しながら、多様性にあふれた日本社会の内部構造を比較・相対化させて叙述する戦国時代史の描き方こそ、研究史の東西差異・矛盾を総合的理解へ導くものであり、かつ、世界各地で再び戦争や紛争が頻発し、またSDGs等の新しい価値観が提唱されている二一世紀の現代に求められる戦国時代の認識と描写のあり方であると思う。

（1）　永原慶二「大名領国制の構造」（『戦国期の政治経済構造』岩波書店、一九九七年、初出一九七六年）、同「大名領国制下の貫高制」（同前書、初出一九七八年）。
（2）　勝俣鎮夫「戦国法」（『戦国法成立史論』東京大学出版会、一九七九年、初出一九七六年）、同「戦国法の展開」（永原慶二編『戦国大名論集　一　戦国大名の研究』吉川弘文館、一九八三年、初出一九七八年）。
（3）　市村高男「戦国期における東国領主の結合形態」（『戦国期東国の都市と権力』思文閣出版、一九九四年、初出一九八一年）。
（4）　藤木久志「解説」（同編『戦国大名論集　一四　毛利氏の研究』吉川弘文館、一九八四年）。
（5）　永原慶二「大名領国制の史的位置―中世～近世移行期把握のための覚書―」（『歴史評論』三〇〇、一九七五年）、同「解説」（同編『戦国大名論集　一　戦国大名の研究』吉川弘文館、一九八三年）。

(6) 八木直樹『戦国大名大友氏の権力構造』(戎光祥出版、二〇二一年)。
(7) 川岡勉「室町幕府―守護体制の変質・解体と戦国期社会」(『歴史科学』一九八、二〇〇九年)。
(8) 村井祐樹「佐々木六角氏発給文書と領国」(『戦国大名佐々木六角氏の基礎研究』思文閣出版、二〇一二年、初出二〇一一年)。
(9) 鹿毛敏夫「書評　長谷川博史著『列島の戦国史　三　大内氏の興亡と西日本社会』」(『芸備地方史研究』三一八、二〇二一年)。
(10) 則竹雄一「戦国大名権力の成果と課題」(『戦国大名領国の権力構造』吉川弘文館、二〇〇五年)。
(11) 村井良介「戦国期大名権力研究の視角」(『戦国大名権力構造の研究』思文閣出版、二〇一二年)。
(12) 須田牧子『中世日朝関係と大内氏』(東京大学出版会、二〇一一年)、荒木和憲『対馬宗氏の中世史』(吉川弘文館、二〇一七年)。
(13) 黒嶋敏『琉球王国と戦国大名―島津侵入までの半世紀―』(吉川弘文館、二〇一六年)。
(14) 鹿毛敏夫『戦国大名の海外交易』(勉誠出版、二〇一九年)。
(15) 村井章介『海から見た戦国日本―列島史から世界史へ―』(筑摩書房、一九九七年。のち増補のうえ同『世界史のなかの戦国日本』(筑摩書房、二〇一二年)として文庫化)。
(16) 羽田正編『東アジア海域に漕ぎだす　一　海から見た歴史』(東京大学出版会、二〇一三年)。
(17) 科学研究費補助金基盤研究(B)「学際的手法による中・近世日本のサルファーラッシュ・シルバーラッシュの比較総合研究」(二〇一七～二〇年度)による共同研究として試行し、その成果は、鹿毛敏夫編『硫黄と銀の室町・戦国』(思文閣出版、二〇二一年)として公開した。
(18) 小泉袈裟勝『ものと人間の文化史　四八　秤』(法政大学出版局、一九八二年)。
(19) 鹿毛敏夫「一六世紀九州における豪商の成長と貿易商人化」(同編『大内と大友―中世西日本の二大大名―』勉誠出版、二〇一三年)。
(20) 鹿毛敏夫「分銅と計屋」(『戦国大名の外交と都市・流通―豊後大友氏と東アジア世界―』思文閣出版、二〇〇六年、初出二〇〇四年)。

（21）村井章介「Lequios のなかの Iapam ―境界の琉球、中心の琉球―」（『日本中世境界史論』岩波書店、二〇一三年、初出二〇一一年）。
（22）唐の文人韓愈《かんゆ》による儒教書『原道』の冒頭部の引用。村井章介氏のご教示による。
（23）ベルナール・P・グロリエ著、石澤良昭・中島節子訳『西欧が見たアンコール―水利都市アンコールの繁栄と没落―』（連合出版、一九九七年）。
（24）その後の一七世紀初頭になると、島津氏の外交権行使は、「日本大将軍家康公」（徳川政権）の権威を背景に強圧化する。村井章介が紹介する近世初頭の日朝間の外交文書集成『江雲随筆』のなかに、「薩摩州刺史藤氏家久」（近世薩摩藩主初代の島津家久）が「呂宋国司」（スペインのフィリピン総督）に宛てた元和元（一六一五）年一〇月の書状写がある。家久は、琉球を「我が薩摩州附庸の国」としたことを喧伝した上で、「国小にして財乏しˡ」い琉球に代わって、薩摩―ルソン間で貿易関係を開くことを求めている。詳細は、村井「近世初頭、対馬・朝鮮間の〈境界文書〉群―『江雲随筆』の魅力を語る―」（『朝鮮史研究会論文集』五八、二〇二〇年）を参照されたい。
（25）鹿毛敏夫『世界史の中の戦国大名』（講談社、二〇二三年）。
（26）外山幹夫『大名領国形成過程の研究―豊後大友氏の場合―』（雄山閣、一九八三年）。

第6章　戦国期における室町将軍・古河公方の栄典授与と地域性

小久保嘉紀

はじめに

戦国期には、天皇・室町将軍など様々な栄典授与の主体が存在し、官位・家格などの栄典を各地域の大名権力などに対して頻繁に授与していた。本章ではとくに、広範囲にわたり授与を行った、東西の栄典授与の主体である室町将軍・古河公方の授与の地域性について考察する。

さて、戦国期将軍の栄典授与についての先駆的な研究としては、二木謙一の一連の研究が挙げられる(1)。二木は、官位・家格の授与や毛氈鞍覆《くらおおい》・白傘袋免許の分析を通して、室町将軍は新興の大名権力に栄典を授与することで、それら大名権力を政治的・経済的に利用していたと指摘する。また室町将軍は、栄典授与により身分格式を定め、それにより形成される儀礼秩序の下に大名権力を編成していたとする。一方で大名権力の側では、室町将軍による栄典授与によって、自己の地位や行為の正当性を確保していたとする。

また近年は、各将軍の個別研究が深化する中で、それぞれの栄典授与の傾向も明らかにされている。義晴期についでは木下昌規の研究があり(2)、当該期には室町将軍への功績のみで授与が認められるようになり、本来なら授与の対象とならない国衆クラスにまで授与が拡大したと指摘する。義輝期については、木下・黒嶋敏・水野嶺の研究があり[3]、当該期には授与の対象はさらに拡大し、また義輝は、大名間の和平調停と栄典授与を連動させていたとする。そして筆者は[4]、幕府体制に組み込むために三好氏に授与を行うなど、義輝は栄典授与を政治的に利用していたと指摘した。なお義栄期には、授与はごく少数しか確認できず、義栄を擁立した三好長逸への授与などが見られるのみである。これはつまり、多くの大名権力は、義栄を栄典授与の主体として認知していなかったことを意味している。義昭期については、久野雅司・藤田達生・水野の研究がある[5]。義昭は、在京期・在鞆期ともに栄典授与を行っていたが、水野によると、鞆での授与は毛利氏の領国支配のために行われたものであり、従来のような室町将軍を頂点とする広域的な儀礼秩序は形成し得ていなかったとする。ちなみに水野は[6]、義材期から義昭期の栄典授与の推移について考察し、各将軍の政治動向、とくに室町将軍の在京・離京が及ぼした、授与状況や種類への影響を指摘している。

なお、室町将軍の栄典授与の意義については、山田康弘の研究に詳しい[7]。山田は、栄典授与の背景は栄典をめぐる大名間の競合関係を踏まえた上で理解するべきとする。つまり、授与する側だけでなく授与される側の事情も重視する必要があると指摘する。

また筆者は[8]、戦国期に新規に授与された家格は一代限りであり、書札礼の上で従来の家格とは差異が認められることを指摘した。つまり、戦国期将軍は栄典授与を乱発しているように見えながらも、一定の秩序維持を試みていたと考えられる。

古河公方の栄典授与については、阿部能久が「後北条氏が自らの権力構造の頂点に関東公方を位置付け、その役割を権威的な側面——具体的には名誉授与の主体——として特化させてい」たとするように[9]、後北条氏は、栄典授与の主体として古河公方を位置付け、自身の権力構造を補完するために古河公方を推戴していたとされている。

次に、戦国期の地域性をめぐる近年の議論についても整理しておきたい。戦国期の列島社会の地域性への理解をめぐっては、①中央からの遠近により地域区分を行う、②中央と東国・西国の関係に着目する、③幕府・鎌倉府の外縁部に注目する、といったアプローチが挙げられる。①の代表的な研究は池享の論考であり[10]、池は列島社会を「近国型」・「中間地帯型」・「遠国型」へと地域区分を行っている。その中で、「近国型」の地域権力は、天皇・将軍との結びつきが顕著であるとし、また「遠国型」の地域権力に対して栄典授与が多いのは、地域統一が進行していないことの表れであり、それら地域権力は栄典授与により地位強化を試みていたと指摘する。次に、②については川岡勉の論考が挙げられる[11]。川岡は、中央の求心力低下に伴い、東国と西国で自立化が進み、その中でもとくに東国で自立化が進行したとする。ただし、東国の有力領主らは幕府に結びつく回路を有しており、幕府はこれを通して東国社会に影響力を行使していたとする。そして、③については市村高男の論考が挙げられる[12]。市村は、幕府・鎌倉府の支配領域の外縁部において、地域権力の勢力拡大が顕著であると指摘する。つまり、幕府・鎌倉府の外縁部では、三好氏・織田氏・後北条氏や、上杉氏・武田氏・今川氏といった地域権力が勢力拡大を果たし、これらは室町将軍や古河公方を利用して大規模な分国を形成したとする。一方で、京都・畿内や関東中心部では、強固な地域権力は出現しなかったとし、その背景として、幕府・鎌倉府の支配に影響され、守護・守護代・国人や奉公衆の地域権力化が順調に進展しなかったためと指摘する。

以上の研究動向に対し、室町将軍・古河公方の栄典授与の地域性の分析を通して、どのように戦国期地域論を再考することが可能かを考えてみたい。具体的には、室町将軍・古河公方の栄典授与の地域傾向や対象範囲の推移に注目したい。なお、従来の栄典授与論では、「授与」についての検討が中心であり、「非授与」については充分に検討されてこなかった。本章では、「非授与」（栄典を申請する慣習を止めた、または栄典を申請しても授与されなかった）の事例にも着目して考察したいと思う。

一　戦国期将軍の栄典授与について

（1）戦国期将軍の栄典授与の地域的傾向

本節では、戦国期将軍の栄典授与について考察する。まず本項では、室町将軍の栄典授与の中でも将軍偏諱の授与を対象とし、その授与の地域的傾向について考察する。

将軍偏諱の授与は、二木謙一が指摘するように[13]、戦国期、とくに義晴・義輝期に授与が増加している。また、池享が指摘するように[14]、「遠国型」（奥羽・九州地域）の大名権力への授与が顕著である。具体的には、まず奥羽地域について見ると、陸奥国では南部氏・稗貫氏・葛西氏・大崎氏・黒川氏・伊達氏・白河氏・石川氏・蘆名氏が、出羽国では小野寺氏・最上氏・大宝寺氏が授与されている。これらのうち、稗貫氏・黒川氏・小野寺氏を除いた諸氏は、南北朝期あるいは室町期から授与されている。これには、幕府が南朝勢力や鎌倉府と対抗する上で、奥羽諸氏と密接な関係を結んでいたことが背景にあると考えられる。次に、九州地域について見ると、渋川氏・大友氏・少弐氏・宗氏・有馬氏・伊東氏・菊池氏・相良氏・島津氏が授与されている。これらのうち、有馬氏・伊東氏・相良氏は、戦国期に新しく授与されるようになった家である。

一方で、池が説く「近国型」・「中間地帯型」の地域に目を向けると、室町期には将軍偏諱を授与されていた守護層のうち、戦国期になると授与が途絶するケースが見られる。たとえば、表1を参照すると、小笠原氏・土岐氏・山名氏への授与は義政期が最後[15]、阿波細川氏・京極氏への授与は義稙（義材）期が最後、今川氏・富樫氏・北畠氏への授与は義晴期が最後、斯波氏・六角氏・赤松氏への授与は義輝期が最後である。

これらのように、代々家例として将軍偏諱を授与されてきた家が、室町将軍に授与を求めなくなる背景として、

表1　おもな「近国型」・「中間地帯型」守護への将軍偏諱授与一覧

	義政	義尚	義稙(義材)	義澄	義晴	義輝	義栄	義昭(義秋)
斯波氏	義健・義敏 義廉・義寛	—	義達？	義達？	義統	義銀	—	—
京兆家細川氏	政元	—	—	高国・澄元 澄之	晴元	—	—	昭元
阿波細川氏	成之・政之	—	義春	—	—	—	—	—
河内畠山氏	義就・政長	尚順	稙長	—	晴熙・晴満	—	—	秋高
能登畠山氏	義統	義元	義続	義総	義綱	—	—	義慶・義隆
甲斐武田氏	—	—	—	—	晴信	義信	—	—
若狭武田氏	—	—	—	—	—	義統	—	—
小笠原氏	政豊・政秀	—	—	—	—	—	—	—
今川氏	義忠	—	—	—	義元	—	—	—
富樫氏	成春・政親	—	稙泰	—	晴貞・晴友	—	—	—
土岐氏	政房	—	—	—	—	—	—	—
北畠氏	政郷	—	材親	—	晴具	—	—	—
京極氏	政光・政経	—	材宗	—	—	—	—	—
六角氏	政堯	—	—	—	義賢	義弼	—	—
赤松氏	政則	—	義村	—	晴政	義祐	—	—
山名氏	政豊	—	—	—	—	—	—	—

・各家の当主や当主に準ずる者を表出した。
・改名している者については、代表的な実名を記した。

戦国期の室町将軍をめぐる抗争が挙げられる。たとえば、土岐氏・山名氏のように、一五世紀後半を最後に将軍偏諱の申請が途絶するのは、一五世紀末頃からの義澄系と義稙系の「二つの将軍家」の抗争が影響している可能性が高い。つまり、「二つの将軍家」の抗争から距離を置くため、義澄にも義稙にも偏諱を申請しなかったと考えられる。

　また、赤松氏について見ると、将軍偏諱の授与は義輝から授与されたと考えられる義祐を最後とし、義祐の子、則房は将軍偏諱を申請していない[16]。則房は、永禄年間に元服して「満政」と名乗り、元亀・天正年間に改名して「則房」と名乗っている。この点については、永禄年間の将軍義輝や将軍義栄をめぐる抗争、また元亀・天正年間の将軍義昭と織田信長の抗争の中で、則房は将軍方に過度に与同することを避けたため、将軍偏諱を申請しなかったと考えられる。

以上のように、室町期以来、将軍偏諱を授与されてきた「近国型」・「中間地帯型」の守護層が、戦国期に将軍偏諱を申請しなくなるのは、室町将軍をめぐるたび重なる政治抗争の中で、将軍方への与同姿勢を明示することを避けたためと考えられる。つまり、「遠国型」地域で将軍偏諱などの栄典授与が増加しているのに対し、「近国型」・「中間地帯型」地域では減少しているのは、室町将軍をめぐる政治抗争は、「遠国型」地域より「近国型」・「中間地帯型」地域の方が、物理的により影響を受けやすいという点が関係していると言えよう。したがって、そのような政治抗争から距離を置くため、室町将軍に栄典授与を求めなくなる大名権力も現れてくるのである。

なお、さらには、室町将軍との敵対により、将軍偏諱の申請を見送った事例もある。たとえば、京兆家細川氏は代々、将軍偏諱を授与されるのが家例であるが、将軍義晴と敵対していた細川晴元（初名、元澄）は、天文四（一五三五）年まで将軍偏諱を申請しなかった[17]。また、晴元の子、昭元も将軍義栄に偏諱を申請せず、当面の間、実名を「元」で通した。その後、元亀元（一五七〇）年になり、将軍義昭から偏諱を授与され、「昭元」と名乗っている[18]。

このように、室町将軍の栄典「授与」だけでなく、栄典「非授与」にも目を向けると、室町将軍をめぐる政治抗争から距離を置くため、または室町将軍との敵対のため、室町将軍に対して栄典授与を求めない大名権力もまた現れてくる点を確認することができる。

（2）戦国期将軍の栄典の性質

次に本項では、戦国期将軍の栄典の性質について、室町将軍の栄典授与に際してどのような制限が存在したか、また室町将軍の政治的立場と栄典授与との関係について考察する。

まず、栄典授与に関する制限については、筑前の秋月文種への家格授与をめぐる事例から窺うことができる。(19)天文九（一五四〇）年二月、秋月文種は将軍義晴に御供衆の家格を申請したが、(20)許可されなかった。そこで文種は、大内義隆の推挙により、御供衆の家格の申請を再度試みるが、義隆は推挙を承諾しなかった。その理由として義隆は、筑前の麻生興益は幕府奉公衆であったため、御供衆に推挙したが、文種はそうではないため、まず奉公衆に推挙するのが妥当であると文種に返答している。(21)このことから、御供衆の家格を授与されるためには、奉公衆などのように室町将軍にとって直臣に相当する者であることが条件であると言える。つまり、無秩序に幕府家格が授与されていたわけではなく、幕府家格を授与されるのは、室町将軍にとって直臣に相当する者に限り、陪臣への授与は不可、との基準が存在したことが窺える。

次に、日向の伊東義祐、相模の北条氏政への御相伴衆の家格授与の事例から考えてみたい。(22)

【史料一】（永禄七年カ）二月九日付足利義輝御内書写(23)　（以下、史料中の傍線は筆者付す）

今度要害之儀申遣之処、令二馳走一由尤神妙候、仍一代之事召二加相伴一候、委細申二含桜本坊（豪為）一候、猶（細川）藤孝可レ
申候也、

（永禄七年カ）二月九日　（足利義輝）（花押影）

伊東三位入道（義祐）とのへ

永禄七（一五六四）年カ二月、将軍義輝は伊東義祐に御相伴衆の家格を授与しているが、「一代之事召二加相伴一候」と、御相伴衆への加入は義祐一代に限るとしている。

【史料二】（天文二三年カ）六月一日付北条氏康書状写(24)

息（北条）氏政御相伴望存候、向後者分国之儀、彼ニ可二申付一候間、如レ此申上候、猶聖護院殿（道増）申入候、被二仰談一可レ

然様御取合所レ仰候、恐々謹言、

（天文二三年ヵ）六月朔日　　（北条）左京大夫氏康（花押）

（晴光）大舘左衛門佐殿

御宿所

天文二三（一五五四）年ヵ六月、北条氏康は子氏政を次の家督と定め、御相伴衆の家格授与を幕府に申請している。すなわち、氏康は御相伴衆であったものの、[25]家督交替により自動的に氏政も御相伴衆となれるわけではなく、家督交替の都度、幕府に家格授与の申請を行う必要があったことが分かる。以上の二事例から、戦国期の新規の家格授与は、授与された本人一代限りという条件があり、家督交替の際には、あらためて幕府に家格授与の申請が必要であったことが窺える。[26]このことから、戦国期の室町将軍は、新興の大名権力らに対し、家格などの栄典を乱発しているように見えながらも、「一代限り」と制限を設け、一定の秩序維持を試みていたと言える。

次に、永禄二（一五五九）年に伊達晴宗が奥州探題に、大友義鎮が九州探題に補任された事例について考えてみたい。[27]なおこの事例では、その後も伊達氏・大友氏は、探題相当の書札礼は用いられていない。[28]そのため伊達晴宗は、前奥州探題の大崎氏と同様の書札礼を用いるよう、幕府に求めている。[29]このことから、室町将軍は大崎氏に代えて伊達氏を、渋川氏に代えて大友氏を、それぞれ奥州・九州探題に補任したが、書札礼上、伊達氏・大友氏を従来の奥州・九州探題と同様には扱っていないことが分かる。つまり、室町将軍は伊達氏・大友氏を新規に奥州・九州探題に補任しながらも、従来の秩序を維持するための一定の試みは行っていたと言える。

また、天文九年六月、肥前の少弐冬尚は、大友義鑑の仲介の下、将軍義晴に偏諱を申請したが許可されなかった。[30]これは外山幹夫によると、[31]「大内氏との関係を考慮したもの」、すなわち義晴は当時、大内氏との友好関係を重視していたため、大内氏と敵対する冬尚の申請を許可しなかったとする。なお、冬尚の祖父政資や伯父高経は、ともに将軍偏諱を授与されているため[32]、少弐氏に将軍偏諱の授与の先例が無かったわけではない。このことから、たとえ授与の先例があったとしても、政治的な背景により栄典が授与されない場合もあったことが分かる。

さて次に、室町将軍の政治的立場と栄典授与がどのような関係にあったのかを考えてみたい。山田康弘が、「多くの大名が将軍を利用していたことは、将軍にとって「将軍としての器量の存在」を内外に示す好機になった」と指摘するように[33]、戦国期の室町将軍は極力多数の勢力に必要とされ、支持されることを志向していたとされる。そしてこのことは、室町将軍の栄典授与の主体としての地位担保とも密接に関係していたと考えられる。つまり、室町将軍が単独の勢力に支えられていた場合、その勢力と敵対する勢力は当然、室町将軍に対して栄典授与は求めないし、求めたとしても許可はされない。一方で、室町将軍が複数の勢力に支えられていた場合は、いずれの勢力も室町将軍に対して栄典授与を求め得ていたものと考えられる。つまり、戦国期の室町将軍が、栄典授与の主体として機能し、また多くの大名権力が室町将軍に栄典授与を求めたのは、室町将軍が極力、複数の勢力に支持、推戴されることを志向したり[34]、また大名間の和平調停も頻繁に試みたりするなど[35]、超然とした政治的立場にあろうとしていた点と関係すると考えられる。

本節の最後に、本節で指摘した点を整理しておきたい[36]。戦国期の室町将軍は、数多く栄典授与を行う中でも、条件や制限を設けるなどして栄典の価値の保持に努めていた。また、極力複数の勢力に推戴されることや、超然とした政治的立場にあることを志向することにより、栄典授与の主体としての地位を担保していた。その結果、戦国期には、とくに「遠国型」地域を中心に将軍偏諱などの栄典授与が増加した。一方で、室町将軍をめぐる政治抗争の影響がより顕著な「近国型」・「中間地帯型」地域では、そのような抗争から距離を置くため、守護層を中心に将軍への栄典授与の申請が減少している。

二　古河公方の栄典授与について

次に本節では、古河公方の栄典授与について、前節の室町将軍の場合と比較しつつ考察する。まず本項では、古河公方の栄典授与の対象範囲の分析を通して、その地域性について考察したい。

（1）古河公方の栄典授与の対象範囲

さて、戦国期に古河公方は、どのような政治的地位に基づき栄典授与を行っていたのであろうか。ここで、古河公方と後北条氏の関係に注目すると、川岡勉が「後北条氏は関東一帯に勢力を拡大していくが、古河公方に代わって東国社会の政治秩序の頂点に立つのは容易ではなく、むしろ古河公方の存在を背景とすることで強大化したとする見方が近年は有力になってきた」と指摘するように[37]、近年は古河公方と後北条氏を対立的に捉えるのではなく、後北条氏は古河公方を推戴することで勢力拡大を実現してきたとする見方が主流である。そして具体的には、阿部能久によると[38]、古河公方は「権威的な側面――具体的には名誉授与の主体――」を担っていた、すなわち栄典授与の主体として後北条氏の権威面を担っていたとする。

しかし、古河公方は、栄典授与の主体としてどの程度機能していたのだろうか。その点について明らかにするために、古河公方の栄典授与について一覧としたのが表2である。これによると、授与された対象は大半が、一色氏・印東氏・上杉氏・梶原氏・木戸氏・宍戸氏・長沼氏・新田氏・二階堂氏・簗田氏といった古河公方の奉公衆であり、それ以外では、南陸奥の石川氏・田村氏、下総の相馬氏・千葉氏、上野の由良（横瀬）氏、下野の小山氏・那須氏といった南奥・関東の一部の勢力しか授与されていないことが分かる。このことから、古河公方の栄典授与の対象はその近臣が大半を占めていると言える。栄典授与は、授与される側からの申請に基づいて行われるのが基本であるため[39]、古河公方の栄典授与の対象範囲がこのように限定的であることを踏まえると、関東の

表2　おもな古河公方偏諱授与一覧

	成氏	政氏	高基(高氏)	晴氏	義氏	備考
岩松氏	成兼	—	氏純？	氏純？	—	氏純への授与は、世代的に高基または晴氏によるものと考えられる。
宇都宮氏	成綱	—	—	—	—	
小山氏	成長	政長	高朝	—	—	
長沼氏	—	氏秀	—	—	—	
那須氏	—	政資	高資	—	—	
小田氏	成治	政治？	—	氏治	—	政治の「政」字は実父説がある足利政知の「政」字を継承した可能性もある。
結城氏	成朝・氏広	政朝・政直 政勝	—	晴朝	—	
里見氏	成義	—	—	—	—	成義は系譜などにのみ確認できる。
簗田氏	成助	政助	高助	晴助	—	

・各家の当主や当主に準ずる者を表出した。
・改名している者については、代表的な実名を記した。

大名権力から古河公方への、栄典授与の主体としての求心力は乏しかったのではないだろうか。ここで、古河公方の偏諱授与について一覧とした表2を参照すると、成氏期をピークとし、以後、古河公方権力の衰退とともに、代を重ねるごとに偏諱授与数は減少し、後北条氏の庇護下に置かれた最後の義氏期には、偏諱授与は見られないことが分かる。このようにして、室町期に鎌倉・古河公方から偏諱授与を行われていた家も、戦国期には授与が途絶するに至っている。

ただしここで、結城氏への偏諱授与の事例に注目してみたい。結城氏は、基光・満広・氏朝・成朝・氏広・政朝・政直・政勝・明朝と、歴代当主が鎌倉・古河・小弓公方から偏諱を授与されてきた。天文一七（一五四八）年三月、結城政勝の嫡男、明朝の急死により、晴朝（政勝の弟、小山高朝の子）が元服して政勝の養嗣子となった[40]。この際に、晴朝は古河公方晴氏から偏諱を授与されたと考えられる[41]。なお、晴朝養父の政勝は、晴氏と当時敵対していた後北条氏と提携しており[42]、かつ晴氏は一昨年の河越合戦で後北条氏に大敗していたが[43]、それでもなお、晴氏に養嗣子への偏諱授与を求めたところに、古河公方の権威の残存を窺うことができる。しかしその後、晴氏による大名権力への偏諱授与は見られなくなり、また先述したように、晴氏の子義氏の代でも偏諱授与は見られない。

以上のように、古河公方による偏諱などの栄典授与は成氏期をピークとし、以後、古河公方権力の衰退とともに、代を重ねるごとに減少していった。晴氏期には、古河公方の権威の残存が見られ、結城氏へ偏諱授与を行っているが、最後の義氏期には偏諱授与は見られなくなる。

（2）古河公方の栄典の性質

次に本項では、古河公方の栄典の性質について、官途授与や書札礼の厚礼化などを通して考察する。また、古河公方の栄典授与が減少していく背景について、室町将軍の場合との比較を通して考えてみたい。

まず、南陸奥の石川氏の事例に注目する。石川氏は、偏諱授与は室町将軍に[44]、官途授与は古河公方に求めている（後掲表3参照）。このように、石川氏が室町将軍・古河公方双方に栄典を求めているのは、陸奥国は中央との関係が強いが、その中でも南奥は関東との関係も強いためと考えられる[45]。

また石川氏は、古河公方晴氏に栄典として、書札礼の厚礼化を求めて許可されており、実際に晴氏から石川氏への書札礼は厚礼化している[46]。それを示すのが、以下の史料である[47]。

【史料三】（天文一八年）三月五日付足利晴氏書状

就二石川（晴光）申上様躰一、重而以二代官一被レ申候、然者、御書札之義〔儀〕不レ安事候レ之歟、雖レ然、度々被レ申、又道珊（簗田高助）於二存分一も能々聞届候、何以一両日之内聊参上尤候、其上可レ有二御談合一候、巨細口上仁被二仰含一候、かしく、

（天文一八年）三五日　（足利）晴氏

（簗田晴助）八郎殿

【史料四】（天文一八年）三月七日付足利晴氏書状

（封紙上書）「石川修理亮殿　　晴氏」
（端裏）「（切封墨引）」
官途之事、申上候、可レ有二御意得一候、謹言、
（天文一八年）三月七日　　（晴氏花押）
石川（晴光）修理亮殿

【史料五】（天文一八年）三月八日付足利晴氏書状

累年別而致二逼塞忠心一之段言上、御悦喜候、然者、御書札之儀、為二御感一被レ改レ之候、巨細簗田八郎（晴助）可レ申
遣一候、謹言、
（天文一八年）三月八日　　（足利）晴氏（花押）
石川（晴光）修理亮殿

【史料六】（天文一八年）三月二十日付足利晴氏書状

（封紙上書）「石川修理大夫殿　　晴氏」
（端裏）「（切封墨引）」
昇進之事、申上候、可レ有二御意得一候、謹言、
（天文一八年）三月廿日　　（足利）晴氏（花押）
石川（晴光）修理大夫殿

典拠	備考
「茂木文書」(『戦古』343)	
『秋田藩家蔵文書14　茂木筑後知量所蔵』(『戦古』344)	
「簗田家文書」(『戦古』356)	
「皆川文書」(『戦古』470)	関連文書(『戦古』参20)あり。
「皆川文書」(『戦古』470)	関連文書(『戦古』参20)あり。
『秋田藩家蔵文書45　高柿彦右衛門重行所蔵』(『戦古』474)	
「芹沢文書」(『戦古』490)	
「宮城県図書館所蔵石川文書」(『戦古』502)	
「沢井作江氏所蔵文書」(『戦古』503)	
「宮城県図書館所蔵石川文書」(『戦古』507)	
「宮城県図書館所蔵石川文書」(『戦古』508)	関連文書(『戦古』参23〜25)あり。
「相山林継氏所蔵文書」(『戦古』600)	
「宮城県図書館所蔵石川文書」(『戦古』656)	関連文書(『戦古』659・参30〜32)あり。
「宮城県図書館所蔵石川文書」(『戦古』657)	
「宮城県図書館所蔵石川文書」(『戦古』658)	
「宮城県図書館所蔵石川文書」(『戦古』660)	
「宮城県図書館所蔵石川文書」(『戦古』662)	
「宮城県図書館所蔵石川文書」(『戦古』706)	関連文書(『戦古』参33)あり。
「茂木文書」(『戦古』667)	
「茂木文書」(『戦古』668)	
「埼玉県立文書館所蔵安保文書」(『戦古』687)	
「東京大学文学部所蔵由良文書」(『戦古』700)	
「水府志料所収文書」(『戦古』715)	
「芹沢文書」(『戦古』716)	
『秋田藩家蔵文書24　田代隼人所蔵』(『戦古』723)	
「神奈川県立公文書館所蔵豊前氏古文書」(『戦古』749)	
「小山氏文書」(『戦古』773)	
『秋田藩家蔵文書24　田代隼人所蔵』(『戦古』778)	関連文書(『戦古』参34・35)あり。
「簗田家文書」(『戦古』790)	

表3　古河公方栄典授与一覧

年月日	授与者	被授与者	栄典分類	栄典内容
福徳2(延徳3、1491).6.2	足利政氏ヵ	茂木上総介	役職	引付衆
福徳2(延徳3、1491).7.12	足利政氏	茂木上総介	役職	評定衆
〔永正3(1506)〕.閏11.23	足利政氏	簗田中務少輔	官途	中務少輔
(年未詳).10.16	足利政氏	長沼民部太〔大〕輔	偏諱	
(年未詳).10.16	足利政氏	長沼民部太〔大〕輔	官途	民部大輔
(年未詳).10.23	足利政氏	高垣(柿)尾張守	受領	尾張守
(年未詳).12.27	足利政氏	印東式部少輔	官途	式部少輔
〔永正7(1510)ヵ〕.3.23	足利高基	石川治部少輔(尚光)	官途	治部少輔
〔永正7(1510)ヵ〕.3.23	足利高基	石川左衛門尉	官途	左衛門尉
〔永正8(1511)ヵ〕.8.5	足利高基	石川治部太〔大〕輔(尚光)	官途	治部大輔
(年未詳)	足利高基	(石川尚光)	書札礼	裏書御免
(年未詳).8.6	足利高基	新田左衛門尉	官途	左衛門尉
〔天文18(1549)〕.3.7	足利晴氏	石川修理亮(晴光)	官途	修理亮
〔天文18(1549)〕.3.7	足利晴氏	石川駿河守	受領	駿河守
〔天文18(1549)〕.3.8	足利晴氏	石川修理亮(晴光)	書札礼	厚礼化
〔天文18(1549)〕.3.8	足利晴氏	石川左衛門大夫	官途	左衛門大夫
〔天文18(1549)〕.3.8	足利晴氏	石川信濃守	受領	信濃守
〔天文18(1549)〕.3.20	足利晴氏	石川修理大夫(晴光)	官途	修理大夫
天文20(1551).9.2	足利晴氏	茂木上総介	役職	評定衆
天文20(1551).9.2	足利晴氏	茂木上総介	役職	引付衆
(年未詳).1.20	足利晴氏	安保中務少輔	官途	中務少輔
(年未詳).3.3	足利晴氏	横瀬信濃守	受領	信濃守
(年未詳).4.19	足利晴氏	行方右京亮	官途	右京亮
(年未詳).4.19	足利晴氏	行方右近将監	官途	右近将監
(年未詳).5.23	足利晴氏	田村上総介	受領	上総介
(年未詳).8.27	足利晴氏	豊前山城守	受領	山城守
(年未詳).11.15	足利晴氏	小山下野守(高朝)	受領	下野守
(年未詳).12.2	足利晴氏	田村左衛門督	官途	左衛門督
(年未詳).12.27	足利晴氏	簗田近江守	受領	近江守

典拠	備考
「神奈川県立公文書館所蔵豊前氏古文書」(『戦古』791)	
「芹沢文書」(『戦古』801)	
『常陸遺文』2(『戦古』1410)	宛所欠、瑞雲院周興が義氏へ受領推挙。
「称念寺文書」(『戦古』886)	
「称念寺文書」(『戦古』887)	
「芹沢文書」(『戦古』889)	
「福田家文書」(『戦古』933)	
「福本文書」(『戦古』935)	
『喜連川家文書案』1(『戦古』936)	
『楓軒文書纂61　古内村清音寺所蔵』(『戦古』943)	
『川辺氏旧記2　吉野左次衛門所蔵』(『戦古』983)	宛所の人物は「国方御雑色」。
『喜連川家文書案』1(『戦古』984)	宛所の人物は「御雑色京下」。
『喜連川家文書案』1(『戦古』985)	宛所の人物は「御雑色京下」。
『喜連川家文書案』1(『戦古』986)	
「安川繁成氏所蔵由良文書」(『戦古』1009)	関連文書(『戦古』1425・1426)あり。
『集古文書74　由良家所蔵』(『戦古』1010)	関連文書(『戦古』1427)あり。
「文殊川文書」(『戦古』1032)	
「栃木県立博物館所蔵那須文書」(『戦古』1037)	
「戸村文書」(『戦古』1038)	
「戸村文書」(『戦古』1039)	
「潮田文書」(『戦古』1042)	
『東京大学文学部所蔵雑文書』3(『戦古』1049)	
『記録御用所本古文書』12(『戦古』1064)	
「称念寺文書」(『戦古』1065)	
「神奈川県立公文書館所蔵豊前氏古文書」(『戦古』1066)	
「宍戸文書」(『戦古』1075)	
「古尾谷文書」(『戦古』1076)	
「栃木県立博物館所蔵文書」(『戦古』1094)	宛所欠
「大縄文書」(『戦古』1098)	「(北条)氏照言上」によるもの。
『喜連川家文書案』1(『戦古』1106)	宛所について、「皆川之者ナリ」。

年月日	授与者	被授与者	栄典分類	栄典内容
(年未詳).12.晦	足利晴氏	豊前左京亮	官途	左京亮
〔天文23(1554)ヵ〕.3.2	足利義氏	芹沢左近大夫将監	官途	左近大夫将監
永禄2(1559).11.19	足利義氏	(欠)	受領	
〔永禄8(1565)ヵ〕.8.6	足利義氏	梶原宮内少輔	官途	宮内少輔
〔永禄8(1565)ヵ〕.8.7	足利義氏	梶原宮内大輔	官途	宮内大輔
〔永禄8(1565)ヵ〕.10.26	足利義氏	芹沢土佐守	受領	土佐守
元亀2(1571).1.10	足利義氏	福田民部丞	官途	京座司
元亀3(1572).1.27	足利義氏	福本九郎左衛門尉	官途	九郎左衛門尉
元亀3(1572).1.27	足利義氏	宇田庄左衛門	官途	庄左衛門
〔天正元(1573)ヵ〕.12.10	足利義氏	渋垂修理亮	官途	修理亮
天正4(1576).10.13	足利義氏	吉野雅楽助	官途	雅楽助
天正4(1576).10.13	足利義氏	佐藤右近丞	官途	右近丞
天正4(1576).10.13	足利義氏	藤井加賀守	受領	加賀守
天正4(1576).10.13	足利義氏	小池弥右衛門	官途	御厩舎人
〔天正7(1579)ヵ〕.2.10	足利義氏	由良刑部太輔〔大夫〕(国繁)	官途	刑部大夫
〔天正7(1579)ヵ〕.3.19	足利義氏	由良信濃守(国繁)	受領	信濃守
(年未詳).1.7	足利義氏	小山修理亮	官途	修理亮
(年未詳).1.13	足利義氏	那須修理大夫(資胤)	官途	修理大夫
(年未詳).1.13	足利義氏	蘆野弾正少弼	官途	弾正少弼
(年未詳).1.13	足利義氏	蘆野日向守	受領	日向守
(年未詳).1.14	足利義氏	太田下野守	受領	下野守
(年未詳).1.17	足利義氏	小山土佐守	受領	土佐守
(年未詳).2.1	足利義氏	渋江紀伊守(好胤)	受領	紀伊守
(年未詳).2.1	足利義氏	梶原美作守	受領	美作守
(年未詳).2.1	足利義氏	豊前左衛門佐	官途	左衛門佐
(年未詳).2.12	足利義氏	宍戸中務大輔	官途	中務大輔
(年未詳).2.12	足利義氏	古尾谷隠岐守	受領	隠岐守
(年未詳).3.19	足利義氏	(欠)	受領	
(年未詳).3.19	足利義氏	(大縄)江庵	庵号	江庵
(年未詳).4.10	足利義氏	狩野遠江守	受領	遠江守

典拠	備考
『静嘉堂本聚古文書　シ』(『戦古』1132)	
「簗田家文書」(『戦古』1135)	
『喜連川家文書案』1(『戦古』1180)	宛所について、「壬生ニ在宿八条事ナリ」。
『喜連川家文書案』1(『戦古』1181)	
「滋賀県立安土考古博物館所蔵下之坊文書」(『戦古』1184)	
『国会本喜連川文書』(『戦古』1185)	
『喜連川家文書案』1(『戦古』1194)	
「烟田喜一氏所蔵文書」(『戦古』1199)	
「塩谷文書」(『戦古』1200)	
『喜連川家文書案』1(『戦古』1221)	宛所について、「今之千田事」。

典拠	備考
「国立国会図書館所蔵逸見文書」(『戦古』1359)	
『喜連川家文書案』3(『戦古』1372)	
『竹内文平氏所蔵文書3　渋江文書』(『戦古』1283)	
「渋谷文書」(『戦古』1418)	
「国立国会図書館所蔵逸見文書」(『戦古』1381)	
「国立国会図書館所蔵逸見文書」(『戦古』1394)	
「武州文書所収埼玉郡大桑村文左衛門所蔵」(『戦古』1395)	
「国立国会図書館所蔵逸見文書」(『戦古』1396)	

年月日	授与者	被授与者	栄典分類	栄典内容
(年未詳).6.26	足利義氏	二階堂信濃前司	受領	信濃守
(年未詳).7.6	足利義氏	簗田右京亮	官途	右京亮
(年未詳).9.23	足利義氏	上杉伊勢守	受領	伊勢守
(年未詳).9.23	足利義氏	木戸伊豆守	名字	木戸
(年未詳).9.25	足利義氏	一色中務太〔大〕輔	官途	中務大輔
(年未詳).9.25	足利義氏	相馬靫負	官途	靫負
(年未詳).10.28	足利義氏	千葉中務太〔大〕輔	官途	中務大輔
(年未詳).11.19	足利義氏	烟田山城守	受領	山城守
(年未詳).11.28	足利義氏	塩谷美作守	受領	美作守
(年未詳).12	足利義氏	千葉中務太〔大〕輔	官途	中務大輔

〈参考〉古河公方一族栄典授与一覧

年月日	授与者	被授与者	栄典分類	栄典内容
(年未詳).1.11	足利義明	逸見山城守(祥仙)	受領	山城守
(年未詳).8.26	足利義明	岡本兵部少輔	官途	兵部少輔
(年未詳).12.2	足利藤氏	渋江左衛門尉	官途	左衛門尉
元亀元(1570).12.18	芳春院周興	渋谷善右衛門尉	官途	善右衛門尉
天正2(1574).1.4	足利頼淳	逸見源三郎	偏諱	義
(年未詳).1.10	足利頼淳	逸見式部少輔	官途	式部少輔
(年未詳).2.9	足利頼淳	岡本兵部少輔	官途	兵部少輔
(年未詳).12.10	足利頼淳	逸見右馬助	官途	右馬助

・典拠の『戦古』は、佐藤博信編『戦国遺文　古河公方編』(東京堂出版、2006年)を指す。

〔史料三〕から分かるように、石川晴光から晴氏に書札礼の厚札化の申請があった。それに対して晴氏は、〔史料五〕から分かるように、晴光の長年の忠節により書札礼の厚札化を認めている。そして、〔史料四〕の差出は「（晴氏花押）」であるのに対し、〔史料五・六〕では「晴氏《足利》（花押）」となっているように、実際に晴光への書札礼は厚札化している。ただし、古河公方が書札礼の厚札化を認めたとしても、他者から石川氏への書札礼も厚札化するわけではなく、あくまでも古河公方―石川氏間の書札礼に限定されるものであった[48]。

次に、古河公方の官途授与について見ていきたい。室町将軍が朝廷に官途推挙を行っていたのに対し[49]、古河公方が朝廷に推挙していた形跡は確認できない。すなわち、古河公方は独自に官途授与を行っていた。そして、古河公方が官途を授与していた対象は、表2で確認したように、大半が古河公方の奉公衆であり、他には南奥・関東の一部の勢力のみであった。なお、上野の岩松氏純や常陸の佐竹義篤は、古河公方に官途を求めず、将軍義晴により官途を推挙されている[50]。つまり、岩松氏純や佐竹義篤は、古河公方が独自に授与した官途より、室町将軍が朝廷に正式に推挙した官途の方を重視したと考えられる。このことから、戦国期に大名権力が、朝廷に正式に推挙した官途をより求めるようになった結果、古河公方の官途授与の対象は小規模なものとなるに至ったと考えられる。

さてここで、政治的立場と栄典授与との関係について、古河公方と室町将軍を比較して考えてみたい。前節で指摘したように、室町将軍は極力複数の勢力に推戴されることを志向したり、また大名間の和平調停を行うなど、単独の勢力に過度に肩入れせず、超然とした政治的立場を志向することにより、栄典授与の主体としての地位を担保していた。一方で古河公方は、最後の義氏期には後北条氏の庇護下に置かれるなど、複数の勢力による推戴や超然とした政治的立場からは乖離するに至ったため、栄典授与の主体としての求心力も低下するに至ったと考えられる。また、たとえば佐竹氏当主は室町・戦国期に誰からも偏諱授与を受けていないように、関東の大名権力の中には、東国の独立的な政治姿勢に基づき、栄典授与を受けることからあえて距離を置いていた者も存在したと思われる。

以上、本節では、古河公方の栄典授与の対象範囲が代を重ねるごとに縮小していき、最後の義氏期には大名権力への偏諱授与は見られなくなることを考察した[51]。その背景として、戦国期の室町将軍は、複数の勢力に推戴されることを志向した一方で、古河公方は単独の勢力、すなわち後北条氏に推戴されるに至った。それにより、古河公方の栄典授与の主体としての求心力は低下し、栄典授与の対象範囲が縮小するに至ったと考えられる。

おわりに

最後に、本章で指摘した点について整理し、また今後の課題について述べておきたい。

戦国期の室町将軍・古河公方の栄典授与の比較検討から、室町将軍・古河公方が栄典授与の主体としての求心力を保持するためには、極力複数の勢力により推戴され、超然とした政治的立場にあることが重要であったと考えられる。

そして、戦国期に室町将軍は、とりわけ「遠国型」地域を中心に栄典授与の対象範囲が拡大した。その要因として、室町将軍は、複数の勢力に推戴されることや、超然とした政治的立場にあることを志向し、栄典授与の主体としての地位担保を図っていたこと、また、栄典授与に際し、授与の対象は直臣に限定するなどの条件や、新規の家格授与は一代に限定するなどの制限を設けることで、栄典の価値の保持に努めていた。

ただし、「近国型」・「中間地帯型」地域では、とくに守護層を中心に、栄典離れの傾向もまた指摘できる。これは、室町将軍をめぐる政治抗争の影響を受けないようにするため、室町将軍に栄典授与を求めない大名権力もまた現れるようになったものと理解できる。

一方で古河公方の場合、戦国期には栄典授与の対象範囲は縮小し続けている。その要因には、古河公方は後北条氏といった単独の勢力に推戴されるに至り、栄典授与の主体としての求心性を低下させたことが挙げられる。

以上の点を踏まえると、本章の冒頭で述べたように、池享はかつて、室町将軍の栄典授与の傾向などから、戦国期の列島社会を「近国型」・「中間地帯型」・「遠国型」に区分したが、現在もなお有効な地域区分であると考えられる。ただし池は、「近国型」の地域権力ほど、天皇・将軍との結びつきが強く、中央権威に依存していたと指摘したが、本章で指摘したように、室町将軍の栄典授与の増減傾向から考えると、むしろ「遠国型」の地域権力ほど中央権威への依存が顕著であると言える。

また、今後の課題としては、「近国型」・「中間地帯型」・「遠国型」の地域区分においても、東国・西国でどのような違いがあるのかを解明する必要がある。たとえば、栄典授与のあり方をめぐり、東国・西国の「遠国型」である奥羽地域と九州地域でどのような違いがあるのか[52]、また「近国型」でも、京より東側の近江などの地域と西側の播磨などの地域でどのような違いがあるのかを考察する必要がある。今後の課題としたい。

（1）　二木謙一『中世武家儀礼の研究』（吉川弘文館、一九八五年）、同『武家儀礼格式の研究』（吉川弘文館、二〇〇三年）。

（2）　木下昌規「足利義晴政権の研究」（同編著『（シリーズ・室町幕府の研究）足利義晴』戎光祥出版、二〇一七年）、同『足利義晴と畿内動乱―分裂した将軍家―』（戎光祥出版、二〇二〇年）。

（3）　木下昌規「足利義輝政権の研究」（同編著『（シリーズ・室町幕府の研究）足利義輝』戎光祥出版、二〇一八年）、同『足利義輝と三好一族―崩壊間際の室町幕府―』（戎光祥出版、二〇二一年）、黒嶋敏『天下人と二人の将軍―信長と足利義輝・義昭―』（平凡社、二〇二〇年）、水野嶺「義輝の政治活動とその意図」（『戦国末期の足利将軍権力』吉川弘文館、二〇二〇年）。

（4）拙稿「戦国期幕府家格と三好氏の書札礼」（『室町・戦国期儀礼秩序の研究』臨川書店、二〇二一年、第二部第二章。初出、二〇一九年）。
（5）久野雅司「足利義昭政権の研究」（同編著『（シリーズ・室町幕府の研究）足利義昭』戎光祥出版、二〇一五年）、藤田達生「「鞆幕府」論」（『（史料で読む戦国史）証言本能寺の変』八木書店、二〇一〇年。初出、二〇一〇年）、水野嶺「足利義昭の栄典・諸免許の授与」（注（4）著書。初出、二〇一三年）。
（6）水野嶺「戦国・織豊期における室町礼法の展開と終焉」（『歴史学研究』一〇四一、二〇二三年）。
（7）山田康弘「戦国期栄典と大名・将軍を考える視点」（『戦国史研究』五一、二〇〇六年）、同『戦国時代の足利将軍』（吉川弘文館、二〇一一年）、同「戦国期足利将軍存続の諸要因―「利益」・「力」・「価値」―」（『日本史研究』六七二、二〇一八年）。
（8）拙稿注（4）および「書札礼から見た室町・戦国期西国社会の儀礼秩序」（注（4）拙著、第三部第一章。初出、二〇一三年）・「室町・戦国期奥羽地域の儀礼秩序と書札礼」（同、第一部第一章。初出、二〇二一年）。
（9）阿部能久「関東公方足利義氏の権威」（『戦国期関東公方の研究』思文閣出版、二〇〇六年）八六頁。
（10）池享「大名領国制の展開と将軍・天皇」（『戦国・織豊期の武家と天皇』校倉書房、二〇〇三年。初出、一九八五年）。
（11）川岡勉「中世後期の地域権力状況をめぐる覚書」（同編著『中世の西国と東国―権力から探る地域的特性―』戎光祥出版、二〇一四年）。
（12）市村高男「地域的統一権力の構想」（『岩波講座　日本歴史九　中世四』岩波書店、二〇一五年）。
（13）二木謙一「偏諱授与および毛氈鞍覆・白傘袋免許」（注（1）著書（一九八五年）。初出、一九七九年）。
（14）池注（10）論文。
（15）ただし、山名一門の中には、将軍義澄から偏諱を授与されたと考えられる、伯耆守護の山名澄之がいる。
（16）赤松則房については、渡邊大門「赤松則房の基礎的研究」（『戦国・織豊期赤松氏の権力構造』岩田書院、二〇一四年。初出、二〇一四年）に詳しい。
（17）なお晴元は、前年に義晴と和睦している。
（18）吉井功兒「細川晴元・昭元父子に関する若干の基礎的考察―任官・改名時期や〝右京大夫〟などの検討を中心に―」

（『ヒストリア』一二〇、一九八八年）。
(19) 山田注(7)論文（二〇〇六年）。拙稿注(4)。
(20) 『大館常興日記』天文九年二月二二日条。
(21) 「某覚書」（『新修福岡市史　資料編　中世一』、「麻生文書」三〇号）。
(22) 拙稿注(4)。
(23) 『宮崎県史　史料編　中世二』、「伊東家文書」二号。
(24) 『戦国遺文　後北条氏編』四六五号、「類従文書抄」。
(25) 『室町家日記別録』（岩瀬文庫所蔵）。
(26) 一方で、守護などが室町期以来保持してきた家格については、家督交替の際の申請を必要とした形跡は見られない。
(27) 黒嶋注(3)書。
(28) 拙稿注(8)（二〇一三・二〇二一年）。
(29) （年未詳）六月一日付牧野宗仲書状写（『古川市史七　資料一　古代・中世・近世一』三三九号、「類従文書抄」）、（年未詳）五月一七日付桑折景長書状写（同五六二号、「類従文書抄」）。
(30) （天文九年）六月一四日付少弐冬尚書状案・（天文九年）九月六日付大友義鑑書状案（ともに、『大友家文書録』所収）。
(31) 外山幹夫「少弐氏の衰滅過程と龍造寺氏」（『中世九州社会史の研究』吉川弘文館、一九八六年。初出、一九八一年）。
(32) 二木注(13)論文。
(33) 山田康弘『戦国時代の足利将軍』（吉川弘文館、二〇一一年）九九頁。
(34) ただし実態としては、細川氏・六角氏・織田氏など、特定の勢力が室町将軍の主たる支持基盤となることはあったが、それでもなお室町将軍は、多くの大名権力に対して頻りに上洛要請を行うなど、単独ではなく複数の勢力に推戴されるあり方こそが本来は望ましい、と認識していたことが窺える。
(35) 宮本義己「足利将軍義輝の芸・豊和平調停」・「足利将軍義輝の芸・雲和平調停―戦国末期に於ける室町幕政―」（ともに、木下注(2)編著所収。ともに初出、一九七四年）。
(36) なおここで、栄典の序列についても触れておきたい。幕府家格には、上位順に三職、御相伴衆、御供衆などの序列が、同じく将軍偏諱にも「義」字、下字という序列が存在する。なお、「義」字と下字では室町将軍への御礼に差があった。二木注(13)論文参照。

ただし、細川氏や畠山氏の場合、本家に当たる京兆家細川氏や河内畠山氏が基本的に下字を授与されているのに対し、分家に当たる阿波細川氏や能登畠山氏に「義」字が授与されていたりと、必ずしも「義」字を授与された者の方が上位に位置するわけではない。

また、公家衆は官位秩序の上で概して武家より上位に位置するが、武家には「義」字・下字ともに授与する一方、公家衆への授与はほぼすべての場合、下字の授与である。水野智之「室町将軍の偏諱と猶子―公家衆・僧衆を対象として―」（『室町時代公武関係の研究』吉川弘文館、二〇〇五年。初出、一九九八年）、同『名前と権力の中世史―室町将軍の朝廷戦略―』（吉川弘文館、二〇一四年）参照。

以上の点から、必ずしも「義」字を授与された者が、下字を授与された者より地位が上というわけではないと言える。また中には、自発的に下字を選択する者も存在した。たとえば、毛利輝元は将軍義輝から「義」字を授与されたが、下字の「輝」を実名に用いている（『大日本古文書　家わけ八　毛利家文書』二二〇号）。

(37)　川岡注(11)論文、二一一・二一二頁。

(38)　阿部注(9)論文。

(39)　後述する石川氏への古河公方の栄典授与に見られるように、栄典授与は、授与される側からの申請→授与する側での審議→審議で問題無ければ授与、という手順が基本であった。

(40)　晴朝の動向については、荒川善夫「下総結城氏の動向」（同編著『〈シリーズ・中世関東武士の研究〉下総結城氏』戎光祥出版、二〇一二年）、市村高男「隠居後の結城晴朝」（同書。初出、一九九三年）に詳しい。

(41)　「松平〈前橋〉家譜」（『大日本史料』一二―一四）によると、晴朝は将軍義晴から偏諱を授与されたとされるが、晴朝の元服時に義晴はすでに将軍職を義藤（義輝）に譲っていたため、やはり晴氏から授与されたと考えるのが妥当であろう。木下聡氏のご教示による。

(42)　荒川・市村注(40)論文。

(43)　駒見敬祐「河越合戦と足利晴氏」（黒田基樹編著『〈シリーズ・古河公方の新研究二〉足利高基・晴氏』戎光祥出版、

二〇二三年）。
(44) 小豆畑毅「一五〜一六世紀前半の南奥石川氏」（『陸奥国の中世石川氏』岩田書院、二〇一七年。初出、一九八五年）。
(45) なお、小豆畑毅によると、石川氏は有力庶家の離反を抑えるため、古河公方の権威を利用したとされる。小豆畑注(44)論文。
(46) 小豆畑注(44)論文。拙稿「栄典としての書札礼」（注(4)拙著、第一部補論。初出、二〇一七年）。なお、小豆畑によると、伊達稙宗も古河公方から書札礼を厚礼化されている。
(47) なお、［史料三〜六］の年次批定は、黒田基樹「足利晴氏年表」（注(41)書所収）に拠った。
(48) 拙稿注(46)論文。
(49) 室町将軍の官途推挙については、木下聡「室町幕府の官位叙任」（『中世武家官位の研究』吉川弘文館、二〇一一年。初出、二〇〇九年）、二木謙一「室町幕府の官途・受領推挙」（注(1)著書、一九八五年。初出、一九八一年）に詳しい。
(50)「御内書案」、『室町家御内書案』。木下昌規『足利義晴と畿内動乱―分裂した将軍家―』（戎光祥出版、二〇二〇年）。
(51) なお、古河公方の公帖発給についても若干触れておきたい。戦国期に古河公方は、関東の大名権力への栄典授与が縮小していく中で、関東の禅宗寺院の公帖（住持補任状）発給は従前通り行っていた。斎藤夏来「関東公帖と夷中の五山僧―赦し合う人脈の展開―」（『五山僧がつなぐ列島史―足利政権期の宗教と政治―』名古屋大学出版会、二〇一八年。初出、二〇〇六年）。
　とくに、古河公方晴氏と後北条氏との間で河越合戦が行われる直前の天文一五（一五四六）年四月一日に、後北条氏の本国である相模国の禅興寺の公帖を発給している点は注目される（「禅長寺文書」）。この点から、関東ではたとえ敵対勢力の領国内であっても、公帖発給の対象であると晴氏は認識していたことが窺える。
(52)「遠国型」地域の東西比較については、黒嶋敏の研究に詳しい。黒嶋敏『中世の権力と列島』（高志書院、二〇一二年）、同「室町幕府と遠国・境界―〈二つの将軍家〉再考―」（川岡注(11)編著）。

〔コメントと展望1〕既存の枠組みを揺り動かす試み

村井章介

斎藤夏来「鎌倉禅・京都禅・博多禅の間隙」〔本書第I部1章〕は、肥前千葉氏に出自する平心処斉《へいしんしょせい》という臨済僧が、元亨元（一三二一）年に鎌倉にあって渡唐を志した際、蘭渓道隆の法嗣で渡唐経験のある師林叟（永仁三（一二九五）年帰国、平心の叔父でもある）の同意を得られず断念した、という事蹟に徹底的に執着する。そこで、平心の開いた愛知県瀬戸市定光寺に所蔵される「覚源禅師年譜」（永正六（一五〇九）年書写、以下「永正年譜」）・「覚源禅師年譜略」（寛文八（一六六八）年奥書、以下「寛文年譜」）という二つの伝記史料を精査し、渡唐を断念したのち東海地方各地を遍歴した平心の生きざまを、五山の基軸が「異朝名匠から山林有名道人へ転じた」趨勢を象徴するものと位置づける。

考察の過程で、「寛文年譜」が制度的枠組みの固まった近世の産物なのに対して、仮名書き主体の「永正年譜」にこそ、中世後期の地方社会の実相が反映している、とその史料的価値を強調する。平心が越後で出会い光明蔵を学んだ「天竺本朝無双之学生」や、他の二、三の事例から、「夷中《いなか》」の山林（禅宗社会）の力量を読みとったり、尾張萱津宿の医僧万仏が平心の檀徒となっている例から、五山の経済基盤を幕府の保護に求める通説を批判する、といった視点を示したことは、卓見といえよう。その一方で、わずかな事例を一般論に直結させてしまう危うさも感じられる。

また「永正年譜」には意味の取りにくい文章も散見され、たとえば「中郷殿閑居メサルト聞、白鳥御花風情ナリ、我生涯之間ハ音信可致、我宿所ヘモ無左右不到、師年齢五十四之時ヨリ御住院アリ」、という記述から、中郷殿（濃尾山間の土豪）が花鳥風月に生涯関心を懐き続けた、とまで言ってよいものだろうか。さらに、同年譜が「杜甫之吟モ今思出タリ」として引用する七言絶句は、じつは李九齢の「山中寄友人」と題する作で、「乱雲堆（台）裏結茅廬、已共（市井）紅塵跡漸疎、莫問野人生計事、窓（門）前流水枕前書」（括弧内が年譜）という異同がある。山林の文化的力量をはかる際に心しておく必要があろう。

さて、「異朝名匠」から「山林有名道人」へ、という図式の典拠は、永徳元（一三八一）年の幕府法「諸山条々法式」の第一条だが、その趣旨は、諸山住持職の人事に際して権門の吹挙に左右されてはならない、という原則の例外として、①異朝名匠、②山林有名道人、③公方による特別な勧請、④七五歳以上の老西堂、を列挙したものである。ここから①から②へ、という遷移は読みとれないし、まして六〇年も前の平心の渡唐断念に結びつけるのは無理がある。

中島雄彦「瀬戸内海流通の構造転換――「陶晴賢安芸厳島掟書写」の再考――」（同第3章）は、副題に掲げる天文二一（一五五二）年の掟書（史料一）を読み解いて、第三条に出る「警固米」を「駄別料」をも含むものとする通説を否定する。論証は納得できるが、その結果掟書解釈の視野がどう転換するのかについて、積極的な言及がないため、主題であるはずの掟書と、第一節（2）や第二節で論じられる駄別料停止との連関が見えなくなっている。

そして、第一節（2）で扱われる厳島市場と遠隔地交通の連関は、掟書の語らない駄別料から導かれる論点で、厳島は南九州から京・堺へ運ばれる唐荷流通の拠点として位置づけられる。その際、厳島以東から参集する商人として京・堺商人を挙げるのはよいが、以西から参集する商人とは、史料六では「薩摩に至り堺之浜より往返の商人」、つまり畿内商人の帰途である。「堺津紅屋」に宛てられた史料五からも、おなじことが言える。ただ史料七において、厳島町で駄別料を納入する者として「諸国上下諸商人衆」が見えており、そこには「以西」が含まれるだろう。とはいえ、論考が示唆するような厳島を軸とする東西の対称性までは認めがたい。

一方、第二節「厳島市場の拡大」は、厳島社の法会に伊予から参詣する人々に「諸浦警固衆」が違乱を働くのを禁止する、という大内氏の文書から導かれる（史料二〜四）。この禁止令は、大内氏と伊予守護河野氏との和睦という状況下、厳島社家衆から大内氏への訴願を受けて出されたもので、興味深い事例ではあるが、和睦の結果伊予からの参詣人が増加した、という以上に、厳島の市場化が証明されているとは言いがたい。

報告の看板に掲げる史料一にもっと執着してもよかったのではないか。第三節「陶晴賢の流通政策」のなかで、「諸国商人付合時《つきあい》」に国質・所質と号して公事に及ぶことを停止する、という第六条にふれているが、限られた局面における国質・所質の禁止が遠隔地流通の保障をどれくらい担えたのか、疑問である。

史料一でより注目されるのは、第四条「御家来衆、事を左右《そう》に寄せ、無道の取操《とりもち》謂れ無き事」に顕著なように、厳島の「当町人」「地下」の発意による都市法という性格である。それを基礎に、大名権力が地下・諸商人を超越する立場から立法化した。それゆえ「御分国中輩」のみならず「他国人」をも処罰の対象とする。史料二・三に見える厳島社家衆は、地下の要求を法的有資格者の立場から代弁する役割を担っており、史料一とおなじ日付・発給者で社家を対象とするもう一通の定書（『中世法制史料集　武家家法Ⅱ』第一部四一一号）に論考が言及しないのは不可解である。

鹿毛敏夫「東西戦国大名の「地域国家」像」（同第5章）は、研究史の到達点として、上洛・国内統一がすべての戦国大名の目標だったわけではなく、西国大名の場合、幕府・朝廷への求心性とは別に、東アジア世界を指向する行動が見られることを挙げる。一方で東／西の特徴づけが乖離し、かみあわなくなっている状況をも指摘する。そこから三点の研究課題を導きだし、先進／後進といった優劣評価や、典型／例外といった標準設定を乗り越え、戦国大名の存在多様性に即した各種のとりくみの必要性を強調する。

研究課題の第一は、「海」の視点からの領国制の考察で、今川領国の船・湊に言及する史料四点を紹介するが、いまだ初歩的な段階といわざるをえない。史料一において、新船一艘の役を一切免除するが、「海賊惣次《そうなみ》の時は櫓手役之《これ》を勤むべし」とはどういう意味だろうか。当該の船が海賊船と同然だった場合を想定しているとすれば興味深い。

第二は、時空を貫く事象から時代の変遷を捉え直すことで、第一の視点として、自身の近年の研究を踏まえて、鉱物資源の獲得競争と利活用実態から、硫黄の世紀から銀の世紀へ、という転換が導き出される。ついで第二の視点として、東の秤座／西の計屋の対比から、計量器具（もの）中心／商人（行為）中心という東西の類型化を試みるが、ハカリはハカルという行為のための道具であり、ハカルためにはハカリという道具が必須であるから、思いつきの域を出ない。

そして第三に、天正七（一五七九）年に島津義久からカンボジア国王へ宛てた外交文書（史料六）を禅宗史料から見出し、たがいを「我国」「貴国」と呼びあっていることから、島津領国を「地域国家」と見なしうるとした。この文書は、薩摩伊集院広済寺の禅僧雪岑津興《せっしんしんこう》の起草したもので、本文冒頭に韓愈の「原道」から書き出しの「博く愛する、之《これ》を仁と謂ふ、行ひて之を宜しうする、之を義と謂ふ」という文章を、「天下公言」として掲げる（ただし三つ目の「之」字が脱落）。この雪岑は天正三年には琉球へ外交僧として赴き、疎略な扱いを受けたと怒って帰国した。琉球の島津氏への従属化を決定づける画期となった、「あや船一件」と呼ばれる事件である。

以上の三論考は、他の三論考とともに「列島東西の社会構造とその変質」という共通テーマで括られていたが、いずれも東西対比や社会構造論に正面からとりくんだものではない。むしろ硬直化しつつあったそうした枠組みを揺り動かそうとする意図が、とくに企画者の言に表れていた。鹿毛論考第四節の「東西差異を包摂する総合的理解に向けた論理的方向性」という表題が、その集約的な表現である。だとすれば、その意図が聞く側にまっすぐ届くように、論考の構成にひと工夫ほしかったところである。

斎藤論考は、日本の臨済禅が、圧倒的だった中国の影響から自立を遂げていくという趨勢を、鎌倉・京都・博多という中心地から離れた「山林」の世界に見出そうとする。とくに平心が「先輩格の山林有名道人」一峰明一《いっぽうみんいち》に「随侍」したという事例が注目される。平心は肥前出身で蘭渓道隆の法孫、一峰は三河出身で円爾の法孫であって、両人の繋がりは禅宗界で基軸をなす伝法相承の関係ではない。また、彼らの活動により、広い階層に文化的力量が培われていった。このように「山林」では、出身地、門派、社会階層などあらゆる係累から自由な人の繋がりが生まれていた。

ただ、平心の渡唐断念をその趨勢の象徴とみなす論旨には疑問がある。渡唐を遂げた事例においても、たとえば、平心より八歳年少で文保二（一三一八）年に入元し、八年後に「異朝名匠」清拙正澄に伴われて帰国した古《こ》先印元《せんいんげん》の行状に、「凡そ師の檀信の請に随ひて剏建《そうけん》する所、丹州願勝、信州盛興、武州正法、津州宝寿、皆師の□を憑みて尽《ことごと》く開山と為《な》り、切に徒若干を度し、戒法を受くる者勝《あ》げて記すべからず」とあり、これも平心同様「山林有名道人」の具体例ではないか。

中島論考は、京・堺と南九州との海上交通の結節点をなす厳島町の都市的発展を論じたものだから、むしろ第Ⅱ部の都鄙論に置いたほうが落ち着くかもしれない。ただ厳島のような、中心／辺境という図式を突き崩すファクターは「東」にも見出されるだろうし、そこから列島の社会構造を捉え直す視点が導かれる可能性を感じさせる。そこで惜しまれるのが、「はじめに」で言及されている「厳島から安芸国内陸部への中継地であった廿日市」が、論考本体では扱われなかったことだ。厳島／廿日市は備後の鞆／草戸に類似し、瀬戸内海航路上の主要な港町とその後背地域との関係として、より一般化できる論点のはずである。

鹿毛報告は、第Ⅰ部全体の導入を兼ねている趣があり、四つある節の三つまでが、掲出史料もなく研究動向のまとめに終始するのも、その結果なのだろう。全体の過半を占め、史料分析を展開する第四節において、東／西を問わず海の視点の導入が社会構造の理解にも不可欠であることを強調し、興味深い具体例として島津領国とカンボジアとの国家間外交を提示したことは、本論考の大きな功績である。近年、日本海沿いの航路と湊町、その結節点としての十三湊《とさみなと》と北方世界との連関についても、著しい研究の進展が見られる（『季刊大林』六二号「中世の湊町」特集、二〇二三年を参照）。

［コメントと展望2］

人間の思考の特質に迫るための素材と論点

山田邦明

田中大喜「西遷・北遷武家領主と鎌倉期東国武家社会」（本書第Ⅰ部第2章）は、関東に本貫地を持ちながら鎌倉時代に遠方に拠点を移した「西遷・北遷武家領主」の行動に注目することにより、彼らの「心性」に迫った論考である。田中氏が着目したのは、本拠地を移しても関東の本貫地に由来する「名字」を変えない（その「名字」を使い続ける）という、武家領主たちの傾向であり、これは本拠地のそばにいる「在来武家領主」とは立場が違うという自己主張の現れだとする（関東出身であることが一種のブランドになっている）。

遠方に所領を獲得した関東出身の武家領主は、その近くの在来の領主たちと円満な関係を築きながら領主としての歩みを進めていこうとするが、その場合、単に在来の領主と仲良くするというだけでなく、自分は彼らとは立場や身分が違うことを意識的に示し、在来の領主たちもこれを承認するという形で地域の秩序が構成されていった。このことは、「人間の本質」に迫る重要な論点ではないかと考えられる。

「人間はすべて平等」といった理想論もありうるが、現実の社会はそんなものではない。たとえば平等な個人が集まって集団を構成したとしても、彼らの平等な関係が永続化することはなく、どこかで差別や身分差が生まれる。そして、こうした「身分差」を多くの人々が受け入れ、「身分の高い人」が推戴されて社会の秩序が保たれていくという現象は、きわめて一般的なものである。平安時代に天皇家や藤原氏につらなる人（国司など）が地方に土着した際にも、地域の人々は必ずしも反発したわけではなく、こうした「貴種」にあこがれて積極的にこれを受け入れ、その結果、各地に武家領主が生まれることになった。鎌倉時代から室町時代にかけて、関東出身の武家領主たちが自らの「名字」を改めないことにより「在来武家領主」との身分的違いを強調しようとつとめ、在来の領主もこれを受け入れたということは、時代を超えて存在する人間の「心性」の一端につながる興味深い現象だと考えられるのである。

武家領主が関東出身であることが一種のブランドであるという意識は時代が進むにつれて希薄化するのではなく、むしろ定着するが、そうした現象が生じた背景には、室町期における列島支配の変化があると田中氏は指摘する。幕府と鎌倉府が並立して東西の交流が少なくなり、畿内近国や西国の人々にとって関東や鎌倉は遠いものになるが、そのことによって東国武家社会に対する憧憬の念はむしろ増大した、というのである。「遠くにあってよくわからないもの」に人間は憧れるというのはよくあることで（かつて日本人はヨーロッパやアメリカの文化に憧れていたが、メディアの進歩によって情報がふんだんに入るようになると、あまり関心を持たなくなる）、これも人間の「心性」の本質に迫る問題かもしれない。

ここであらためて「名字」について考えてみたい。関東出身の武家領主が自身の名字を変えないという特徴はあるが、なかには意識的に名字を改めた武家もいて、田中氏はこれにも着目し分析を加えている。越後の和田氏（三浦和田氏）の場合、中条と北条（黒川）を拠点とする二つの家が並立し、一五世紀前半にはそれぞれが「中条」「黒川」と名乗っている。興味深い事例といえるが、同じく越後の武家領主である毛利氏の場合、北条と安田を拠点とする両家が並立しているにもかかわらず、戦国期に至っても文書の上では「毛利」と表記されることがかなりある。こうした時間差や二つの名字の併用（毛利と北条、毛利と安田の併用）をどう考えればいいか。また、武田信玄・勝頼の重臣であった穴山信君は、文書の上では「武田左衛門大夫信君」と名乗っており、自らの名字を「武田」だと認識していたことがうかがえる。中世の武家の「名字」については面白い素材がたくさんあり、人々の「心性」を考察するうえで有効な視点であるといえるだろう。

小久保嘉紀「戦国期における室町将軍・古河公方の栄典授与と地域性」（同第6章）は、室町将軍と古河公方の「栄典授与」に注目してその内容を分析したもので、田中氏と同様、中世の人々の「心性」に迫る試みということもできる。まず戦国期の室町将軍の栄典授与について、将軍偏諱の授与と家格上昇の承認（御相伴衆や御供衆になることの認可）の事例を集めながら論じ、将軍偏諱の授与については、遠国の大名に授与する事例の増加が顕著だが、近国や中間地帯では偏諱を受ける慣習が途絶するケースがみられ、将軍をめぐる政治抗争が日常化したことがその背景にあると指摘する。また家格上昇の承認については、大名たちの申請をそのまま認めていたわけではなく、認可のためにはそれなりの「基準」を設けていたこと、こうした栄典授与は一代限りのもので、家督交代がなされた場合には当人（後継者）があらためて申請して認可を受ける必要があったことを明らかにしている。

列島各地の大名が室町将軍に対して栄典授与を申請する（あるいは申請しない）という行為は、どういう意図によるものか、考えてみるのも面白いが、申請を受けた将軍の側も、なんでも受け入れるわけではなく、それなりに厳格な基準を設けて対処していたという点は、こうした「名誉」に関連する人間の「心性」につながる重要な指摘かもしれない。さまざまな形で名誉を手にしたいというのは、人間の自然な欲求かもしれないが、「名誉」が「名誉」たりうるためには、それなりの「希少性」が必要である（みんながもらえるものは「名誉」になりえない）。厳格な基準を設け、あくまで一代限りのものとして栄典授与を行った室町将軍の行動は、こうした人々の「心性」を理解したうえでなされた賢明な対応だったということもできるだろう。

古河公方の栄典授与については、公方偏諱の授与と、官途名・受領名の下賜に関わる事例を集めて分析を加え、偏諱授与の対象は大半が古河公方の奉公衆で、関東や南奥の一部の国衆もいたこと、官途名・受領名下賜の対象者は大半が奉公衆だったことを明らかにしている。遠方の大名に対してまで栄典授与を行った将軍に対して、古河公方の場合は対象者がきわめて限定されるという特徴を解明したことは評価できるが、古河公方の栄典授与の分析においては偏諱授与と官途名・受領名下賜に注目しており、将軍の場合（偏諱授与と家格上昇認可に着目）と注目点が異なっているところはやはり気になる。武家領主は成長すると官途名や受領名を持つのが一般的だから、官途名・受領名の下賜というのはごくふつうのこと（ほぼ必ずなされること）で、室町将軍の家格上昇認可（政治的な背景により、まれになされること）などとは位相が異なるのではないかとも思われる。官途名・受領名の下賜ということがどういうプロセスでなされるかは面白い問題なので、室町将軍の場合も含めて論じていく必要があるだろう。

古河公方の栄典授与について分析していく中で、南陸奥の石川晴光が古河公方足利晴氏に「書札礼の厚礼化」を求め、晴氏がこれを許可したという事実に注目されているが（差出部分の記載が、「晴氏の花押だけ」から「晴氏の実名と花押」に変化している）、これはなかなか興味深い。現代でも手紙やメールの書き方（相手の名前をどう記すかなど）にはそれなりに気を遣うが、中世の人々の「書札礼」へのこだわりは、現代とは比較にならないほど強いような気もする。なぜ彼らは書札礼にこだわるのか、「書札礼の厚礼化」といった儀礼的立場の上昇が、現実の生活においていかなるメリットをもたらすのか、考えるべきことはまだまだ多いように思えるのである。

山下智也「織豊期の都市法と諸地域」（同第4章）は、織田氏（ついで豊臣氏）の領国であった尾張と美濃における権力の商業・流通政策と「市立て」への対処について論じ、あわせて列島各地の大名などが制定した都市法に注目しながら、その特質を考察したものである。まず尾張・美濃における織田氏の発給文書を分析しながら、鋳物師頭の水野太郎左衛門家、熱田の豪商の加藤家、唐人方・呉服方の商人司となった伊藤宗十郎といった人々に織田信長が特権を与えた（あるいは承認した）ことを確認し、こうした特定の人物に権利を付与することにより商業・流通を統制するというのが、織田氏の基本政策だったと結論づけ、尾張・美濃における「市立て」については、以前から存在していたものを権力（信長・信雄・秀吉・秀次）が追認するというケースがほとんどであることを確認している。そのあと列島各地の大名などが制定した都市法の内容に注目し、ここに列記されている条項には共通するものが多く（都市における平和を創出するための条規など）、当該期のそれぞれの権力が目指している都市像（理想の都市のイメージ）はおおまかにみれば共通していると結論づけている。

列島社会が統一に向けて進んでいった一六世紀後半における社会状況に関わる大きな問題に踏み込んだ意欲的な論考で、タイトルは「織豊期の都市法と諸地域」となっているが、商業・流通政策の問題と都市や「市立て」の問題があわせて論じられており、この両者の関係（位相）をどう捉えたらいいか、気にならなくもない。尾張や美濃における職人や商人の活動は都市をおもな舞台にしているかもしれないが、それだけに限定されるものでもないからである。そのうえで、あらためて権力の商業・流通政策についてみてみると、尾張や美濃の事例をもとに、特定の職人や商人に権利を付与して統制を図るというのが権力側の基本方針であることは首肯できるが、どういう理由でそういうことになったのか、説明が尽くされているとはいえない気もする。この問題に関わる人たちとしては、「織田・豊臣といった権力の側の人」「権利を付与された職人や商人」「それ以外の職人や商人たち」といったものが想定できるが、このおのおのがいかなる思惑を持ち、どのような経緯を経て、特定の人物が「まとめ役」になっていったのかということを、想像も交えながら考えてみることが大切なのではないかと思う。

熱田の加藤家のような、すでに「まとめ役」になっている商人にしてみれば、目の前にいる権力（織田氏など）に申請して権利を保障してもらうというのは当然の行動といえるが、ある特定の人が権利（あるいは任務）を帯びるという場合、これに対抗する人々（自分が特権を得ようとしたり、ある特定の人物が特権を持つことに不満を抱いたりする人々）がいることも、充分想定できる。こうした状況の中で、信長ら時の権力者たちが、水野太郎左衛門や伊藤宗十郎といった特定の人物に権利を与え、商業や流通に関わる統制を進めようとしたのはなぜなのか、あらためて考える必要があるだろうが、列島社会が統一に向かって進んでいる時代の社会現象の一つとして、これも捉えることができるかもしれない。さまざまな権利が錯綜し、組織の内部においても多くの人が並び立っている中世の状況を乗り越え、より合理的な統治をするためには、組織の中にいる特定の人物に権利を与えて「まとめ役」をしてもらうという形をとるのが都合がいいと、統治者は考えたのではないか。全体の統治にあたる人物や組織がこうした発想を持つのはよくあることだし（大学に対して「学長のリーダーシップ」を求めるという昨今の傾向も同様か）、特定の人に権利を付与するという信長の政策基調も、社会を統率するうえで無駄のない合理的な方法をとったものと考えることもできるかもしれない。

論考の後半では列島各地の大名などが制定した都市法の条文に注目し、その特質を整理しているが、地域の違いにもかかわらず条文には共通するものが多く、都市（あるいは市）において発生しそうな問題（困った事件）を未然に防ぎ、交易の場の平和を確保しようという意図がみえるという指摘は首肯できるし、要所をついているものと思われる。日本列島は細長くつらなり、それぞれの地域やそこに住んでいる人の傾向に違いもあるだろうが、「人間の思考」にはそもそも共通するものが多く、地域の統治者である大名たちも、つきつめれば同じことを考えていた、というのも存外ほんとうのことかもしれない。地域の違いにもかかわらず都市法の内容はよく似ているという点を確認したことは、本報告の大きな成果といえるだろう。

田中論考と小久保論考は、いずれも中世の武家領主（あるいは室町将軍・古河公方といった権威）の動向に注目しながら、彼らの「思考の傾向」に迫ったものと捉えることができる。山下論考は流通や都市の問題に関わるものだが、織田信長の政策や列島各地の大名の都市法の内容などから、統治者の思考の傾向をうかがうことができるかもしれない。記念大会の一つのテーマである「地域」の問題に関しても、それぞれの論考が素材や論点を提示してくれているが、山下論考で提起された、地域の違いを超えて共通するものもあるという指摘は重要で、「地域」の問題を考えていく際にも留意すべきことではないかと思う。

［討論記録］

列島東西の社会構造とその変質

司会：水野智之　最初に二名のコメンテーターからのコメント、続いて報告者がコメントをどのように受け止めたのか、報告者とコメンテーターで意見交換をしていただき、その後に会場やオンラインの参加者の方々からのご意見を踏まえて議論を深めていきたいと思います。

各報告の論点

コメンテーター：村井章介　まず斎藤夏来氏の報告です。「永正年譜」という史料を残した「平心処斉」という人物を取り上げることで、全体テーマとの関わりの中で意味があることを端的に示す必要があります。「永正年譜」と「年譜略」の二つの史料が軸になっていますが、両者の関係をどう考えるのでしょうか。『国書総目録』が同一文献とすることに対し、斎藤氏は異なると主張しています。玉村竹二氏の『五山禅僧伝記集成』（思文閣出版、二〇〇三年。一九八三年初版）によれば、「年譜略」は「永正年譜」を漢訳したものだとしています。史料的性格に関する玉村氏の言及を踏まえるべきでしょうか。中心的な論点は、師匠である林叟に平心が渡唐したいと伝えた箇所です。元亨元（一三二一）年、林叟から暗黙に拒否されて、平心が渡唐を諦めたという事跡です。それと、永徳元（一三八一）年、室町幕府追加法一二八条に「異朝名匠」、「山林有名道人」という言葉があります。これは住持職に誰を就けるかという話の中で出てきます。禅宗史の流れの中で、「異朝名匠」が尊ばれた時代から、山林に交わるというような「隠遁」を主とする禅僧が重視される時代に移行するとのことは、大きな流れで言えばその通りなのですが、斎藤氏は平心が渡唐を諦めたという事実と、室町幕府追加法一二八条中の史料文言とを関連付けて理解しようとしています。渡唐しなくても禅僧としての活動がある。地方に遍歴して、そういうことができる時代、その方が重視される時代になった。同時にそれは地方が勃興するという時代にもなったと説きました。これは重要な指摘だと思いますが、年代的に言って鎌倉末期のことと、「異朝名匠」が台頭していく背景、これには明の登場があるわけですが、かなり年代の開きがあるため、結びつけてよいのかどうでしょうか。師匠林叟と平心との渡唐をめぐる一コマは、師匠から弟子への教育の場面で、何も言わないということで答えを示しました。弟子がそう理解して、これから先の人生を決めていったと理解すればよいのではないかと考えます。

次に、中島雄彦氏の報告です。「警固米」と「駄別役銭」、冒頭の［史料一］の第三条、「警固米」を禁止するという内容ですが、実質上は「警固米」には「駄別役」も含むとする先行研究に対し、中島氏はそれを否定しました。この掟書写には、「駄別役」が含まれていないと主張しています。重要な指摘です。ならば、二つの機能差はどう違うのかについて示すべきでしょう。第二節、厳島市場の拡大は、全体の中で重要です。厳島が単なる寄港地から抜け出て、独自の市場をもつようになり、地下人、諸国の商人、警固米を取り立てる海賊衆、人々の行動に大きな影響を与えたと説いています。面白い論点ですが、市場が拡大したということを具体的に論証できたのかどうでしょうか。たとえば、地下人たちの利害がどこにあったのかという観点で見てみてはいかがでしょうか。市場法を理解する上では重要な視点になるのではありませんか。そういった点も触れられていないわけではないですが、もう少し掘り下げて言及する必要があります。島を訪れる諸国の商人と、町人たちの利害が異なるわけですが、それをどう陶氏が救い上げて法にしたのでしょうか。山下智也氏の報告についても、中島氏へのコメントで最後に述べたことがそのままあてはまるでしょう。

次に、田中大喜氏の報告です。「北遷」という場合をどう考えるのでしょうか、従来、あまり検討がなされてこなかった点ではないでしょうか。「西遷」の場合、「大友」はあくまで「大友」を名乗るなどといった事例が多いのに対し、北遷では「中条」など現地の名前に変えてしまいます。議論の中で他にも事例があると知り、ある程度、類例化ができるということがわかります。各々、なぜ名乗りを変えるのでしょうか。状況には個別の理由がありますので、それをどこまで一般化できるのでしょうか。西遷御家人の場合はかなり一般化できるものだと感じました。

次に、鹿毛敏夫氏の報告です。「東」と「西」との対比の限界性を強く打ち出した報告でした。東西認識を包摂する総合的理解は、私も共感できる部分です。そうなると、ある関係をもつような広がりをどうおさえるのでしょうか。そういうものの一つとして東と西があってもいい。無限に多様性があっていい。航路でつながったような地域、空間はあります。そういったものの中に、西国大名に特徴的な外国と結びつくということも含まれます。そのような要素で見たとき、地域の捉え方は変わっていくのでしょうか。今後の課題として浮かび上がってくるのではないですか。取り上げた史料の中で、Velho（バルトロメウ＝ヴェーリョ、ポルトガル人地図作家）による六つの地域の分け方は、面白いものです。それと並んで重要なのが、外国人が大友氏の領国のことを「国家」として捉えていることです。大友氏を「王」、ポルトガル語で「rei」と呼んでいます。従来の史料で大友氏が「王」と呼ばれていることをストレートに受け入れないで、京都に「王」がいるため、「王」と言っても「国家」ではないと見てしまう。そういう見方にとらわれないで、史料をストレートに見る。戦国時代の日本には、いくつもの国が併存していると捉えた方が実態に近いのではないでしょうか。「地域国家」という捉え方も、そういうところから出ています。それを徹底させていくというのも、あるべき方向性でしょう。

最後に、小久保嘉紀氏の報告です。古河公方という栄典授与者が大変、興味深い。官途授与にしても、京都に何の断りもなく勝手に就けてしまう。それが受け入れられて、それなりの機能を果たしています。でも限界性もあります。それで思い出したのが、自敬表現です。秀吉でもよくあります。古河公方や足利義氏の文書でも目立ちます。自分を偉そうに見せている。ああいうことが頻繁に行われているのとも、どこかでつながっているのではないですか。実際に栄典の授与に力があるわけではないですが、しかし、後北条に覆いかぶさっている権威としての存在であるということを、なんとか維持しようとしている。そういった中で出てきたものだと感じました。

コメンテーター：山田邦明　個別の報告に対するコメントの形をとらず、大会のテーマも含めた全体的な流れ、全体の構成といったところで話を進めていきます。「東」と「西」という問題設定は懐かしい気持ちがします。私事ですが大学の特殊講義で、「日本の歴史の中で、一番画期となる事件とは何か」という質問を学生にすることがあります。この二年間、コロナで対面授業がストップしていましたが、久々に対面授業となり、学生に問いかけると大きな変化がみられました。これまでは縄文から近代までの中でというと、「明治維新」が一位でした。しかし、今年の第一は「鎌倉幕府の成立」です。つまり、現在の二〇歳前後の学生は、鎌倉幕府の成立が、日本史上大きな画期だと思い始めています。驚きましたが、あらためて考えると当然で、鎌倉幕府がなければ東京の繁栄もなかった。鎌倉幕府がなければ、武家政権や江戸幕府もなかったとも言えます。鎌倉幕府の成立が大きなインパクトを与えました。武家政権というだけではなく、東と西という二つの核が生まれて、日本列島がドラマティックになっていった一つの大きな転換点です。東と西というテーマの議論を今のタイミングで掲出することに意味があり、今までの議論を継承しながら、深める必要性があります。そこでは論理的な構成をするとか、新たな定義をするとか、いくつか方法があるでしょう。

今回、正面きって東と西から切り込んだものもありますが、東と西のテーマで設定した割には、意外と東と西の枠組みを相対化する方向性（視点）が見えてきました。相対化する場合、一つは東と西に含まれない中間地域、東海とか瀬戸内とかを見る視点で、もう一つは、鹿毛氏のような東と西で捉えられない世界を見る視点です。以上の視点から、問題設定について考えていく必要があります。

次に、大会テーマの「社会構造とその変質」についてです。六本の報告のうち、社会構造を扱ったのはどれでしょうか。田中氏・小久保氏の報告は社会構造というよりも、人間の思考の在り方、頭というか心というか形而上的な、そういうところに切り込んでいます。近年の歴史研究には欠かせないようなテーマです。中世の人の思考のあり方をテーマにするというのもよいのではないでしょうか。思考の形とともに社会の実態の両方から迫っていくという側面があります。

今回の報告の特徴は、システムの実態から注目すべきでしょうか。山下氏・中島氏の報告が静的な行動ではなく、動的なシステムに注目しているように感じます。

六本の報告すべてを同じ観点でまとめるというわけにはいきませんが、いくつかの観点からまとめてみましょう。

まず一つめに、思考の方向が東と西でどう絡むかという観点です。田中氏、小久保氏の報告に類似点があるように思われます。田中氏の報告で、「鎌倉幕府ブランド」、つまり、鎌倉幕府の御家人だったということを意識する、とくに、西遷御家人にそういう意識が強くなったという見方は、重要な指摘でしょう。逆に、関東周辺では「鎌倉ブランド」が相対化されています。たとえば、越後の北遷武家領主中条氏は鎌倉公方ではなく、京都の将軍足利尊氏にアイデンティティーを求めています。そういう不思議な構造が出来上がってくるというのは、分かりやすい気がします。両方に共通するのは、田中氏が指摘したように、鎌倉幕府は遠くになって、西日本の御家人にとってみると、かなり遠隔な存在で、だんだんと分からなくなる存在である点です。だから憧れる。分からないことによって価値が出てくる。そういう方向性があります。また、鎌倉の人々にとってみれば、近隣の鎌倉にいる「公方様」よりも、遠方の将軍の方が偉そうに見える。人間の特質に関わってきます。歴史認識、東国アイデンティティーの問題に切り込んでいます。鎌倉・南北朝・室町期の人が「鎌倉」をどう見るか。そういう歴史認識の問題にも切り込んでいる気がします。

小久保報告は、西の将軍と東の古河公方との対比という観点からです。どういうふうに比較できるのでしょうか、問題設定が面白い。将軍の場合、旧来の秩序を守ろうとする強固な保守性がみられます。一方、古河公方は見劣りします。限定された範囲でしか栄典授与できない。限界も存在します。それをどのように東と西の違いとして認識するか、明らかにすることができるといいでしょうか。田中氏の報告とも絡めて、西における人間の名誉意識と東における意識とがどのように異なるのかでまとめられるとよいのではないでしょうか。西の方が栄典に対する志向が強いのかもしれません。言い方を変えると、西の方が古臭いとも。どのように評価するのか難しい。以上は、中世の人の思考の西・東という点で自分なりに整理してみました。

二つめは流通と都市の観点です。社会構造につながるところです。山下・中島報告は同じ観点から切り込んでいます。山下報告は、尾張・美濃の事例で都市流通政策を分析しました。重要なのは、「楽市楽座」を耳触りのよい言葉で理解することではなく、現実の社会の中で織田政権が特定の商人の特権を認めていることです。そして、流通統制を行い、現実社会に対応しています。実際の史料から解明する方向性を見せたことは重要です。都市法という枠、市立ての分析を行いながら楽市楽座令を相対化しようとするのはよいと思います。ただ村井氏も指摘した通り、結局結論はどうなのかが分からない。美濃・尾張の中間地域と東国との比較がはっきり分かると面白い。

中島報告は、瀬戸内地域や厳島社について「警固米」「駄別役」を停止したことについて見ていきました。厳島の参詣者とどう絡むのでしょうか。

両報告とも実態は分かりますが、どういった事情でそうなるのか、背景が分からない。山下報告は、織田の発給文書からある商人に特権を与えたとしても、信長がそうしたかったのか、地域社会にとって有力商人がいることがよいことだったのか、分かりにくいところがあります。具体的にいうと、熱田の加藤家の場合、もともと結構な商人。織田からモーションをかけたというより、加藤から既得権を安堵してもらおうとしたのではないでしょうか。逆に、尾張の職人たちの場合は、織田の志向性があったのかもしれません。中島報告についても同様で、厳島の海賊を中心とした人々への権益である、「警固米」「駄別役」を停止するということは、大名権力の統治姿勢としては理解できますが、それはなぜ起きたのでしょうか。厳島への参詣者の負担を減らすためということかもしれませんが、もっと具体的に、実行しようとした社会的な理由付けが明確になると、戦国時代の流通社会における、人々の思惑と大名権力とのやり取りの具体例として分かりやすい。両報告とも、東と西の話からずれて、中間地域の話です。核がもてない地域でどういったことが起きているのでしょうか。尾張・美濃と瀬戸内とで共通するのか、そこで起きている事象はどこでも起きるのか、そうでないのか、そういうことが分かるといいです。

三つめは、東と西という問題設定自体に疑問をもち、それを相対化するという観点です。その方向性がはっきり見えているのは、斎藤報告と鹿毛報告です。斎藤氏の報告では、越後に八宗兼学の天竺本朝無双の学識がいたことに驚きました。報告タイトルから象徴されるように、大都会でないところに文化が華開くイメージです。中世の特徴としておいてもよいでしょうか。三河の吉良とか尾張の萱津などもそうでしょうか。そういった観点の報告として理解しました。

鹿毛氏の報告は、戦国大名研究に対する批判で、海から捉えていく視点が欠けていること、それはそうかもしれません。海につながる世界とか、鉱物資源に注目している点は新たな可能性を導き出す、面白い視点です。議論の展開を期待したいと思います。

水野　村井さん、山田さんの両コメントを受けて、報告者の考えをお聞かせください。

斎藤夏来　玉村氏の『五山禅僧伝記集成』の平心の記述は、あらためて確認します。準備報告の際、村井さんから「「無言」。これは渡海断念にとって重要ではないか」とご指摘いただきました。平心の段階から、明の海禁までだいぶ時間があります。それはそうで、室町幕府の追加法は明の海禁を受けて慌てて対応したということではなく、鎌倉期からの長い蓄積をふまえて、一二八条は海禁とは関わりなく制定された法令かと考えています。

田中大喜　山田さんからご指摘いただいたように、「南北朝・室町時代の人が鎌倉時代の事をどうみたのか」ということを考えました。それを文献の方から考えてみたい。小野正敏氏の議論に示唆を受けており、それを文献の方から考えてみたい。名字を変えないことについては、以前から不思議に感じていましたが、今回、正面から考えてみました。その時に、最近の鎌倉幕府の研究の中で頼朝に対する評価、とくに鎌倉時代後期に関する細川重男氏のご研究の中で、頼朝権威の上昇などが議論されており、西遷した東国武士が名字を変えないのはこれと関係する部分があるかと思い、今回の報告となりました。西の方はそういう感じでしょうか。

村井さんがご指摘された、北の方だと名字を変えていく動きがみられることをどう考えるか、個別の事情の検討をもう少し進めた方がよいというのは、ご指摘の通りです。室町幕府とつながりがある方が、関東・東北を相対化しやすいかと思います。歴史地理的な環境が大きいのかなと。志向性・心性の問題を科学的に証明するのは難しいように思います。山田さんがご指摘された「見えないからこその憧れが生じる」ことについて、人間の変わらない心性は、やはりあるのではないでしょうか。

中島雄彦　村井さんご指摘の「警固米」と「駄別役」の違いの分かりにくさについては、レジュメの構成が原因で、いまひとつ明確にできませんでした。厳島に関わる地下人

（社家）と商人の利害について、これは市場法を理解する上で必要なので、もう少し説明すべきでしょうか。山田さんからの、「警固料」や「駄別役」の停止がどういった社会的背景で起きているのかとの疑問にも共通する指摘ですが、行論の都合上、かなり端折っています。各文書の発給過程をまとめるべきであったでしょうか。端的に言うと、「警固米」の停止を求めたのは厳島社の地下人。「駄別役銭」の停止を求める際、おそらく主体となったのは京・堺の商人。その違いがあったと考えています。

厳島の市場の規模やその拡大を示す史料は見つけられていません。後の毛利氏の時代も含めて考察していくべきで、今後の課題としたい。山田さんからご指摘の、瀬戸内地域のような「中間地域」「核がもてない地域」での事象なのか、あるいは、こういったことはどこにでも起きることなのかという点についても、他にも事例を探していく必要があります。

山下智也　「楽市」という言葉を使用することについては、長澤伸樹氏の評価通りで、特別な意味があります。しかし、「都市法」として見た場合には、東西どこを見ても条文が同じで、法令としてはおおよそ変わりません。これを打ち出していきたい。東西認識については、中間地域、織田領国と西・東で分けてみても、課題として市・町で生じている内容についてはあまり大差がないという認識です。生じている課題はそれぞれ違うので、その中で取捨選択され、少しずつ「都市法」の構成内容が変わるだけです。また、法令から見ただけで構成してしまったところを、もう少し関係する商人等についても、ご指摘の通り、触れるべきでした。

「中間地帯」という認識、法令上では分け隔てなくどこでも生じると話しましたが、市日規定だけ見ますと、関東と違います。市日規定は後北条氏の領国下でよく出てきます。それが、尾張・美濃に持ち込まれてくるのは秀吉以降です。「市場法」の中身だけ見ますと、尾張・美濃は西寄りでしょう。

小久保嘉紀　村井さんからのご指摘の足利義氏の自敬表現については、今後、勉強していきたい。その件と関連して、室町将軍の御内書が、時代が下るにつれて尊大化していくということが思い出されます。言わば、虚勢を張るというようなことでしょうか。足利義氏文書の自敬表現や将軍御内書の尊大化など、文書上で虚勢を張るという事柄についても勉強していきたいと思います。

山田さんのご指摘の、東と西で栄典への志向性に違いがあるかどうかについて、西の方が栄典への志向性が強いかというような話がありました。たとえば、東国は独立性が強く、あまり栄典に依拠しないとも話されました。それに関連して思いつくのが、今川氏の場合、戦国期は義元以外に室町将軍に偏諱を求めていません。その意味では、義元の事例はイレギュラーだと思います。武田氏の場合も、晴信より前は一貫して将軍偏諱を求めていません。本日、木下聡さんにお教えいただいた小笠原氏の場合では、義政期を最後に将軍から偏諱を授与されることを止めています。関東の佐竹氏・里見氏なども戦国期は基本的に偏諱を授与されていません。確かに、東国の大名権力は比較的独立性が強く、あまり栄典に依拠しない傾向があると思います。これについても今後、検討していきたいです。

鹿毛敏夫　東と西の問題については、古くて新しい問題と言えばそうなのですが、その対比には限界性があります。それを乗り越えて何かを考えたい。その際の視点の一つとして、外国勢力、たとえばポルトガルが当時の日本をどう認識していたのかという見方が考えられます。イエズス会系の史料では、大友氏に限らず、大内氏とか織田氏が「rei（rey）」＝王と記録されています。また、「王」以外に、「大公」と呼称した事例もあります。外交から見た時、日本の地域権力がどう成長、変質していたのでしょうか。遣明船の派遣は一五五〇年代に終わったとされますが、中華に朝貢する外交では、「日本国王」でないと相手にされませんので、わざわざそれを偽装して、「倭寇的遣明船」を送ったのが、一五三〇～五〇年代です。それが、本日の史料で紹介したような一五七〇年代になりますと、島津氏がカンボジアに対して外交関係の締結をもちかけていきます。それは、従来型の朝貢外交ではなく、フラットな対等関係の外交であり、ここを契機に日本の脱「中華」外交が開始されました。その実現の背景には、戦国大名「地域国家」の成熟があったと考えます。そして、同時期に入ってきたのが西欧勢力です。当時の西国大名は、そうした勢力も自らの外交チャンネルの一つと認識し、ポルトガル国王、インド副王などと手紙をやり取りしています。一六世紀半ばの西国大名の「地域国家」は、地政学的にそうした外交の最前線に位置していました。その個別外交権を、一六世紀末の秀吉そして家康が、集権国家として集約・一元化していったという見通しを持っています。

中世人の東西認識

水野　コメントに対する報告者の意見を出していただきました。山田さんのご整理の通り、社会構造については乏しいかもしれません。田中さん・小久保さんの報告からは、人の思考のあり方が出ています。山下さん・中島さんの報告は動的なシステム、構造的な内容に踏み込んでいます。斎藤さん・鹿毛さんの報告は、それらを相対化しています。

まずは、どういうふうに東西を認識していたのか、この議論を深めていきます。そのあとに構造的な内容を議論します。その上で、それらを相対化する議論に話を進めていければと思います。最初に、田中さんのご指摘、南北朝・室町期の人間が鎌倉幕府をどのように受けとめたのか、皆さんから何かご意見を出していただけますか。私たちも研究の成果から、「東国的なあり様」、「西国的なあり様」などと表現しがちですが、中世史研究会四〇周年記念大会では、少しそうではないあり様に迫っていこうと、「東海地域」という相対化の方向を打ち出しました。田中さんの御家人の認識から、列島の東西の認識、社会構造を出す方向なり、何かご意見などあればお願いいたします。

村井　田中さんに、戦国期の城館から「鎌倉モデル」と総括できる遺物が出てくる、という話をもう少しうかがいたいです。出てくる遺物そのものが鎌倉時代にさかのぼるものなのでしょうか。それとも、出てくる遺物は新しいが依然として「鎌倉モデル」というものなのでしょうか。

田中　小野氏の研究によると、一乗谷の一六世紀の遺構の中から、明らかに一二〜一三世紀に作られた唐物が出てきます。当時の人から見ても骨董品です。おそらく本来の用途からは外れて、座敷飾りとして使われていたと見られます。鎌倉時代なら実用品のはずです。なぜそういうものを大事にするのかというと、そのようなセットは鎌倉にさかのぼりうるものだからです。鎌倉の御家人たちが使っていたであろうもので、自分たち武家のあり方のルーツ・根源として大事に使っていたという議論だと認識しています。

村井　そういった解釈に蓋然性があるのかどうでしょうか。むしろ青磁とかの美しさの問題ではないのでしょうか。無理に鎌倉と結びつけなくとも、ありえるのではないですか。

田中　私も気になるところですが、戦国の人が鎌倉時代をどう見ているのかを考える点で示唆を受けました。そういうところに名字の問題、なぜ見たこともない故郷の地名を名乗り続けるのか。そのことを考える、心性を考えるヒントとして参考になると思い、今回ご紹介しました。

水野　田中さんは中世前期から後期までを見通しています。小久保さんは中世後期の話であり、たとえば、後北条氏、関東のあり様、東国の権威を扱っています。後北条は執権北条氏を意識して北条を名乗ります。中世前期を踏まえて何かあればご意見をうかがいます。

小久保　後北条氏の話で言うと、名字については周知のように、元は「伊勢」でしたが、二代氏綱の代から「北条」を名乗っています。一方で実名については、五代とも室町将軍から偏諱は授与されていません。このことから後北条氏としては、実名の決定に際し室町将軍には依拠しない、という姿勢が見られるように思います。後北条氏の場合、名字に注目すると中世前期の鎌倉幕府との連続性を重視していること、実名に注目すると室町幕府から一定程度自立的であることが窺えます。

水野　人の意識が社会構造にどこまで影響を及ぼすので

しょうか。今回、認識の話が分析視角としてありました。実体の社会構造にどれほど影響を及ぼし得るのでしょうか。中島さん、山下さんの報告にも関わります。田中さんの報告にあった西遷御家人と地元の武士との軋轢もみられます。それぞれの地域社会の構造に何らかの働きかけができているのか、どうでしょうか。そういった影響についてうかがってみたいです。小久保さんの報告では、偏諱の問題から社会構造的なことに及びにくいように思いますが、及んでいるようにも見えます。皆さんはいかがでしょうか。

村井　将軍の偏諱で、どの字をもらっているのでしょうか。「義」の字をもらう方が、下の字をもらうよりも上だという二木謙一氏の研究を引用されていました。実際の使用法を見ますと、そういうふうなランク付けで理解できない事例があります。「義」と下字は意味が違います。「義」ではない字は、ある特定の将軍個人の人格と関係します。個人の人格を表す字が欲しい、そういう心性がありえます。そのような場合、そちらをありがたがります。いかがでしょうか。

小久保　ご指摘のように、下の字については、将軍個人に対する思いが反映されているように思います。

山田　社会構造とのつながりに踏み込めませんが、今回、田中氏が名字に注目したのは非常に重要です。私が気になっているのは「吉良」です。「足利」がいつ「吉良」になるか。吉良は足利一門の中でも自尊心が強い。鎌倉期は「足利」何某と名乗り、南北朝の動乱のあと従う時に「吉良」になります。名字は本来、知行している地名を名乗ります。引越したら名字を変えてもよいはずです。ただどうして、「三浦」は「中条」になるのでしょうか。越後では、「毛利」一族もいましたが、「毛利」を否定して「北条」となります。この理屈をもう少し付け加えた方がよいのではないでしょうか。「熊谷」みたいな西遷御家人の場合、移った先の地域社会では土豪層が強いです。だから、名字を変えずに誇示していた方がいい。一方で「三浦」の場合、元々は同じ名字だった「中条」と「黒川」はライバルです。同じ名字を名乗っている人が敵だという状況があります。北遷御家人と西遷御家人とを差異化しなければいけない。西とは雰囲気が違っています。北遷御家人の名字が変わる背景をつめていただけるとよいのではないでしょうか。

田中　今回は、家臣との関係や治めている地域社会との関係の話を組み込めていませんでした。それができたら社会構造の話になったでしょう。今回は、周りにいる同じクラスの領主との関係で考えましたが、家臣や村との関係も考えていきたいです。

流通経済の構造

水野　名字の問題、家臣団のあり様、地域の問題を考えますと、当時の状況に広がりがあったように思います。

次は、中島さん、山下さんの流通などの報告に移っていきます。構造的な面にも迫り、東と西の議論を深めていきます。そういう言及が乏しいのではないかというコメンテーターのご指摘もありました。中島さんと山下さんより、東西について意識してコメントをいただければと思います。山下さんからはあまり差異がないとの話も出ましたが、いかがでしょうか。

中島　認識の部分は、接点を探りながら話したいです。「共通する価値観」とも考えられるでしょうか。私の報告では、薩摩・日向から堺までのエリアの中で、厳島がどうだったかという話です。「警固米」、「駄別銭」を停止するのはどういう背景でなされたか、というコメントもありました。市場の地域的な要請を時の権力が取り上げて、停止なり掟書が定められるという、下からと上からの共通の認識の下で施行されるという見方をしています。かつて、美濃地域の禁制を取り上げた時も、下からの要請と上からの意向とを、ある程度、折り合わせながら制定されていることを指摘しました。山下さんの報告でも主張されていたように思います。西日本の物流の考察でみましたが、東日本とも共通の要素の土台があるのではないでしょうか。

以前、『信長公記』における信長のプレゼントをまとめた小稿を出したことがあります。信長は相手が好むプレゼントを渡す志向性があったと明らかにしました。東国には「虎皮」をプレゼント、西国には渡していません。信長の認識では、渡来品は東国の人には入手しにくいという認識があったのではないでしょうか。田中さんの報告を意識しますと、物を介して価値観を広げられると捉えられないでしょうか。今回の私の報告は、物流なので厳島・堺で終わってしまう話ですが、物流だけでは把握しきれないものを、認識・価値観と一緒に考察することで、全体的な流れが見えてくるのではないでしょうか。

山下　東西認識でいうと、先行研究で畿内での座の研究とのつながりが考えられます。美濃国の近江商人とのつながりがあります。近江の座商人との関係から、座的な構造とのつながりが古くからある地域です。座の話に関しても西に組み込まれています。一方で信長による特定の商人をおさえていくという手法は駿河今川氏もやっています。以前、私は、「アウトソーシング」と書きました。特定の人をおさえて、その人を媒介に座的な構造をおさえます。その要素では東の地域に含まれます。まさに中間地域、尾張・美濃が境目に当たってきます。どちらかといえば西寄りですが、境目として両方の文化が入ってきています。そこでどう区別をつけていくかは、今後の課題です。また、市日規定の話は思い付きですが、秀吉が後北条氏の法令を持ち込みました。法令、法制上の認識として、もしかすると、東の法令に憧れていたのではないでしょうか。

川戸貴史　中島さんにお聞きしたい。厳島を事例に報告された内容が、最初に説明された中世経済の先行研究の中にどのように位置づけられますか。冒頭で求心的物流構造から地域経済圏へのモデルが説明されています。それとはまったく別のモデルを提唱したいと考えているのでしょうか。付け足すと、本日の内容は田中さんの報告以外、室町期以降が対象です。時代的な偏りが生じること自体に何か要因があるのではないでしょうか。

水野　東西の議論に関して、中世前期についてどう見るかご意見がありました。まずは地域経済圏について、今回どのように位置づけられるのでしょうか。

中島　経済構造を詳述するほど、この報告では考えをまとめるには至っていません。今回、求心的か地域経済かという話ではなく、物流ルートがどのように変化していくかを中心に扱いました。これまでの研究史でいうと、天正終わりから文禄期にかけて、京都・伏見・大坂に中心的な流通構造ができてきます。これが最終的な見通しになるでしょうか。そこまで、荘園制が崩れて、最後はどのように一六世紀終わりに収斂してくるのか、その一段階だと考えています。今回は、求心的構造が薄れていく要因として、かつて早島大祐氏による守護在京制が形骸化していく、ここに求心性が大きく失われる転換点を求めた論考がありましたが、今回はそれへのアンチテーゼに近いです。右肩下がりで求心性が薄れていくのではなく、ある一定の契機がまたあって厳島の市場化が進む。その契機がなければ畿内への求心性はまだあると考えられます。守護在京制が形骸化することで、求心性が失われていったわけではないという捉え方を、私はしています。

水野　中世前期の東西を考える時、どうあるべきでしょうか。相対化という報告者の方もいますが、院政期など具体的に報告内容としては取り上げられていません。何かお考えの方がいらしたらお聞きしたい。東西のあり様の変質とありますが、いつからでしょうか。

鹿毛　中世前期・鎌倉期の東西論については、三年前の本会の佐藤進一氏追悼シンポジウムの中で、「東国国家論」を論じた経緯があります。そのため今回は、中世前期の東西論は薄めるということになりました。「東国国家論」と「権門体制論」等、鎌倉期については別の機会に論じないといけない大きなテーマになるのではないでしょうか。

川戸　山下さんにお聞きしたい。長澤伸樹氏によれば、一六世紀後半に典型的な「市場法」がある一方、一七世紀初頭に「楽市」が消滅するという断絶性が強調されていますが、それについてどのようにお考えですか。また、一六世紀後半の市場法のあり様は、以前の時代からどのように形成されたのでしょうか。あるいは、前代とは異なる突然変異的な事象でしょうか。別のお考えがありますか。

山下　長澤氏が述べている「楽市」がなくなっています。「楽市」の目的は復興、市場への人の集住を目的としているものです。戦争がなくなってくれれば、わざわざ「楽市」という名称を用いる必要がなくなります。市立てそのものがなくなっていきます。幕藩体制下においては、町場の店舗が常態化していきます。市立てをわざわざ法令化する必要がなくなる、そういう意味が薄れてくると考えます。一六世紀前半から後半の市立ての法令について、今回、尾張・美濃の話で言えば旧来の法令と同じで、特段、新しいものはありません。一方で、後北条について池上裕子氏が論じていますように、伝馬の宿内に市を立ててそこに人を呼び込みます。そこには特異性が見られます。

東西論を相対化する視点

水野　東西の視点で考えることの有効性や相対化する内容に入ってきています。斎藤さん・鹿毛さんの東西論の相対化の議論を進めていきます。Zoomご参加の竹田和夫さんから斎藤報告に関して、宗教面の質問と東西の質問がなされました。まずは宗教面のご質問です（司会によるペーパー読み上げ）。

竹田和夫　室町期の越後における禅宗対浄土真宗の対置を指摘していました。室町期越後の禅宗には朝鮮王朝に大蔵経を求請した直江津の安国寺や、東福寺・南禅寺ともつながった阿賀野市の華報寺（本来、真言宗）もあります。真言・天台の存在、また天台宗には修験がかぶさっていることも多く、時には対立します。阿賀野市の華報寺は、立山修験の影響からか地域の人は禅というよりも優婆尊信仰で接していくことになります。また越後を東北に入れていましたが、これは面白い見方だと思いました。

斎藤　昨日の討論でもあったように、具体的には中野豈任さんが議論を展開されています。南禅寺の開山無関普門が越後にも関係します。信仰が折り重なっているというのは、実相寺の事例でも入り混じっており、禅宗の一つの姿です。ただし、これは指摘が繰り返されている部分です。私としては、地域史料として五山文学があると主張したいです。無関普門でいうならば、彼の語録なり詩文集なりを読んで、地域史料との対比の作業が必要です。

村井　斎藤報告の大きな功績としては、従来、あまり高く評価されていなかった地方社会の文化的力量を語る材料を提供したことにあります。平心の行動はそういうものに支えられてはじめて成り立っています。その材料の一つとして取り上げられた美濃の山奥の話、美濃の炭釜、その漢詩が報告の中で重要視されています。李九齢の詩は、実際の李九齢の作品と、「永正年譜」に出てくるものとを比較すると違いがあります。作者が「李九齢」から「杜甫」になっているというのも大きな違いですが、漢詩の作品自体にも無視できない異同があります。正しくは「乱山」（唐人絶句）が「乱雲」（永正年譜）になっています。「已共」（唐人絶句）がなぜか「市井」（永正年譜）になっています。「窓前」（唐人絶句）が正しいのですが、「門前」（永正年譜）になっています。詩の内容がどの程度、正確に理解されているのかが、危なくなってきます。テキストの問題で異同が生じている可能性も無視できません。面白いのですが、使い方が難しい史料だなと感じました。

斎藤　「無言」の話や越後の話も面白いですが、「莫問野人生計」のことが一番重要です。詩文の趣旨としては後半の二句は、平心も正しく理解しているのではないでしょうか。『瀬戸市史』の編纂時には、覚源禅師偈頌でも初歩的な誤記類に気づきました。私なりの理解では、それほど厳密、正確ではないのですが、より一般に近い人々の受容により、このように変質していると考えられないでしょうか。

竹田　本シンポジウムのテーマ設定について。「都鄙」「東西」二分の基本的考え方だけでは中世社会全体を捉えられません。かつて浅香年木氏は、中央（都）対地方（鄙）、東日本史対西日本史という地域区分を批判し、熊野信仰、日枝・山王の信仰の神人の面や信仰の面ならびに文化の面から、日本沿岸の地域、「越」の地方の独自性とつながる点を古代・中世で確認しました。また、網野善彦氏も東西二分論ではなく、日本海横断で北上し日吉神人などの存在や、佐渡・能登と出雲・九州の交流について、私に佐渡でレクチャーしてくれました。今回のシンポジウムで扱った鎌倉から戦国期にかけての武士層の補任、上洛・下向の政治動向も上記の提言の中には包含されています。ぜひ、東西を横断する動きや、東日本的・西日本的と区別しがたい中世社会、地域にも光を当ててほしい。政治的動向プラス在地社会との確執、信仰や文化の受容か拒否か折衷だったのか、鄙と鄙の関係という視点もできれば盛り込んでほしい。流通・交易に加えて中世の信仰・文化でもあり得たと思います。

水野　斎藤さんと鹿毛さんは、従来の東西の議論の相対化を多分に意識されています。竹田氏のご指摘もそれに通じるところがあります。竹田さんや川戸さんのご意見を踏まえて、斎藤さんか鹿毛さん、また他の方からご意見をうかがえればと思います。

鹿毛　竹田さんから頂いたペーパーの通り、東西二分論で考えるのは無理があります。その点が本シンポジウムの目指すところです。竹田さんの場合、「越」の地域、越後の話で、日本海沿岸地域が非常に重要ですが、私が今回提言した、海から見た東西論にも絡んできます。山陰地域、西日本海沿岸の交易のみならず、北陸・東北、十三湊までも含めて、そういう広がりの中での東西の結びつきを考えると、まさに日本海横断というのは大事な視点と思います。東西を横断する動き、あるいは西と東に区分しがたい中世の地域社会にも光を当ててほしいというのは、まさに同感です。本大会二年度め〔本書第Ⅱ部〕で議論する都鄙の相互関係にも当然結びついていく問題であると考えています。

水野　二〇二三年度は「都鄙の連関と相互認識」というテーマから、「日本中世の東西と都鄙」を引き続き議論します。本年度は東西をテーマとして掲げていますので、そこでの有効性、限界性、相対化などを議論できればよいですね。

安藤弥　竹田さんのご意見につながりがあると思い、手を挙げました。斎藤さんの報告で平心処斉は鎌倉・京・博多の間隙にいたのでしょうか。報告の端々から、そうではない世界をもっていて動いていたのではないかと感じられます。あるいは彼の動きが東西という認識や、大陸との関係、彼がどういう空間認識をもって動いていたのか、そういう問題なのかなと。その点、お聞かせ願いたい。とはいっても鎌倉・京・博多に本山的な寺院があって、そこの住職がどうだという話にもなってきます。その存在を平心の宗教的な感覚とどう折り合いをつけてくるのでしょうか。

斎藤　間隙にいたのかというと、いなかったと思います。禅宗の発想は社会から離脱します。「莫問野人生計事」、脱社会の宣言だと思います。これは黒田俊雄氏の中世非人論にも関わると思います。「隠遁」というキーワード、黒田氏は「決して消極的な逃避ではなく、東アジア社会の構造にかかわる」と言っています。前日、高橋公明氏が「境目なんて意識していないのでは」と指摘されましたが同感です。林叟の無言の返答に関する私の読みは、「お前はいまだに異朝に行きたいの？ そういう区別をしているの？」というニュアンスかと思っています。田中さんの報告で名字を引き継ぐ議論がありましたが、平心は捨て去っています。「出自はあるけど言わない」と言っています。鹿毛さんのところでも外交詩文があって、私の見るところでは、「仁義」という言葉がポイントです。「仁」は中国文学で、赤ん坊が井戸に落ちそうになるのを見て沸き起こる心とたとえられています。いわば生体反応としての「仁」です。決して書籍上の難しい知識ではありません。自然な反応として分かち合える「仁義」が鹿毛さんの使った外交文書にも出てきます。かつて田中健夫氏が「外交文書は詩文のついで」とおっしゃっています。まさにそういうのが現れています。

水野　宗教的な部分はおいて、社会的なあり方として、平心と「中郷殿」との関わりをどのように評価されますか。

斎藤　確かに平心は「中郷殿」にお金を出してもらってい

ます。では「中郷殿」は何に価値を認めお金を出しているのでしょうか。自然を愛でる詩文でしょう。資本主義が入って来るより前は、金銭を利潤の増殖としてではなく、最終的には宗教的なことに用いる意味をもつものとして考えたいです。

水野　平心と「中郷殿」の関係を列島全体の中でどう考えるか、またお聞かせいただければと思います。他にいかがでしょうか。

小池勝也　斎藤さん、鹿毛さんにお尋ねしたい。鎌倉の顕密寺院を検討していますと、中世後期に鎌倉府が崩壊し古河に移って、鎌倉が首都的な機能を果たさなくなったというのは結構、影響が大きいのではないでしょうか。鶴岡八幡宮寺も供僧が二五から五人に減っています。勝長寿院がなくなってしまう。鎌倉でもっていた仏教の中心的な役割が薄れていって、常陸の山門寺院などの顕密寺院が活況を呈してきます。

斎藤さんにお尋ねしたいのは、禅宗寺院で見た場合、戦国期における鎌倉の円覚寺など禅宗寺院のインパクトは前代に比べてどうなのでしょうか。鹿毛さんにお尋ねしたいのは、戦国期の対外史料において、「鎌倉」という存在は出てくることがあるのでしょうか。戦国期の東国の中心的な都市は、どの辺りだと認識されていたのでしょうか。

斎藤　鎌倉というと、五山僧の玉隠永璵の詩文集があります。易学との関わりで名を成した詩文僧もいます（龍派禅珠のこと）。足利学校の存在も無視できません。小久保さんの報告で私の坐公文の話を取り上げていただきましたが、足利学校に九州の禅僧がかなり来ています。「関東公帖を田舎の禅僧が受けてはならない」つまり、鎌倉と九州の直結を防ぐ意味をもつ規定は文禄期の『鹿苑僧録』の中に出てきます。関東の禅宗寺院の存在感はあると認識しています。

鹿毛　まず今のご意見に直結したコメントではありませんが、一四世紀の博多では、顕孝寺という豊後の大友氏が建立した寺が、入元僧のコミュニティーの役割を果たしていました。大友六代の貞宗の頃につくられた寺院で、当時、元に行きたがっている中巌円月が若かりし頃、大友が入元できるように援助しています。そして、帰ってきたらまず大友のところに挨拶に来ています。そうした関係は、六代～八代の頃まで続きました。逆に渡来僧としては、明極楚俊が一三三〇年に来日します。博多から京に上って鎌倉に行きますが、そのルートが普通なら博多から関門海峡を行けばいいのに、九州内陸部を通って筑後川をさかのぼり、九州山地の山中である日田に留まって、在地領主の大蔵氏のもとで活動しました。また、豊後府内で大友貞宗とおそらく会い、そこから京都、鎌倉へ向かっています。貞宗は、武将でありながら入元僧や渡来僧ともつながりのあった人物です。宋末元初の高僧中峰明本からも、墨蹟をもらっています。一四世紀の時代に大友側から砂金を施入して、明本からは頂相をもらう交流をしています。渡来僧が鎌倉に行く間の地で、九州の守護期の大名で文化的な禅宗世界に帰依している者が、その動向に介在しているということをおさえておきたいです。

戦国期の海外史料の中で、「鎌倉」・「東国」がどう出てくるのでしょうか。村井氏にお答え頂くのがよいかもしれませんが、「坂東」は対外史料に出て、西洋の地図では他にも表記があったと思いますが、「鎌倉」はありませんでした。

村井　「鎌倉」はないですね。

安藤　鹿毛さんにお尋ねします。今川氏真の船の史料を見て、面白かったとうかがいました。船の所有は重要で、宗教史的な目線も加えて見ますと、河川沿いに拠点が大きく出来てきます。彼らも大きくはないですが、小さな舟を持っています。ただ史料にははっきり出てこなくて、「舟」とあってもどのくらいかと考えます。地域社会に広がっていたであろう舟や河川交通の世界は、史料にははっきり見えなくても、確実にあったと考えます。権力が舟を含めたところをどう捕まえていくのか、あるいは、捕まえられないのでしょうか。どのような傾向がありえるのかお聞きしたい。もう一つは外交の部分で、東の方は中国から遠いので、単純に先進・後進の理解になってしまわないですか。南や西では、中国など文化的なメリットもある世界が存在するのは当然と言えば当然です。一方で、越後や日本海の流通と、そこから生み出される文化の水準というのは、南西の外交のところとどうつながってくるのでしょうか。環日本海とか環オホーツク海とか、そういう世界を見ていきますと、違うような気がします。違うとして見ていくべきなのか、つながる可能性をもってみていくべきなのでしょうか。つながるとするならばどこからつなげるのでしょうか。

鹿毛　舟あるいは水運・河川の問題と地域権力がそれをどう把握するか。九州の史料で見ますと、海辺の村を支配している武士たちは、代替わりの際に大名当主から、土地と屋敷に加えて舟の相続も了承してもらっています。海辺・川沿いに領地を持つ武士たちは、農業や漁業を生業とし、自分たちが生きていくための舟の所有権を主君から保証されています。これは一つの支配のあり方を象徴しています。全般的に川舟は小さなものでしょうが、流通や交通の問題だけでなく、所有物としての感覚とか、それを安堵する上級権力者とか、そういうところから見ていくと、また違う見方ができるのではないでしょうか。

それと外交の問題です。島津の東南アジア外交の史料などは、東国にはありません。一方、西国には検地や貫高制に関する史料がないから、それらが顕著に見られる東に比べて遅れているのかという考え方の裏返しみたいなものです。史料の存在の有無や残存の濃淡差は、互いの地域性に基づいた違いであり、それによって地域社会の優劣評価や標準創出をすることは無意味です。北日本や東日本にも規模の違いはありますが、外交はあるでしょう。環日本海とか環オホーツク海にも東アジアの影響はきています。そういったところでの文献史料に考古学も含めて総合的に考えて、北と南、東と西の世界をどう相対的に考えていくか。これからの課題でしょう。

水野　今回の大会テーマ、東と西のあり様をどう捉えるのか。従来の捉え方とは違った、可能性を秘めた提言がなされました。

田中　安藤さんと鹿毛さんのやり取りを聞いて、思い出しました。東の大名には、大友や島津のような外交文書はありません。しかし、それが後進的かというと、小島道裕氏による小田原北条氏の虎の印判の発給文書に関する研究によれば、印判を年号の一文字めにかけて意識的に捺しており、小島氏は明の皇帝文書の捺し方と似ているといいます。議論の余地はありますが、小田原北条氏の文書発給のあり方が、東アジア標準だといいます。もし小島氏の議論が成り立つとしますと、必ずしも後進的ではなくて、東アジアを東の大名が意識していたとすれば面白い。戦国期の東西の社会のあり方を考える上で、議論の種になるでしょうか。皆さんに何かお知恵がありましたらお聞きしたい。

総合討論を終えるにあたり

水野　今の話も興味深いですね。これから見直しが進めば、従来のあり様が変わってくるのではないでしょうか。今回の試みも豊かな中世史像を創り出す試みです。本年は東西を意識しました。二年度めは都鄙を意識して、引き続き検討しますが、今回、認識が進んだところもありました。最後にコメンテーターの方も含めて、みなさんからご感想などを頂けないでしょうか。

村井　東西の点で関わらせれば、小池さんの質問、「鎌倉」の表記がなぜないのか、というのがどこかで関わってきます。鎌倉が西日本に対して後進的だということではなく、史料を残した者の行動とか視野とか、そういったことによるバイアスを考えるべきです。やはり、外国勢力が日本を見た場合、九州博多から畿内へというルート、あるいは、山陰を通る場合もあります。その行動範囲を踏まえて地図が残っています。行動のあり方と史料の性格、バイアスを考えた上で論じるべきです。

山田　「鎌倉」と「京都」の対比はよくされますが、画鋲をさすとつまらなくなります。古代の関東の中心は北武蔵です。鎌倉は関東の端っこ。そこを関東の中心として理解しない方がよいです。古河公方が古河に行った以降は非常にうまくいって、鎌倉を強調しすぎていません。地域史を考える上では、画鋲をうたないでください。地図をひっくり返すこと。東・西というのも、東海道と瀬戸内の対比となってしまいますが、それでよいのではないでしょうか。のびのびした議論をしていければ。

斎藤　覚源禅師年譜をよろしく、と言うに尽きます。『瀬戸市史』に写真版付きで掲載されていますのでぜひご覧いただきたい。玉村氏が地方の細かな禅宗史料を見ていたことにあらためて感銘を受けました。

田中　個人的には、ずっともやもやしていた課題に対して考えることができました。東・西という枠組みの設定は、川戸さんから中世前期では難しいのではないかという話がありましたが、それでも地域の個性は古代からそれぞれの時代にあったはずです。前期の方が苦手、難しいとの意識はありませんが、確かに前の方の時代では難しくなる実感があります。一方、都鄙間の交流の研究が九〇年代から盛んになってきて、それによって対立的な見方を克服したのも確かです。職場での常設展示の「東と西」コーナーは、思いっきり対立的な展示をしています。網野善彦氏や石井進氏が手がけた展示です。八〇年代の研究動向がよく分かって、その時の雰囲気がよく出ています。それを一〇年後、リニューアルします。自分の職場にも成果を還元したいです。

中島　今回の報告は、堺より西でほぼ完結しますが、そこから先の東につながる話は田中さんの報告や山下さんの報告にもありました。質問の回答の中で、鹿毛さんが触れられた火薬調合の秘伝書が、大友から将軍を経由して上杉に伝わって来るという話があります。モノを通じて横を見ていく見方になっています。一六世紀、戦国期という時代は、縦に深く掘っていく方向性が研究史上、強まっている感じも受けます。横と縦の結節点をどういう風に捉えていくかで、東西論を超えるような議論が生まれていくと思います。

山下　報告で課題設定した中間地域は、鹿毛さんが示されたり、竹田さんが取り上げられたりした東西の区分をし難いところです。尾張・美濃の地域は、どちらに区分されるのか、あるいは区分されないのかというところを、今後、深めていきたいです。鹿毛さんが挙げている海に関する史料は、東国では阿部浩一氏の研究でも示されています。内陸交通の結節点としての宿は、今後、見ていきたいです。

小久保　今回、池享氏による地域区分、近国型・中間地帯型・遠国型に注目したわけですが、今後の見通しとして、そこに東西比較を加えてみたいです。東の近国型地域（近江など）と西の近国型地域（播磨など）の比較、もう一つは、東の遠国型地域（奥羽）と西の遠国型地域（九州）です。奥羽と九州の比較は黒嶋敏氏が行っているわけですが、近国型と遠国型の東西比較に取り組んでいきたいです。

鹿毛　強調しておきたいところは、いわゆる東西をテーマとした場合、東西区分論には限界性や偏向性があることです。まずはそれをおさえておきたい。とはいっても、東と西それぞれの特徴については、双方の研究者がこれからも深めていく必要があります。現代のように研究が緻密化・細分化していく状況においては、一人で幅広く全国の史料を見るのは難しいので、各フィールドでの成果の共有を深める必要があります。ただし、史料の残存状況やそこから描ける社会像から、標準や基準を設定することなどはナンセンスです。優劣や標準をつけてしまうのは研究者の一面的な見方であり、そういうことをやってしまうと、東と西の豊かな多様性が歪められてしまいます。

水野　豊かな中世史像に向けて、今後も研究が進んでいけばと思います。本日は、どうもありがとうございました。来年度は「都鄙の連関と相互認識」というテーマで、本年の成果を踏まえて議論していきます。多くの方々にご参加いただければと思います。

（記録：上嶋康裕）

第Ⅱ部
都鄙の連関と相互認識

第Ⅱ部「都鄙の連関と相互認識」テーマ設定の趣旨

中世史研究会五〇周年記念大会のシンポジウムは、二〇二二年九月と、二〇二三年九月の二年にわたる大会企画として開催された。ここでは、二〇二二年の大会で、鹿毛敏夫氏によって示されたシンポジウムⅠの趣旨説明をもとに、この二年にわたる大会企画のコンセプトと二〇二二年度の実施状況、そして二〇二三年九月に開催したシンポジウムⅡ（本成果論集第Ⅱ部）の趣旨を説明する。

「日本中世史研究の発展と研究者相互の協力と親睦をはかることを目的」（規約第一条）とする本会では、毎月の「例会」と、年一回の「大会」を開催し、その成果や投稿論文等による年一回編集の会誌『年報中世史研究』の刊行を主たる事業にすえて、これまで半世紀にわたって活動を継続してきた。

とくに、大会は、一〇年ごとの周年記念大会において、少し規模の大きい記念講演やシンポジウムを開催した。五〇周年を迎えるにあたり、本会委員会では、単なる単独テーマによる大会にするのではなく、先輩研究者たちが議論を積み重ねてきた過去のシンポジウムの成果を踏まえ、そこからの連続性をもたせた大会シンポジウムを企画しようと、数年前から議論してきた。

過去の記念大会で、まず中央の「王権」や「国家」を考え、次にそこから「荘園制」や「武士論」「仏教論」に展開させ、さらに列島中部に位置する「東海」地域の独自性をあぶり出してきたこれまで成果を踏まえ、二年間に及ぶ五〇周年大会で、大きく二つの論点について議論することにした（第Ⅰ部テーマ設定の趣旨参照）。

以上の論点を受けて、二〇二二年に実施したシンポジウムⅠでは、六名の報告者と二名のコメンテーターにより、多くの成果が得られた。詳しくは第Ⅰ部の各章に譲るが、ここで二年間の大会の趣旨に照らしてシンポジウムⅠを振り返るならば、斎藤夏来報告では「鎌倉禅・京都禅・博多禅の間隙」として、鎌倉・京都・博多の禅よりも、地方の禅、つまり夷中の五山僧のもつ優位性を見出し、田中大喜報告では「西遷・北遷武家領主と鎌倉期東国武家社会」として、西遷・北遷した東国御家人の名乗りや文物から、東国出身であることの優越意識やそれを受け入れた在来の武家領主の認識を探った。中島雄彦報告では「瀬戸内海流通の構造転換」として、戦国大名の領国経営と領国内外域における流通構造の変化が短期的に惹起し、厳島市場が拡大したことを論じ、山下智也報告では「織豊期の都市法と諸地域」として、各地の都市法の内容を比較検討し、各権力の目指すべき都市像は大まかに一致していたことを解明した。鹿毛敏夫報告では「東西戦国大名の「地域国家」像」として、東西の戦国大名を「海」の視点で見直し、陸・海の総合的視野から戦国大名権力とその領国を評価すべきことを説き、小久保嘉紀報告では「戦国期における室町将軍・古河公方の栄典授与と地域性」として、栄転授与を通して室町将軍は複数の勢力に推戴されることを志向し、一定の成果を収めたが、古河公方はそうならなかったと見なした。村井章介・山田邦明両名によるコメントが加えられて、東西の対比、社会構造、制度、人々の思考などの分析とともに、東西を相対化する議論も提起され、日本中世の社会のあり様を探る、新たな視角や方法が提示された。

二〇二二年は、実際の「東」「東国」と「西」「西国」の地域を考察する報告が多かったが、二〇二三年のシンポジウムⅡでは、「都鄙の連関と相互認識」をタイトルに掲げ、必ずしも「東」と「西」に収斂しない、「都（みやこ）」と「鄙（ひな）」、およびその相互の認識の観点から、日本中世の社会の構造や特質に迫りたいと考えた。

「都」と「鄙」は必ずしも都市と地方（つまり田舎）という現実的、地理的な空間を意味するだけではなく、政治・社会経済・文化・宗教の点から、多様な価値観でもって、さまざまな都鄙関係、つまりは中心とその周囲が、人々に認識されていたと考えられる。日本の中世社会に存在した、「都」＝中心と、「鄙」＝周辺にみられる、多様な求心構造を、二〇二二年の「東西」の視角に基づく成果を踏まえながら、総合的に考察していくことを意図したものである。

このシンポジウムⅡでは、六名の報告者と二名のコメンテーターが登壇したが、そこでは東と西の視点にも配慮しつつ、都と鄙の関係とその認識、相互作用などを、それぞれの分野から扱われた。京都と鎌倉、あるいは地方都市とその周辺という認識、比較だけでなく、あらたな都鄙関係の解明から、日本中世の社会や人々のあり様と特質に迫り、その統一的、全体的理解の可能性を探っていった。

具体的に、長村祥知報告では「中世前期の道隆流坊門家と都鄙交流」として、坊門家の動向から東海地域と京・鎌倉の状況を扱った。とくに、財政と軍事（中央馬政機関）、尾張・三河・遠江・駿河の知行国主、三河守護足利義氏との関係という観点から、東海地域に大きな足跡を残した公家の様相を解明した。

池田丈明報告では「南北朝期禅僧の関東認識」として、京都五山・鎌倉五山の関係性とその流動する相互認識のあり方を扱った。関東の立場を高く評価する認識やその実態を再検討するとともに、足利義満が京都の禅刹の隆盛を具現化したことを見通した。

水野智之報告では「「東海」地域の成立と京・関東」として、中世における東海地域の状況を通時的に検討し、「東海」という領域および認識の成立、展開を探った。「東海」地域は織田・徳川連合政権の際に、もっとも強く認識され、一体性を強めていたであろうことを説いた。

千枝大志報告では「伊勢神宮地域をめぐる金融・信用と信仰経済」として、伊勢御師などの信仰性を帯びた経済活動の特質を、伊勢国およびその近隣国を事例に検出した上で、さらに従来の京都や堺を基軸とした首都経済圏像などの再考をはかった。

上嶋康裕報告では「後奈良天皇の諸国への意識」として、後奈良天皇の諸国への関わり方を探った。天文年間には政治・宗教・文化の面で新たな都鄙関係が形成されたと評し、後奈良天皇は諸国の和平を願い、領主間の紛争停止の機会を設けたことなどを論じた。

安藤弥報告では「戦国期宗教勢力の都鄙的世界―本願寺を素材として―」として、本願寺の教団構造・宗教思想にみられる「都鄙」の観念、すなわち「都」を本願寺、「鄙」を田舎、在所、門徒地域とする認識を扱った。あわせて、浄土(都)と浮世(鄙)との宗教思想的認識についても考察を加えた。

これらの報告に対し、井原今朝男・川戸貴史両名によるコメントを踏まえて、議論を深めることができた。二〇二二年のシンポジウムⅠの成果とともに、東西・都鄙の観点から中世の社会像を一層究明しえたと自負している。

そして、この二年間に及ぶ大会シンポジウムの成果を文章にまとめ、五〇周年大会論集として、通常の会誌『年報中世史研究』とは別に刊行するものである。本論集の研究成果から、さらに日本中世史研究が発展することを祈念する次第である。

水野智之(中世史研究会五〇周年大会論集編集委員)

第7章　中世前期の道隆流坊門家と都鄙交流

長村祥知

はじめに

本章の課題は、知行官司と知行国に注目して、平安時代後期〜鎌倉時代前期における藤原氏北家道隆流坊門家の政治的動向を論ずることにある。とくに知行国のあり方は都鄙関係の重要な論点となる。

荘園制の形成によって都鄙関係が緊密化し、京の政変と各地の動乱が連動するようになった当該期には、京でも保元の乱以下の戦乱・武力政変が続発する。都鄙の媒介者は武士をはじめとして様々な次元で存在するが、京の貴族社会でその役割を担った存在として重視したいのが道隆流坊門家である。

祖で中関白と称された一〇世紀後半の藤原道隆には及ばないが、その子孫は白河院・鳥羽院・後白河院に近侍して公卿に昇進し、一三世紀初頭の後鳥羽院政期には坊門信清が内大臣に至り、鎌倉将軍源実朝と姻戚関係を結ぶなど最盛期を迎えた。この坊門家の政治的動向について、従来は鎌倉幕府や承久の乱を主眼とする言及があるにすぎないが(1)、この一門自体に視点をすえて彼らが都鄙交流を通して躍進するに至る過程を把握したい。

その際、院近臣という坊門家の側面を看過することはできない。院近臣には実務官僚系と大国受領系という二

系図1　藤原氏道隆流　・『尊卑分脈』一—三〇三頁以下による。生没年は『公卿補任』『尊卑分脈』を基礎とし、適宜他の史料で補った。

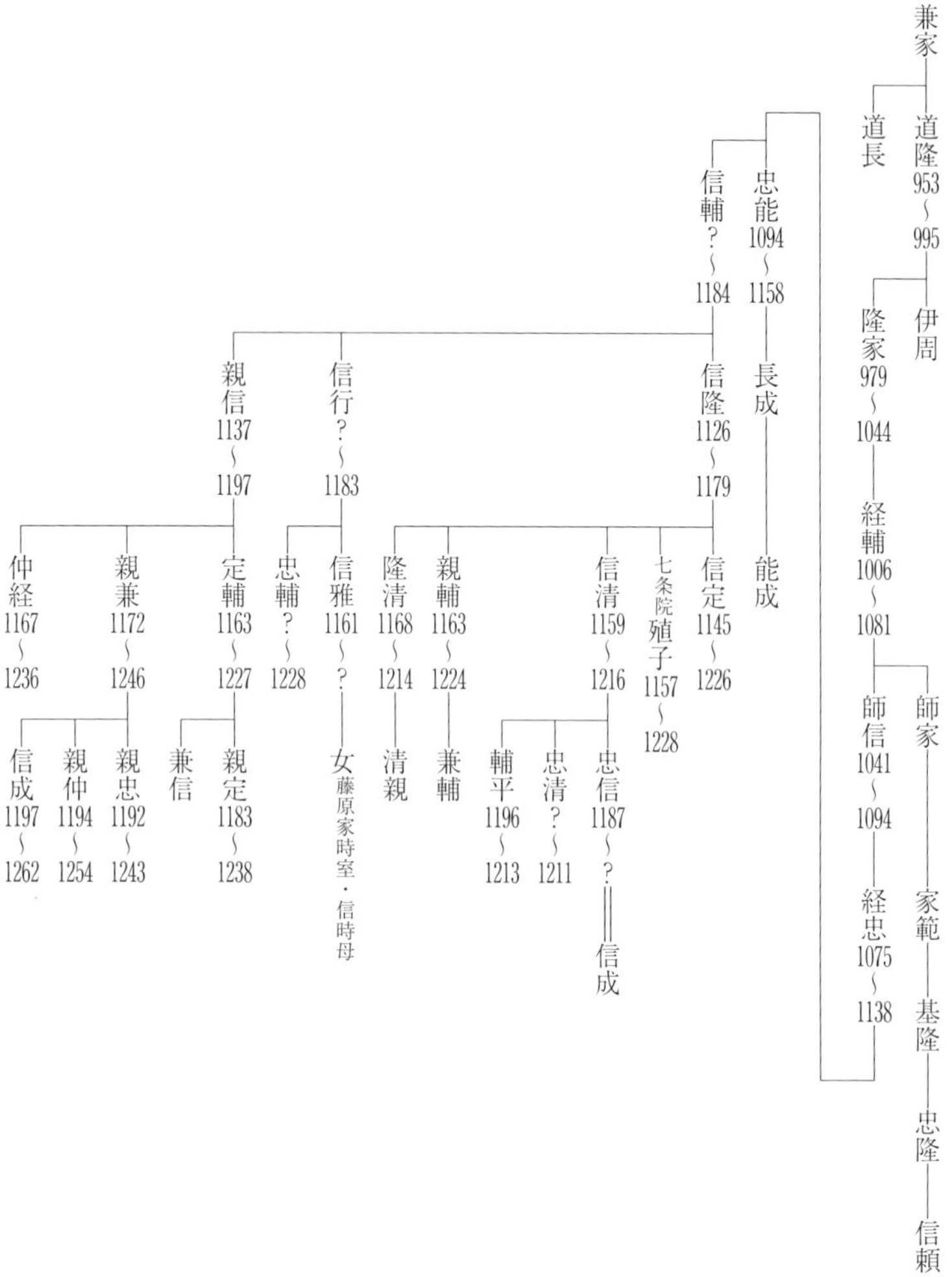

つの類型があり、[2] 坊門家は後者にあたる。大国受領系院近臣とは、大国の守や財政官司の長たる左右馬頭・左右京大夫・内蔵頭・修理大夫等を経て公卿に至る者達で、藤原氏末茂流・同道隆流等の諸氏が典型例として知られるが、特定の時期・人物についての研究が散発的に蓄積されるにとどまり、[3] なお個別の家門に即した研究は不十分といわねばならない。

注目されるのは、坊門信清・忠信父子が尾張国を知行し、[4] この一門出身の七条院殖子が三河国を知行していた点である。[5] こうした特質は地域史の文脈で指摘されているが、坊門家に視点をすえて位置づけ直してみたい。

また大国受領系院近臣の特質を考える上では武力との関係も重要である。末茂流の藤原家成は平忠盛・清盛と深く結び付き、[6] 道隆流の藤原信頼は源義朝を組織していた。[7] 注目されるのは、在京武力の中枢を占めた彼等が院御厩と左馬寮を管理していた点である。[8] 馬の軍事資源的意義と、鎌倉前期に左馬寮が知行国周防と等価の財政的意義を有したこと（『玉蘂』承久二年四月一六日条）から、中央馬政機関と大国はともに軍事と財政の基盤であり、それらを差配できる近臣を院が重用したと考えられる。後述する通り、当該期に長く右馬寮を掌握していたのは坊門家一門であり、知行国運営と合わせて軍事と財政の管理に習熟していったと想定される。

以上の関心から本章では、中世前期に馬寮や国を知行する公家家門の坊門家が諸勢力とどのように都鄙関係を取り結び、東海地域史に足跡を残す家となったのか、その具体相を解明したい。

一　右馬寮知行から中央馬政機関の掌握へ

まず、平安時代後期以来の道隆流経忠子孫の政治的立場と動向を概観しておく。その際、従来看過されてきた中央馬政機関との関わりに注目したい。

（1）白河・鳥羽院政期――経忠・忠能・信輔――

祖の藤原道隆は正二位・内大臣に至り永祚二（九九〇）年五月に一条天皇の関白・摂政となったが、長徳元（九九五）年四月に没した。その子伊周・隆家等の一門は道隆弟の道長と競合して翌長徳二年四月に失脚した。家運の衰勢は覆うべくもなく、刀伊の入寇を迎撃した隆家は正二位・中納言、その子経輔は正二位・権大納言、孫の師信は正四位上にとどまった。師信以降、この一門は受領や財政官司の長官を歴任し、公卿も輩出するが、鎌倉期には「非貴種」の家と認識されるようになる(9)。

師信男の経忠は白河院への近侍によって再び公卿に列し、従二位・中納言に至った。経忠は白河院政期の天仁三（一一一〇）年正月に右馬頭に補任されてから、保安二（一一二一）年六月まで在任した。このとき経忠は辞官

表1　右馬頭一覧（1050～1221年）

	右馬頭	氏・門流（藤氏は門流のみ）	任期
1	藤原師基	道隆流	～1056～1062～
2	藤原資宗	実頼流	～1069～1073～
3	藤原兼実	頼宗流	1079～1106～
4	**藤原経忠**	**道隆流**	**1110～1121**
5	**藤原忠能**	**道隆流**	**1121～1138～**
6	藤原長輔	末茂流	1141～1148
7	平家盛	桓武平氏	1148～1149
8	**藤原信輔**	**道隆流**	**1151～1156**
9	**坊門信隆**	**道隆流**	**1156～1161**
10	平頼盛	桓武平氏	1161～1162
11	藤原定隆	良門流	1162～1166
12	**坊門信隆**	**道隆流**	**1166還**
13	**水無瀬親信**	**道隆流**	**1166～1177**
14	**水無瀬定輔**	**道隆流**	**1177～1179**
15	藤原長房	末茂流	1180～1183
16	源資時	宇多源氏	1183
17	高階経仲	高階氏	1184～1185
18	藤原公佐	公季流	1185～1190～
19	**坊門信清**	**道隆流**	**1193～1195**
20	四条隆衡	末茂流	1195～1199
21	**水無瀬親兼**	**道隆流**	**1199～1204**
22	**水無瀬親忠**	**道隆流**	**1204～1218**
23	藤原公広	公季流	1218～

・道隆流経忠とその子孫を**太字**とした。

申任[10]により男忠能に右馬頭を譲っており（『公卿補任』保安五年条）、忠能は遅くとも保延四（一一三八）年までの右馬頭在任が確認できる[11]。すなわち父子で約三〇年にわたり右馬頭の任にあったのである。

これは一二世紀に進展した知行国制[12]と同様の、知行官司制形成の動きと位置付けられる[13]。院による近臣を介した官司掌握と、院近臣が父子や兄弟で官司を確保する動きは左馬寮・右馬寮共に見出されるが、とくに右馬頭には道隆流の補任が目立つ。

鳥羽院政期の右馬頭には、既述の忠能の後、藤原長輔・平家盛が補任されるが、忠能弟の信輔が仁平元（一一五一）年二月八日に補任され（『台記』）、保元元（一一五六）年正月に信輔男の信隆が継いでいる。

鳥羽院の腹心として著名な藤原家成が久寿元（一一五四）年五月に没した後は、乳母子にあたる信輔がとくに重用されたようで、その立場は院の葬送の際に鮮明となる。

[史料一]『兵範記』保元元（一一五六）年七月二日条[14]

入夜御入棺。役人八人右京大夫信輔朝臣、上総守資賢朝臣、伊予守盛章朝臣、右馬頭信隆朝臣、出雲守光保、左少将成親、右衛門権佐惟方辞春宮大進云々。入道信西等也。件八人存日御定云々。

この日没した鳥羽院は生前から入棺役人八人の筆頭に信輔を定め、信隆をも挙げていたのである（傍線部）。一家門から二人が挙がるのはこの父子のみであり、鳥羽院がとくに信輔を重んじていたことが窺えよう。

(2)　後白河院と平家の間で――信隆・親信・定輔――

鳥羽院死去後、後白河親政発足当初の坊門家は特筆するような立場にはなく、保元の乱や平治の乱で目立った動きはないが、信西や道隆流師家子孫の藤原信頼が極端な興亡を遂げるのを横目に、やがて信輔男の信隆は後白河院の近臣としての立場を磐石なものとする。

保元四（一一五九）年二月一三日に後白河院の同母姉統子内親王が上西門院の女院号を定められた。二月一九

系図2　道隆流坊門家と諸家

・長幼の順は厳密ではない。

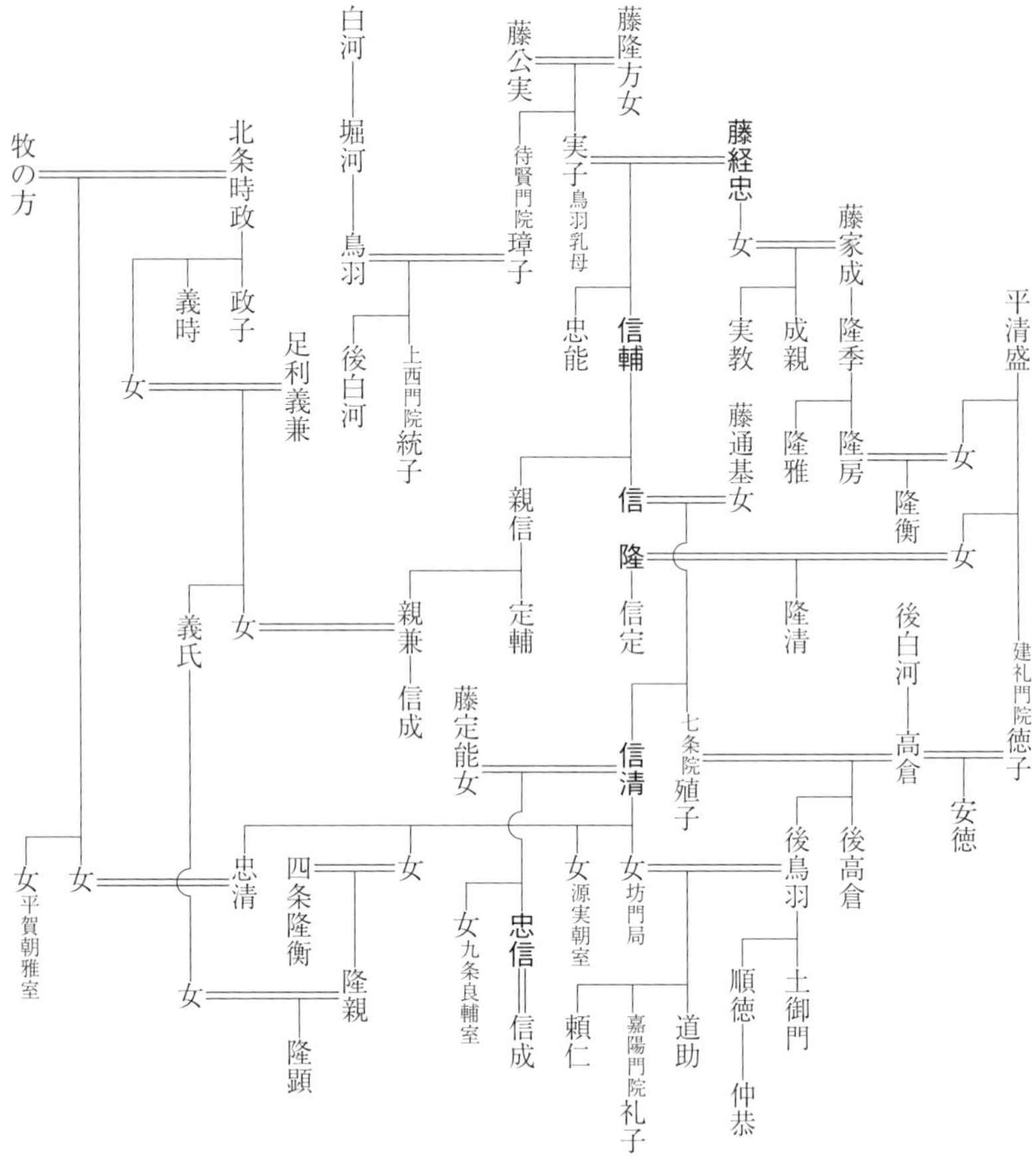

日の上西門院殿上始で、信隆は女院別当となった（『山槐記』）。女院への奉仕はその後も続き、のち長寛元（一一六三）年四月・承安五（一一七五）年正月・治承三（一一七九）年正月に信隆男の信清が上西門院の御給で位階を上昇させている。

平治の乱後、二条天皇が親政をしき、後白河院との間に緊張が漂う応保元（一一六一）年九月一五日、生まれたばかりの後白河皇子（のち高倉天皇）を二条の後継と騒いだ平教盛・平時忠らが解官された(15)。これに関与したためか、九月二八日には「右馬頭伊〔信〕隆・左中将成親已下、上皇近習之輩」が解官された(16)。

後任の右馬頭には、一〇月に平頼盛が補任された（『公卿補任』仁安元年）。しかし頼盛の在任は一年で終わり、右馬頭には、良門流の藤原定隆を経て、二条天皇没後の仁安元（一一六六）年正月に坊門信隆が復し（『公卿補任』仁安三年）、同年六月に弟の親信、さらに治承元（一一七七）年正月に親信男の定輔が継いでいる（『公卿補任』治承元年藤親信）。

平治の乱後、院御厩別当と左馬寮知行を兼ねる平清盛は、右馬寮を固守する坊門家との提携を欲していたらしく、坊門信隆と清盛女とが婚姻し、二人の間に隆清が仁安三年に生まれている。坊門家としても、二条天皇の没（一一六五年）後、後白河院と清盛が協調する限り、躍進著しい平家への接近は是とするところだったのであろう。信隆の女殖子は、平清盛女徳子（建礼門院）に仕えて兵衛督の君と称され（『増鏡』第一　おどろのした）、高倉天皇との間に守貞（後高倉院。一一七九年生まれ）・尊成（後鳥羽天皇。一一八〇年生まれ）を生んだ。

信隆は平清盛への接近と相前後して、平家に近い藤原氏末茂流（四条家）とも提携した。坊門家と四条家の関係は因幡の国務から窺える。この頃の因幡守は、久寿元（一一五四）年坊門信隆→応保元（一一六一）年四条隆房→嘉応二（一一七〇）年四条隆保→治承二（一一七八）年坊門隆清と連続する。この間の知行国主は坊門家もしくは四条家の者と想定されるところ、治承三年正月六日の因幡の知行国主は四条隆季であった（『山槐記』）。

長寛二（一一六四）年一二月、後白河院の御願により、平清盛が備前国を造営料国として創建した蓮華王院で供養が行われた（『愚管抄』巻五—二三九頁）。信隆は院宣を得て、伊勢外宮領であった信濃国矢原御厨を蓮華王院領矢原庄とし、自身も何らかの権利（領家職か）を拝領している[17]。その時期は「逆乱之最中」とあるのみで信隆没（一一七九年）以前のいつか未詳だが、信濃守には仁安三（一一六八）年正月一一日に藤原隆雅が補任され（『兵範記』）、承安二（一一七二）年閏一二月七日に藤原実教が補任されており（『公卿補任』文治四年）、知行国主は両者の父・兄の末茂流藤原（四条）隆季と想定される。院御願寺領の立荘が国司・知行国主や院近臣の連携によってなされたとの指摘を踏まえれば[18]、矢原庄の立荘もこの隆季知行期と考えるのが自然である。

しかし、平清盛は後白河院からの自立を図るようになり、治承三（一一七九）年一一月には後白河院政を停止した。坊門信隆は同年一〇月に出家し、一一月一七日に病により死去したため、この政変には直接関係していない。服解のためもあろうが、信隆の子息にも新たな官職を得た者や特段の処罰を受けた者は確認できない。一方、信隆弟の親信は大宰大弐を解官され（『公卿補任』）、親信男の定輔は清盛の「訴」により右馬頭を解官された（『公卿補任』建久二年条）。

松島周一は、信隆の経歴についての要を得た記述の上で、「鳥羽院の近臣であり、そのまま後白河院政発足ののちも院に祗候する立場にあったが、やがて平家に接近し、その有力な羽翼となっていった」と位置付ける[19]。しかし、親平家貴族のなかでもたとえば末茂流の隆季が治承三年政変で親信解官後の大宰帥に補任された（『玉葉』一一月一九日条）ことに比して、坊門家一門は院近臣としての性格がより強い。信隆息男が処罰を免れたのは平家との姻戚関係ゆえであろうが、一門全体の基本的性格が院近臣であるため、親信・定輔父子は解官されたのである。

（3）内乱期以後――親信・信行・信清――

親信は内乱期にも後白河院に近侍した。治承五（一一八一）年に親信が知行国周防を得たことについて、院の口入があったと噂されている（『玉葉』三月二七日条）。

寿永二（一一八三）年七月の平家都落ち後、同年一一月一九日に木曾義仲が後白河院御所を襲撃した法住寺合戦では、坊門信行が院方として討死している[20]。

寿永三年正月には、源義経が木曾義仲を破って入京する。朝廷や鎌倉の頼朝には西海の平家と和平を結ぶ選択肢もあったが、九条兼実は、後白河院の意を受けて平家追討を主張する「近習卿相」「小人」（『玉葉』正月二七日条）や「近臣小人」（同二月二日条）であるとして、親信と藤原朝方・平親宗の名を挙げて批判している。

仁和寺本『系図』（三四オ）に坊門信隆女が「源義経妻」[21]とある。義経は平時忠女とも結婚しており（『吾妻鏡』文治元年九月二日条）、院御厩別当である義経を在京武力の中枢として補強すべく、後白河院が右馬寮運営の知見を有する坊門家との姻戚を結ばせたと想定される。

信清は、平家と後白河院の間で微妙な立場だったためか当初は目立つ動きはないが、後白河の後継者である後鳥羽天皇の装束着装に奉仕し[22]、密々の小弓御会に祗候（『玉葉』文治六年四月四日条）するなど、後鳥羽に幼少期から近侍していた。やがて後白河にも近侍することになったようで、建久三（一一九二）年三月一三日に後白河が没すると、坊門信清は源通親・一条能保・山科実教等とともに素服を賜っている（『玉葉』三月一九日条）。

後鳥羽天皇の生母の殖子は建久元年四月に准三后となり、女院号を宣下された。以後、この七条院の御給によって坊門家一門の多くの者が位階を昇叙させることとなる。

表2　正治年間前後の中央馬政機関長官

治天	天皇	西暦　和暦	院御厩別当	左馬頭	右馬頭
		1198　建久九	（一条高能） 9/17没	（源隆保）	（四条隆衡）
後鳥羽	土御門	1199　正治元	（西園寺公経） 7/12坊門信清＊	3/23四条隆衡	3/23水無瀬親兼
		1200　　二	［↓］	↓	↓
		1201　建仁元	［↓］	8/19水無瀬親定	↓

・注（8）拙稿Aをもとに作成した。
・（　）は在任者。［　］は「御厩司次第」（注（26）木村論文）による。

（4）中央馬政機関の掌握

右馬頭は、治承三年政変で定輔が解官された後も政変・内乱が続発し、しばらく他の家門の者がつとめたが、建久四（一一九三）年、関白九条兼実が政務を主導していた後鳥羽天皇親政期に、坊門信清が右馬頭に補任される。

すなわち建久四年一二月六日、信清が「辞二少将一、望二右馬頭一。而翌日譲二其子一、我身即可レ任二中将一之由、成二支度一」しているとの風聞があった。それは「自由」であるため「勅許難レ及」との兼実の上奏により、信清は「任中将」を断念し（『玉葉』）、一二月九日に右馬頭に補任された（『公卿補任』建久八年条）。信清が公卿昇進・家格上昇の有力階梯である近衛中将への補任を画策するのは当然として、その前に右馬頭への補任を望むほどに、[23]この官司の掌握を重視していたのである。

建久六年七月一六日、信清は辞官申任により右馬頭を「娘夫」四条隆衡に譲った（『公卿補任』建久八年条）。同年九月には、伊勢例幣の神馬が右馬寮で欠如したため、関白九条兼実が私馬を進めるということがあった。違例の原因は寮刀禰と前右馬頭坊門信清にあった（『玉葉』九月一一日条）。九月一三日には、右馬頭四条隆衡が怠状（謝罪文）を召され、「本寮事猶致二其沙汰一」（『三長記』）として信清が「内々」に恐懼に処された（『玉葉』）。ここでは、非公式に右馬寮運営を主導する知行者（信清）と実務担当者（寮刀禰）、知行者の姻族で公的な責任を負う右馬頭（隆衡）、という運営状況が窺える。また内乱以前の坊門信隆と末茂流四条隆季との提携が坊門信清と四条隆衡の世代まで引き継がれていることも確認できる。

この右馬寮に加えて、院御厩と左馬寮を坊門家一門が掌握したのが、正治元（一一九九）年二月の三左衛門事件である。[24] 鳥羽院政期以来、院御厩と左馬寮を掌握する勢力は在京武力の中枢を占めていた。源頼朝妹と姻戚関係を有し、鎌倉幕府の京都守護であった一条家とその姻族である西園寺家の関係者が両機関の長をつとめていたが、正治元年三月～七月の間に、坊門信清が院御厩別当となり、左馬頭に信清女婿の右馬頭四条隆衡が遷り、右馬頭には信清従兄弟の親兼が補任されたのである。坊門家が外戚であることに加えて、経忠以来長く右馬寮を差配してきた実績を踏まえて、後鳥羽院が在京武力再編の意図のもとで中央馬政機関を坊門信清に委ねる決断を下したと考えられる。[25]

これ以降は院御厩別当である坊門信清が左右馬寮の双方を知行し、のちに息男忠信が一門の長として院御厩別当[26]・左馬寮知行・右馬寮知行を継いだと考えられる。後鳥羽院の「切り者」藤原秀康が「後鳥羽院御厩奉行」（『尊卑分脈』二―四〇八頁）をつとめるなど[27]、当該期においても院御厩は院の武力を育成・集約する基盤であった。

二　東海地域をめぐる鎌倉将軍家・足利義氏との関わり

次に、東海地域を中心に、坊門家の国務と姻戚関係の意義を考えたい。

（１）平安後期における受領任国の富と武力

坊門家一門の特質は大国受領という側面にある。受領としての具体的な活動を解明することは困難だが、次の史料から、鳥羽院政期に信輔が任国に赴任していたことが窺える。

〔史料二〕延慶本『平家物語』第一末―（一五）〔成親卿無思慮事〕（私解により濁点を補った）

大方此大納言（成親）ハ、オ、ケナク思慮ナキ心シタル人ニテ、人ノ聞トガメヌベキ事ヲモ顧ミ給ハズ、常ニ戯レニガキ人ニテ、無墓事共ヲモ宣ヒ過ゴス事モ有ケリ。後白川院ノ近習者、坊門中納言親信ト云人ヲハシキ。父右京大夫信輔朝臣、武蔵守タリシ時、彼国へ被下タリシニ儲ラレタリケル子ナリ。元服シテ叙爵シ給タリケレバ、坂東大夫トゾ申ケル。院ニ候給ケレバ、兵衛佐ニ成ニケリ。又坂東兵衛佐ナムド申ケルヲ、ユ、シク本意ナキ事ニ思入ラレタリケル程ニ、新大納言、法皇ノ御前ニ候ハレケル時、タハブレニヤ、「親信、坂東ニ何事共カ有」ト被申タリケレバ、取モアヘズ、「縄目ノ色革コソ多候ヘ」ト被返答タリケレバ、成親卿、顔気色少シ替テ、又物モ宣ハザリケリ。人々アマタ候ハレケリ。按察入道資賢モ候ハレケリ。後ニ宣ケルハ、「兵衛佐ハユ、シク返答シタリツル者哉。事外ニコソニガリタリツレ」ト被申ケルトカヤ。平治ノ逆乱之時、此大納言ノ事ニ合レシ事ヲ被申タリケリ。

これは、第一末―一四まで安元三（一一七七）年の鹿ケ谷事件・藤原成親に関わる叙述が続いた後の挿話である。おそらくは京で生まれ育った成親が「坂東育ちと言われることを気にしている親信をからかった」ところ、坊門親信が「東国に武士が多いことにかけて、平治の乱で縄目にかかった成親を揶揄した、痛烈な反撃」をくらわせたのである(28)。二人は従兄弟同士であり、深刻な対立というよりは、親しき仲にも礼儀ありというべき関係の中での成親の軽率さを伝えるものと位置付けるべきであろう。

親信は、父信輔が武蔵守の時、彼国で儲けたため坂東大夫・坂東兵衛佐と称されたとある。親信は『公卿補任』によれば保延三（一一三七）年の生まれで、たしかに父信輔は保延元年四月二一日（『中右記』）以前から武蔵守に在任し、康治元（一一四二）年一二月三〇日に因幡守に遷っている（『本朝世紀』）。信輔が任国に下向し、そこで親信が生まれたことは事実と判断される。

任国での自衛や行政には武力が必須のはずであり、たとえば延慶本『平家物語』第二中―一四所引の治承四年五月二一日「興福寺牒写」に、平正盛が加賀守藤原為房のもとで国衙の検非違所に補され、播磨守藤原顕季のもとで国衙の厩別当に任ぜられていたとあることが想起される。本章冒頭に既述した藤原家成と平忠盛・清盛、藤原信頼と源義朝などの関係も勘案すれば、いま具体的な武士の名を挙げることは難しいが、信輔も受領郎等を引率し、在地武士と接点があったと考えるのが自然である。

大国受領は、院の後援の下で受領となり、軍事貴族と結んで在地社会と京の間の富・武力の移動を媒介する存在であった。知行国制の深化に伴い、自ら下向することは減ったであろうが、国務運営の手腕を有した貴族が院から大国を委ねられたのである。

(2) 後鳥羽院政下の知行国支配

歴代の院への近侍を経て後鳥羽院の外戚となった坊門家一門は最有力の近臣となり、建暦元（一二一一）年一〇月に信清は祖道隆以来の内大臣に至った。播磨国佐用庄が坊門家領となったのも[29]、後鳥羽院政期のことと考えられる。

また信清は元久元（一二〇四）年に播磨国を給わって後鳥羽院に五辻殿を造進している（『仙洞御移徙部類記』所引『三中記』八月八日条）。こうした院への奉仕の財源として等、様々な機会に知行国を集積した。

次の史料は、後鳥羽院の逆修に進物を提供した者を列挙する注文のうち、坊門家一門の院分国・知行国関係記事を抄出したものである。

【史料三】建保三（一二一五）年「後鳥羽上皇逆修進物注文」（伏見宮記録利五八。鎌遺四―二一六二。『鎌倉遺文』の頁数を付記する）

①「七条院御分参河・越前。」（一六二頁）
②「二条前大納言家定輔卿。知二行常陸国一。」（一六四頁）
③「左衛門督家忠信卿。御厩別当。知二行尾張・和泉・安芸等国一。」（一六五頁）
④「大炊御門中納言家仲経卿。知二行越中国一。」（一六七頁）
⑤「前右衛門督家親兼卿。知二行飛太国一。」（一六七頁）

ここに挙がる八ヶ国のなかには家産というべき長期的な知行が確認できる、以下の国々もある。

①の三河は、正治二（一二〇〇）年三月に藤原親輔が三河守に補任されてから承久の乱後まで長く七条院が知行している(30)。また越前は、建久四（一一九三）年正月に坊門信定が越前守に補任されてから嘉禄元（一二二五）年までの長期にわたって七条院分国であったと考えられる(31)。

②の常陸は、定輔男の親定が正治元年九月二三日に常陸介に補任された頃（『公卿補任』承元三年条）からの知行国と考えられる。

③の尾張は、正治元年一二月九日に坊門忠清が尾張守に補任されるが（『明月記』一二月一〇日条）、このときの知行国主は父の坊門信清であろう(32)。その後、本史料に見る通り忠信に継承されたのである。

⑤の飛騨は、承元元（一二〇七）年一二月九日以来親兼の知行国であった（『仲資王記』）。

この進物注文で知行国三ヶ国が記されるのは坊門忠信のみで、七条院・西園寺公経・藤原忠綱が二ヶ国、その他の多くは一ヶ国である。計八ヶ国、うち右にみた五ヶ国を長期間知行する坊門家一門の権勢が窺えよう(33)。

承元五（一二一一）年から建保四（一二一六）年にかけて忠清・輔平（資平）・隆清・信清が没するという不運もあったが、建保二年に後鳥羽院自らが烏帽子親となって親信孫の経平に信成の名を与え（『後鳥羽院宸記』四月八日条）、信成は時期未詳ながら「依二後鳥羽院仰一、為二忠信卿子一、為二一流家嫡一」（『尊卑分脈』一―三一七頁）とある。

一門の長である忠信は親信子孫とともに院に近侍し、既述の知行国を確保したのである。

（3）　東海地域の一体的把握

既述の如く坊門信清・忠信と七条院が尾張・三河を知行していた。その東部はどうか。

遠江は、正治二（一二〇〇）年四月一日に北条時政が遠江守に補任（『吾妻鏡』四月九日条）されて以降、鎌倉中期まで関東知行国である。駿河も、文治二（一一八六）年三月一三日に源頼朝が知行（『吾妻鏡』）して以降、鎌倉末期まで関東知行国である。鎌倉殿は、源頼朝の没後、正治元（一一九九）年に頼家、建仁三（一二〇三）年に実朝に代替わりするが、実朝の知行国として、建暦三（一二一三）年二月の閑院内裏修造に関わって「実朝卿知行国遠江・駿河・武蔵・相模等也。其内以二相模一被レ定二造営国一了」と見える。[34]

注目すべきことに、元久元（一二〇四）年には三代鎌倉殿源実朝が坊門信清女と結婚する。当初は実朝室の候補として足利義兼女が挙がっていたが、実朝が拒否し、坊門信清女に決定したと『吾妻鏡』は記す[35]。後鳥羽院の外戚である坊門家との婚姻を推進した勢力として、従来は卿二位兼子や鎌倉幕府内部の競合に即して牧の方が重視されている[36]。この婚姻が後鳥羽の意向によることも従来から理解されていたが、筆者はこの院の意志こそを最重視すべきと考える。

建久九（一一九八）年正月の後鳥羽院政開始後、坊門信清が正治元年七月までに中央馬政機関を掌握し、翌正治二年三月までに七条院と合わせて尾張・三河を知行するようになり、元久元年に遠江・駿河を知行する源実朝の舅になるという一連の流れからは、坊門家一門を介して在京武力を再編し、東海地域を一体的に把握しようとする後鳥羽の意図が見出される。さらに信清は関東申次の任を担い[37]、院の主張を鎌倉幕府に受容させていた[38]。

坊門信清は、朝幕関係を院の主導下に再編成する窓口であり、東海地域の一体的把握もその役割の一つだったのである。

（4） 在地紛争への影響力

坊門信清・忠信は在地領主間の紛争にも大きな影響力を持っていた。そのことを二つの事例から確認しておきたい。

第一は、信清が関わった東大寺領美濃国大井庄下司職相論である。大中臣奉則と、平明友（奉則の義母の娘婿。建保年間に死去）・教円父子が争ったもので、平明友・教円父子の動向として次のような記載がある。(39)

・承元二（一二〇八）年、明友が「依レ為下経二廻京都一之者上、次女仁申合天、以二此文書一可レ寄二進坊門大納言殿（信清）一也」（二六七頁）。

・承元四（一二一〇）年二月頃、明友は「申二上卿二位殿（藤原兼子）一候天給二御文一」り（二六九頁）、明友妻妙蓮の下司職補任を導いた。

・教円は「先年比波在京身候幾」（二六三頁）、「住京有縁之者也」（二六八頁）。

平明友や教円は京で坊門信清や卿二位と縁を結び、訴訟を有利に運んだのである。

第二は、忠信が関わった伊勢国釈尊寺別当職相論である。(40) 大中臣氏僧である隆俊と、異姓僧である覚能の争いで、神宮文庫蔵『永仁五年仮殿記』紙背文書に関連史料が残る。坊門忠信にあてた（承久二年か）二月一一日「後鳥羽上皇院宣案」（鎌遺補二―六一六）に、「釈尊寺事、覚能相伝無二違乱一」、「早以二件隆俊一為二門弟一、相共可レ令レ致二寺家修営一」とある。後鳥羽院は、覚能の別当職在任を認めた上で、隆俊を門弟とするという解決案を下したのである。

ただし承久三（一二二一）年二月二二日「祭主大中臣能隆挙状案」（鎌遺補二―七五三）には「覚能律師一期之間

一切不レ可レ有二相違一候。凡彼律師為二在京人一之間、不レ知二寺領之牢籠一、不レ顧二寺家之魔滅一候」とあり、覚能は在京していて寺院の現場の状況を十分に把握していなかったことが批難されている。（建長年間か）「釈尊寺別当隆俊解案（後欠）」（鎌遺補三―一五二〇）に、「覚能属二防門《（ママ）》大納言《（忠信）》家一、於二寺領一者存命之間可二知行一之由、依二申請一、後鳥羽院御時被レ下二　院宣一畢」とあるように、覚能が坊門忠信を頼ったことで後鳥羽院から知行を認める院宣を引き出したことは、相論相手の隆俊にも明白であった。

覚能は、異姓であり、寺院の現場を把握していないにもかかわらず、京で坊門忠信の仲介を頼ることで、別当職在任を認める後鳥羽の院宣を獲得できたのである。

これら二つの事例は、在地紛争の際に京での坊門家への接近が後鳥羽院の支持獲得に結実したという点で共通する。これらの所領に坊門家が所職を有した形跡はなく、坊門家が最有力の近臣だからこそその紛争当事者の依頼であるが、大国運営を一基盤として躍進した坊門家としても在地有力者との接点は積極的に維持する方針だったと考えられよう。他の地域でもこうした口入を行っていた可能性はあるが、これらの案件が伊勢・美濃で確認できることは、坊門家一門の東海地域での存在感の表れといってよいと思われる。

（5）足利義氏と三河

既述の如く建保三（一二一五）年に尾張・三河・飛騨・越前・越中は坊門家一門が知行しており、さらに美濃も長く後鳥羽院分国であった。後鳥羽はこれら「東国」との境界に位置する「西国」諸国を自身と外戚坊門家一門で固めていたのである。この時点で後鳥羽は公家主導の公武融和を構想しており、大規模な北条義時追討を計画するのは実朝暗殺という突発的事態の後と考えられるが、承久の乱（一二二一年）の際には越後で坊門信成の家人がいち早く挙兵し（『吾妻鏡』五月二九日条）、鎌倉方が軍事動員をかけたのは遠江・信濃・上野・陸奥・出羽以東の一五ヶ国であった（『吾妻鏡』五月一九日条）。結果的に坊門家関係者の知行国や家人所在国が戦時の東西の境界として機能したのである。

後鳥羽院が坊門家を介して一体的把握を企図した東海地域も遠江以東と三河以西に分割された。承久京方に属した武士が尾張・三河に一定数いるのは、乱前の両国の知行国主である坊門忠信・七条院の影響力が及んでいたからと考えられる(41)。

承久の乱で鎌倉方が勝利すると、坊門忠信は配流され、各地で他の京方張本公卿が処刑されるなか、妹である源実朝室の歎願で助命された（『吾妻鏡』八月一日条）。尾張の知行国主も交代したに違いないが、乱直後の該当者は不明である。

三河の院分国主は承久の乱後も七条院であった。七条院は乱後に治天の君となった後高倉院の母でもあるために、鎌倉幕府といえども没収は困難だった(42)。

三河守護については諸説あるが、近年紹介された史料等を再検討した花田卓司は、承久の乱直後の恩賞として足利義氏が補任されたという説を否定し、嘉禎四（一二三八）年閏二月から仁治二（一二四一）年三月までの間に義氏が三河守護に補任されたことを論じている(43)。乱直後守護補任説は成り立たないとしても、義氏は三河西部の「額田郡・碧海ノ庄・吉良東西条」の地頭（『瀧山寺縁起』）として当国に臨んだのであり、一国内の相当な範囲に影響力を持つ存在であった。

足利義氏が起用された理由の一つは、かつて額田郡を拠点とした熱田大宮司家との血縁であろう(44)。また松島周一は、乱直後守護補任説の一環ではあるが、義氏が七条院に対抗できる鎌倉幕府の有力者である点を重視している(45)。七条院への注目は卓見であるが、むしろその従兄弟である親兼と、源実朝との婚姻を拒否された足利義兼女（義氏の姉妹）とが承久の乱前から姻戚関係を有したことが重要であろう。足利義兼は、治承五（一一八一）年に北条政子の実妹と結婚したが、義兼が正治元（一一九九）年三月に没した後の娘（実朝室候補）や義氏は北条政子・義時の庇護下にあり、義兼女を実朝室に推挙して断られた政子・義時は、牧の方への対抗のために、義兼女と親兼の婚姻を成立させたと考えられている(46)。

すなわち、鎌倉幕府は承久の乱後の七条院分国三河を穏当に治めるため、承久の乱前から坊門家一門と姻戚関係にあった足利義氏を三河の複数所領の地頭に起用したと考えられるのである。

おわりに

道隆流坊門家は、院権力を背景として軍事と財政に深く関わる受領任国・知行国や中央馬政機関を基盤とし、都鄙を媒介する大国受領系院近臣であった。白河院・鳥羽院に近侍し、一時は平家とも姻戚関係を結ぶなど協調するが、後白河院の近臣という立場を堅持した。平安後期の四条家との協調関係は内乱後も続くこととなる。

後鳥羽院は、一二世紀以来の右馬寮への執念を持ち寮運営に習熟した外戚の坊門家一門に、右馬寮に加えて、かつて在京武力の中枢が掌握していた院御厩と左馬寮をも委ね、さらに尾張・三河を知行させた。さらに後鳥羽は、東海地域を一体的に把握し、在京武力をはじめとする朝幕関係を院の主導下に再編する窓口として、坊門家に、遠江・駿河の知行国主でもある源実朝との婚姻や関東申次の任を集約したのである。やがて坊門家は越中・越前・飛騨という、「東国」との境に位置する「西国」諸国をも知行するようになる。

足利義氏が承久の乱後も七条院の分国であり続けた三河へ地頭として進出したのは、乱前の坊門家一門の求心力によって結ばれた姻戚関係による。のちに義氏は、鎌倉御家人として類例のない左馬頭に補任される。この任官は、承久の乱前・乱後に坊門家や四条家といった中央馬政機関と所縁の深い公家家門と姻戚関係を結んだことが関係していると考えられるが、この点は別の機会に譲りたい。

（1）上横手雅敬「承久の乱の諸前提」（『日本中世政治史研究』第三章第二節、塙書房、一九七〇年）、白根靖大「承久の乱の歴史的意義」（『中世の王朝社会と院政』吉川弘文館、二〇〇〇年。初出一九九八年）等。
（2）元木泰雄「院の専制と近臣」（『院政期政治史研究』思文閣出版、一九九六年。初出一九九一年）。
（3）たとえば河野房雄『平安末期政治史研究』（東京堂出版、一九七九年）第二部第一所収の「権中納言藤原長実」「非参議藤原顕季」「藤原長実の家族について」（いずれも初出一九六一年）等。院近臣の総論としては早くに橋本義彦「院政政権の一考察」（『平安貴族社会の研究』吉川弘文館、一九七六年。初出一九五四年）がある。
（4）青山幹哉・松島周一執筆「承久の乱とその後」（『愛知県史　通史編二　中世一』第一部第三節、二〇一八年）。
（5）松島周一「足利氏と三河」（『鎌倉時代の足利氏と三河』序章、同成社、二〇一六年）。
（6）髙橋昌明「平忠盛と鳥羽院政（上）」（『増補改訂　清盛以前』第五章、平凡社ライブラリー、二〇一一年。初版一九八四年）。
（7）元木泰雄『保元・平治の乱』（角川ソフィア文庫、二〇一二年。二〇〇四年刊『保元・平治の乱を読みなおす』改題）一六〇頁、元木泰雄「藤原信頼・成親」（同編『中世の人物　京・鎌倉の時代編一　保元・平治の乱と平氏の栄華』清文堂出版、二〇一四年）。
（8）長村祥知Ａ「中世前期の在京武力と公武権力」（『日本史研究』六六六、二〇一八年）、長村祥知Ｂ「保元・平治の乱と中央馬政機関」（元木泰雄編『日本中世の政治と制度』吉川弘文館、二〇二〇年）。以下、拙稿Ａの如く略す。また、院御厩別当と左馬頭の任免はこれらの拙稿による。
（9）金玄耿「平安貴族社会と「貴種」」（『史林』一〇〇―四、二〇一七年）。
（10）酒井宏治「辞官申任の成立」（大山喬平教授退官記念会編『日本国家の史的特質　古代・中世』思文閣出版、一九九七年）参照。
（11）保延四（一一三八）年一一月一六日「鳥羽院庁下文」（早稲田大学所蔵文書。『平安遺文』五〇〇四）に「修理大夫兼右馬頭藤原朝臣（花押）」とあるのが忠能に比定できる。保延七年四月八日に藤原長輔が補任（『公卿補任』久寿元年）されるまで在任か。
（12）上島享「国司制度の変質と知行国制の展開」（『日本中世社会の形成と王権』名古屋大学出版会、二〇一〇年。初出一九九七年）。

(13) 佐藤進一『日本の中世国家』（岩波書店、一九八三年）が提起した官司請負制論への批判的検討を、本郷恵子「公家政権の経済的変質」（『中世公家政権の研究』第二部第二章、東京大学出版会、一九九八年）、遠藤珠紀「「非官司請負制的」経済官司の運営体制」（『中世朝廷の官司制度』吉川弘文館、二〇一一年。初出二〇〇五年）が知行官司制の展開期たる一三世紀以降の左右馬寮・修理職・内蔵寮に即して進めている。それらを踏まえて拙稿Aで知行官司制成立期にあたる一二世紀の左右馬寮について論じた。

(14) 右馬頭信隆を増補史料大成『兵範記』は「右馬頭信輔」と翻刻するが、影印本（『陽明叢書記録文書篇一　人車記』思文閣出版、一九八六年、三六頁）により校訂を加えた。

(15) 『山槐記』。『百練抄』。『愚管抄』巻五―二三八頁。

(16) 『百練抄』。増補史料大成『山槐記』は一一月二九日条に「今夜被レ行二解官一云々。／右馬頭兼因幡守信隆／右中将成親／……」（スラッシュは改行）とするが、書写の誤りであろうか。『公卿補任』仁安元年藤成親・同仁安三年藤信隆の尻付は応保元年九月二八日に解官とする。

(17) 弘安一〇（一二八七）年六月二一日「豊受大神宮神主申状」（『兼仲卿記』正応二年正月・二月巻紙背文書。鎌遺二一―一六二八〇）。これは信隆男隆清の曽孫である坊門俊輔の押領停止を訴える文書である。

(18) 川端新「院政初期の立荘形態」（『荘園制成立史の研究』思文閣出版、二〇〇〇年。初出一九九六年）、高橋一樹「知行国支配と中世荘園の立荘」（『中世荘園制と鎌倉幕府』塙書房、二〇〇四年。初出二〇〇二・一九九九年）。高橋論文は隆季の父である越後知行国主藤原家成の動向を詳細に記している。

(19) 注(5)松島論文、九頁。

(20) 『愚管抄』巻五―二五九頁。『尊卑分脈』一―三二五頁。

(21) 関口力「仁和寺本『系図』の研究・翻刻（二）」（『仁和寺研究』五、二〇〇五年）二五頁。

(22) 『玉葉』文治二（一一八六）年一〇月二一日条等。『玉葉』建久二（一一九一）一一月二〇日条には、五節参入に際して九条兼実が参内すると、「主上御寝、奉レ驚レ之。召二忠季・信清等朝臣一、令レ奉二仕御鬢・御装束等一」とある。

(23) のちには左右馬頭と無関係に馬寮を知行するようになるが、この頃は左右馬頭を前提とせねば馬寮知行や辞官申任が不可能だったという知行官司制の段階差を確認しておきたい。

(24)　中央馬政機関には特段触れるところはないが、三左衛門事件の概要や関係者は塩原浩「三左衛門事件と一条家」(『立命館文学』六二四、二〇一二年）に整理されている。

(25)　注(8)拙稿A。

(26)　木村真美子「中世の院御厩司について」(『学習院大学史料館紀要』一〇、一九九九年）が紹介した『御厩司次第』には、建仁三（一二〇三）年から承久二（一二二〇）年までの院御厩別当は坊門信清と記される。しかし信清は建保四（一二一六）年三月に死去しており、すでに建保三年に坊門忠信の院御厩別当在任が確認できる（後掲［史料三―③］)。また、院御厩別当は院の御幸の後騎に供奉することが多く、同様の例として、承元三（一二〇九）年七月五日の法勝寺御幸（『猪隈関白記』）と建暦三（一二一三）年七月五日の法勝寺御幸（『明月記』）で坊門忠信の後騎供奉が確認できる。以上から『御厩司次第』の記載は坊門信清・忠信二代の在任を表していると判断した。

(27)　長村祥知「藤原秀康」(平雅行編『中世の人物　京・鎌倉の時代編三　公武権力の変容と仏教界』清文堂出版、二〇一四年)。

(28)　延慶本注釈の会編『延慶本平家物語全注釈　第一末（巻二）』(汲古書院、二〇〇六年）一四二頁。

(29)　承久の乱後、卿二位の尾張国大県社などとともに忠信の佐用庄が鎌倉幕府から九条道家に与えられている。(承久三年＝一二二一）八月二二日「北条義時書状案」(九条家文書。鎌遺補二―七六四)。

(30)　注(5)松島論文。

(31)　佐藤圭「鎌倉時代の越前守について」(『立命館文学』六二四、二〇一二年)。

(32)　注(4)青山・松島執筆論稿、九〇頁。

(33)　この注文につき、五味文彦「卿二位と尼二位」(総合女性史研究会編『日本女性史論集二　政治と女性』吉川弘文館、一九九七年。初出一九八五年）は卿二位の関係者が多いことを指摘する。五味氏に倣って姻族を含めれば、坊門家の関係者はさらに増える。

(34)　『遷幸部類記』所引『権中納言光親卿記』二月二七日条（『大日本史料』四編一二冊、三六四頁)。

(35)　『吾妻鏡』元久元年八月四日条、同一〇月一四日条。『明月記』同年一二月一〇日条には信清女の出立の記事がある。

(36) 上横手雅敬「佐藤進一氏『日本の中世国家』を読んで」（『日本中世国家史論考』塙書房、一九九四年。初出一九八五年）。

(37) 『葉黄記』寛元四年三月一五日条。『愚管抄』巻六―三〇九頁。山本博也「関東申次と鎌倉幕府」（『史学雑誌』八六―八、一九七七年）、美川圭「関東申次と院伝奏の成立と展開」（『院政の研究』臨川書店、一九九六年。初出一九八四年）、白根靖大「関東申次の成立と展開」（『中世の王朝社会と院政』第一部第四章、吉川弘文館、二〇〇〇年）等。

従来は坊門信清の関東申次としての働きについて、建永元（一二〇六）年に藤原定家が地頭問題を解決するために信清を頼った事例を、白根がやや詳しく取り上げているにすぎない。加えて『吾妻鏡』承元二（一二〇八）年四月二七日条に「坊門前亜相(信清)使者参着。来五月南山御幸可レ令二供奉一、可レ賜二龍蹄一之由被レ申レ之」とあることも、院御厩別当を兼ねる関東申次の活動として注目される。

(38) 注(37)美川論文。

(39) 寛喜三（一二三一）年五月一一日「中原章行問注勘状」（京都大学文学部所蔵文書・宮内庁書陵部所蔵谷森文書。鎌遺六―四一四一）。以下、本史料の引用には『鎌倉遺文』の頁数を付記する。相論の概要等は、折田悦郎「鎌倉時代前期における一相論について」（川添昭二先生還暦記念会編『日本中世史論攷』文献出版、一九八七年）参照。

(40) 文書の年次比定や相論の概要等は、市沢哲「『永仁五年仮殿遷宮記』紙背文書の世界」（『日本中世公家政治史の研究』校倉書房、二〇一一年。初出二〇〇〇年）参照。

(41) 長村祥知「承久の乱にみる政治構造」（『中世公武関係と承久の乱』第六章、吉川弘文館、二〇一五年）二三六頁参照。

(42) 注(5)松島論文、一四頁。

(43) 花田卓司「足利義氏の三河守護補任をめぐって」（『日本歴史』九一〇、二〇二四年）。

(44) 注(4)青山・松島執筆論稿、一二〇頁。

(45) 注(5)松島論文、一四頁。

(46) 花田卓司「鎌倉初期の足利氏と北条氏」（元木泰雄編『日本中世の政治と制度』吉川弘文館、二〇二〇年）。

〔補注〕

知行国主・国守の補任は菊池紳一・宮崎康充編「国司一覧」（『日本史総覧Ⅱ　古代二・中世一』新人物往来社、一九八四年）を参照した。貴族の官歴で『公卿補任』による場合は注記を略したところがある。引用史料の傍線は筆者による。『愚管抄』は日本古典文学大系により、『尊卑分脈』は新訂増補国史大系により、頁を並記した。『鎌倉遺文』○巻△号は鎌遺○―△と略した。

本稿では、二〇二三年九月二三日の中世史研究会大会報告から構成を改めた。また足利義氏の守護補任に関する論旨を改め、左馬頭補任に関する部分を省略した。本書収録の「討論」に影響はないが、不出来な報告であったことをお詫びする。

〔付記〕

本稿はJSPS科研費JP22K00893の助成を受けたものである。

第8章　南北朝期禅僧の関東認識

池田丈明

はじめに

中世史研究会五〇周年大会、二年度めのテーマ「都鄙の連関と相互認識」から、禅宗史に関心のある筆者が即座に思い浮かんだのは、京都五山と鎌倉五山の関係性とその流動する相互認識のあり方はどうであったのかという課題である。

そこでまず本題に入る前に、都鄙の連関が表明されている五山の位次を見ておきたい。これは、室町幕府初代将軍足利尊氏によって京都天龍寺の創建がなされた後に改定された五山位次であり、『扶桑五山記』一によると、室町幕府は暦応四（一三四一）年五月一一日、持明院統・北朝系の光厳上皇の院宣をあおぎ、同年八月二三日評定を行い、翌五年四月二三日に以下のように沙汰している[1]（傍線、括弧は筆者による。以下同じ）。

［史料一］

大日本国禅院諸山座位条々 暦応四年八月廿三日評定、同五年四月廿三日重沙汰、

五山次第

第一　建長寺　　南禅寺①両寺均等之子細見二状左一
但依二都鄙一改二座位一

第二　円覚寺　　天龍寺

第三　寿福寺

第四　建仁寺

第五　東福寺②住持家幷本所承諾、治レ定畢、

此外浄智寺可二准五山一、長老幷両班・耆旧名、可レ列二一類之位次一也、

（中略）

右禅家諸山之次第、可レ令二沙汰一之由、去年五月十二日、所レ被レ下二院宣於武家一也、爰③建長寺者、為二往代之勅願一、大刹之最頂也、今更不レ能二改動一、④南禅寺者、亀山院御建立、濫觴異レ他、且元弘一統之時、可レ為二諸山第一一之由、被レ下二綸旨一訖、今既於相二続叡願一也、旁難二黙止一、所詮両寺可レ為二均等一之儀、⑤会合之時者、随二京都・鎌倉所在一、可レ為二賓主之礼一焉、凡於二五山十刹一者、共以可レ守二座位之次第一、都鄙散位（在カ）之諸山者、云二現住一、云二前住一、宜レ依二臈次一矣、次徒弟院事、既有二諸山之号一、不レ可二差別一、仍雖レ為二門徒之吹挙一、非二其器一者、不レ及二許容一、若亦不レ帯二御教書一、猥雖レ致二寺務一、敢不レ可レ列二十刹十方院座位一焉、

ここでいうのは、五山位次の第一位に鎌倉建長寺と京都南禅寺を、第二位に鎌倉円覚寺と京都天龍寺とし、それぞれ両寺を「均等」と位置づけ、その上で対立が予測される両寺間の座位について傍線部①「都鄙により座位を改めよ」と定めている。具体的には、傍線部⑤会合の際に、主人となる寺院は賓客の寺院に対し礼法にしたがって座位の上下を取り決めよと沙汰している。中世社会では上下関係を表す座位をめぐって激しい争論がしばしば起こったことが知られているが、室町幕府は秩序を保つために、共通の価値観として「賓に礼あれば主則ち

之を払ぶ」を求めているのである。なお、文中に見える「都」は京都を、「鄙」は鎌倉をさすことはあきらかである。[2] もっとも京都は古代から、南都と密接に連関する北嶺を有し、禅院に限っても、南禅寺は林下（五山派以外の諸派）をも含むすべての禅僧がいただく最高権威であるし、その南禅寺と後醍醐天皇によって同格と位置づけられた大徳寺も所在している。また足利将軍家の帰依厚く五山を主導した夢窓疎石の門流は嵯峨派とも呼ばれ、その中心寺院は天龍寺である。さらに近年、顕密仏教のうえに禅を加えた総合仏教の中心拠点と再評価されている東福寺もある。こう見てくると京都が禅宗の中心地だと思えるし、また都鄙の語感と座位をめぐる対立が想定されていることからは、「都」（中心。京都）を誇る高踏的な禅僧と「鄙」（周縁。鎌倉）ゆえに遠慮がちにふるまう禅僧の姿も頭に浮かぶ。

当初は、京都五山、鎌倉五山において都鄙の一体性（文化の一体性）が見えるのではないかと考え、手始めに京都五山と鎌倉五山に大きく関わった南北朝期の禅僧義堂周信の日記『空華日用工夫略集』[3]（以下適宜『日工集』と略す）を探ってみると、そこには意外な記事が見出せたので紹介してみたい。そのうえで京都五山、鎌倉五山の連関と相互認識、とりわけ関東をめぐる認識はいかなるものだったのか、そして、その認識が室町幕府三代将軍足利義満の登場によりどのように変容するのか、を順を追って考察してゆきたい。なお、本章がひとつの方法として南北朝期を考察対象にしたのは、『日工集』という京都五山と鎌倉五山の関係をいきいきと語る貴重な史料に恵まれたからである。

一　禅僧の関東認識

（1）　義堂周信、関東禅林を高く評価

義堂周信は、京都から鎌倉へ赴き二〇年間過ごした後にまた京都に戻ってきた禅僧である。『日工集』に見ら

れた意外な記事というのは、次の二点の史料である。

［史料二］『日工集』延文四（一三五九）年八月条

承二春屋（春屋妙葩）命一、赴二于関東一、蓋関東幕府基氏（足利基氏）、特遣二専使幷手帖於雲居春屋（天龍寺雲居庵）一曰、請レ令三開山（夢窓疎石）直弟十八人而来二于斯邦一、々々将弘二国師法道一、春屋与二三会龍湫（龍湫周沢）一和会、召レ余（義堂周信）出二示関東書一、仍告曰、関東府君敬二吾師一如レ此、苟非二其人一、難レ副二府情一、公其行矣、余辞不レ敢、且懇白云①天下禅刹之盛、無レ如二関東一、人材蔚如也、若能応レ命而叨臨二大方一、不三啻取二咲於広衆一、必辱二国師宗一、不レ敢也、両師兄呵責或慰諭曰、②今海東（鎌倉地方）乃法戦之場、文物之苑也、方二是時一也、張二吾軍一輔二吾宗一者、捨レ公其誰、勿レ拒也、余迫不レ得レ已曰、進退唯命也、於レ是属レ余以二楷模堂（模堂周楷）・向陽谷（陽谷周向）等九人一、伴赴二関東一、々々府君喜甚、十八人中五人建長、五人円覚、拈レ鬮参暇、余得二円覚寺一（後略）

［史料三］『日工集』永徳二（一三八二）年閏正月一一日条

（前略）賀二中山和尚（中山法穎）住建長一詩幷叙曰、歳在二壬戌一、永徳二年、建長禅寺主席見レ欠、以二歳首晦日一、大丞相（足利義満）泊僧録普明国師（春屋妙葩）、会二于等持官寺方丈一、公二選住持之材一、得二前寿福中山長老一、俾レ補二其処一、寔公挙也、議者謂、①日本禅林莫レ盛二関東一、々々禅林莫レ盛二福（巨福山建長寺）・鹿（瑞鹿山円覚寺）両山一、是天下叢林之師法也、而邇来世故紛撓、関東対二治小山一也、師法陵夷、頗有二師不レ師之歎一、可レ惜也、方今辺事稍平、中山適膺二茲挙一、為レ国開堂、師法復振、不二亦法門幸也一哉、劣属周信、聞二議者言一、喜不二自勝一、輙製二禅詩一、以代二草疏一、遥勧二其駕一、縦臾而起レ之曰、②福山秀二出諸山上一、登二到中山一勢最尊、双闕仰攀新日月、一欄俯視旧乾坤、猛陵翰墨光二青史一、龍樹才名動二赤墀一、好是太平無事後、高二歌此曲一答二皇恩一、

これらの記事の背景について若干説明しておくと、［史料二］は義堂が鎌倉下向直前の在京都、三五歳の記述

であり、［史料三］は鎌倉より上洛した後の在京都、五八歳の記述である。本章の関心から注目したいのは以下の二点である。一点目は［史料三］傍線部①にある「天下禅刹の盛、関東に如くは無く、人材蔚如なり」という義堂の言葉である。つまり禅宗は京都より鎌倉の方が盛んだというのである。これは初代鎌倉公方足利基氏から関東に夢窓疎石の直弟子一〇人の派遣要請があり、夢窓派の上足である春屋妙葩と龍湫周沢から関東下向を命じられたことに対する義堂の返答である。この後、もし命に応じたら笑われるだけだとつづくので、単なる謙遜の可能性もあるが、どうやらそうではないようである。ついで二点目を見よう。［史料三］傍線部②では端的に「福山は諸山の上に秀出す」とある。これは義堂と親密な中山法穎の建長寺昇住が議決したことに際し、祝賀のためにしたためた入寺疏（新住持を祝って寄せる儀式につかう表白文）の冒頭部分である。またべつの事例では『日工集』貞治六（一三六七）年二月二七日条にも、

　作二福山《(巨福山建長寺)》聯句詩叙一、曰、吾徒之游二東南《(鎌倉地方)》一者、必以二福山一為二美談一、

と述べられており、鎌倉に行ったものは必ず建長寺を賛美するという。また『日工集』康暦二（一三八〇）年一一月晦日条には次のような記述も確認される。

　君《(足利義満)》又問、関東禅門、誰為二佳長老一、余《(義堂周信)》曰、虔九峰《(九峰信虔)》・穎中山《(中山法穎)》・桂香林《(香林讖桂)》等、人皆所レ推、其余不レ可二勝計一、

つまり、足利義満から関東のすぐれた長老を尋ねられた義堂は数えきれないほどいると答えている。さらに義堂は、五六歳で上落後も東帰を望みつづけ出奔までしている。(4)こうした関東への強い思い入れも考え合わせる必要があるだろう。

ここまで見てきただけでも、なぜ義堂は関東を高く評価しているのか、この問題をどのように考えたらよいのか検討を要するであろう。そのことを次項以降に見ることにしよう。

（2）関東禅林は文芸の中心なのか

［史料二］傍線部②には、「今海東はすなわち法戦の場、文物の苑なり」と見えている。これは前項で述べた関東への掛錫を辞退した義堂周信に対し、兄弟子春屋妙葩と龍湫周沢がさらに説きつけた言葉である。『日工集』を訓注した蔭木英雄は、「春屋のいう「文物の苑」は、学問・詩文による外護者獲得の場という意味を含むのである」と解釈している。[5] 鎌倉五山に文芸尊重の萌芽が見られることは以前から繰り返し指摘されており、たとえば渡来僧一山一寧の入門希望者に対する偈頌（仏教的内容の漢詩）作成試験の事例が注目され、こうした文才育成路線が室町期の五山文学隆盛につながっていったと評価されている。[6] 一山一寧の偈頌作成試験について、榎本渉はまた違った視角を提示している。そこでは、渡来僧と日本僧の意思疎通は筆談に依るところが大きく、日常生活のためにも漢詩文の能力は必須だったので、一山一寧は偈頌作成試験を課し、入門前にその能力を確認していたという。[7] そこでこの問題をもう少し掘り下げるためにまったく違う角度から考察してみたい。義堂は鎌倉保寿院・報恩寺において試経《シキン》得度を行っている。『日工集』応安四（一三七一）年三月一四日条には、

中立二試経一受衣、余（義堂周信）嘗窃謂、今之為二少林氏（禅僧）一、厥宗或之弗レ正則何也、由二度僧之濫一焉耳、於レ是私置二試経科一而上焉中焉而度レ之、

とあり、禅宗の廃頽を嘆き、その原因である得度の乱れを正すために試験を課すというのである。具体的な選抜基準は、『日工集』応安六年七月一四日条に次のようにある。

梵松（林叟梵松）求二薙髪為レ僧、余（義堂周信）不レ許曰、仏世二十為レ僧、今時雖道者、年未二十五一為レ僧、仏法破滅、皆由レ是也、故余近年置二試経科一、設二上中下三等一、限レ以二十六一、深有レ以也、汝要レ為レ僧、先誦二法華経一畢、待二明年一、乃許二受衣且落髪一而已、

ここから知られるように、一六歳以上で法華経諷誦試験に及第しなければ得度を許さないと述べている。つい

でにいえば、『日工集』元弘元（一三三一）年条によると、七歳の義堂が初めて読んだ仏典が法華経である。したがってこれらの史料が語るように、義堂は自ら基準を設け選抜しており、これを踏まえると榎本渉の理解は正鵠を得ていると思う。なお、夢窓疎石も一山一寧の偈頌作成試験に及第して入門を許されたひとりであるが、春屋妙葩が編纂した夢窓疎石の一代記「天龍開山夢窓正覚心宗普済国師年譜」は次のように述べている。(8)

而此老（一山一寧）一味以㆓向上宗乗㆒接㆑吾（夢窓疎石）、直是言語不㆑通、故不㆑能㆓子細詳問㆒一山乃、台州人、焉能得㆑決㆓所疑㆒、時仏国（高峰顕日）住㆓乾（乾明山万寿寺）明万寿㆒、師（夢窓疎石）往為参扣、

これによれば、夢窓疎石は言語がつうじず子細に質問できないため、一山一寧のもとを去り、後に嗣法師となる高峰顕日に参じている。右の史料も一山一寧が意思疎通のために漢詩文の能力を確認していたことを裏づけるものとなろう。となると鎌倉五山が文才育成路線をとっていたというのは、やや行き過ぎの感がぬぐえない。

それではさらにもう少し検討するために当該期の禅僧の文学観を手がかりにして考えてみたい。五山文学が中国士大夫的教養であることは周知に属するが、五山文学の雄と称された義堂は次のような文学観を持っていた。『日工集』応安三年八月四日条に、

山中（瑞泉寺）諸公来遊、帰整（大綱帰整）侍者求㆑改㆓送行詩㆒、余（義堂周信）以㆓其俗甚㆒、請㆓別作来㆒、因話㆓諸公㆒曰、今時僧詩、皆俗様也、学㆓高僧詩㆒最好、今僧詩例学㆓士大夫之体㆒、尤可㆑笑也、官様富貴、金玉文章、衣冠高名崇位等、弊尤多、弊則必跡生、跡生則必改、復㆓古高僧之風㆒可也、

とあり、士大夫の文雅な四六駢儷体に対しはなはだ手厳しく、ここで評価しているのは「古の高僧の風」である。これについてほかに『日工集』応安二年九月二日条にも、

為㆓二三子㆒、講㆓三体詩法㆒、因告曰、凡吾徒学㆑詩、則不㆑為㆓俗子及第等㆒、蓋七仏（過去七仏）以来、皆以㆓一偈㆒見㆑意、一偈之格、仮㆓俗子詩㆒而作耳、諸子勉㆑之、又詩有㆑補㆓於吾宗㆒、不㆓翅吟詠㆒矣、

とあるように、五山文学の二つの柱である四六駢儷文と偈頌のうち純文学的作品の四六駢儷文に否定的で、仏教的作品の偈頌を高く評価している。義堂の文雅を戒める傾向は、金剛幢下（元僧古林清茂の会下）の「偈頌主義」をうけていると考えられているが(9)、さらにつけ加えるならば夢窓疎石からの薫陶も指摘できる。すなわち臨川寺内の夢窓疎石の塔所三会院の規式「三会院遺誡」は次のようにいう(10)。

我（夢窓疎石）有㆓三等弟子㆒、所謂猛烈放㆓下諸縁㆒専一窮㆓明己事㆒、是為㆓上等㆒、修行不㆑純駁雑好㆑学、謂㆓之中等㆒、自昧㆓己霊光輝㆒只嗜㆓仏祖涎唾㆒、此名㆓下等㆒、如其酔㆓心於外書㆒立㆓業於文筆㆒者、此是剃頭俗人也、不㆑足㆔以作㆓下等㆒、

つまり、夢窓疎石は弟子の能力を上中下の三等に分類し、文筆活動にうつつをぬかす者は剃髪の俗人であり、三等以下であると戒めている(11)。そして義堂はこの段を引き関東管領上杉能憲などに教示しているのである。またこうした潮流は鎌倉の象徴的な禅僧蘭渓道隆も同様であり、「大覚禅師遺誡五条(12)」のなかに、

一、参禅学道者、非㆓四六文章㆒、宜㆑参㆓活祖意㆒、莫㆑念㆓死話頭㆒、

と見え、参禅学道は四六駢儷文ではないと戒めている。ついで『大覚禅師語録(13)』も、

諸仁者自己不㆑明、看㆓人語録並四六文章㆒、非㆓但障㆑道、令㆓人一生空過㆒、

といっており、四六駢儷文に批判的である。

ここまで見てきた事例からもあきらかなように、禅僧たちが関東を高く評価しているのは、文芸が盛んであったからとは考えにくい。

二　関東は禅林の手本

（1）建長寺、円覚寺は天下叢林の師法

南北朝期の禅僧たちはなにゆえ関東を高く評価しているのであろうか。ここで手がかりになるのが、「史料三」傍線部①にある「日本の禅林関東より盛なるは莫く、関東の禅林福・鹿両山より盛なるは莫し。これ天下叢林の師法なり」である。これはさきに触れた中山法穎の建長寺住持補任が議決した際の、合議構成員のだれかの発言であり、そこでは福（巨福山建長寺）・鹿（瑞鹿山円覚寺）は叢林の師法すなわち手本であるという[14]。本項ではこの建長寺・円覚寺が手本という認識に注目してさらに追究してみたい。まず、東福寺の大工越後が東福寺造立のために作成した建長寺の見取り図を近世に写した「建長寺指図写裏書」[15]（／は改行を示す。以下同じ）からすると、

　建長寺指図　元弘元年《一三三一》、為㆓東福寺造立㆒、図焉、／大工越後

とあって、建長寺の伽藍を手本として東福寺に手が加えられたことが分かる。また伽藍の体裁ばかりではなく、禅院内における日課の諷経も建長寺が手本となっている。『日工集』永徳二年一〇月一三日条によると、

　余《義堂周信》曰、日本号㆓日中諷経㆒者、為㆓外国敵来襲㆒、昔建長寺始㆑読㆓法華普門品《観音経》㆒、自㆑爾以来、毎寺或読㆓金剛経、或法華・円覚等経㆒、

と見える[16]。さらに建長寺開山蘭渓道隆が手本となっている事例を見ていこう。聖一派の虎関師錬の『元亨釈書』巻第六浄禅一「宋国道隆」[17]には、

　府《鎌倉幕府》奏乞㆑諡、賜㆓大覚禅師㆒、本朝禅師之号始㆓于隆《蘭渓道隆》㆒也、

と記されているように、禅師号の濫觴は蘭渓道隆という。さらに虎関師錬と同じ円爾門下である無住道暁の『雑談集』巻之第八—五「持律坐禅ノ事」[18]のなかに次のようにある。

コトニ隆（蘭渓道隆）老唐僧ニテ、建長寺、如《ク》二宋朝ノ作法《ノ》一、行ハレシヨリ後、天下ニ禅院ノ作法流布セリ、

このように関係史料を一覧すれば、禅僧たちが関東を高く評価しているのは禅林の手本であったからというのもうなずける話であろう。とはいってもこれでこの問題がすべて解決されたとはいえず、無住道暁の記すところによれば、蘭渓道隆が渡来僧ゆえに手本となったという。となるといわゆる付の「純粋禅」のことに触れなければなるまい。かつて常識化されていた見方では、顕密諸宗との妥協のない純粋な宋朝禅は蘭渓道隆から始まり広がったと説かれたが、しばらく前から「純粋禅」概念自体が多分に問題を含んでいることがいわれるようになり見直しが迫られているので[19]、本章でも考察を加えておきたい。

ところで夢窓疎石の弟子たちは、師の入滅後、東陵永璵[20]や龍山徳見といった入元僧、渡来僧の影響下にあったことが知られている[21]。夢窓疎石の後継者のひとりであった義堂も師の入滅後、すぐに京都建仁寺の龍山徳見の門に参じ、会下にあること七、八年[22]、その師弟関係は、「龍山の教へを受くること甚だ厚し」[23]（原漢文。以下同じ）、「龍山に依りて親炙し、益を得ること実に多し、豈に敢て恩義を忘れんや」[24]というものであった。とりわけ注目されるのは、義堂が京都で龍山徳見から受けた大陸風の教えを、鎌倉保寿院で実践していることである。すなわち叢林の衰えを嘆き、毎晩弟子に説話を始めている[25]。『日工集』応安四年四月一七日条は次のようにいう。

夜坐罷、為二諸子一挙二古今一、（中略）大国禅院、毎夜坐禅罷、随意就二于諸寮一而夜話、商二量古今之事一、謂二之聴教一、今日本不レ然、是以兄弟見聞局二於冊子之上一而不レ通レ方、近者龍山（龍山徳見）和尚、毎夜必対二徒弟一而説話、雖二少年雛道者一、亦必如レ対二尊宿一而不レ欺也、

ここに記されているように、龍山徳見が行っていた大陸の習いである夜坐後の「聴教」を義堂も行っている。つまり京都で学んだ大陸風の禅を鎌倉で実践しているのである。

そこで夢窓派周辺で強い影響力を及ぼした東陵永璵、龍山徳見と、鎌倉のまさに代表的な渡来僧蘭渓道隆の大

陸での住持歴を簡単に整理してみると、次のようになる。

東陵永璵（渡来僧。元朝で住持の経験をもつ。貞治四（一三六五）年五月六日示寂）。

龍山徳見（入元僧。元朝で住持の経験をもつ。延文三（一三五八）年一一月一三日示寂）。

蘭渓道隆（渡来僧。宋朝での住持の経験なし。弘安元（一二七八）年七月二四日示寂）。

ここから、夢窓疎石入滅後の夢窓派の周辺は、大陸色が十分濃いことが見えてくるのである。南北朝期前半は「渡来僧の世紀」と呼称され、前近代で最大規模の僧侶の往来があったことが知られているが、榎本渉によると鎌倉～南北朝期において、五山の日本人住持の中で入宋元僧は四割弱に過ぎず、彼らが五山の中心だったとはいえないという。また、鎌倉後期～南北朝期の著名な禅僧である高峰顕日、宗峰妙超、虎関師錬、夢窓疎石、義堂周信、春屋妙葩などもみな入元経験がないことも指摘されている[26]。

なおさかのぼって、鎌倉期においても無住道暁は大陸の作法を過剰に修する僧の滑稽さを取りあげ大陸の相対化をはかっているのである[27]。

となるとやはり大陸色が濃いゆえに関東を禅林の手本としていたとは考えにくい。それではなぜ関東が手本なのだろうか、次項でさらに考察を加えていきたい。

(2) 関東禅林の強固な師檀関係

ここまで南北朝期禅僧が関東禅林を高く評価している理由を、禅院や禅僧の資質に求めてきたが、視野を広げて有力な外護者との関係を含めた禅林のあり方を手本にしていた可能性を追ってみたい。次に示す『日工集』応安二年一二月一四日条に、その可能性を示す記述が見られる。

梵与《（無等梵与）》自レ京還、出二春屋《（春屋妙葩）》等諸老回書一、三会龍湫《（龍湫周沢）》云、今月初三、入レ府肉身、黙庵《（黙庵周諭）》云、近代禅法衰微、檀那不信、

是所謂内不レ応外不レ能為二之理炳然一、関東古刹之風如レ故、可レ羨云云、

すなわち、京都の黙庵周諭が鎌倉の義堂周信に宛てた手紙によれば、近年の禅宗の衰退と檀那の不信が関係深いことはあきらかであるという。文中の「禅法の衰微、檀那の不信」が何を指すのか、これ以上明記されていないが、右の記事を義堂が自身の日記に記録した日付からは、その四ヵ月ほど前の応安二年七月二八日に起こった南禅寺楼門破却事件のことを指していると容易に推定できる。事件は、南禅寺楼門造営のため設置の関をめぐった関守僧と園城寺幼童の争いに端を発し、比叡山をも巻き込んで二度の嗷訴にいたる。これに屈した室町幕府は事件の原因となった南禅寺楼門を檀那である幕府の手によって取り壊し、比叡山を慰撫することによって一応の決着をつけたが、こうした幕府の処置に抗議するために、ついに京都五山の住持が一斉退院したのである。つまり黙庵周諭は禅宗発展史上最大の法難ともいわれる京都五山の情勢とくらべ、関東は古式を保っておりうらやましいといっているのである。

そこでふたたび［史料一］を観察すると、五山位次が諸檀越に相当な配慮のもと取り決められていることに気付く。すなわち傍線部③「建長寺は往代の勅願たる」は、延慶元（一三〇八）年一二月二二日、伏見上皇院宣によって定額寺（国立寺院の格式）に列せられたことを指し(28)、傍線部④南禅寺は亀山上皇による建立の由緒と、五山第一位に位置づけた後醍醐天皇の意志、傍線部②は今枝愛眞によると、東福寺を五山第五位に配することを、寺家および九条、一条両家にあらかじめ了解をもとめたことを示しているという(29)。そして、そもそもこの沙汰は室町幕府が天龍寺を五山に編入するための改定である。それでは黙庵周諭が恵まれている、そうありたいと語った鎌倉五山における師檀関係を見ていきたい。鎌倉に生まれ鎌倉で禅僧となった無住道暁の『雑談集』巻之第三―五「愚老述懐(30)」には、

（北条時頼の）威勢如ク二国王ノ一、建長寺建立シ、唐僧渡リ如ク二唐国ノ一、禅院ノ作法盛ナル事、併ラ彼（北条時頼）ノ興行也、

建仁寺《（栄西）》ノ本願ノ再誕トモ云ヘリ、

と見え、建長寺で大陸のように作法が盛んに行われているのは、鎌倉幕府五代執権北条時頼がおこしすすめたからであり、さらに時頼は栄西の再誕ともいわれているという[31]。また、僧伝である『元亨釈書』には時頼の項がたてられており[32]、そこには、

弘長三年《（一二六三）》十一月二十二日、書レ偈而逝、其福山《（巨福山建長寺）》起願文曰、我子孫《（北条時頼）》能奉二仏心宗《（禅宗）》一、系胤益昌、蓋家門与二禅門一為二盛衰一云、

とあり、時頼は、北条得宗家と建長寺の盛衰は一体であるという遺偈を残したという。さらに「天龍開山夢窓正覚心宗普済国師年譜」[33]も次のように述べている。

始関東亡時人皆謂禅苑其不レ興也、最明寺殿《（北条時頼）》平公世護二禅宗一、子孫相継欽二奉其法一、天下化而奉レ之、今平氏已滅、惟禅宗誰復為レ護乎、至レ是詔降召レ師《（夢窓疎石）》、禅徒讙呼之声溢二乎山林一而徹二街衢一

ここでも北条得宗家と禅宗が完全に一体化した姿が見られる。つまりこれらの記述からは、檀越の外護が無ければ禅院は成り立たないと認識されていたことが読み取れるのである。またこういう素地が鎌倉にあるからこそ、義堂は、足利基氏夫人とその息子で二代鎌倉公方の足利氏満に「夫人問ふ、之の子（足利氏満）尚ほ幼し、国を治め家を保つこと如何。余（義堂）曰く、仏を敬ひ僧を崇び民を恵まば、国家令せざれども治まる[34]」「先君（足利基氏）専ら文学に勤む、願はくは業を継ぎ以て外護の望に副はんことを。君（足利氏満）之に頷く[35]」と教示し、実際に応安七年、放火による円覚寺全焼の際、「先年（延文三年正月四日）天龍煨燼の后に、（足利）尊氏将軍田地を打帰し、以て修造を助く、円覚の回禄、今府君（足利氏満）其の例に攀れば則ち可なり。府君之を肯ふ[36]」と再建が約束されたのである。また、義堂は関東管領上杉朝房にも「天下仏法外護の事を以て嘱す[37]」と、たよりとして外護を頼んでいる。したがって、鎌倉五山の有力な外護者との強固な師檀関係は、まさに理想的な姿であり、そ

れゆえに禅林の手本とされていたのである。

おわりに

これまで南北朝期禅僧の関東認識を追跡してきたが、本章で述べてきたことをおおまかにまとめると、南北朝期禅僧が関東を高く評価していたのは、それが文芸の中心地であったからではなく、また純粋な宋朝禅が展開していたからでもなかった。それはとりもなおさず鎌倉五山の師檀関係が古《いにしえ》のように強固に保たれているからであり、その理想的なあり方ゆえに関東は禅林の手本とされていたのであった。以上、本書第Ⅱ部テーマの意図を十分に汲み取ることができたかどうか、いささか心もとないが、可能な限り与えられた課題を筆者自身の問題関心に基づき論じたつもりである。その後、関東禅林が手本という認識がどのような変容をとげたのか興味深い問題であるが、ここで論ずるにはあまりに大きいので、最後に若干の見通しだけ述べて本章を閉じたい。

さきに見た［史料一］暦応五年四月二三日改定の五山位次は、永徳二年五月七日まで大略変動がなかったようである。すなわち『日工集』永徳二年五月七日条に、

君（足利義満）問二東西五山之起一、余（義堂周信）曰、昔暦応年間、先君（足利尊氏）秉レ鈞、創二置五山一、第一、建長・南禅、均等、第二、円覚・天龍、均等、第三、寿福、第四、建仁、第五、東福、其後、浄智・浄妙・万寿、逐旋以二準五山一而添入、遂号二相洛五山一、

と見え、第一位から第五位まで変更は見られない。この後、足利義満によって相国寺が開創されると、相国寺を五山に編入するために五山位次は大きく再編成され、基本的に確定する。『扶桑五山記』二には、［史料一］暦応五年四月二三日改定の五山位次とともに、至徳三（一三八六）年七月一〇日に再編成された五山位次が以下のように見られる。(38)

日本禅院諸山座位次第之事
五山之上／南禅寺
五山第一／天龍寺　建長寺
第二／相国寺　円覚寺
第三／建仁寺　寿福寺
第四／東福寺　浄智寺
第五／万寿寺　浄妙寺
右南禅者、為二勅願・皇居一之間、可レ為二五山之上一者也、仍長老・耆旧之位、可レ為二天龍・建長之上一、至二自余五山一者、随二京都・鎌倉之所在一、相互可レ為二賓主一之状如レ件、
至徳三年（一三八六）七月十日　左大臣（足利義満）御判

ここで興味深いのは、［史料一］暦応五年四月二三日改定の五山位次と、さきの永徳二年五月七日段階の五山位次からの変更点である。南禅寺を五山之上に昇格させたのみならず、これまで鎌倉側を上部に記していたものが、右の義満による再編成では京都側を上部に記すように変化しているのである[39]。ここに鎌倉五山と京都五山の上下関係の逆転が端的に表れているようにも思うが、深読みが過ぎるだろうか[40]。そうはいっても専制的な義満が関東に批判的にふるまっていることからすると、あながち見当はずれではないだろう。義満は義堂に「仍て戯れて曰く、吾れ（義満）聞く、関東の人謙遜太だ過ぐと。和尚（義堂）比ろ関東に在りき、是れ其の習俗か[41]」「君（義満）笑ひて曰く、自今以後、東帰の興を起すこと莫れ[42]」と冗談をいい、また「君（義満）色を作して曰く、関東の習気未だ忘れず[43]」「府君（義満）余（義堂）を責むるに、揖譲甚だ過ぎ関東の例の如くを以てす[44]」と怒りを露わにして義堂を叱責している。時には「余（義堂）曰く、野性久しく官寺（等持寺）に在るを欲せず。君（義満）

曰く、官寺に居ると雖も、只だ村院野寺の念を作せば則ち可なり[45]」と義堂をやり込めたこともある。こうした義満の言動は、東帰を望む義堂をことのほか重用していたから京都に引き留めていた、のみならず宗教政策の一環だったのではないだろうか。というのは、京都天龍寺住持太清宗渭の鎌倉建長寺新命推挙に対し「府君（足利義満）允さざるは在京を貴ぶ為なり[46]」と見えるように、禅の名匠を京都五山に充実させる意図があったと考えられるためである。

足利義満による本格的執政、それは康暦の政変（一三七九年。管領細川頼之の罷免）を契機に始まったとされるが、それ以前は、五山十刹の制度も流動的で未確立であり、比叡山との対立から、前述の南禅寺楼門破却事件や、室町幕府と北朝の連携による天龍寺落慶供養に際しても、勅願寺供養の格式を取り消され、光厳上皇の臨幸も実現できなかった。そもそも南北朝期の京都五山は脆弱な基盤しか持ち得ていなかったのである。そこへ義満は寺社勢力による嗷訴をしずめ、相国寺を創建し、天下僧録を登場させ、僧録は官寺統括機関として五山の中枢的機能を果たしていく。これらの施策は、京都五山優先の政策のもと講じられていったのではないだろうか。今後みずからの課題のひとつとしてゆきたい。

（1）『扶桑五山記』（鎌倉市教育委員会、一九六三年）三五・三六頁。

（2）「鎌倉御所氏満御教書」（「円覚寺文書」二九五号、『鎌倉市史』史料編第二所収）によれば、「都鄙五山座位事、京都御事書如レ此、早守二彼状一、可レ被レ致二其沙汰一之状如レ件」と二代鎌倉公方足利氏満が円覚寺長老に命じているように、鎌倉側でも「都」＝京都、「鄙」＝鎌倉の認識は共通であった。

（3）本章における引用は、『空華日用工夫略集』（太洋社、一九三九年）により、国際日本文化研究センター中世禅籍テクストデータベースで校訂を行った。

（4）『空華日用工夫略集』康暦二年九月二四日・一二月四日、康暦三年二月二三日・二六日、永徳元年五月一日・二日・

三日、永徳元年十二月十一日・二十二日、永徳二年一月二〇日条等。
（5）蔭木英雄『義堂周信』（研文出版、一九九九年）四三頁。
（6）玉村竹二『五山文学』（至文堂、一九五五年）一七三・一七四頁、西尾賢隆「元朝国信使寧一山」（『中世の日中交流と禅宗』吉川弘文館、一九九九年、初出一九九〇年）、芳澤元「鎌倉後期の禅林と文芸活動の展開」（『日本中世社会と禅林文芸』吉川弘文館、二〇一七年、初出二〇〇八年）等。
（7）榎本渉『僧侶と海商たちの東シナ海』（講談社学術文庫、二〇二〇年）一八〇頁。
（8）「天龍開山夢窓正覚心宗普済国師年譜」（『大正新脩大蔵経』第八〇巻所収）四八四頁。
（9）西尾賢隆「金剛幢下竺仙梵僊の渡来」（『中世の日中交流と禅宗』吉川弘文館、一九九九年、初出一九九一年）。
（10）「三会院遺誡」（『大正新脩大蔵経』第八〇巻所収）五〇三頁。
（11）『空華日用工夫略集』応安四年三月二〇日、応安五年八月一日条。
（12）「大覚禅師遺誡五条」（『大日本仏教全書』第九五冊所収）一一二頁。
（13）『大覚禅師語録』巻下「普説」（『大正新脩大蔵経』第八〇巻所収）七八頁。
（14）この合議の構成員は、『空華日用工夫略集』永徳二年正月三〇日条によれば、足利義満、足利満詮、斯波義将、斯波義種、春屋妙葩、太清宗渭、義堂周信である。この中の誰の言葉か史料上明確ではないものの、後に触れるように関東に批判的な足利義満の勘気を恐れずにこうした発言をしたのは、どうも管領斯波義将のような気がしてならない。
（15）「建長寺指図写裏書」（「建長寺文書」二〇六号、『鎌倉市史』史料編第三、第四所収）。同書二四二～二四三頁に写真が掲載されている。
（16）同様の段は、川瀬一馬校注・現代語訳『夢中問答集』（講談社学術文庫、二〇〇〇年）七一頁にもある。
（17）『元亨釈書』巻第六浄禅一「宋国道隆」（『国史大系』第三一巻所収）一〇四頁。
（18）『雑談集（中世の文学）』（三弥井書店、一九七三年）二五七頁。
（19）たとえば原田正俊は「研究史上いたずらにありもしない「純粋禅」を規定することは歴史的評価を誤ることになる」と端的にいっている。同「九条道家の東福寺と円爾」（『季刊　日本思想史』六八、二〇〇六年）九四頁。なお、「純粋禅」の問題をいささか論じた拙著「中世の禅僧と因果の道理―夢窓疎石・宗峰妙超・関山慧玄・一休宗純・道元―」

（稲葉伸道編『中世寺社と国家・地域・史料』法蔵館、二〇一七年）も参照されたい。
(20) 曹洞宗宏智派の禅僧で、夢窓疎石の塔銘、語録序を作成している。
(21) 康昊「南北朝期における幕府の鎮魂仏事と五山禅林―文和三年の水陸会を中心に―」（『中世の禅宗と日元交流』吉川弘文館、二〇二一年、初出二〇二〇年）一〇〇頁。
(22) 『空華日用工夫略集』観応二年、貞治六年三月一六日条。
(23) 『空華日用工夫略集』応安七年五月一五日条。
(24) 『空華日用工夫略集』応安八年正月一二日条。
(25) 『空華日用工夫略集』応安四年四月二三日条。
(26) 榎本渉「日中交流史の中の中世禅宗史」（末木文美士監修、榎本渉・亀山隆彦・米田真理子編『中世禅の知』臨川書店、二〇二一年）六四・七〇頁。
(27) 『沙石集』巻第十末ノ十二「格を超えて格に当たる」（新編日本古典文学全集、小学館、二〇〇一年）五九一・五九二頁、注(18)『雑談集』巻之第五―四「上人事」一七六頁。
(28) 愛知学院大学教授福島金治先生の御教示による。謹んで甚深の謝意を表したい。同「延慶改元・改暦への鎌倉幕府の関与について―『大唐陰陽書』付載文書の検討をてがかりにして―」（『国立歴史民俗博物館研究報告』二一二、二〇一八年）を参照されたい。
(29) 今枝愛眞「中世禅林の官寺機構―五山・十刹・諸山の展開―」（『中世禅宗史の研究』東京大学出版会、一九七〇年）一五六頁。
(30) 注(18)『雑談集』巻之第三―五「愚老述懐」一一八頁。
(31) 同様の段は、『沙石集』巻第十末ノ十三「栄西僧正位」（新編日本古典文学全集）六〇三・六〇四頁にもある。
(32) 『元亨釈書』巻第十七願雑二王臣「副元帥平時頼」（『国史大系』第三一巻所収）二五一頁。
(33) 「天龍開山夢窓正覚心宗普済国師年譜」（『大正新脩大蔵経』第八〇巻所収）四八九頁。
(34) 『空華日用工夫略集』応安二年正月一八日条。
(35) 『空華日用工夫略集』応安四年二月一八日条。

(36)『空華日用工夫略集』応安七年一一月二四日条。
(37)『空華日用工夫略集』応安三年正月九日条。
(38)『扶桑五山記』三八・三九頁。なお、『扶桑五山記』二には、ほかに位次決定日未詳の「日本諸寺位次」（同書三六頁）が［史料一］につづけて収録されているが、「第一　巨福山建長興国禅寺／瑞龍山太平興国南禅禅寺／第二　瑞鹿山円覚興聖禅寺／霊亀山天龍資聖禅寺」と鎌倉側をさきに記している。
(39)玉村竹二は「これは恐らく足利氏が、いよいよ関東武士的な本質を捨てて、京都に土着し、自らを公家化しようとする時代的風潮を示すもの」と解釈している。玉村注(6)書、一一頁。
(40)「都鄙五山座位次第事書案」（『円覚寺文書』二九四号、『鎌倉市史』史料編第二所収）によれば、京都から鎌倉に伝えられた至徳三年七月一〇日付の再編成は、鎌倉側が上部に記されている。これは書札礼として［史料一］で見た「賓主の礼」が表されているのだろう。
(41)『空華日用工夫略集』永徳二年二月一八日条。
(42)『空華日用工夫略集』康暦二年一二月四日条。
(43)『空華日用工夫略集』永徳二年三月七日条。
(44)『空華日用工夫略集』至徳二年九月三日条。
(45)『空華日用工夫略集』永徳二年正月三〇日条。
(46)『空華日用工夫略集』永徳二年正月三〇日条。

〔付記〕　大会当日の総合討論で［史料一］傍線部①「都鄙により座位を改めよ」という共通の価値観の実効力が課題として浮かびあがった。『空華日用工夫略集』嘉慶元（一三八七）年七月一九日条によれば、義堂周信はその清廉な性格から足利義満の命で集会において上に位することを嫌がっており、仮病まで使った事跡も見られる。こうした複雑な一面も留意しておきたい。

第9章 「東海」地域の成立と京・関東

水野智之

はじめに

本章は日本中世における「東海」地域に焦点をあて、その成立過程を考察するものである。京・関東の状況を考慮しながら、「東海」地域の成立を明らかにすることは、東西ないし都鄙の観点から、従来の日本中世史像を捉え直すことにつながると考える。

「東海」とはそもそも古代の東海道という行政区域、あるいは街道の名称である。現代に認識されている愛知・岐阜・三重・静岡県の一部を含む領域を「東海」とみる認識は近代・現代になって明確になるが、中世においてそのような認識や地域的なまとまりはどの程度うかがわれるかを探る試みでもある。

都鄙の問題は戸田芳実によって、都市・交通・経済の問題として提起され[1]、それぞれの分野の研究と関わり合いながら研究が進められていった。経済や流通に関しては、地域経済圏、首都経済圏といった議論へと展開した[2]。中世における「東海」地域の検討は、このような研究の潮流のなかに位置づけることが可能であろう。

ただし、これまで中世における「東海」地域を対象とする試みは必ずしも積極的になされてきたわけではなかった。従来から、「東海」地域は東（鎌倉）と西（京都）に挟まれた中間地域であるとか、「東と西のはざま」などと説かれてきたが(3)、ここには中世社会の「東国」「西国」の特質をめぐる議論があり(4)、それを踏まえて、「東海」は東国的か、西国的かとの観点による検討、評価がなされてきたにとどまると言ってよい。

その一方、おもに古代史の立場から、「東海学」の提起もなされた(5)。「東海」の各地域の特質を探るとともに、東海地域の土器や陶器の流通などを扱う。その提言はＮＰＯ法人東海学センターの研究課題として継承され、現在では幅広い時代から「東海」の特質を探る検討が行われている。また、織豊期にはなぜ東海地域から統一政権が形成されたかという問題関心のもと、「東海」の観点や措定がなされ、その特質も考察されてきた(6)。

このような研究状況のなか、自治体史の刊行が相次ぎ、愛知・岐阜・三重・静岡の各県史が揃ったことにより、東海地域を見渡しやすい研究環境が整った。これをうけて、二〇一二年に開催された中世史研究会四〇周年記念大会では「日本中世史のなかの東海地域」をテーマに掲げ、東海地域に関する研究報告、討論がなされた(7)。ここでは、東海地域の対象化をはかるとともに、「東国」「西国」像の相対化、地域の多様性や特質などが議論された。東海地域を日本中世史のなかに積極的に位置づける試みはこれまで十分になされていなかったため、この地域の歴史や特質を探る上で大きな成果であったが、東海地域を対象化して考察する中世史研究は始まったばかりと言っても過言ではない。

そこで、本章では、中世の「東海」地域の状況について検討し、「東海」地域やその認識の成立、展開を探る。「東海」地域はおおよそ伊賀、伊勢、志摩、尾張、三河、美濃、遠江、駿河、伊豆国を対象としている。これらの地域から特徴的な出来事をもとに考察していく。

一 院政期〜鎌倉期の「東海」地域と京・関東

中世前期の「東海」地域の状況はどのようであったか。岡野友彦は一二・一三世紀の宇治・山田の「権門都市」化から「関東と伊勢、さらには神宮領荘園の多数散在する〈東海地域〉と伊勢との間における一定の流通と地域経済圏」が存在し、このような「神宮と神宮領荘園とを結ぶ流通網こそが、中世前期における〈東海地域経済圏〉」であると説いた(8)。これより中世の「東海」地域は存在したと見なされている。伊勢湾、太平洋水運による流通・経済は、中世の「東海」地域において重要な役割を果たしていたと考える。

時代はさかのぼるが、宝亀一〇（七七九）年八月一五日、焼失した伊勢神宮正殿などの再建が伊賀・伊勢・美濃・尾張・三河五か国に命じられている。延暦一〇（七九一）年、仁安四（一一六九）年にも、焼失した伊勢神宮の建物の再建がこれらの国々に命じられていることから(9)、奈良時代より伊勢国とその周辺国は伊勢神宮を支える上で一定のまとまりがあったと朝廷から認識されていたと考えられる。このような地域的なまとまりは、のちの伊勢国宇治・山田に収斂される経済構造の前提をなすものと思われる。

ただし、「東海」地域には伊勢神宮の荘園の他にも多数の荘園があり、京都・奈良に流通する経済構造が重層的に展開していることに留意する必要がある。伊勢国宇治・山田に収斂する経済圏を支える上皇、貴族など政治権力の存在も十分に明らかにされているとは言い難い。よって、東海地域経済圏の成立は、「東海」地域を成立させる大きな作用をもたらしたが、政治権力と一体化した地域としてはまだ十分に完成していない段階であったと見なされる。

政治勢力の観点で、「東海」地域はどのような状況であったか。この点は十分な検討がなされておらず、一部の国や特定の一族の検討にとどまっているようである。知行国主や国司について、たとえば、摂関期・院政期の三河国の受領に関する検討はなされている。松薗斉によって、一二世紀に三河守は院近臣の特定の血縁者に多く任じられていたことが明らかにされた[10]。勧修寺流藤原氏の藤原顕隆（一〇七二～一一二九）の子顕長（一一一八～六七）は、保延二（一一三六）年から久安元（一一四五）年までは三河守、久安二年から久安五年までは遠江守、同年から久寿二（一一五五）年には再び三河守となった。三河国と遠江国の国司任期は、一九年にも及んだのである。このような隣国のつながりは確かめられるが、「東海」地域において近親による長期的な関与がある程度の広域に及んでいたかどうかは不明である。

武士については、青山幹哉によって美濃源氏（重宗流源氏）と伊勢平氏の東進・北進といった地域的な展開が説かれている[11]。源重宗は美濃国方県郡を本拠として勢力を伸ばした。院政期には重宗の孫重遠が尾張国に来住し、その子孫は同国に勢力を広げた。彼らは鳥羽院に仕える武士となり、尾張国山田荘や同狩津荘などの院領荘園を立てて自らの支配地とした。平致頼の子致経は本拠地の伊勢国桑名郡から尾張国に入り、同国海西郡か海東郡の郡庁を自らの「宅」とするなど、伊勢平氏は木曽・長良川流域に及んだ。致頼流の長田忠致は駿河国有度郡長田荘に拠点をもち、尾張国知多郡野間内海を院領荘園とした。

このような動向は明らかにされているが、重宗流源氏が「東海」地域に強い勢力をもちえたかどうかは判然としない。美濃源氏と伊勢平氏とが住み分けをしていたようにも捉え得る。尾張国には院近臣熱田大宮司一族もいたため、各氏族が分立していた印象が強い。このように院政期の「東海」地域に近親もしくは同一の立場にある政治権力が広く展開していたことは確かめ難い。

それは、源平合戦を経て、鎌倉幕府が成立しても同様であったと思われる。治承五（一一八一）年三月、墨俣川・矢作の合戦では、源氏・平氏の軍勢がそれぞれの勢力圏を広げようと戦った。源行家は三河・尾張国の武士の編成を試みたが、行家と源頼朝が不和になると、尾張・三河は京都（院）・鎌倉（源頼朝）の勢力が十分に及ばない中間的な地域となったようである。その後も、美濃・尾張源氏はやや独立的な動き、つまり京都側とのつながりをもつことがあり、幕府からはやや距離があったとみられる。このため幕府や公家政権を背景とする特定の武士の一族が「東海」地域に広く勢力を及ぼしたわけではなかった。

その一方で、鎌倉幕府が成立すると、「東海」地域の形成が促された面もあった。一つは京・鎌倉往還の整備である。文治元（一一八五）年一一月、幕府は駅路の法を発し、宿の整備、京都・鎌倉間の伝馬・食料などの提供を定めた。守護・御家人による宿の管理、またその一族が宿の長者を務めていたことが知られる。[12]京・鎌倉往還には多くの通行者があり、「東海」地域において京・鎌倉往還の重要性は高まった。「海道記」をはじめとする紀行文も著され、京・鎌倉の中間地としての「東海」地域の認識は強まったと思われる。

もう一つは「関東」の成立である。本来、関東とは三関より東の地域を指す語であったが、鎌倉幕府を「関東」と呼ぶようになった。源頼朝の知行国として、文治二（一一八六）年には相模、武蔵、伊豆、駿河、上総、下総、信濃、越後、豊後国が挙げられている。[13]ここには北陸や九州地方の国もあったが、知行国としてのちに継続した国は相模、武蔵、駿河、伊豆国である。鎌倉中期以降、関東御分国などと呼ばれ、おおよそ幕府を指す「関東」の意味に加えて、幕府の支配する東国を「関東」とする認識が徐々に定着したのではないか。東海道の行政区域のなかでも、東域の相模、武蔵、駿河、伊豆国などは「関東」が支配を強める国々として意識されたのならば、東海道の領域から「関東」地域を除いて残された西域が「東海」地域と見なされる作用をもたらした可能性を想定できる。

承久の乱では、後鳥羽上皇方に与した山田氏ら尾張源氏は没落した。また尾張守護の小野氏、美濃・伊勢・伊賀守護の大内惟信も失職した。[14]美濃は宇都宮泰綱、伊勢は北条時房、伊賀は千葉頼胤が任じられたと推定されており、いずれも幕府の影響が強く及ぶようになったと見なされる。足利義氏は三河守護に任じられ、矢作に守護所が置かれた。後述するように、矢作はのちに「東海」地域の拠点の一つになった。駿河・遠江守護は承久の乱前後にかけて変更なく、北条氏が保持しており、「関東」の影響下にあった。

尾張の知行国主坊門信清は乱後に流罪となったが、暦仁二（一二三八）年までに近衛家が知行国主となっていた。[15]寛元三（一二四五）年、藤原頼経・九条道家らの支持により名越時章が尾張守となるが、その翌年二月には近衛家より後嵯峨上皇の分国へと交渉がなされ、以後、院分国となった。三河国は乱の前後にかけて後鳥羽上皇の母七条院の分国が維持されている。

これらのことより、「東海」地域で幕府方の勢力は一旦強まったが、尾張・三河国の知行国主・分国主には院・貴族が見られ、その影響はなお維持されていたと考えられる。したがって必ずしも幕府の勢力のみが強まったとは言い難い。

鎌倉後期には幕府と六波羅探題の裁判管轄区域が変更された。文暦二（一二三五）年から永仁五（一二九七）年の間、加賀・越前・美濃・尾張・伊勢国は六波羅探題の管轄とされたが、永仁五年から元応元（一三一九）年中には、三河国が六波羅探題の管轄に加えられた。しかし、元応元年五月五日に六波羅管轄国の東限は近江・伊賀国に変更され、その翌年には元に戻された。このような「東国」（鎌倉幕府、関東）と「西国」（六波羅探題、京）の管轄の揺れは「東海」地域成立の阻害要因の一つとなったと推測される。

なお、都鄙の観点から捉え直すと、幕府の存在は京の人々をも鎌倉で訴訟させる程の影響をもたらし、中世国家における幕府の政治的立場の上昇と権力の強化に伴い、鎌倉（関東）は鄙であるという認識は弱まっていったかと思われる。

以上をまとめると、院政期から鎌倉期にかけて「東海」地域は伊勢神宮、宇治・山田を核とする流通経済圏が存在していたが、それを支える政治的な構造が十分に確かめ難いこと、つまり京都（公家政権・六波羅探題、院・

貴族）、関東（鎌倉幕府、守護）の影響が折り重なりつつ、せめぎ合う状況が確かめられ、両者が時に協力してこの地域のまとまりを意識して支配を行っていたという様相がうかがわれないことから、「東海」地域は十分に成立したわけではなかったと判断する。ただし、京・鎌倉往還への幕府・守護・御家人の関与やそれを利用する人々の増加、交通・流通・文化面等の意義の高まりにより、「東海」地域の素地は次第に形成されていったと思われる。

二　南北朝期の「東海」地域と京・関東

鎌倉末期の「東海」地域の守護は、遠江国―大仏貞直、駿河・伊豆国―北条高時、尾張国―名越宗教、伊勢国―金沢貞冬、伊賀国―千葉貞胤、美濃国―北条政高（推定）であり、三河国は足利高氏と見なされている。三河国以外の守護はおおよそ北条氏が務めていたわけであるが、松島周一によると、このことは足利氏が鎌倉幕府と六波羅探題を攻撃するにあたって重要であったと考えられている。つまり、三河国は鎌倉幕府（関東）・六波羅探題（京）攻撃にあたって、足利氏が二正面作戦を展開する上で重要な拠点となったこと、また京都に一歩遅れている関東の足利方の動きを側面から援助するために、矢作川という天然の要害を擁して、畿内に展開した幕府軍からの人員や情報の流れを遮断する砦ともなり得たということである。(16)

これより足利氏は後醍醐天皇方として倒幕に加担し、建武政権が発足した。そこで「東海」地域の国司と守護を確認したい。(17)

	国務管掌者	国司	守護
伊豆国	足利尊氏	上杉重能	足利尊氏
駿河国	足利尊氏	脇屋義助か	脇屋義助か、足利尊氏

遠江国	足利直義	宇都宮貞泰、新田一門か	足利直義（大井田義氏）
三河国	足利尊氏	橘知任、吉見頼隆	足利尊氏（大井田義氏）
尾張国	足利一門（尊氏か、足利高経）、洞院実世	足利高経、海老名季景、洞院実世	足利一門か、新田一門か
美濃国	新田一門か	堀口貞世か、堀口貞満	土岐頼貞か、新田一門か
伊勢国	吉田定房、北畠親房、北畠顕信	吉田定房か、結城大田親光、大中臣蔭直、北畠顕信	結城大田親光、愛洲太郎左衛門尉
伊賀国	恵鎮（東大寺）	岡崎範国、里見時成（名国司）か	千葉貞胤
志摩国	北畠氏か	（未詳）	（未詳）

これより伊勢・伊賀国を除き、尾張国以東の国々で、足利氏が国務管掌者であったことがうかがわれる。とくにその後の尾張・三河国では、足利氏家宰の高一族の師泰や師兼が守護に任じられており、足利氏の影響は強く及び続けた。美濃国は新田氏や土岐氏、伊勢・伊賀国は公家政権ないし寺院（東大寺）の影響が強かったが、伊勢・伊賀国は後の時代もやや独自の展開があるように見受けられる。

観応・文和年間の「東海」地域の状況についても、松島周一による詳細な分析がある。[18]その経緯は次のようにまとめられている。

①観応二（一三五一）年末から、幕府の対応の遅れにより反幕府勢力が強大化する。
②文和元（一三五二）年後半以降、幕府からのてこ入れにより現地の混乱は沈静化する。（半済令の適用）
③その結果、当該地域の反幕府勢力は京都近辺へ移動した。それが翌文和二年後半の幕府自体の危機につながる。
④どの段階においても、幕府を支える中心となったのは、土岐頼康の軍事力であった。

⑤そのため、幕府は土岐氏のような有力守護に依存する体制とならざるを得なかったし、また土岐などの軍事力を支えるための措置をとらざるを得なかった。

以上より、当該期の「東海」地域において土岐頼康の果たした軍事的な役割は大きかったことがうかがわれる。①の時期に頼康は三河国幡豆郡の敵対勢力と戦い、足利尊氏の指示のもと、三河国の武士と協力することもあった。頼康は康永元（一三四二）年に美濃守護に、観応二（一三五一）年に尾張守護に就任した。続いて延文五（一三六〇）年から貞治五（一三六六）年の期間に、また康暦元（一三七九）年以降に伊勢守護も務めた。三か国守護となった土岐頼康は伊勢湾を囲む一大勢力を形成し、「東海」地域の形成に大きな影響をもたらしたと考えられる。

また、文和二（一三五三）年六月に京都を追われた足利義詮、後光厳天皇が一時美濃国に退避したことも、「京都」勢力と土岐氏との連関、つまり「京」と「東海」地域の連関を強めたと見なしうる。美濃・尾張守護土岐頼康は「仮大内已下」を用意し[19]、武士が美濃国小島の内裏を警固した[20]。足利義詮は若狭国の本郷氏に対し、近日に京都を攻めるので国中の地頭御家人に用意をさせ馳せ参るように指示している[21]。後光厳天皇は伊勢神宮に天下が静謐し、皇都へ還幸などと記した願文をおさめた[22]。このときの美濃国小島は天皇の居所として、短期間ながら「東海」地域のなかでの求心性を高めたと言えよう。

観応の擾乱で高一族が没落すると、三河国では仁木義長が守護を務め、今川氏は駿河・遠江国の守護を務めることにより、足利尊氏・義詮が、もともと三河国に拠点をもっていた足利一門の武士を通じて地域支配を維持した。三河国では仁木氏のあとに新田義高が守護を務めたが、康暦元（一三七九）年までに再び足利一門の一色氏が守護に任じられた。

なお、鎌倉府の機構が整えられてその管轄地域が定められていくと、「関東」の勢力が「東海」地域を広く支配する状況はみられなくなる。同時に「関東」地域の認識も強まったことであろう。これらのことは「東海」地域の成立を促進する作用をもたらしたと思われる。

以上をまとめると、鎌倉最末期に「東海」地域は三河国を除き、北条氏一門の勢力が強く、建武政権時ではとくに尾張国以東で足利氏が国務管掌者となった。室町幕府の成立にかけて三河国は足利氏にとって、「京」と「関東」の中間地域として重要な役割を果たした。尾張国以東の「東海」地域のなかで、三河国は足利氏の重要な拠点であった。観応の擾乱では、土岐頼康を中心とする軍事力をもって反幕府勢力を退けるにいたった。その結果、美濃・尾張、のちに伊勢国も加わる三か国守護の土岐氏の勢力が展開した。三河国では仁木義長が、駿河・遠江国では今川氏が守護を務めることにより、室町幕府を支える土岐氏・足利一門による政治勢力が「東海」地域に広く展開した。このような土岐氏の領国と足利一門の守護を通じた足利尊氏・義詮の地域支配のあり様から、南北朝期においては「東海」地域の一体性が鎌倉時代以前よりも強く認識されたと思われる（「東海」地域成立の第一段階）。

三　室町期の「東海」地域と京・関東

嘉慶元（一三八七）年一二月二五日に土岐頼康が没すると、その子として康行（実は頼康の弟頼雄の子）が家督を継いだ。康行の弟満貞は当初、康行の代官として京都で美濃・尾張の政務にあたっていたが、満貞は自らが惣領になることを望み、康行や従兄弟の詮直を陥れたという（『明徳記』）。満貞は将軍足利義満に働きかけて、尾張守護に任じられた。嘉慶二年五月、それに不満を募らせた土岐康行・詮直が土岐満貞と尾張国で合戦に及んだ。両者の戦いは翌年にも起こり、明徳元（一三九〇）年閏三月に康行方は敗北した。その結果、美濃守護職は土岐康行に代わって土岐頼忠に任じられ、尾張守護は引き続き満貞が務めることとなった。足利義満は土岐氏の勢力の削減を意図したとみられるが、土岐氏の後継者争いは、これまでに形成されていた「東海」地域の一体性を減少させる作用をもたらした。

この頃、尾張守護の管轄領域は分割されて、知多郡は一色氏、海東郡・海西郡は山名氏の支配が認められた。一色氏と山名氏は足利氏の一門であったが、これらの郡が、尾張守護を務める一族とは別の者が管轄することとなり、尾張国内の一体性は弱まった。ひいては土岐頼康が三か国守護を務めていた時期の「東海」地域の一体性を弱めることにもなった。

明徳三（一三九二）年、土岐満貞は尾張守護を改替され、畠山深秋が任命された。その後、今川仲秋、今川法珍、畠山基国らが任じられていったが、応永七（一四〇〇）年頃に斯波義重となり、以後、一五〇年余り斯波氏が尾張守護を務めた。斯波氏は越前、尾張国に続いて、応永一二年頃から、遠江国の守護を認められた。それは文亀元（一五〇一）年頃まで続いた。斯波氏が尾張国と遠江国の守護を務めたことは、「東海」地域の一体性を維持する上で重要なことであったと考える。

一五世紀になると、幕府と鎌倉府の対立が激化し、応永二三（一四一六）年には上杉禅秀の乱が起こった。幕府は足利持氏を支援するため、駿河守護の今川範政らに出陣を命じた。これは諸大名が衆議し、駿河国は「京都御管領之間」という意見に基づいている[23]。

その後も駿河国は京都（幕府）側の勢力下にあった。応永三〇（一四二三）年、足利持氏は京都扶持衆を攻撃したため、甲斐氏・織田氏は持氏の攻撃に備えて、遠江国に下向した[24]。永享六（一四三四）年、醍醐寺三宝院満済と管領細川持之は将軍の意を受けて、鎌倉府謀反の際の三河勢の駿河派遣などについて、今川下野守から意見を聴いている[25]。永享一〇年に、永享の乱が起こり、幕府方と持氏方が合戦となると、幕府方から軍勢が「関東」に派遣され、「東海」地域は京都側の勢力として組み込まれていった。

永享一二（一四四〇）年の結城合戦で、斯波持種は尾張守護の名代として関東出兵のための軍勢を率いて、京都から出発した(26)。これより斯波氏は尾張・遠江国の支配を通じて関東への備えの役割も果たしていたことが知られる。永享年間に幕府では越後・信濃・駿河国から関東への軍勢を発向することが検討されたが、これらの領域は京都政権が軍勢動員をなしうる東限であったとみなされる。とくに、駿河国は「関東」と対峙する前線、つまり「東海」の東限として、「関東」との境界の認識も強まったように推測される。

「東海」地域を捉える上で、海上交通・流通にあらためて目を向ける必要がある。伊勢海は「東海」と呼ばれており、大湊と品川を結ぶ太平洋海運もなされていた(27)。また、一五世紀前半の一色氏は三河国、尾張国知多郡・海東郡、丹後国を領国としており、若狭湾・伊勢湾を押さえ、日本海・太平洋海域の拠点となる地を支配していた(28)。一色氏は永享四（一四三二）年に再開された勘合貿易の寄合船派遣にも参加している（「吉田家日次記」）。

永享一二（一四四〇）年に一色義貫が謀殺された後、三河守護は細川持常に与えられたが、その後も一色氏は伊勢国北部や尾張国知多郡、三河国渥美郡を領して、伊勢湾周辺の支配を継続した(29)。ただし、一色氏が排他的に海上交通・流通を独占していたわけではなく、「東海」地域の諸勢力は広く伊勢湾の海上交通・流通に関与、利用する状況にあったと思われる。

一五世紀半ばになると、斯波義敏と甲斐氏ら家中の対立が激しくなった。享徳元（一四五二）年九月一日、斯波義健が死去し、家督は義敏が継いだ。しかし、斯波義敏は甲斐常治・朝倉孝景らと関係が悪く、家中では争いが続いた。このため、斯波氏は次第に越前国での影響力を低下させていった。このことは越前国が政治的な対立により尾張国から徐々に切り離されていくことを意味し、「東海」地域の形成を促進したように見なされる。

また、享徳の乱において幕府は「関東」へ介入した。引き続き、駿河守護今川氏が関与し、堀越公方が派遣されたが、このことはなお「東海」地域が京方、つまり幕府方の領域として機能し続けていたことを示している。

応仁・文明の乱の際、尾張・美濃国では西軍方の勢力が強かったと言える。織田敏広と斎藤妙椿など美濃国と尾張国の勢力の結びつきがうかがえるが、「東海」地域のうち、東軍方・西軍方に分かれて大きく対立する国もあった。たとえば、三河国では、東軍の細川氏と西軍の一色氏の対立がみられる。そのため、「東海」地域は、以前ほどの一体性を確かめることができず、各地域で分断されている様相がうかがわれる。

一五世紀末から一六世紀初頭にかけて、遠江国をめぐる斯波氏と今川氏の対立が起こった。明応三（一四九四）年に、駿河守護今川氏親とその後見伊勢宗瑞が遠江国に侵攻したためである。尾張守護代の織田伊勢守一族と織田大和守一族ともに美濃国での船田合戦に関与したため、斯波氏は遠江国への対応を十分に行えなかった。のちの永正年間に今川氏親は東三河・西三河に侵攻し、一六世紀の戦乱が続く状況へと展開した。このため、「東海」地域の政治的な一体性、連関性は脆弱になったと見なされる(30)。

以上をまとめると、室町期には南北朝期にみられた「東海」地域のまとまりがやや弱体化する傾向がみられるが、京都の幕府と関東の鎌倉府が対立する状況において、「東海」地域は、幕府にとって「関東」に対する前線として機能した。斯波氏の越前守護職の喪失は「東海」地域の成立に寄与したが、応仁・文明の乱による対立、遠江・美濃国における戦乱により、「東海」地域の政治的な一体性、連関性は弱まったと思われる。

四　戦国・織豊期の「東海」地域と京・関東

一六世紀の「東海」地域の各国では大名らの台頭とそれに伴う対立がみられる。一六世紀初めには斯波氏や今川氏が遠江国をめぐって戦い、斯波家中においても甲斐氏らの家臣との対立・合戦などを通じて、「東海」地域の一体性は一層弱まったように見える。さらに新たに台頭した斎藤・織田・松平・今川氏らの対立によって、あたかも分断されたかの様相がもたらされたようにも見受けられる。

しかし、これらの大名はつねに対立し合戦に及んでいたのであろうか。斎藤利政（道三）と織田信秀、信秀と今川義元は対抗していたが、時々の政治状況によって連携がなされることもあった。そこには各大名に通じていた人物の存在が確かめられる。

天文一三（一五四四）年に水野十郎左衛門尉は、合戦に及んでいた斎藤利政と織田信秀の双方と交流を保ったり、音信を遣わしていたりしたことが知られる。斎藤利政（道三）は織田信秀との戦いに大勝し、水野十郎左衛門尉に対し、松平広忠と連携することをすすめた。次の史料はそのことを伝える斎藤利政の書状写である。(31)

［史料一］斎藤利政書状写

厥以後無音、非本意存候、仍一昨日及合戦切崩、討取候頸注文、水十（水野十郎左衛門尉）へ進之候、可有御伝語候、其方御様躰、
雖無案内候、愚意令申候、此砌松次三（松平広忠）被仰談、御家中被固尤候、是非共貴所御馳走簡要候、然者申談、近年
織弾（織田信秀）任存分候、遣趣自他可申顕候、岡崎之義、御不和不可然候、尚期来信候、恐々謹言、
九月廿三日（天文一三年）　利政（斎藤）（花押影）
安心軒
瓦礫軒　玉床下

斎藤利政は、水野十郎左衛門尉に対して、松平広忠と相談し、水野家中を固めることが肝要であると述べている。安心軒、瓦礫軒は水野家の使者を務める者である。ここには斎藤氏・水野氏・松平氏が連携する構想が伝えられている。

その一方で、織田信秀は、水野十郎左衛門尉が陣中見舞いをしたことに対して返礼した。次はその書状写である。(32)

［史料二］織田信秀書状写

此方就在陣之儀、早々預御折紙、畏存候、爰許之儀差儀無之候、可被御心安候、先以其表無異儀候由、尤存
候、弥無御油断、可被仰付儀肝要候、尚林新五郎（通勝）可申候、恐々謹言、
（天文一三年）閏十一月十一日　織田弾正忠 信秀
水野十郎左衛門尉殿 御返報

水野十郎左衛門尉は斎藤利政と敵対する織田信秀とも音信を交わし、交流していた状況より、織田・斎藤氏が対立しつつも、「東海」地域の観点から見れば、水野氏が両者をつなぐ役割を果たしていたように映る。

天文一五（一五四六）年一一月二五日以前に、安心軒は今川氏のもとに訪れていたことが知られる(33)。それは、水野氏が今川義元と協議し、織田信秀は水野氏を通じて義元と手を結び、義元と敵対した松平広忠の討伐をはかるためと推測されている。翌天文一六年に織田信秀は今川義元と相談して三河に出兵し、岡崎城の松平広忠を攻めて降伏させた(34)。

その後、三河国での情勢が変わり、織田信秀と今川義元が決裂した。天文一七（一五四八）年三月に三河国小豆坂で織田信秀は今川義元の軍勢と戦った。勝敗は決しなかったが、この年の秋に織田信秀は尾張守護斯波義統・守護代織田達勝と和睦し、さらに美濃国の斎藤道三とも和平交渉を行った。それは天文一八年にかけて進められ、織田信秀の子の信長と斎藤道三の娘の婚姻もなされた。これより尾張国と美濃国の連携がなされることとなった。

これらの状況により、斎藤・織田・今川氏の大名らは対立しつつも、水野氏によって時につながることが確かめられ、美濃・尾張・三河の領域の一体性が再び醸成されてきたと見なされる。

加えて、京都の天皇・将軍らの和睦命令によって、「東海」地域の一体性やその認識が促進された。天文一九年から二〇（一五五〇、五一）年にかけて、後奈良天皇と足利義輝が今川義元と織田信秀に対し、和睦を斡旋した

とみられる[35]。足利義輝は、近衛稙家を通じて両者の和睦を斡旋した。すでに義元が尾張の一部を制圧したことに対し、稙家は「天下之名誉不可如之候」と義元に伝えている。この和睦は一時的なものにとどまったが、「東海」地域の一体性、連関性を形成する作用をもたらしたと思われる。

織田信秀の死後に家督を継いだ織田信長は今川氏への強硬姿勢を示し、永禄三（一五六〇）年の桶狭間の戦いで今川義元を討った。その後、松平元康（のちの家康）は永禄四年五月までに織田氏と同盟し、「東海」地域において大きな政治勢力が創出された[36]。織田氏は斎藤義龍や今川氏真と対立しつつも、織田・松平氏はその支配領域を広げていった。織田信長は犬山城主織田信清との戦いを経て、美濃国の稲葉山城を攻めた。永禄九年に足利義昭により、斎藤義龍と織田信長の和睦がなされ、これは「東海」地域の一体性の作用をもたらしたが、最終的に信長は和睦に応じず、美濃国への侵攻をはかった。再び両国は分断状況に陥ったが、結局信長が稲葉山城を攻略して斎藤氏を退け、美濃国を支配下に組み込んだ。永禄一一年二月、信長は伊勢国に侵攻し、北伊勢は織田領国となった。三河国内では、一向一揆との戦いにあたって、松平家康は家臣団の動揺を抑え、東三河への侵攻をはかった。それは遠江国にも及び、最終的に永禄年間に斎藤・今川氏は織田・松平（徳川）氏に屈服することで、これらの領域を組み込んだ政治勢力が尾張・美濃・伊勢・三河・遠江国に成立した。これは再度の「東海」地域の成立と考えられ（「東海」地域成立の第二段階）、第一段階の成立時よりも一体性を強めたと見なされる。

元亀年間には近江浅井氏、越前朝倉氏、大坂本願寺、甲斐武田氏による、いわゆる信長包囲網が築かれ、織田・徳川氏は苦境に立たされた。織田氏は畿内を支配下に置いていたが、岐阜城を信長の居所とする「東海」地域は織田・徳川連合政権の本拠地として、その一体性を保っていたと思われる。天正三（一五七五）年の長篠の戦いでは信濃および三河、美濃の国境付近での対立により、「東海」地域の認識はさらに強まったと考えられる。

おわりに

「東海」地域の成立、推移をおおよそ考察し、中世を通じて、「東海」地域の一体性、連関性が断続的ながらも継続されたこと、「東海」地域は織田・徳川連合政権の際に、もっとも強く認識され、一体性を強めていたであろうことを説いた。

こののち、「東海」地域はどのように推移し、認識されたのであろうか。天正四（一五七六）年に安土城の建造が開始され、天正七年五月に信長が岐阜から安土城に居所を移すと、「東海」地域の政治的、経済的機能の一部は安土城下に移り、岐阜城の役割は変容したと推測される。天正一〇年の本能寺の変により、信長の後継者争いが起こった。天正一二年の小牧・長久手の戦いでは、北伊勢・美濃において羽柴秀吉の勢力が強まるが、尾張・三河国の連関性は強まったとみられる。ただし、長久手合戦に勝利した際、徳川家康は「上洛」すると述べており[37]、「東海」地域を拠点とする政権構想ではなかったようである。

豊臣秀吉は大坂城を築き、のち聚楽第、伏見城を建てた。天正一八（一五九〇）年に、徳川家康は関東に移封され、尾張・三河国などは豊臣秀次および豊臣大名らが入部した。首都は京都であるが、豊臣期の重要な都市として伏見、大坂、そして江戸が展開した。京都・大坂・伏見は連動性・多様性や「首都」の多重性が指摘されている[38]。

「東海」地域の都の可能性とその消失は、日本中世の都鄙や首都の機能を考える上で、いくつかの示唆が得られる。豊臣政権の展開を経て、「東海」地域はややその地域的な一体性を弱めたようにも見受けられるが、関ヶ原の戦い前後では、徳川方の影響の強い地域として展開した。

この頃の「東海」地域において、清須の繁栄は留意すべきである。慶長一二（一六〇七）年、朝鮮の通信使団一行の慶運は「関東の巨鎮」と記した[39]。その清須はやがて名古屋に城下町を移転することとなり、徳川幕府による大坂包囲網の一環として、「東海」は名古屋城を拠点とし、西国の勢力を東海道で抑える地域とされた。

江戸時代にかけて、名古屋や周辺の町は「東海」や列島においてどのように位置付けられるか。あわせて、「東海」の用語については近代の状況を確認する必要がある。本来ならば、近世以降の「東海」地域もあわせて検討すべきであるが、それは後日の課題としたい。

（1）戸田芳実『初期中世社会史の研究』（東京大学出版会、一九九一年）。
（2）鈴木敦子『日本中世社会の流通構造』（校倉書房、二〇〇〇年）、早島大祐『首都の経済と室町幕府』（吉川弘文館、二〇〇六年）など。
（3）たとえば、三鬼清一郎編『愛知県の歴史』第三章「中世の尾張・三河」渡邉正男執筆（山川出版社、二〇〇一年）には、「東と西のはざま」という節がある。近年刊行された『愛知県史　通史編二　中世一』（愛知県、二〇一八年）にも「東国と西国のはざまで」という小見出しのなかで、その説明がなされている。
（4）網野善彦『東と西の語る日本の歴史』（そしえて、一九八二年）。
（5）森浩一編『第八回春日井シンポジウム　東海学の創造をめざして』（五月書房、二〇〇一年）。この「東海学」は、一九九三年から愛知県春日井市で毎年開催された春日井シンポジウムにおける古代史の研究成果を踏まえながら、八年目のシンポジウムのテーマとして提起されたものである。
（6）藤田達生「織田政権と尾張—環伊勢海政権の誕生—」（『織豊期研究』創刊号、一九九九年）など。
（7）「特集四〇周年記念大会　日本中世のなかの東海地域」（『年報中世史研究』三八、二〇一三年）所収の諸論文および「討論記録」。
（8）岡野友彦「権門都市宇治・山田と地域経済圏」（『年報中世史研究』三八、二〇一三年）。
（9）『兵範記』仁安四年正月一二日・一四日条。なお、貴田潔によって、伊勢国は「東海」地域のなかでも不動産価格が高額であったことが明らかにされている。南北朝期から戦国時代の土地の反別価格は伊勢国で七・三〜一一・五貫文、美濃・尾張・三河・遠江国で一・八〜五・一貫文であったとする。同「中世後期の売券群にみる東海地方の不動産価格の試算」（中世史研究会報告レジュメ、二〇二一年五月）。

(10)　松薗斉執筆、第六章第四節「院政政権と三河国」（『新編安城市史一　通史編　原始・古代・中世』二〇〇七年、安城市）。

(11)　青山幹哉執筆、第二章「公武両政権下の尾張」（『新修名古屋市史　二』名古屋市、一九九八年）、同執筆、第二章第一節「院政期の尾張・三河の動向」（『愛知県史　通史編二　中世一』）。

(12)　高橋典幸「鎌倉幕府と東海御家人―東国御家人論序説―」（『鎌倉幕府軍制と御家人制』吉川弘文館、二〇〇八年所収、初出は二〇〇五年）。

(13)　『吾妻鏡』文治二年三月一三日条（『新訂増補国史大系』）。

(14)　承久の乱以前に、小野氏や大内惟信らが共同して「東海」地域内にある程度のまとまりをもつ支配や影響をもたらしていた様相は現時点で確認できていない。

(15)　この頃の尾張国の国司や分国主については、松島周一「寛元四年の「院分国」尾張をめぐる攻防」（『愛知県史研究』二〇、二〇一六年）参照。

(16)　松島周一「観応の擾乱と東海地域」（『年報中世史研究』三八、二〇一三年）、同執筆、第三章第二節「南北朝期の動乱と尾張・三河」（『愛知県史　通史編二　中世一』）。

(17)　吉井功兒『建武政権期の国司と守護』（近代文藝社、一九九三年）。

(18)　注(16)「南北朝期の動乱と尾張・三河」。

(19)　『源威集』文和二年六月（『大日本史料』第六編之十八、一三七頁）。

(20)　足利義詮御教書（「田代文書」、『大日本史料』第六編之十八、一三八頁）。

(21)　足利義詮御教書写（「古文書、本郷、記録御用書本」、『大日本史料』第六編之十八、一五六頁）。

(22)　後光厳天皇願文（「伏見宮御記録」、『大日本史料』第六編之十八、一三三・一三四頁）。

(23)　『看聞日記』応永二三年一〇月一三日条（『大日本史料』第七編之二十五、八一・八二頁）。

(24)『看聞日記』応永三〇年八月二〇日条（『愛知県史　資料編九　中世二』一二〇〇号）。
(25)『満済准后日記』永享六年一二月三日条など（『愛知県史　資料編九　中世二』一四九一号）。
(26)『東寺執行日記』永享一二年四月八日・一〇日条（『愛知県史　資料編九　中世二』一六〇八号）。
(27)『玉葉』寿永三年正月一四日条（『図書寮叢刊』）、綿貫友子『中世東国の太平洋海運』（東京大学出版会、一九九八年）。
(28)西島太郎執筆、第三章第四節「三河守護と国人」（『愛知県史　通史編二　中世一』）。
(29)西島執筆注(28)。
(30)ただし、「東海」地域内の各領域において、同一の言葉の使用による連関性はうかがわれる。山田邦明「古文書から見た東海の地域性—色成・引得・盗賊・悪党文言に注目して—」（『年報中世史研究』三八、二〇一三年）参照。
(31)斎藤利政書状写（「徳川美術館所蔵文書」、『愛知県史　資料編一〇　中世三』一五二四号）。長井秀元書状写（「徳川美術館所蔵文書」、『同』一五二五号）も関連する。
(32)織田信秀書状写（「士林証文」、『愛知県史　資料編一〇　中世三』一五三七号）。
(33)牧野保成条目写（「松平奥平家古文書写」、『愛知県史　資料編一〇　中世三』一五七八号）。
(34)菩提心院日覚書状（「本成寺文書」、『愛知県史　資料編一一　中世・織豊』補一七八号）。
(35)後奈良天皇女房奉書（「臨済寺文書」、『愛知県史　資料編一〇　中世三』一七七四号）、近衛稙家書状草案（「近衛文書」、『同』一七七七号）。
(36)なお、永禄年間には「伊勢東海船」「小東海」といった船の海上交通が確かめられ（永原慶二「伊勢・紀伊の海賊商人と戦国大名」、『戦国期の政治経済構造』岩波書店、一九九七年、初出は一九九五年）、「東海」地域の認識が伊勢湾や太平洋海運と結びついていた可能性を指摘できる。
(37)徳川家康書状（「徳川美術館所蔵文書」、『愛知県史　資料編一二　織豊二』三八一号）。
(38)横田冬彦「豊臣政権と首都」（日本史研究会編『豊臣秀吉と京都—聚楽第・御土居と伏見城—』文理閣、二〇〇一年）、谷徹也「豊臣政権の拠点城郭と「首都」」（京都府立京都学・歴彩館京都学推進課編『令和二年度京都府域の文化資源に関する共同研究会報告書（伏見編）』京都府立京都学・歴彩館、二〇二一年）。
(39)『東槎録』一六〇七年五月九日、日本では四月（『清洲町史』清洲町、一九六九年）。

第10章 伊勢神宮地域をめぐる金融・信用と信仰経済
——特に都鄙間の〈地域性〉の視点から——

千枝大志

はじめに

近年、中世の金融や信用の史的研究では、多様性と地域性の視点が重視されつつある。[1] そのような動向を踏まえて、筆者は〈信用取引の地域性〉の視点から勢州度会《わたらい》郡内宮川以東の〈伊勢神宮地域〉（これ以降、神宮地域と略記）内の伊勢神宮（以降、神宮）門前町宇治山田をめぐる金融と信用の地域性について、中近世移行期の実像を明らかにした。[2] その際、神宮の御祓や伊勢土産などを頒布することで列島各地に伊勢信仰を広め、伊勢参宮（以降、参宮）を斡旋し、参宮した自己の檀那を宇治山田の旅館に宿泊させることを生業とする伊勢御師《おし》（以降、御師）[3]が、泉州堺（以降、原則的に堺）や京都と金融・信用面で強い接点があることに言及した。

また筆者は、中世後期より御師といった神宮地域の住人の信仰的な経済活動が列島規模で活発化することで独自の〈地域経済圏〉が形成・展開したのではないかと論じたことがある。[4] その際、神宮地域の信用取引技術が中世末期に高度化しており、その要因は一六世紀より九州を含む西日本からの参宮者が激増したことに影響をうけた御師などの経済活動の新展開に求められる可能性を指摘した。とくに西国での伊勢信仰ブームは、一六世紀の京都の金融都市化や、堺などの京都衛星都市の台頭といった〈首都経済圏〉の動向と連動し、さらに神宮地域ではその動きに対応した独自の〈地域経済圏〉が形成されている(5)。それがひいては、日本初の地域紙幣の「羽書《はがき》」が一七世紀初頭に生み出された歴史的前提となる〈信用取引の地域性〉を醸成する契機となったのではないかとの展望を示した。

このように、金融・信用面での神宮地域と〈首都経済圏〉内の堺や京都との独特で強固な繋がりには、宗教者である御師が展開した活動を背景としたものであるゆえに、信仰的な要素が強く含まれていると推察される。

そこで本章では、信仰性を含む御師の経済活動を、阿諏訪青美が提唱した〈信仰経済〉概念を用いて把握したい(6)。同氏は、東寺や興福寺などといった〈首都経済圏〉内の権門寺院を主たる分析対象に据え、その寺内や門前町で展開した庶民の信仰・参詣による賽銭や寄進地などの〈信仰財〉の存在を明確化した上で、〈信仰財〉を資本とする経済活動を〈信仰経済〉と概念化した。私見では、中世時点での御師の経済活動は、地方権門の神社である神宮の内部では影響は少ないと思われるため、寺院の内部構造に力点を置く阿諏訪の〈信仰経済〉像とは若干異なる部分もあるが、〈信仰経済〉概念自体は活用できると考えている。

したがって、御師の〈信仰経済〉的活動を中核に据えつつ、金融・信用面から神宮地域と〈首都経済圏〉内の堺や京都との関係を模索することは、本書第Ⅱ部のテーマ「都鄙の連関と相互認識」の問題に迫ることに繋がる。同時にそれは、史料の残存状況などから、従来の都鄙の問題を扱う金融や信用の史的研究が、畿内（堺・京都）側の視点から立論され、地方の動向があまり重視されてこなかった現状を打開する意図もある(7)。

つまり、社会経済史的側面で〈都鄙の連関〉を意識した神宮地域の〈地域経済圏〉を描くには、〈首都経済圏〉内の都市との関係性を史料的に掘り下げる必要があるため、その点で金融・信用的アプローチは有効に作用するはずだが、現地点では研究蓄積は思いの外浅い(8)。

以上を踏まえ、次節から、神宮地域に関わる金融・信用面からの〈信仰経済〉像について、とくに都鄙間の〈地域性〉の視点に着目した上で中近世移行期を中心にその内実を検討していきたい。

一　御師の檀那株の売買と譲渡にみる〈信仰経済〉の実像

ここでは、一七世紀初頭までの檀那売券と檀那譲状といった檀那の居住地である檀那所（以降、檀所）単位での檀那株の売買と譲渡に関わる証文を国別に集成し、取引件数をグラフ化（図1・2）することで取引上の特徴を把握する。(9) 図1は檀那売券（計二一七点）からみた国単位での檀所の売買頻度（計二三二回）、図2は檀那譲状（計四八点）からみた国単位での檀所の贈与頻度（計一四九回）をまとめたものである。

図1では、檀所として売買頻度が最も多いのは近江（二三回）、次に伊勢（二一回）、尾張（一五回）といったように伊勢やその近隣諸国で高いことが示唆された。伊勢は神宮地域を含むので当然の結果といえようが、近江が最多であるのは着眼できる点であり、その理由を次節で検討する。

一方で、一回しか確認できない計六ケ国（伊賀・出雲・甲斐・能登・肥前・伯耆）には肥前といった伊勢から遠方の地域が含まれることも注目できる。肥前をはじめ筑前などの九州地方には多くの檀那が存在するが、現状では肥前の檀那売券しか確認できない。(10) 同様に関東地方の売券は相模しか確認できず、東北地方に至っては皆無であるという特徴が読み取れる。

無論、図1は現存する檀那売券からデータを作成したため、一見した限りでは同図からは、伊勢隣接国である伊賀や志摩は売買頻度が少ないと判断できてしまう。だがその判断は、檀那売券以外の史料（参宮人帳・御宿職売券等）を参照すると誤りであり、檀所としての伊賀・志摩両国には強固な師檀関係が認められ、それゆえに檀那株が盛んに売買されていたことが想定できるという問題点を含んでいるといえる。(11)

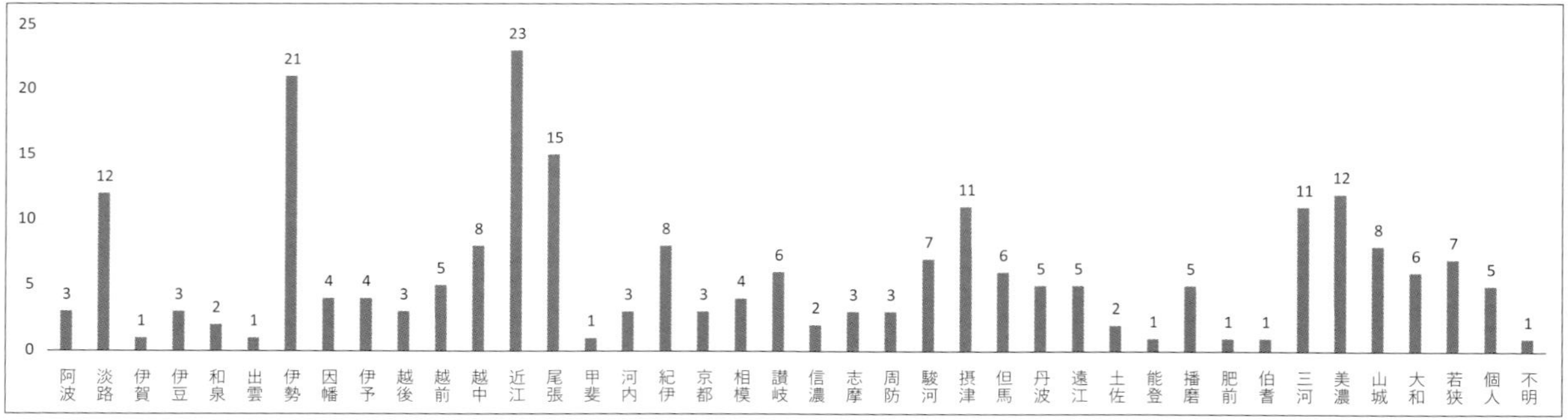

図１　檀那売券からみた檀所の売買頻度（単位：回　N：232）

※注（９）の拙稿（「宇治山田の発展」）で使用した表10（中近世伊勢御師道者売券一覧）のデータを修正し、さらに計４件の檀那（所）のデータ（肥前〔永正６年『伊勢御師橋村家関係資料』〕・紀伊〔大永３年『谷家文書』〕・個人〔享禄４年『保井家古文書』〕・相模〔元和５年『古文書之写　下』〕を追加し作成。なお、収録したデータの時期的範囲は宝徳４（1452）年から寛永元（1624）年までである。

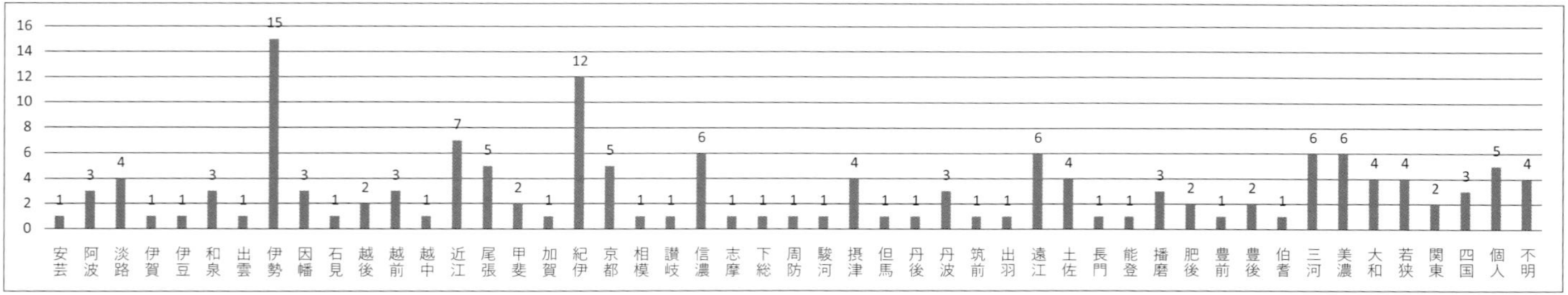

図２　檀那譲状からみた檀所の贈与頻度（単位：回　N：149）

※注（９）の拙稿（「宇治山田の発展」）で使用した表12（中近世伊勢御師道者譲渡一覧）のデータを修正し、さらに慶長９年頃の幸田入道了心から幸田権蔵への檀所（三河・遠江・信濃）譲渡１件（『退蔵文庫旧蔵道者田畠屋敷沽券類』）のデータを加えて作成。なお、収録したデータの時期的範囲は応永20（1413）年から元和９（1623）年までである。

ただ、檀所売買の特徴として、伊勢やその近隣諸国は頻度が高い一方、遠方では頻度が低い傾向があることは大局的には動かしがたいのも事実であり、それは図2から読み取れる特徴と整合性がとれる。図2から、檀所として贈与頻度が最も高いのは伊勢（一五回）、二番目は紀伊（一二回）、三番目は近江（七回）であるように伊勢やその近隣諸国で高いことが窺え、これは図1の傾向と同様の結果となった。

しかし、伊勢から遠方の檀所については、図1と明らかに異なる傾向が読み取れる。すなわち、九州地方の国々（筑前・肥後・豊前・豊後）や東北地方の出羽などの伊勢から遠方の檀所が数多く確認でき、また遠方の檀所は、関東や四国といった広域な地域で表現される場合もみられる点である[12]。とはいえ、この特徴は残存傾向による偶然性に起因するとも考えられる。しかし、その評価の理由付けに利用できる史料は存在するため、それを用いて特徴の妥当性を検証したい。

そもそも、売買頻度が高いということは、該当する檀所には投機的な資産価値があると認識していた御師が多数存在したことの証左である。一方で、売買頻度が低いないし、まったく売買が確認できない檀所は、投機的市場には出回りにくく、その代わりに譲渡の場では散見できる性質を帯びていると推察できる。

すなわち、伊勢や近郊の檀所は売買されやすく、遠方の場合は売買がされにくく譲渡・相伝されやすいという、神宮地域からの距離で檀所の地域特性が生じていたのではないかということである。

次にこの視点の妥当性を検証すると、まずは、天正一〇（一五八二）年頃の御師の橋村大夫と曽祢上大夫との肥前の檀那をめぐる争論に関わる橋村家側の「我等申上候ノ覚」の表題のある上申覚断簡写が好例といえる[13]。

［史料一］「我等申上候ノ覚」

一　是ニ付返事肥前国御旦那持之事（中略）惣州奥州つくしの御道者ちかき処の様ニこまかに御はらいヲくばりめい〳〵に仕候事無之候雖然九州御宿仕筋目之者内ニとそ御道者御尋候也御宿いたし可申候ニ其

外之者切かミ由として申事くせ事ニ候

注目すべきは傍線部であり、橋村家側には、肥前は「惣州」（総州か相州）や「奥州」、また「つくし」（筑紫）といった伊勢から遠方の檀所と同様、「ちかき処」のように細かい対応で檀那ごとに御祓を配札できる檀所ではないとの認識がある。つまり、一六世紀後半時点で九州（肥前・筑紫）は東国（関東・東北）同様に伊勢から遠方の広域的な檀所であり、伊勢とその近隣諸国とは異なる檀那構造が展開していたことが窺えるが、これは橋村家に限ったことではない。

なぜならば、たとえば、天正一六年の豊後大友氏の御師福島御塩焼大夫の参宮人帳『天正十六年参宮帳』の表紙には、「豊後国惣国　肥後国惣国」と、「惣国」御師としての記載があるなど、福島（御塩焼）家関連の史料からも豊後・肥後両国における広域的な檀那把握の意識が読み取れるからである(14)。

つまり、中近世移行期を中心に、伊勢やその近郊の檀所と、遠方の檀所には歴然とした特質面での地域差があるため、それを踏まえて、金融・信用面から〈信仰経済〉の実像を素描しなければならないといえよう。

二　金融からみた神宮地域と近畿の〈信仰経済〉

前節での検討を踏まえて、本節では金融システムからみた伊勢国や近隣諸国の檀所の〈信仰経済〉的特質を検出したい。ただその前に、検討対象を一国単位ではなく、いかなる範囲での地域分類で把握したのかを示す必要があろう。なぜならば、たとえば神宮地域を含む伊勢国は、分類の仕方により様々な地域枠（東海・中部・近畿・関西）で把握できるため、地域の特質を素描する際、とくに検出回数の多い計三ケ国（近江・伊勢・紀伊）がどの地域枠に含まれるかにより、実態と異なる分析結果が生じる危険性があるからである。

便宜上、本章では田中浩司が、中世前期の利子率と金融の実態を分析する際に用いた地域分類（畿内・近畿）

を参考に[15]図1・2のデータの地域分類を行い、とくに近江・伊勢・紀伊各国は近畿の枠組みで把握した。

すなわち、図1では、畿内は計六ケ国（和泉・河内・京都・摂津・山城・大和　※ただし京都は一国扱い）、近畿は九ケ国（淡路・伊賀・伊勢・近江・紀伊・志摩・但馬・丹波・播磨）の枠組みとし、図2では、畿内は四ケ国（京都・大和・和泉・摂津　※京都は一国扱い）、近畿は一〇ケ国（淡路・伊賀・伊勢・近江・紀伊・志摩・但馬・丹後・丹波・播磨）として処理した。多分に恣意的だが、近江・伊勢・紀伊の三ケ国に関わる地域分類としては妥当だろう。

以上の分類により、図1で最多の件数を誇る近江を近畿地方の檀所の代表例として、〈信仰経済〉的な特質を金融面から検出したい。

すでに西山克は、「都市高利貸資本」としての御師と近郊集落の「惣借《そうが》り」的な貸借関係を伴う定宿的な師檀契約を示す、伊勢・近江両国の檀那を対象とした「御《お》宿職《やどしき》売券《ばいけん》」の存在自体が債権債務面での両者間の特質を象徴すると指摘している[16]。また、近郊集落住民が御師に「御宿職」を売る際に作成される「御宿職売券」は、金銭貸借を条件に師檀契約を締結することが寛永一二（一六三五）年に山田で禁止された結果、それ以降確認できなくなると谷戸佑紀が言及するように[17]、師檀関係を通じた金融構造を考える上で重要であり、とくに本章では分割返済の要素が注目できる。

ただ、天正一七（一五八九）年五月一九日付でプレ山田奉行というべき町野重仍と上部《うわべ》貞永が定めた「置目条々」[18]には「一、諸国御檀那本宿無合点ニ為私と申合、物をかし御宿申者於在之者、改厳重ニ可申付、押而代物かし申候ハ、かしそんたるへき事」とあり、師檀関係にある本宿（＝御師家）の承諾無く密かに金品貸与を条件に宿泊させる業者（旅籠屋や御師）の取締りの条文がある以上、「御宿職売券」のみに拘らない師檀関係を通じた金融取引から作成された多様な文書類にも注目し、〈信仰経済〉的特質を探る必要がある。

そこで、まずは江州蒲生郡河井郷を事例に金融取引の実態をみることで〈信仰経済〉的特質を検出する。

［史料二］「成願寺借米状案」
（端裏書）「文禄」
江州河井郷高麗御陣夫賄之儀ニ付而、八木六拾七石定、御借米被申候、然者来秋弐わり相加、元利共ニ九月中ニ返弁可被申候、升ハ京升定若無沙汰被申候ハヽ、河井郷惣中拙者たんな之儀候間、右御米元利共我々返進可申候、自然於無沙汰者、いか様ニも可被成御催促候、為後日状如件

内宮
成願寺

文禄二年二月六日

牧村兵部大夫殿内
青木喜作殿 まいる

ここには、文禄二（一五九三）年二月六日付で内宮門前町宇治の成願寺が、自己の檀那である河井郷惣中に賦課された文禄の役の夫銭捻出のため、惣中の代わりに牧村兵部利貞臣下の青木喜作に六七石の借用を願い出ていることが記されている(19)。この場合、成願寺は内宮御師の太郎館《たろうだち》大夫を指すが(20)、注目すべきは同家が牧村利貞配下の青木から河井郷惣中の夫銭用の米を又借りし、また、惣中の借米返済が滞った場合、太郎館が代わりに返済するという保証人的役割が窺えることである。つまり、河井郷惣中は、自力で借用先を捜すことができなかったため太郎館にそれを依頼し、同家の尽力により貸主の青木喜作を見つけることに成功したといえる。

しかし、文禄二年の借米は同年内に完済できなかった様子が、慶長八（一六〇三）年一〇月一一日付で「内宮太郎たち」宛に「江州河井村」の「惣中」が作成した借状案に「相残百五十六匁五分二りん也」と借米の残額を銀に見積もり直して新規で借用した旨があることから窺える(21)。そして、この問題は寛永二年まで尾を引くことになる。

［史料三］「河井村惣中書状写」

江州かもうのこほり河井村の百性衆むかしハ中西平左衛門殿へつき申候へともかうらいちんの時御給人かた
ゟ人足御かけ被成夫銭ニとりかへ仕ニ付候せにヲ中西殿へかりニ参候へとも御かし被成ましく候と御殊ニ而
常願寺ニ而かり申候其後ハ常願寺に付申候むかしのことく中西殿へいつれもつき申たく候間常願寺と中西殿
へ被付事御らちを御あけ候所可被下候神慮之儀候間右之とおりすこしもちかい無之候

寛永二年
二月七日　　河井村之
　　　　　　惣中（印）
　　　　　　（花押）
　　　　　　（花押）

中西平左衛門様
まいる

これによると[22]、河井村惣中は中西平左衛門に対し、従来、惣中は同家が参宮時の定宿であったが、朝鮮出兵用の夫銭捻出のため「中西殿」を訪問し借銭を頼むも断られたため、代わりに「常願寺」（＝成願寺）、すなわち太郎館から借銭をし、それを契機に同家を定宿とするようになった。今度、旧来どおり定宿を中西家に戻したいのでその問題解決の埒明けを頼んでいる。本書状は寛永二年二月七日付の作成だが、ではなぜ、河井村惣中はこの時点で参宮時の定宿を同家に戻す提案をしたかといえば、文禄の役の際に作られた借状は文禄二年二月六日付と日付が近似する点に着目すると理由が明らかとなる。おそらく、惣中は文禄二年二月六日に宿職を借米の抵当として三二年間の定宿契約を締結したのであり、その期間満了直後に中西家との関係回復に動いたと思われる。そのため、前欠状態で現存する同年二月六日付の河井武理兵衛資知他一四名の連署断簡は、河井郷惣中作成の御宿職売券的借状であり[23]、三二年間の御宿職が抵当として記されていた可能性が高い。同惣中の債務返済は寛永二年まで続いたと思われるが、その是非はともかく、文禄二年からの分割返済だったのは間違いない。

太郎館は、家伝では江州蒲生郡出身で蒲生氏郷と関係がある内宮御師とされるが、(24)天正二〇年五月二七日付「(北監物大夫・福嶋五郎兵衛宛)町野重仍書状」(25)でも「金子御引替候而二郎右衛門尉親子下給候ハヽ、忠三様之儀ハ不及申、蒲四兵、我等別而可畏存候、返弁之儀ハ当年中ニ与次作・大郎館可被下間、上りの時慥可有返金候」と、会津城築城時に大工の河崎二郎右衛門尉親子に関する路銭返金の件で「大郎館」と「与次作」が蒲生家代官として下向したことが確認できるなど、史料上でも蒲生家と太郎館の師檀関係が想定できる。また、太郎館と同様に代官をつとめた「与次作」は、文禄三年には山田岩渕在住の外宮側の御師として確認できる「中西与次作」のことである。(26)よって、文禄の頃に河井郷惣中が、銭の無心を頼んだ「中西殿」とは中西与次作の可能性が高い。とすれば、惣中は江州蒲生郡に深く関係する蒲生家と縁のある両宮の御師に借米を依頼したことになる。結局、中西には借米を断られたものの、太郎館は氏郷と繋がりの深い牧村利貞の臣下の青木から借米契約を取り付け、それを河井郷惣中に又貸しし、同惣中は実際の貸主の太郎館家に借米を返済していたのである。

つまり、一六世紀の御師は檀所である惣村の金品貸借の依頼を受け、有力者との師檀関係から生じる〈信仰経済〉的ネットワークを駆使し借用先を捜し出した上で貸借契約を結び、さらにその関係を惣村に転用することで檀所側の信用を得ることに成功したのである。なかには、御宿職の取引を契機に師檀関係が成立する場合も存在した。とくに契約の際、抵当が御宿職である場合、参宮時の定宿締結が条件に盛り込まれたため、事実上「参宮」は借金返済の手段として機能した。つまり、返済は一括である場合よりも分割でなされる場合が大半と思われるから、〈債務型参宮〉というべき金融慣行を通じて御師と伊勢国やその近隣が結びつくのであれば、地域構造としては、毎年のように連続して参宮しやすい〈信仰経済〉的要素が内在したといえる。

とすれば、御宿職売券(やそれに類する借書)が、伊勢・志摩・近江三国の檀那を対象としたものしか現存が確認できない理由も、三ケ国が〈債務型参宮〉による分割返済が実行しやすい神宮地域に距離的に近い地域であるために生成された借書的売券であったからという文脈で理解できよう(27)。

次に、〈債務型参宮〉による分割返済慣行から誕生した借書的書状について検討する。

［史料四］「磯野員昌書状」

於其方可召遣用にて御入候、此外不申候、以上

二千日代参を以、銀子弐枚借用申候、何時成共此墨付持下候時、算用可申候、恐々謹言

天正五

十二月廿一日　　磯丹
員（黒印）

勢州山田
北監物大夫殿　御宿所

近江浅井氏旧臣の磯野丹波守員昌は、師檀関係にある外宮側の御師北監物大夫から銀子二枚を借用するため天正五年一二月二一日付で本書状を作成した(28)。注目すべきは抵当が「二千日代参」であり、さらに「何時成共此墨付持下候時、算用可申候」とみえ、この「墨付」、すなわち本文書が持参・呈示された場合にはいつでも返済に応じる（逆に、代参者が呈示しない場合は返済しない）文言があることである。

つまり、本書状は、磯野が二千日の参宮を代わりの使者に行わせることを条件に北家から借銀した際に作成された、いわゆる「一覧払文言」のある手形的な分割返済型（二千日分）の借書として実質的に機能したことを示す。

西山克は、『藤波氏秀官長引付』掲載の内宮長官が作成・許可した祈禱結願請文様などの存在から、一六世紀

前半には千日参や百日参の慣習が普及したことを指摘し、天文元（一五三二）年の「江州栗本郡金世道久」の伊勢両宮の千日参について言及する(29)。同様に大西源一も、井伊直政以来、井伊家の代参役を専業的につとめる江州愛知郡川原村千日家伝来の慶長五年一〇月一五日付で「内宮長官」が発行した千日参札と、江州愛知甲賀郡三雲村に伝来した同一三年六月付の「伊勢内宮風宮　伊勢両大神宮　文殊院」発行の千日参札の存在から、近江での千日代参の慣行が一六世紀に遡及し得ることを指摘する(30)。

西山と大西の見解を踏まえ、天正五年の書状について考えると、一六世紀前半の近江では千日代参が普及し、その慣行の金融技術的応用として、磯野は千日参札的証券として借書化した書状を発給したといえる。これはいわば、近江特有というべき千日代参といった年に複数回の参宮慣行が、御師からの借金の分割返済慣行とが結びついた形で〈信仰経済〉的に形成された代参文化の金融技術化の象徴と捉えられる。まさにこの事例も、近江は〈債務型参宮〉による分割返済が実施されやすい土地柄だったことを示す。つまり、檀所としての近江の売買頻度がもっとも多い理由の一つには、〈債務型参宮〉といった分割返済型の貸借契約を結びやすいという地域的メリットがあったからではないかと判断できよう。

おそらく、檀所としての伊勢国も、売買頻度が近江国に次いで高く、また、贈与頻度は最高であり、さらに御宿職売券（や同売券的機能を有する借書）の現存数も最多であることから、近江同様に〈債務型参宮〉をしやすい土地柄であったと評価し得る。

以上を総括すると、図1・2で検出件数の多かった檀所は、近江のように神宮地域から距離的にみて近隣である傾向がみられる。それらのなかで、とくに近江・伊勢両国は参宮を連続的に実施しやすい土地柄であるゆえに、御宿職売券やそれに準じた借書、さらに千日代参を抵当とした借書的書状などの多様な金融技術的証文が一六世紀を中心に生み出されていた。これらは、〈信用取引の地域性〉を前提に成立した金融取引であり、それを機能させるためには〈債務型参宮〉による分割返済という〈信仰経済〉的要素が根幹に内在したのである。

とりわけ、御師をめぐる金融取引には〈信仰経済〉と結びついた分割返済があった点が注目できる。なぜならば、一六世紀時点で御師は、堺の金融業者から借金をした際、初穂料などの自己の檀所からの収益でその借金を分割返済し、なかには「侘切《わびきり》」なる債務圧縮と分割返済の金融契約を結ぶ場合もあるなど、廻檀（檀家廻り）と堺での金融業を〈信仰経済〉面で結びつけた〈債務型廻檀〉というべき金融取引が展開したからである(31)。同時にそれは、御師の〈信仰経済〉活動を通じて、神宮地域と堺とが金融面で接点があることを示すが、とくに「都鄙の連関と相互認識」を考える上でも重要な要素なのである。

三　神宮地域をめぐる都鄙関係と〈信仰経済〉①――堺の事例――

本節では御師の〈信仰経済〉活動を通じた神宮地域と堺の金融面での接点をより明瞭化しつつ、金融・信用からみた神宮地域をめぐる都鄙関係を行論する。その際、拙稿で「京堺其外何方にも借金少も無之候」と文言のある寛永元（一六二四）年の檀那売券の存在などから「一六世紀代より、首都経済圏内の京都・堺と伊勢とは金融面で強固な繋がりをみせた」と述べたように(32)、御師の活動を通じて形成された堺（や京都）と神宮地域の金融・信用面での接点を探ることで、神宮地域と畿内、とくに都市部との間に構築された〈信仰経済〉の構造を明らかにする。

表1から神宮地域と関係を持つ堺の関係者は推定も含めて計三二名（ただし樋口屋道永と樋口屋道会が同一人物の場合は三一名）も存在し、なかには堺会合衆やその同族者も含まれることがわかる。とくに樋口屋一族や博多屋宗寿の一族と思われる博多屋宗寄という堺会合衆の同族者をはじめ、津田宗達、津田宗及、日比屋宗清といった堺会合衆の有力者も確認でき、その多くは金融・信用関係や茶の湯関係の繋がりが想定されることに注目できる(33)。

勢州宇治山田住人との関係	金融面の関係地域	備考
内宮一祢宜藤波氏経と関係		内宮三万度祓依頼。堺会合衆湯川宣阿と同族？
福島（御塩焼）家の檀那		
橋村（主膳）家と関係	備前	為替業者
淡路屋・福井両家の檀那		
橋村（主膳）家と関係	（周防・石見・長門・豊前・豊後・筑前）	50文を「隼人殿ニてうけとり候へく候」
橋村（主膳）家と関係	周防	為替業者
山田大路家の檀那？		土佐国須崎市住
麻屋・北（監物）両家と関係		「御使北弥七郎殿」。堺材木町住。道者売券（讃岐国檀那）。「替渡申」
蔵田・北（監物）両家と関係		「支証人北弥七郎殿」。堺材木町住。道者売券（近江国檀那）
福田・北（監物）両家と関係		道者売券（讃岐・土佐両国檀那）
幸福家と関係		堺会合衆津田（天王寺屋）宗達。「伊勢山田 かうふく屋」。茶の湯関係？
吉沢・堤・橋村各家と関係	（東国）	質物は伊勢国山田一之木の奥山家の東国檀那
貫屋・辻米屋・北（監物）各家と関係	（越後）	堺材木町住。分割返済（8年契約）
辻米屋・北（監物）両家と関係	（越後）	堺材木町住。分割返済（8年契約）
亀田家と関係	（摂津）	伊勢国射和の「ちんそう宗順入道」「御口合」。堺甲斐之荘住。質物は摂津国檀那
藤井家（三頭大夫）の檀那？		肥前国島原住。永禄10年と同11年にも確認
亀田・山田大路両家と関係	（尾張）	堺会合衆樋口屋一族。檀那売買（尾張国津島）
橋村（主膳）家の檀那？		
橋村（主膳）家の檀那		別名は渡辺彦太郎入道で元は筑前国博多住
福島（御塩焼）家と関係	豊後	堺会合衆樋口屋一族。吉布4端の借用
岡田家と関係	讃岐	堺会合衆樋口屋一族
岡田家の檀那		堺柳之町
岡田家の檀那		堺九間町

表1　伊勢国宇治山田住人とネットワークのある和泉国堺関係者一覧

No.	確認年	泉州堺関係者	檀那売買	檀那	金融	他	会合衆
1	文明2	和泉堺柚河姪貞久				○	○
2	文明4	いつミのさかいの〆いせんの八郎衛門入道道永子孫一円		○			
3	大永5	さかいいせ屋の彦さ衛門(いせ屋彦左衛門)			○		
4	大永6	堺あめ屋の一類御道者一円		○			
5	享禄5	さかいことききや			△		
6	享禄5	さかい助六			○		
7	天文5	さかいあき人 たるや与五良		△			
8	天文14	堺伊勢屋四郎衛門	○		△		
9	天文14	堺伊勢屋四郎衛門	○		△		
10	天文16	泉堺与三次郎	△	△			
11	天文19	(津田宗達)				○	◎
12	天文20	さかい 伊勢屋孫七	△		○		
13	天文23	さかい伊勢屋之四郎右衛門尉	○		△		
14	永禄2	さかい材木町伊勢屋之四郎衛門	○		○		
15	永禄4	泉堺かいのせう石田助次郎			○		
16	永禄4	さかい衆 入江殿		(○)			
17	永禄6	堺樋口屋四郎左衛門入道	○		△		○
18	永禄7	さかいニて　石川宗恩		△			
19	永禄7	同(さかいにて)　渡辺以松斎		○			
20	永禄8	和泉堺樋口屋善衛門			○		○
21	永禄8	(堺の)ひの口や道順			○		○
22	永禄8	(堺　柳の町)岡のひたのかみ		○			
23	永禄8	(堺　くけの町のにしのこし)山田勘衛門		○			

勢州宇治山田住人との関係	金融面の関係地域	備考
岡田家の檀那		堺宿屋町
岡田家の檀那		堺宿屋町
藤井家(三頭大夫)と関係		堺櫛屋町住の堺会合衆日比屋一族。茶室所有(「ひゝや宗清座敷」「無上てんもくうすちや」「ちやわ無上天目代ハ五百貫」)。茶の湯で肥前檀那と交流？
橋村(主膳)家と関係	(周防・長門・石見・筑前・豊前・豊後)	堺会合衆樋口屋一族。為替業者(「さかいひの口や三郎五郎殿御かハし」)
橋村(主膳)家と関係	(周防・長門・石見・筑前・豊前・豊後)	堺戎之町住の為替業者(「さかいゑひすの町はかたや宗寄御かハし」)。堺会合衆博多屋宗寿の同族者？
橋村(主膳)家の檀那		元は筑前国博多住
山田大路家と関係	土佐	堺会合衆樋口屋一族。「土佐より罷上候て御算用可申」「いなかより罷上候て銀にて御算用可申」
杉木家と関係？		堺会合衆津田(天王寺屋)宗及。「伊勢 杉木次郎右衛門　但 九鬼右馬丞殿より」。茶の湯関係
橋村・山田大路両家と関係	(安芸)	質物は安芸国檀那。道爪は堺の金融業者？
北(監物)・(橋村)両家と関係		道爪は堺の金融業者？
北(監物)・橋村両家と関係		道爪は堺の金融業者？
亀田・福井・松田各家と関係？		堺会合衆樋口屋一族。伊勢国山田久保に屋敷所有
山田大路家と関係	土佐	堺会合衆樋口屋一族
橋村(織部)家の檀那		堺櫛屋町(「是ハくしやの町」)住。上田大夫銘
橋村(織部)家の檀那		堺甲斐之町(「是ハさかいかいのてうニ御入候」)住。上田大夫銘
北(監物)・福井・松田・麻屋各家と関係	(讃岐)	堺会合衆樋口屋一族。「麻屋孫三郎借銭之儀」「讃岐之檀那」「借状弐つ」
福井・(麻屋)・(北監物)・(松田)各家と関係	(讃岐)	堺会合衆樋口屋一族(樋口屋道印)。「ひノ口や借銭出入之儀」「おや孫三郎借状」「さぬき之国之儀」

No.	確認年	泉州堺関係者	檀那売買	檀那	金融	他	会合衆
24	永禄 8	(堺　しゆくやの町)むれせんかつ		○			
25	永禄 8	(堺　しゆくやの町)むれ左兵衛		○			
26	(永禄期)	ひゝや宗清				○	◎
27	元亀元	さかいひの口や三郎五郎			○		○
28	元亀元	さかいゑひすの町はかたや宗寄			○		○
29	元亀元	渡辺以松斎(是ハさかいニ御入候)		○			
30	天正 7	樋之口屋道会入道			○		○
31	天正 9	(津田宗及)				○	◎
32	天正13	道爪			○		
33	(天正13)	唯□□道爪			○		
34	(天正14)	唯□ 道爪			○		
35	天正15	堺ひの口や道永(堺樋口屋)				○	○
36	天正16	樋口や道会			○		○
37	文禄 4	さかい与右衛門尉		○			
38	文禄 4	さかいくわや彦兵衛		○			
39	慶長 5	ひの口や道印			○		○
40	(慶長 5)	ひノ口や(かた)			○		○

※注(2)の拙稿に掲載の表1(勢州宇治山田住人と繋がりのある泉州堺関係者一覧)を修正・加工し、さらに『茶道古典全集』 7・8(淡交社、1956年)及び『(伊勢御師食膳日記)』(神宮文庫蔵『宮後三頭大夫文書』)より、堺会合衆(津田宗達・津田宗及・日比屋宗清)のデータを追加し作成

ここで実例をあげて、御師に関わる堺の金融システムの一端を紹介しよう。天正一三（一五八五）年三月二四日付で織田信雄の命を受けた滝川雄利は、御師北監物へ堺にて「悪銭」を売却し羽柴秀吉への「御進奉」用の「百貫之分御とりかへ」を依頼しているが、それは滝川が「其方之儀ハさかいにてハ事成候へく由申候間、さて〳〵頼入候」と、堺で悪銭を取り替えて、軍資金として一〇〇貫分を用立てることが可能であるとの北家の報告を受けての判断であった(34)。表1から、当該期の北家は少なくとも四名の堺住人（伊勢屋四郎右衛門尉・与三次郎・道爪・樋口屋道印）と関係があり、その大半が金融業者だったために、低価値の悪貨であるにも拘らず悪銭を堺で売却し、百貫分もの軍資金を用立てることは可能だと滝川に報告したと思われる。「貫」表記から考えると、滝川は悪銭を金銀に両替したいと考えていたと推察されるが、額が額だけに相当量の悪銭の売却を希望したことは明白である。一方、北家は複数の堺の金融業者と接点があるため、大量の悪銭売買であっても何とか両替できるとの見込みがあったに違いない。時期などを考慮すると、秀吉の紀州征伐時、とくに千国堀城の戦い直後に軍資金確保のため悪銭取替が依頼されたと思われるが、この事例こそが、中央権力者側が御師に期待した堺の金融業とリンクする金融・信用面での〈信仰経済〉的ネットワークの典型といえるのである。

次に、より具体的に堺会合衆（の同族者）といった堺商人と御師との金融・信用面での接点を分析し、〈信仰経済〉的構造を明らかにする。

御師山田大路《ようだおおじ》御炊《みかしき》伝七郎光良が、堺の樋口屋道会宛に天正七年六月二日付で作成した銀子借用状には「土佐より罷上候て御算用可申」と檀所の「土佐」への下向途中、樋口屋から「銀子七百九十め」を二文子で借りている(35)。合わせて、「めし之代九百文めしかす五十六はひ也いなかより罷上候て銀にて御算用可申」と同五月三〇日付で五六杯分の食事代を無利子で前借している。すでに西山克は、山田大路家と堺会合衆の樋口屋の間に成立した金融ネットワークの存在を指摘し、文面にみえる「いなか」は土佐を指すことから、光良は道会から借りた銀七九〇目と宿泊に伴う食事代九〇〇文を土佐の道者から集めた初穂料で返済しようとしていたと言及する[36]。西山説に付け加えると、光良が借りた食事代は、一食で約一六文、一日二食で計算すると二八日分となるため、彼は土佐での廻檀に費やす時間は約一ケ月と見積もり、道会はその契約で承認したことが読み取れる。本章の関心からもっとも重視すべきは、光良は土佐を「いなか」と認識し道会と取引したことである。つまり山田の地下人である光良は、金融面では土佐のような地方の檀所を〈田舎〉と看做していた一方で、堺を〈都会〉と認識していたことが窺える。

　ただ、そのような見方は山田大路家に限らないことが、橋村（主膳）家の『享禄五年中国九州御祓賦帳[37]』の周防国府中の道者「宮地与三左衛門殿」の記述からも知ることができる。すなわちそこには、「合二貫百五十文当年たつ八月九日までかハし　四百文当年うけ取候てさかい助六方へかハし申候へハ流不申候間いなかニてさん用可申候」と享禄五（＝天文元・一五三二）年八月九日までの宮地からの（初穂料）二貫一五〇文の送金に為替が使われたことが記される。注目すべきは、宮地の送金分のうち受領した四〇〇文は堺の「助六」で組まれた為替となり、それは不渡りにならなかったので「いなか」で算用することが約束された旨の注記があることである。久田松和則は、助六について信用力の高い為替を発行する堺の為替業者と推測する[38]。おそらく、助六が発行した為替は〈堺替〉というべき〈地名為替〉カテゴリーに含められるが[39]、〈堺替〉を決済する「いなか」は、宮地のいる周防国府中を指すに違いない。つまり、伊勢国度会郡山田上中之郷に住む橋村家は、周防国は田舎（地方）の檀所である一方、和泉国堺は信用力の高い為替業者が住む〈都会〉と認識していたと理解できる。

　では、橋村家が田舎と認識する周防には為替業者が存在しなかったかといえば、そうではなく同家は、少なくとも四名（陶岳花岡の「善左衛門」・富田の「おはた新左衛門」・府中の「ひこさゑもん」・陶の「ちゑんかう寺」（＝円光寺か））と為替取引を行っている。また、助六の為替は、田舎（＝同国府中）で算用する旨が記されるが、この場合、橋村家が決済に対応し得ると想定したのは府中の彦左衛門の可能性が高い。このように、周防国にも〈堺替〉の算用に応じる為替業者は存在するのである。

しかし、元亀元（一五七〇）年の『元亀元年中国九州御祓賦帳』(40)の長門国吉部（「きへ五郎屋敷」）の檀那「主計殿」の記載部分をみると、「当年馬のとし七月十二日のかハし一貫文周防国すゑちゑんかう寺かハしニ付ふしんニ候」とあるように、橋村家は周防国陶の円光寺の為替に対しては不信感を抱いている。同様に、同冊子の豊前国宇佐郡「おさた」の檀那「喜多坊」の注記には「合九百文当年馬七月十四日までのかハし　但此内百文ふかミの北坊と付候ふしんニ候」とあり、橋村家は豊前国宇佐郡深見の北坊の為替も不信がっている。いうまでもなく、豊前国も「いなか」の認識だろう(41)。まさに円光寺と北坊は、畿内のみならず神宮地域からも遠距離に位置する地方寺院であるため、田舎の為替業者というべき存在である。

このように、彼らのような地方為替業者が発行する〈田舎替〉と概念化すべき地方の為替には、根源的には不渡等の発生の可能性が排除できないと橋村家は考えたからこそ、堺の助六が発行する信用力のある為替を利用したといえるのではないか。構造的にみると、為替をめぐる堺と周防の関係は、先述の借書を介した堺と土佐との関係に酷似するため、それは金融・信用の側面において、いわば〈都会〉である堺と、周防や土佐といった〈田舎〉には歴然とした信用力の差が存在した徴証と評価できる。

つまり、一六世紀前半より神宮地域の住人は、金融・信用面で堺を〈都会〉と認識しており、そのこともあってか、推定も含めると計一四家の御師（橋村・北・山田大路・岡田・亀田・福島・福井・松田・吉沢・麻屋・堤・貫屋・辻米・幸田）が堺と関係していることが確認できる(42)。

だからこそ、寛永元年には堺を畿内の金融地域の筆頭として扱う檀那売券が登場したといえるのではないか。

四　神宮地域をめぐる都鄙関係と〈信仰経済〉②――京都の事例――

次に本節では、神宮地域と京都との金融・信用面での繋がりを考える。一六世紀より堺の金融業者は、地方〈田舎〉の金融業者を凌駕する信用力を有していた。そのような金融・信用面での信頼性から、御師は堺商人と金融ネットワークを強固に構築していたことは前述の通りだが、前掲の寛永元（一六二四）年の檀那売券には金融取引地として堺と共に京都が挙げられている以上、当該期の京都との関係にも同様な構造があった可能性はある。

そもそも、中世において都鄙といえば、都は京都、鄙はそれ以外の地域を指す。神宮地域関連の史料においても、御師白米彦《はくまいひこ》大夫家伝来の「讃岐国道者交名」(43)には「讃岐之国之なら殿、此方たんなにて候（中略）田舎之なら殿御事にて候、京之なら殿ハ不存候」とあり、また内宮祢宜荒木田守平の連歌注釈書『二根集』(44)の自序にも「京・田舎の人の言の葉」とみえるなど、〈田舎〉表現は地方として、〈京都〉と対比する形でも確認できる。

しかし、神宮地域における金融・信用面に関わる諸史料では、都会としての京と、田舎である地方を明確に対比したものは現時点では確認できない。原因の一つには、御師側に伝わった神宮地域に関わる史料のうち、京都に関連する〈信仰経済〉史料が少ない事情があり、図1でも檀所としての京都の売買頻度はわずか三回に留まる。ただ、一六世紀において、京都（および周辺部）では金融業が衰退する一方、堺は新興都市として金融業を含む経済活動が活況化するという早島大祐の近年の見解を踏まえると(45)、単に史料不足のみに原因を求めるのも粗忽な判断かもしれない。そのため、たとえ京都と田舎の対比を明記した当該地域関連の金融・信用関係史料が今後発見されたとしても、京都が堺の金融機能を凌駕するような文脈で記されている可能性は低いだろう。

つまり、寛永元年の売券のように史料上、京都が金融・信用面で堺と併記されたとしても、一六世紀以降、両者間の金融・信用には歴然とした差があったとみるべきである。

とはいえ、京都と神宮地域の繋がりを金融・信用面から探ることは今後の議論の呼び水になり得るため、本章でも検討しておきたい。まずは不動産取引から京都と神宮地域の関係を考えてみよう。元和三（一六一七）年三月五日付で「藤井九左衛門尉忠」なる者が、「銀子壱貫八百匁」にて勢州山田の住人と思われる「村井助作」に山田「八日市南かわ」の屋敷を売却したが、その際、藤井側の「きもいり」は「吉沢丹波守」、「使すわい」は「一志之茂左衛門尉」であった(46)。注目すべきは関連史料から判明する売主の藤井の人物像である。「吉沢丹波守末信」が「村井助作」宛に作成した同年三月付の添状には、「今度我等之旦那京之藤井九左衛門尉殿所持候八日市南かわの屋敷」とあるように、実は藤井は吉沢の京都における檀那であり、一方の吉沢は山田八日市場町に住む有力御師である(47)。

とくに、この添状には「我等添状なく候者御かい有間敷ニ付、此書物ヲ仕進之候」とあるように、山田住人の村井は京都の藤井が所有する八日市場の屋敷を購入する際の契約条件に、吉沢が作成した添状の提出を求めたことが重要である。

すなわちこの事例は、御師の檀那である京都人が、自身の所有する山田の屋敷を山田の地下人に売却する際、それを証明する屋敷売券を作成するだけでは契約成立には至らず、さらに御師が師檀関係などを明記した添状も別添する条件が提示される場合もあったことを示している。

つまり、契約成立の背景には、師檀関係からなる〈信仰経済〉的な信用形成が根本にあったといえるが、実のところ必要とされる信用はそれだけではない。吉沢が添状に、山田一志町の茂左衛門尉を「一志茂左衛門尉殿」と記し、殿付のある敬意を払う「使」として取引に関与させたことは注目できる。というのも、茂左衛門尉は、この藤井の売券では殿付されておらず、明らかに茂左衛門尉は藤井側の立場で取引に介入しているからである。

ように両史料での記載状況を考えると、茂左衛門尉は、村井側はもとより、吉沢側でもなく、藤井側の立場でこの取引に介在した山田一志町在住の仲介業者「すわい」であると判断できる。当該期の山田の「すわい」は現在の不動産屋のような仲介業を行っていたため[48]、山田八日市場町の屋敷を長らく所持していた藤井とはいえ、京都在住の彼が山田に赴き買主を博捜したとは考えられず、おそらくは隣町である一志町の「すわい」の茂左衛門尉に依頼し、山田居住の村井を捜し出したと推察できる。まさに、「すわい」の茂左衛門尉は不動産業務を行っていたのだ。このように、「すわい」が有する信用が作用して契約実現に至る神宮地域外の住人との取引もあったのである。

ところで、売券と添状には「古券」を添付する旨が記されていることからすると、藤井を買主とする屋敷売券が別添されており、「古券」はそれを含むいわゆる〈手《て》継証文《つぎしょうもん》〉を指す可能性が高い。「古券」は現存しないため詳細不明と言わざるを得ないが、元和三年の売券には、藤井が売却したのは「久敷知行」する屋敷とあるから、藤井を買主とする屋敷売券は、彼の存命期間を考慮すると一六世紀末期の売券の可能性がある。事実、一六世紀後半の京都住による山田の不動産購入事例は二件確認できるが、いずれも有力な山田の御師の関与が窺えるため[49]、取引成立の背景には、元和三年の例と同様な師檀関係があったと考えられる。

つまり、藤井の購入時期が一六世紀末に遡れるか否かの問題はさておき、師檀関係を背景に京都人が山田の不動産を購入する動向が一六世紀後半から検出できること自体、京都が神宮地域と〈信仰経済〉的な繋がりを強化させたことの微証である。おそらく、天正一五（一五八七）年には堺の樋口屋道永も山田久保に屋敷を所有しているため（表1参照）、堺の住人とも、同様の〈信仰経済〉のネットワーク強化を一六世紀後半に図ったと推察され、その背景にはいわゆる〈在地《ざいち》徳政《とくせい》〉の回避があったといえよう。

このように、京都と神宮地域の〈信仰経済〉的紐帯関係は一六世紀後半に醸成されつつあったことが窺えるが、やはりその動向には前兆があろう。そしておそらく、そこには金融・信用面での構造が多分に内在する。

そのため、〈信仰経済〉と金融・信用の問題を探ると、まず表2をみれば明らかなように、京都およびその近郊での伊勢講（神明講）は、嘉吉元（一四四一）年以降一貫して徳政令の除外対象となるなど、一五世紀中頃から一六世紀後半の当該地域において伊勢信仰に関わる金融・信用取引は隆盛な状況にあったことが窺える。

次に、御師側で作成された京都関連の金融・信用史料の代表例として為替関連史料を取り上げる。天正八年二月二八日付で、山田八日市場の御師「大主屋宗左衛門宗能」が、「いせや五郎左衛門」宛に発行した「かわし《為替》状」では、一〇一匁二分五厘分の「黄金」は、「京三条いせや五郎左衛門殿にて、来十一月中ニ立可申」と、同年一一月中に京都三条の「いせ屋」（伊勢屋）にて支弁するとあり、京都には御師と取引関係にある為替業者が存在することが記されている(50)。とくに伊勢屋の屋号の人物は、御師との間で為替決済などの業務を行う金融業者であることが和泉国堺や肥前国を事例として明らかにされており(51)、まさに京都三条の伊勢屋の存在形態と酷似する。

このように、京都には御師関連の為替を取扱う伊勢屋を名乗る金融業者が天正八年には確認できるが、史料上

備考
享禄3(1530)年説有(伊勢講・熊野講・日吉講を徳政除外対象としており永正年間以降で享禄年間までか？)
右衛門尉(宮本賢祐？)
丹波国山国荘黒田村の徳政令

表2　京都およびその近郊で発令された徳政令にみる伊勢講徳政適用除外状況

年・月・日	表題	徳政除外講銭			関係条文
		伊勢	熊野	日吉	
嘉吉元・—・—	徳政条々	○	○		一　諸社神物 付 神明熊野講要脚事 不可有改動之儀　但不載其社名者　難被信用歟
享徳3・12・18	徳政条々	○	○		一　神物事 限伊勢熊野講銭　不可有改動之儀　但不載両神名者　難被信用歟
永正元・10・2	徳政条々	○	○	○	一　神物事 限伊勢熊野日吉講銭　不可有改動之儀　但不載彼神名者　難被信用歟
永正17・2・12	徳政条々	○	○	○	一　神物事 限伊勢熊野日吉講銭　不可有改動之儀　但不載彼神名者　難被信用之歟
(永正年間以降)	徳政条々	○	○	○	一　神物事 限伊勢講熊野日吉社講銭　不可有改動之儀　但不載神名者　難被信用歟
天文15・11・25	徳政条々	○			一　祠堂質物約月事　為　上意先々被相定哉否　不存知之　然伊勢講以下祠堂等不准徳政法之条　不被及巨細者哉
永禄5・3・18	定徳政事	○			一　かうせんたりといふとも　利くハヽゆくへし　但伊勢講ハゆくへからさる事
永禄5・11・—	定　徳政之事	○			一　かう銭たりといふりひやうのさた有之者可行也　いせかう者のそきたるへきもの也
永禄9・10・5	徳政条々 黒田村	○			一　講頼母子之事 付 神明講者可相除事

※『中世法制史料集』2～6(岩波書店、1957～2005年)および峰岸純夫「永禄9年の山国荘」(坂田聡編『禁裏領山国荘』高志書院、2009年)より作成

では、御師と京都の為替業者の関係はどこまで遡及し得るのか。それを考える上で次の史料は有用である。

［史料五］「廓武後書状」

参宮申候者、御宿へまいるへく候、かわし儀之事、京都四条あられ屋へ何時も届可申候、自然また此方より、参宮申者候ハヽ、此判形御見しり候て、御かわし憑申候、恐々謹言

天文三

八月　日

高野
廓兵庫助
武俊（花押）

三頭大夫
善次郎殿 進之候

ここには、天文三（一五三四）年八月付で高野の廓兵庫助武俊が三頭大夫善次郎へ、参宮を希望する者への宿泊と為替の便宜を依頼する内容が記されている。[52] まず宛先人は、永正一六（一五一九）年には「宮後三頭善次郎」とみえるため、[53] 伊勢山田宮後西河原に住む御師藤井家（御祓銘は宮後三頭大夫）の人物と判断できる。[54] 次に差出人について考えると、廓兵庫助武俊には高野とあるが、この場合、紀伊国高野山を示すと思われるため、武俊は紀州（高野）の住人といえる。武俊がいう「参宮申候者」とは、藤井家の高野の檀那のうちで参宮希望の者を指すから、武俊は同家に対し、希望者がいる場合は本書状に据えた武俊の花押を認識の上で、〈参宮為替〉というべき参宮用為替の決済を依頼している。そのため、武俊の花押が据えられた〈参宮為替〉が発行されており、また、その武俊名義で発行された為替を京都四条の「あられ屋」（霰屋）に届ける契約が武俊と藤井家との間に結ばれたことは明らかであるから、武俊は為替業者に相違ない。

ところで、藤井家は、紀伊国（高野）のみならず、肥前国や越前国の檀那との間で為替取引を一六世紀に行っ

ていた。史料上、藤井家と取引のあった肥前国内の為替業者は「替本《かわしもと》」と呼ばれ、為替決済などを行ったことが確認できる[55]。藤井家関連の〈参宮為替〉を発行した武俊と肥前国の替本を比べると、存在形態が酷似するため武俊は紀州高野の替本と判断できよう。

また、霰屋は武俊名義の〈参宮為替〉の届け先として指定される以上、参宮者の為替を取扱う京都四条の為替取次業者に相違ない。藤井家関連の〈参宮為替〉を扱う霰屋も、肥前国の替本の存在形態と酷似するため、ただ単に為替の取次業務を行っていたのではなく、武俊同様に為替決済業務を行う京都四条の替本であったと考えられる。さらにおそらく、天正八年の伊勢屋も業務形態から〈参宮為替〉を扱う京都三条の替本であったに違いない。

ともあれ、天文三年の書状（[史料五]）から、為替取引をめぐり、紀州高野と勢州山田、さらに京都四条の間に金融・信用面での人的ネットワークが一六世紀初期には成立したことが読み取れよう。

以上、二つの〈参宮為替〉を扱う京都の替本に関する実例を紹介したが、ここで替本の住所に注目すると、御師大主屋と関連する伊勢屋は京都三条、藤井家関係の霰屋は京都四条であり、ともに下京地区内であることに気づく[56]。

さらに、天正一二年三月一六日には、御師橋村肥前大夫の檀所である「肥前国佐加郡小世之庄ノほうぢ村」からの参宮者四名（むた口清兵衛・坂井右衛門尉・むた口孫衛門尉・つる与三左衛門）は、「合卅目京小左衛門尉殿わたし」とあるように宿泊料と思われる銀三〇匁を「京」で取引している[57]。その際、京都の小左衛門は「京下京小さへもん殿ニかわし」ともみえるため、彼は、下京地区居住の橋村（肥前）家関連の〈参宮為替〉を取扱う為替業者に相違なく、おそらくは替本である。

本節で提示した事例は少ないながらも、為替取引をめぐり、御師は京都、とりわけ下京地区の為替業者（替本）と〈信仰経済〉に基づく金融・信用面のネットワークを一六世紀に構築していたことは明らかである。

以上、本節では、金融・信用から神宮地域をめぐる都鄙関係について、京都を中心に検討した。このように、御師が師檀関係をめぐる〈信仰経済〉的ネットワークを駆使し、金融・信用面で地方（鄙）と畿内都市（都）の関係性を構築・強化するにつれ、御師が住む宇治山田の金融・信用面の重要度は高まるといえるのである。

まとめにかえて――為替決済の〈季節性〉をめぐって――

本章では、「都鄙の連関と相互認識」の論点を踏まえて、神宮地域をめぐる金融・信用からみた〈信仰経済〉構造の実像を、御師の存在を主眼に検討した。その結果、解明には神宮地域との距離を考慮した〈地域性〉の視点が必要であることを、当該地域に近い近畿と畿内における檀那構造を中心に論じた。ただ他方で、神宮地域から遠方の檀那の実態については、檀所の特質を素描できたものの、多くの課題を残す形となった。

そのため、「橋村八郎大夫」の御祓銘をもつ御師橋村主膳家をめぐる為替取引を事例に、遠方の檀所が帯びる地域構造を検討することで本章のまとめに代えたい。その際、とくに〈季節性〉の問題[58]から為替取引の問題を取り上げるが、それは中世の金融・信用面での史的研究の分野では等閑視され、ことに神宮地域をめぐっては今まででなかった視点だからである。

〈季節性〉論から検討する場合、為替取引の和暦の日付が数多く採録できる史料が必須になる。その条件を満たす史料の一つとして、橋村主膳家関連の『御祓賦帳』がある。御師（ないしその代官）の廻檀時の檀那名簿である『御祓賦帳』には、檀那の居住地や身分、さらに初穂料などの諸情報が記されている場合が多い[59]。為替使用についても記載があるが、同家関連の『御祓賦帳』三冊（享禄五（一五三二）年・永禄七（一五六四）年・元亀元（一五七〇）年）[60]には日付が記された為替取引記事が計一七七件も確認できるため、〈季節性〉論からの分析にはもっと

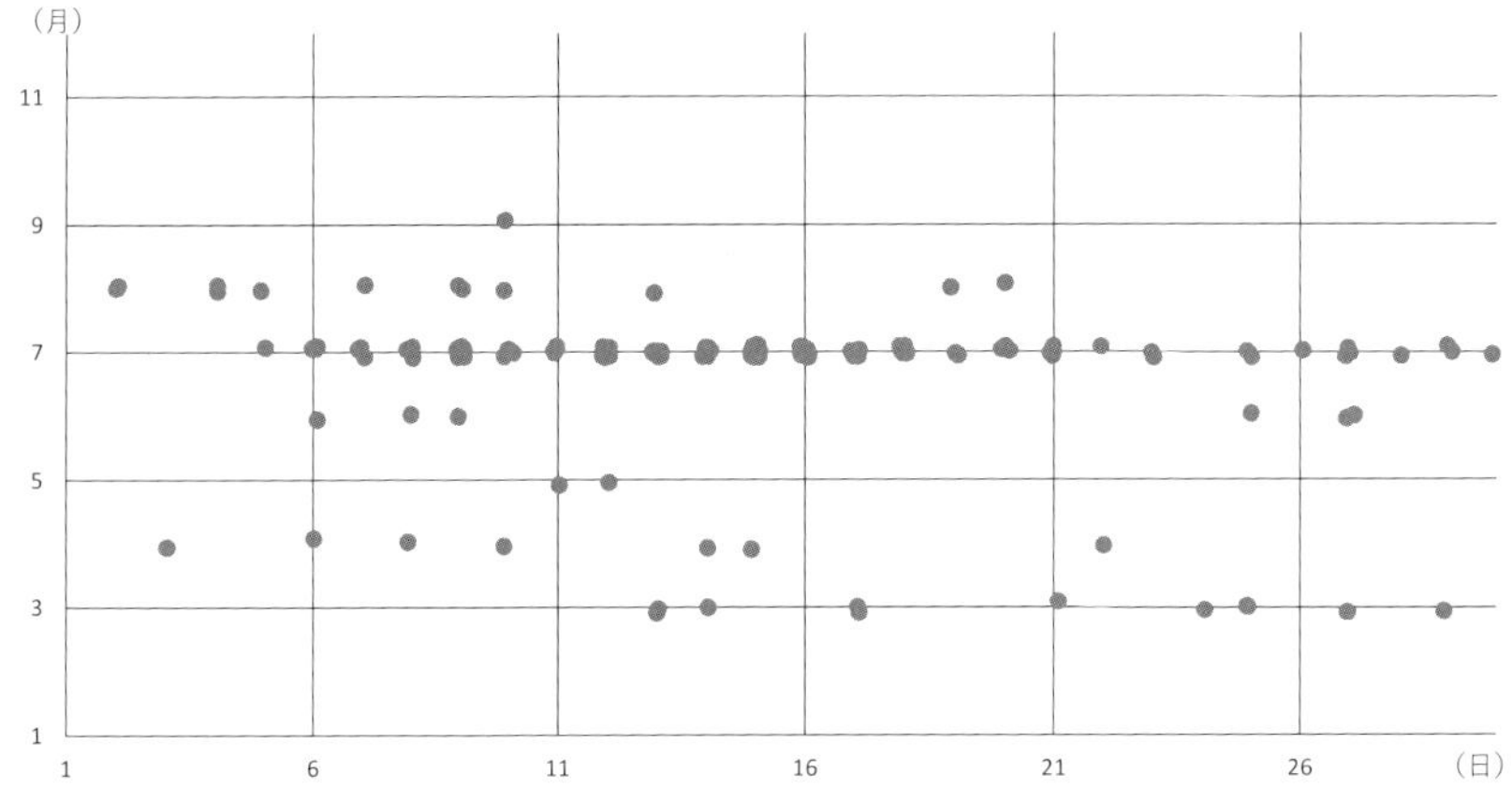

図3　橋村主膳家の為替決済時期（単位：月日　N：177）

も適した素材である。さらに『御祓賦帳』に記載されている以上、これらの為替記事の大半は〈参宮為替〉関連の決済と思われ、御師を軸とする〈信仰経済〉論を考える上でも最適といえる。そのため、同三冊に記載された為替取引の日付に着目し、図3としてまとめた。

まず月を精査すると、為替が取引されたのは七月が最多であることに注目できる。為替は、三月から九月まで取引された傾向にあるが、実は九月は一件のみであり、大半は六月から八月に集中する。三月の取引も多く、それが五月まで減少した後、六月から増加に転じている。

次に取引日に注目すると、一五日を軸にドットが集中する様子が窺える。すなわち、七月一五日が中心となって、その前後に為替取引が集中していると判断できる。

つまり、図3から読み取れるのは、一二月に売買件数が集中する土地売買の〈季節性〉とは異なる傾向である。土地売買件数が年末に増える要因の一つに、本年貢の納期関連の債務の決済が想定されている。(61)

一方、橋村主膳家の七月の場合は、おそらくは年貢納期の問題とは無縁と思われ、それよりも江戸期に流行したいわゆる

表3 『御祓賦帳』等の作成時期一覧

№.	年	月	日	御師名（御祓銘）	橋村家	使・代官	国別主要檀所	『御祓賦帳』等の名称
1	永正15	12	25	久保倉藤三	—	—	上野・下野・武蔵・下総・伊豆・相模・常陸	坂東御道者日記
2	享禄5	8	吉	（橋村八郎大夫）	○	福屋治部	周防・石見・長門・豊前・豊後・筑前	御祓賦帳
3	天文5	11	吉	（山田大路）御炊元春	—	—	土佐	四国土佐之日記
4	天文6	11	吉	（上田〔橋村織部〕大夫?）	—	—	播磨	播磨御初尾日記
5	（天文7）	—	—	（福井末高?）	—	—	丹後	（丹後国御檀家帳）
6	弘治3	5	吉	下中之郷新三郎吉久	—	—	但馬	たちまの国にしかた日記
7	永禄4	12	吉	宮後三頭大夫	—	—	肥前	肥前之国之日記
8	永禄5	6	吉	林尚信	—	—	紀伊（牟婁郡）	（永禄五年紀伊国牟婁郡檀家御祓賦帳）
9	永禄7	10	吉	橋村（八郎大夫）	○	世木宗左衛門	周防・石見・長門・筑前・豊前・豊後	御祓賦帳
10	永禄8	9	吉	岡田大夫	—	—	讃岐（・和泉・摂津）	さぬきの道者一円日記
11	永禄10	正	吉	宮後三頭大夫	—	—	肥前	肥前日記
12	永禄11	正	吉	—	—	—	伊勢	（勢州多気御道者帳）
13	永禄11	10	吉	（宮後三頭大夫）	—	十兵衛近治	肥前	肥前日記
14	元亀元	9	吉	橋村（八郎大夫）	○	世木宗左衛門	周防・長門・石見・筑前・豊前・豊後	賦帳
15	天正2	9	吉	（山田大路）御炊光吉	—	—	土佐	四国土佐之日記
16	天正3	正	18	—	—	—	伊勢	（勢州多気御道者帳）

17	天正4	2	吉	益大夫	｜	｜	土佐	天正四年御祓賦帳
18	天正4	9	吉	(山田大路)御炊光吉	｜	｜	土佐	四国土佐之日記
19	天正6	9	18	｜	｜	｜	丹波	宮 御初尾 丹波御祓之日記
20	天正9	12	12	村山四郎大夫(武親)	｜	｜	安芸	芸州吉田沼田中郡御祓賦帳
21	天正9	｜	｜	宇治六郎右衛門尉久家	｜	｜	信濃	しなの、国道者之御祓くはり日記
22	天正10	｜	｜	(上田〔橋村織部〕大夫)	○	｜	相模	相州御道者賦日記
23	天正11	7	吉	(山田大路)御炊元朝	｜	｜	土佐	四国土佐之日記
24	天正14	9	吉	(橋村八郎大夫)	○	世木吉蔵	周防・長門・石見・筑前・豊前・豊後	御祓賦日記
25	天正17	8	吉	(橋村肥前大夫)	○	竹市善衛門尉	筑後・肥前・肥後	筑後国肥前国肥後国御祓張(ママ)
26	文禄4	10	27	上田(橋村織部)大夫	○	｜	京・大坂	御道者之賦日記
27	慶長2	9	｜	(上田〔橋村織部〕大夫?)	○	｜	京・大坂	京大坂使日記(土産〔　〕記)
28	慶長5	2	吉	(釜屋又二郎正周)	｜	｜	紀伊(北山)	北山なかれ一円日記
29	慶長5	9	吉	(橋村肥前大夫)	○	｜	筑後	(筑後国御祓賦帳)
30	慶長14	11	吉	(橋村肥前大夫)	○	松本太兵衛	肥前・筑後	(肥前国肥後国御祓配帳)
31	慶長15	9	吉	(橋村八郎大夫)	○	藤田二郎左衛門	筑前・筑後・豊前・豊後・肥後	御祓賦日記
32	元和9	9	吉	橋村肥前大夫	○	竹市忠兵衛	肥前	太神宮
33	寛永7	9	吉	来田新左衛門・同長七	｜	｜	摂津・播磨・大和・山城・丹波・因幡・京・筑後・備中・越前・加賀・江戸・備前・但馬・和泉・伊勢・佐渡	太神宮 御道者御祓賦帳

※便宜上、表3には一七世紀初期(一六三〇年)までの『御祓賦帳』やそれに類似する冊子を収載した。『御祓賦帳』等の名称は原則的に原本の外題を採用したが、それがない場合は後世につけられた名称を用いた。御師名(御祓銘)には「(橋村肥前大夫)」のように後世に使われたものも行論上含んでいる。

〈節季払〉に類似した慣行といえるのではないだろうか。

その疑問を解くべく、現存する『御祓賦帳』（やそれに類似する帳簿）を集成した表3をみたい。同表から、作成年のみ記す冊子も若干含むが、大半は作成の年月（さらに日）まで記され、九月付が最も多いことが判明する。実は、それらの日付は御師（ないしその代官）の廻檀の開始時期を示していると思われる。つまり、九月付の冊子が多いのは、彼らの廻檀は、九月にスタートする場合が大半だったことを示しているのではないだろうか。今回分析に使用した『御祓賦帳』三冊（表3のNo.2・9・14）は、八月から一〇月までに作成されたため、橋村主膳家の檀所としての中国・九州地方への同家代官を使った廻檀活動は八月から一〇月の間に開始したと判断できる。この点は、橋村主膳家の為替取引が九月に集中する理由を考える上で重要である。

すなわち、橋村一族の代官は、檀所に赴く際に檀那への御祓大麻や伊勢土産などの頒布のみならず、〈参宮為替〉の決済や代金回収といった金融・信用面での取引業務も行っていたことを示すからである(62)。そのため、檀所側に居住する為替業者は、橋村主膳家の代官が訪問する直前まで、〈参宮為替〉の決済などの金融・信用面での取引業務を行っていたと考えられる。おそらく、決済は七月が最多である一方で、九月はわずか一件であるのはその業務スパンの徴証といえる。また、過去の未払いの為替は、七月に決済する場合が多いことなどを勘案すると、為替決済の代金回収は原則年一回であったことが推察できる。

つまり、中国・九州などにおける〈参宮為替〉をめぐる〈季節性〉自体が、御師の〈信仰経済〉活動に影響を受け展開した金融・信用面での特質なのである。とりわけ、その特質は、為替決済や代金回収が原則年一回であるため、畿内や近畿で展開した分割型の決済とは異なる〈地域性〉を有したといえよう。

このように、神宮地域をめぐる金融・信用からみた〈信仰経済〉の研究の今後の展開には〈地域性〉はもとより、〈季節性〉の視点が必要なのである。

（1）中世の金融・信用の多様性については、田中浩司「〈金融〉古代・中世」（阿部猛他編『郷土史大系　生産・流通（下）鉱山業・製造業・商業・金融』朝倉書店、二〇二〇年）や、中島圭一編『〈アジア遊学273〉日本の中世貨幣と東アジア』（勉誠出版、二〇二二年）に所収された伊藤啓介「中世手形の信用とその決済システムについて」と井上正夫「割符のしくみの応用技術」、地域性については、高木久史「近世日本紙幣の成立経緯に関する古貨幣学的試論」（大阪経済大学日本経済史研究所編『歴史からみた経済と社会―日本経済史研究所開所九〇周年記念論文集―』思文閣出版、二〇二三年）を参照。

（2）拙稿「十六～十七世紀伊勢神宮地域をめぐる信用と金融の実像」（注（1）『日本の中世貨幣と東アジア』）。

（3）中世の御師の存在形態については、窪寺恭秀『伊勢御師と宇治山田の学問』（弘文堂、二〇二三年）を参照。

（4）拙稿「中世後期の貨幣と流通」（桜井英治他編『岩波講座日本歴史八　中世三』岩波書店、二〇一四年）。なお、神宮地域での〈地域経済圏〉の成立自体は中世前期まで遡及する可能性が高い。岡野友彦「権門都市宇治・山田と地域経済圏」（『中世伊勢神宮の信仰と社会』皇學館大学出版部、二〇二一年）を参照。

（5）〈首都経済圏〉と〈地域経済圏〉については、注（4）拙稿で論点整理を行った。

（6）阿諏訪青美『中世庶民信仰経済の研究』（校倉書房、二〇〇四年）。

（7）都鄙の問題を扱った金融・信用史研究の近年の代表例としては、早島大祐「中世の金融」（深尾京司他編『岩波講座日本経済の歴史一　中世』岩波書店、二〇一七年）が挙げられる。

（8）注（2）拙稿における研究史整理を参照。

（9）図1・2は、二本の拙稿（「〈第四章第四節〉宇治山田の発展」『伊勢市史　第二巻　中世編』伊勢市、二〇一一年）・「〈第二章第一節〉数からみた近世宗教都市」『伊勢市史　第三巻　近世編』伊勢市、二〇一三年）で用いたデータを増補・修正した表である。

（10）肥前の檀那売券については、小林郁「神宮御師橋村家資料における新出の中世道者売券について」（『皇學館大学研究開発推進センター紀要』九、二〇二三年）、同「中世後期における伊勢御師の様相―道者売券を中心に―」（地方史研究協議会編『〝出入り〟の地域史―求心・醸成・発信からみる三重―』雄山閣、二〇二三年）を参照。

（11）拙稿「〈第三章第一節〉三方会合成立期の様相」（注（9）『伊勢市史　第三巻　近世編』）では、「永代売渡シ申神嶋御

師職之事」と表題のある檀所としての志摩国神島の元和三年三月一三日付の「御宿職売券写」（架蔵『山田旦家ノ証文・出入及売買』に同種の写本が所収されている）を紹介した。また、伊賀国の檀那を記した参宮人帳については、久田松和則が「参宮をめぐる伊勢御師と美作・備前の道者達―大永五年『御道者日記』に見える初穂の納付形態―」（上野秀治編『近世の伊勢神宮と地域社会』岩田書院、二〇一五年）で検討している。

(12)　この点はすでに、拙稿（注(9)「宇治山田の発展」と「数からみた近世宗教都市」）でも触れている。

(13)　架蔵『山田旦家ノ証文・出入及売買』所収。なお、この肥前の檀那争論については、窪寺注(3)『伊勢御師と宇治山田の学問』を参照。

(14)　『天正十六年参宮帳』（『大分県史料　第二五巻』大分県史料刊行会、一九六四年）。福島御塩焼家の檀所としての豊後・肥後両国の把握意識については拙稿注(9)「宇治山田の発展」を参照。

(15)　田中浩司「データからみた一三・一四世紀の利子率と金融の実態」（『函館大学論究』五四―二、二〇二三年）参照。なお、本章で用いた近畿などの地域枠は現在の一般的な基準におおむね準拠した。

(16)　西山克『道者と地下人―中世末期の伊勢―』（吉川弘文館、一九八七年）。

(17)　谷戸佑紀「神宮文庫所蔵「福島大夫文書」について」（皇學館大学研究開発推進センター史料編纂所編『（資料叢書第十一輯）神宮御師資料　福島大夫文書』皇學館大学出版部、二〇二四年）。

(18)　神宮文庫蔵『御師職古文書（古文書之写）』所収。

(19)　小林秀・服部早希「史料紹介　神宮文庫所蔵『太郎館旧蔵文書』の中世文書について」（『三重県史研究』三八、二〇二三年）所収「五二　成願寺借米状案」。

(20)　成願寺が太郎館であることは、注(19)「史料紹介　神宮文庫所蔵『太郎館旧蔵文書』の中世文書について」の解題を参照。

(21)　注(19)「史料紹介　神宮文庫所蔵『太郎館旧蔵文書』の中世文書について」所収「一　近江国河井村物中銀子借用状案」。なお、この借状案が存在すること自体、河井村惣中に対する債権は慶長八年一〇月一一日までに青木喜作から太郎館家に移行したことを示している。

(22)　「（寛永二年二月七日付）河井村惣中書状写」（架蔵『山田旦家ノ証文・出入及売買』所収）。

(23) 注(19)「史料紹介　神宮文庫所蔵『太郎館旧蔵文書』の中世文書について」所収「五七　河井資知ほか連署断簡」。
(24) 太郎館の家伝については、注(19)「史料紹介　神宮文庫所蔵『太郎館旧蔵文書』の中世文書について」の解題を参照。なお、太郎館家の家譜的覚書『太郎館揺要録』（個人蔵）内の「旧成願寺記事」の明治一八（一八八五）年頃の記述には「一蒲生宰相氏郷卿ヨリ本領トシテ年々百五十石宛幷仏祭料等寄納有之事」とみえ、氏郷から成願寺への寄進料の話も近代初期の太郎館家には伝承されていることが確認できる。
(25) 『来田文書』所収「一五　町野重仍書状」（『三重県史　資料編　中世三(中)』三重県、二〇一八年）。
(26) 神宮文庫蔵『文禄三年師職帳』。
(27) 御宿職売券は、西山注(16)書中で紹介された伊勢・近江両国に関わる売券のほかは、注(11)で紹介した志摩国関連の「元和三年三月十三日付御宿職売券写」しか現状では確認できない。
(28) 『来田文書』所収「一一　磯野員昌書状」（注(25)『三重県史　資料編　中世三(中)』）。
(29) 西山克「胎金両部世界の旅人　テクスト三　伊勢参詣曼荼羅」（『聖地の想像力―参詣曼荼羅を読む―』法蔵館、一九九八年）を参照。
(30) 大西源一『参宮の今昔』（神宮文庫、一九五六年）を参照。
(31) 注(2)拙稿を参照。
(32) 注(4)拙稿を参照。
(33) 日比屋宗清については、岡本真「堺商人日比屋と十六世紀半ばの対外貿易」（『戦国期日本の対明関係―遣明船と大名・禅僧・商人―』吉川弘文館、二〇二二年）を参照。
(34) 『来田文書』所収「六一　滝川一盛書状」（注(25)『三重県史　資料編　中世三(中)』）。なお、年次比定をはじめとする文書内容については、拙著（『中近世伊勢神宮地域の貨幣と商業組織』岩田書院、二〇一一年）や西尾大樹「豊臣政権成立期の織田信雄とその家臣―滝川雄利文書の検討を中心に―」（『織豊期研究』二四、二〇二二年）を参照。
(35) 「御炊光良銀子借用状」（神宮文庫蔵『雑文書類』所収）。なお、注(2)拙稿には写真掲載がある。
(36) 西山注(16)書を参照。
(37) 本章では『大神宮故事類纂』（架蔵）掲載写本を使用し、神宮文庫所蔵の写本で適宜校合した。

(38) 久田松注(11)論文を参照。なお、久田松は田舎での為替決済の問題に言及していない。
(39) 〈堺替〉といった〈地名為替〉概念については、注(2)拙稿を参照。
(40) 本章では『大神宮故事類纂』(架蔵)掲載写本を使用し、神宮文庫所蔵の写本で適宜校合した。
(41) ちなみに、金融・信用面ではないが、豊前の隣国の肥前有馬の「春日社」の桜木春近は御師宮後三頭大夫宛で書状を認めた際、自身の住む肥前有馬を「田舎」と表現している(『肥前国藤津郡・彼杵郡・高来郡御旦那証文』所収「五一　桜木春近書状」『三重県史　資料編　中世一(下)』三重県、一九九九年)。
(42) 具体的な堺商人の名前は確認できないが、外宮御師の幸田光高は檀那の「松下源太左衛門」に「さかいにてかし申」と銭を堺にて貸付けている(『幸田文書』所収「一　遠江かし日記」注(25)『三重県史　資料編　中世三(中)』)。西山克『京都大学文学部 博物館の古文書　第七輯　伊勢御師と来田文書』(思文閣出版、一九九〇年)を参照。
(43) 『白米家文書』所収「一〇　相模国・讃岐国旦那帳」(『三重県史資料叢書六　資料編　中世二　補遺Ⅰ』三重県、二〇一二年)。
(44) 奥野純一編『二根集 上』(古典文庫、一九七四年)。
(45) 早島大祐「一六世紀における金融業」(『社会経済史学』八九―三、二〇二三年)を参照。
(46) 『福島大夫文書』所収「二五　藤井九左衛門尉屋敷売券」(注(17)『神宮御師資料　福島大夫文書』)。
(47) 『福島大夫文書』所収「二四　吉沢末信添状」(注(17)『神宮御師資料　福島大夫文書』)。なお、文禄三年には「吉沢十郎右衛門」なる山田八日市場の外宮側の御師が確認できる(神宮文庫蔵『文禄三年師職帳』)。
(48) 注(34)拙著を参照。
(49) 弘治四(一五五八)年五月七日付「永代売渡申屋敷之事」(『輯古帖』所収「一―五九　正吉屋敷売券」注(41)『三重県史　資料編　中世一(下)』)では、「京六かく堂勝蔵坊」が幸福右馬助の内衆である四郎五郎正吉より山田八日市庭の屋敷を三〇貫文で購入し、天正四(一五七六)年一二月二二日付「永代売渡申畠之事」(『来田文書』所収「三五〇　榎倉武政畠地売券」注(25)『三重県史　資料編　中世三(中)』)では、「京勘解由」が榎倉左衛門尉武政より二河原の畠地を黄金一〇両で購入(勘解由側の「御使」は北監物)している(ちなみに、天正四年の場合は〈在地徳政〉回避のため「京ニ而売渡」されている)。このように、いずれの不動産取引にも山田の有力御師家(幸福・榎倉・北監物)が関与している。なお、〈在地徳政〉については西山注(16)書を参照。
(50)『古文書』所収「五三　為替証文」（『三重県史　資料編　中世二・別冊』伊勢神宮所蔵文書補遺』三重県、二〇〇五年）。
(51) 堺の事例は、綿貫友子「吉沢正辰借銭状をめぐって」（『国民経済雑誌』二二一―三、二〇二〇年）、肥前の事例は、鈴木敦子「龍造寺領国下の「町」の成立と貨幣流通」（『戦国期の流通と地域社会』同成社、二〇一一年）を参照。
(52)『神宮徴古館農業館所蔵文書』所収「一一　廊武俊書状」（注(41)『三重県史　資料編　中世一(下)』）。
(53)『足代文書』所収「一　内宮利生館宗三郎上分米売券」（注(41)『三重県史　資料編　中世一(下)』）。
(54) 拙稿「中世末・近世初期の伊勢御師に関する一考察―外宮御師宮後三頭大夫の越前国における活動を中心に―」（注(11)『近世の伊勢神宮と地域社会』）を参照。
(55) 肥前国の替本については、鈴木注(51)論文や久田松和則『伊勢御師と旦那―伊勢信仰と開拓者たち―』（弘文堂、二〇〇四年）を参照。なお、越前国での為替取引については注(54)拙稿を参照。
(56) 中世の下京地区については、山田邦和『京都の中世史七　変貌する中世都市京都』（吉川弘文館、二〇二三年）を参照。
(57)『肥前肥後筑後御参宮人帳』（『佐賀県近世史料　第一〇編第五巻』佐賀県立図書館、二〇一七年）。すでに高野信治も『佐賀県近世史料　第一〇編第五巻』の解題で九州からの参宮者と京都人の関係に着目している。なお、橋村一族は京都にも檀家を有しており、慶長二（一五九七）年九月付で作成された橋村（織部）家の京都・大坂での廻檀時の金銭帳簿『京大坂使日記　土産□』（神宮文庫蔵『御師関係文書断簡』）には「七文目　去年ノかわし方」とあるように、京都・大坂方面の檀那とのやり取りには為替を利用していることが確認できる。
(58) 中世の土地売買における〈季節性〉については、貫田潔「中世における不動産価格の決定構造」（注(7)『岩波講座日本経済の歴史一　中世』岩波書店、二〇一七年）を参照。
(59)『御祓賦帳』の基本的形態については、以前に簡単に述べたことがある（拙稿「慶長七年五月吉日付『伊勢太神宮御材木之帳』について―十七世紀初頭尾州・江州をめぐる伊勢御師榎倉家の活動に関する一史料―」『同朋大学仏教文化研究所紀要』四二、二〇二二年参照）。

（60）本章では『大神宮故事類纂』（架蔵）掲載写本を使用し、神宮文庫所蔵の写本で適宜校合した。
（61）貫田注（58）論文を参照。
（62）肥前国における〈参宮為替〉の決済などについては、久田松和則『長崎の伊勢信仰─御師をめぐる伊勢と西肥前とのネットワーク─』（長崎文献社、二〇一八年）を参照。

〔付記〕本稿は、中世史研究会五〇周年記念大会時に「伊勢神宮地域をめぐる金融・信用と信仰経済」のタイトルで報告した内容を基に成稿したものだが、紙幅の都合もあり、報告内容を大幅に割愛した。とくに外宮子良館《こらかん》と御師の御祓をめぐる経済構造といった〈信仰経済〉の問題や、神宮地域をめぐる金利の問題は別稿とし、本稿では都鄙間の〈地域性〉の問題に論点を絞ったため成稿にあたりサブタイトルを付した。

執筆にあたり、史料の所蔵先や各種の協力者には大変お世話になった。この場を借りて深謝申し上げる。なお、本稿には、ＪＳＰＳ科研費 JP17H02389、JP22K01603の助成を受けた研究成果の一部が含まれている。

第11章　後奈良天皇の諸国への意識——般若心経の奉納を中心に——

上嶋康裕

はじめに

かつて林屋辰三郎は、「東山山荘の中で成立した生活文化というべきものが、広く民衆の間に普及されると同時に、地方の領国の中でも開花した」とされる天文期に着目し、「天文文化」という呼称を提唱した。(1)天文年間（一五三二～五五）に一つの文化の画期があるとすれば、前述のような都鄙の結びつきに一役買ったのが、公家・寺僧の下向を「勅使」という形にして後押しした後奈良天皇（在位期間：大永六（一五二六）年四月二九日～弘治三（一五五七）年九月五日）ではないだろうか。本章では、その治世下に行われた、勅使による諸国への般若心経の奉納事例を取り上げ、後奈良がいかに地域を捉えていたのかについて考えてみたい。

中世において、都鄙の結びつきが色濃くみえる時期の一つが天文年間であることは、言を俟たない。それは、当該期の朝廷と諸国との間に、次の特徴がみられるためである。

一つめに、天文期に公家衆の地方下向者・在国者数が増加していたことである。(2)二つめに、朝廷の財政構造が、諸国に経済的支援を直接的に求める「戦国期型」になったことである。(3)三つめに、一六世紀には寺社修造や再興に伴って、寺社縁起や勧進状が数多く作られ、寺社にまつわる天皇の宸筆も比較的多く伝存していることである(4)。四つめに、地域権力が周辺地域における優越性や領国内での自身の立場の正当性を獲得するために格式授与を求め、朝廷との結びつきを強めたことである(5)。以上四点から、後奈良天皇の在位した天文年間は、政治・宗教・文化等で新たな都鄙の結びつきが創出・増幅した時代であるといえる。

こうした実態がみられる戦国期の天皇・朝廷の評価は、論者によって見解を異にする部分である。脇田晴子や今谷明は、武家政権の社会的実力が縮小していくため、変わらず身分秩序の保証者として存在し続けた天皇・朝廷の権威や役割が相対的に高まるとする(6)。一方、池享や永原慶二は、身分秩序を可視化する契機を与えた天皇・朝廷の存在意義を認めるものの、朝廷の運営実態としては前代と比べ縮小し、不安定であると評価する(7)。

朝廷の運営機構は前代と比べ縮小し不安定であると評される要因の一つに、公家衆による在国や地方下向、禁裏小番の出仕放棄など朝廷の運営人員の減少や公事の簡素化がある。ただし、井原今朝男は、それらを朝廷運営の衰退と評するのではなく、禁裏小番制の改革によって在国していても小番が勤務可能となっていたり、天皇の許可のもと在国していたりする戦国期特有の運営の変容を見逃すべきではないとする(8)。

公家衆の在国・地方下向と禁裏への奉公とが相反しないことや、地域権力から朝廷への経済的支援が朝廷運営の中で大きな割合を占めているのであれば、勅使として下向する公家・寺僧の事例から、後奈良天皇の「都鄙」に対する認識を探ることも可能ではないだろうか。

そこで注目されるのが、後奈良天皇による勅使を用いた諸国への宸筆般若心経の奉納である。

宸筆の般若心経は、三上参次(9)・猪熊信男(10)・淺野長武(11)・伊木壽一(12)・渡邊世祐(13)により、明治三九（一九〇六）年から大正一五（一九二六）年にかけて、全国で発見されている(14)。いち早く奉納の経過をまとめた淺野は、「後奈良天皇が般若心経を御書写あらせられ、或は諸国に御頒納になつたのは、天皇が蒼生の上を思はせ給ふ有難い大御心に出たものである」[15]と述べている。以来、当該事象は、諸国の疫病流行に対して自身の不徳の至りから心を痛める後奈良天皇の慈悲深い行為というような趣旨で評されることが多い。一方、末柄豊は、前述の後奈良の心情は疑いようがないものの、奉納にあたり現地の「領主」の関与を求めていることから、この奉納が地方の大名から朝廷への献金の契機とされていた点や、献金による朝廷の活動の充足が社会の平穏維持に繋がると後奈良は思考していたであろう点を指摘する。[16]

本章では、末柄の見解を参考にしつつ、後奈良天皇による般若心経の書写・奉納について、関連史料を博捜し、その動機や実態を検討した上で、後奈良の「都鄙」に対する認識について考えてみたい。

一　天文三年・同九年の般若心経の書写と奉納

(1)　天文三年の心経書写と大覚寺への奉納

天文三（一五三四）年春から夏にかけて、諸国で疫病が流行した。[17]同年五月、後奈良天皇は般若心経を書写し供養した後、大覚寺に奉納した。その奥書は次の通りである。

[史料一]　後奈良天皇宸翰般若心経（大覚寺蔵）（『後奈良天皇実録』第二巻）（以下、引用史料の返り点は筆者による）

（奥書）頃者、疾疫流行、民庶憂患、朕顧二不徳一、痞痳無聊、因追二弘仁明時之遺塵一、奉レ写二般若心経之妙典一、仰願二天感丹誠之懇篤一、国蘇蒼生之多難、乃至法界平等等利益

于レ時天文第三暦仲夏中旬候

「弘仁明時之遺塵」とは、弘仁九（八一八）年に諸国で疾病が蔓延した折に、嵯峨天皇が般若心経を書写し、その写経を空海に供養させたところ、疫病が終息したという伝承を指している。武内孝善によれば、中世の天皇が嵯峨天皇の聖蹟にあやかり、水害・日照り・流行病などの災厄を払うため、大覚寺に奉納された嵯峨天皇宸筆の

般若心経を礼拝したり、自ら紺紙に金泥をもって般若心経を書写したりしたという。[18] 六月一九日には、後奈良天皇が、大覚寺にある歴代天皇の心経を実見している。

［史料二］『お湯殿の上の日記』天文三年六月一九日条

十九日。こんしこんてい《紺紙金泥》のしんきやう《心経》あそは《遊》されて。大かく《覚》寺へこめ《籠》らる丶。御代〳〵の御きやう《経》。かく《覚》せうゐん《勝院》。大せうゐん《勝院》もち《持》てまいり《参》て。けさん《見参》に入らる丶。つゐてにかくせうゐん《覚勝院》御かち《加持》申さる丶。ひき《疋》十てう《帖》。くわんにう《貫乳》のちやわん《茶碗》の御かうろ《香炉》たふ《給》。しうちやく《祝着》のよし《由》申。

さらに書写した心経を大覚寺に納め、大覚寺から歴代天皇の心経（嵯峨・後光厳・後花園天皇のものが現存）を禁裏に取り寄せている。

後奈良天皇は、疾病の現出に際し、嵯峨天皇を嚆矢とする先帝の威徳にあやかって般若心経を書写することで、天が祈願を感じとり、国全体において民が苦労から解放され仏恩が行き渡るよう願ったと考えられる。

（2）天文九年の心経書写と醍醐寺への奉納

天文九（一五四〇）年春から夏にかけて、全国的な飢饉が起こり、疫病が流行した。[19] 理性院厳助が「一天下人大疫都鄙死亡、不ㇾ知二幾千万一、七百余歳已来如ㇾ此例無ㇾ之云々」[20] と述べるなど、前例のない惨状に陥っていた。天文前年にも、夏に全国的な洪水が起こり、その後、秋に蝗害が激しく凶作となるなど、災異が頻発していた。天文九年四月、「去年諸国水損、当年ハ世上病事以外之間」のため改元すべきとの後奈良天皇の叡慮が、武家伝奏広橋兼秀を介して、幕府に伝えられた。[21] 幕府では、内談衆の間で改元費用の目途が立たない可能性があることを協議し、将軍足利義晴の上意を確認した。義晴は、上洛が叶い、義輝も誕生した「天文」の元号を変える気はなく、今後、問題が生じた折に検討すればよいとし、関白近衛稙家・儒者清原業賢に諮った上で、改元を見送る旨を朝廷に伝えた[22]。五月一二日、細川晴元の要請により北野経王堂で五山僧を招いた施餓鬼が実施された[23]。同月二五日、後奈良が稙家を介し、禁裏で御修法を実施するため、幕府に費用のうちの一部（三千疋）を献上するよう依頼した[24]。幕府は、洛中の土蔵より費用を徴収し、朝廷に納めた[25]。六月一七日、後奈良は般若心経を書写し、醍醐寺に奉納、三宝院義堯が清涼殿で不動小法を執り行った[26]。心経の奥書には、次の記載がみられる。

［史料三］ 後奈良天皇宸翰般若心経（古文書時代鑑）（『後奈良天皇実録』第二巻）

（奥書）今茲天下大疫、万民多阽㆓於死亡㆒、朕民父母徳不㆑能㆑覆、甚自痛焉、窃写㆓般若心経一巻於金字㆒、使㆔義堯僧正供㆓養之㆒、庶幾虖為㆓疾病之妙薬矣㆒、

于㆑時天文九年六月十七日

疾病の流行によって死者が多く、「民の父母」として徳を行き渡らせることができず心を痛めていること、疾病の妙薬となることを願い心経を書写し、義堯に供養させたことがわかる。

同月二六日、後奈良天皇が体調不良となり、その後、医師による治療や、理性院による修法の祈祷、勘解由小路在富による泰山府君の祈祷が実施された[27]。七月二六日、後奈良の様子を見舞うため、義晴が参内した[28]。九月八日には、大内義隆が周防国国分寺・長門国国分寺・同国一宮住吉神社・筑前国大宰府安楽寺・同国霊鷲寺・同国博多承天寺に命じて、後奈良の病気平癒の祈祷を行わせている[29]。

以上、二度の奉納事例から、後奈良天皇が嵯峨天皇の霊験伝承を嚆矢とする先帝の威徳を踏まえ、般若心経を書写・奉納していた姿をうかがい知ることができる。また、将軍義晴が在京する天文九年の事例では、後奈良が幕府側の財政難の事情を考慮しており、幕府との関係にも気を配っていたものと推察される[30]。

二　天文一〇年以降の勅使派遣による諸国への般若心経奉納

天文一〇（一五四一）年八月一一日、大風が近畿地方を襲った。理性院厳助が、「洛中洛外、都鄙在家、竹木・山林顛倒、言語道断次第也、大財革渡世多渡水吹上之人渡川、前代未聞珍事事也云々」[31]と記す程であった。災異を受けて、同月下旬から般若心経の書写が始められている[32]。この心経は、洛中の寺院ではなく諸国への奉納が企図された[33]。

［史料四］ 宸筆般若心経御目録（曼殊院文書）（京都府編『宸翰集』上、一九一六年）

心経国々被㆓遣内㆒
河内伝誉（知恩寺）、伊勢惟房卿（万里小路）、尾張二条准后、参河右府（三条公頼）、遠江長淳卿（東坊城）、駿河宣治朝臣（中御門）、陸奥尹豊卿（勧修寺）、越前季遠卿（四辻）、
加賀白山長リ（澄辰）、但馬右府、備前尹豊卿、出雲二条准后、周防光康卿（烏丸）、豊前資将卿（町）、肥前光康卿、肥後光康卿、
日向季遠卿、近江勧大入道（尚顕）、天文十四年二月廿一日まては此分也、已上十八ケ国、
信乃三条大（三条西実澄）、越後勧大入道、かいの（甲斐）国正ごいん（聖護院道増）、伊豆正ごいん、上野称名院（三条西公条）、下野勧大（勧修寺尹豊）、安房国水本僧正（報恩院源雅）中出
廿〔五カ〕卄〔四〕国中出也、各書也、

これは、般若心経の諸国奉納を示した覚書と考えられており、国名とその国への取次（下向者）が記されている。一部追筆もあるが、写経を始めた天文一〇年八月下旬から「天文十四年二月廿一日」までの間に、作成されたとみられる。［史料四］に記された二五か国の他に、現地に勅使が派遣され心経奉納へと動いた事例として、筑前国と大隅国が挙げられる。以下、心経奉納に関する勅使下向が明らかな国と、奉納の動きは不明だが［史料四］の該当国への取次の下向が確認される国とに分けて、下向年代が早い国から順に検討する。

（1）心経奉納に関する勅使下向が明らかな国

日向国・大隅国　四辻季遠は、天文一一（一五四二）年五月に出京、六月には日向国「山東」（宮崎平野）に到着、九月一七日、薩摩国より上洛する。この下向は、山東領域を支配する伊東義祐に対して、武家執奏によって叙任された「後奈良天皇口宣案」（任大膳大夫）を渡すためのものであった(34)。その際、季遠は義祐に対し、禁裏修理料の献上を依頼したと考えられ、同一二年には、義祐から修理料として百八貫余が進上され、見返りとして義祐に従四位下が授与されている(35)。

［史料四］によれば、季遠は心経奉納の勅使の任も請け負っていたことになる。ただし、次の史料から、大隅国での奉納は義祐に託したことがわかる。

［史料五］　太平山 国分寺（国分諸古記）（国分郷土誌編纂委員会編『国分郷土誌』資料編、一九九七年）

○太平山　国分寺

（中略）

一、大膳太夫義祐書写

為二天下立願一金泥心経、州々国分寺御奉納之勅使四辻宰相中将殿御下向、其国御経被二仰付一候条一通進レ之候、尓々御祈念尤肝要候、恐々謹言、

（天文一〇年カ）七月四日　　大膳太夫義祐判

右御書付国分寺格護、

一、隅州曽於郡国分郷太平山国分寺再造立記写

（中略）

凡、此郷人民到レ憂二水旱・疾病・螟蝗等一亦皆無レ祈而不レ験矣、如何座見二其堂之破一而令下風雨汚中仏体

耶嚮上、是百五十年前清水楞厳先師代春結小庵於二観音堂一傍継絶香起棄榼而不レ失二古跡一如レ縷、此時天文十一年為二天下泰平之祈祷一、自二　禁裏一欲レ令下勅使四辻宰相中将公二奉中納金泥心経一巻上、勅使有レ故不レ入二此国一、命二日州伊藤義祐一以二桑門一寄二心経於当国本田氏一而令レ奉二納当寺一也、義祐書翰・本田氏副書、今伝二在本田氏家一也、或説曰、勅使留下在干（于カ）二日州一日数上焉、此時当国有二逆臣一動干（戈カ）才、且憚二山川険路一而不レ入也、又云、天文後当寺住職稍有二間断一而金泥心経蔵小櫝在二観音堂一本田氏偶参詣而見レ之為レ恐二風雨破滅一而取二伝我家一也、未レ知然乎否、（後略）

大隅国国分寺蔵とされる「伊東義祐書状写」によれば、心経は「州々国分寺」へ奉納するものと認識されていたことがわかる。また「国分寺再造立記写」より、季遠から義祐へ、義祐から大隅国守護代本田董親に般若心経が託され、国分寺に奉納されたとわかる。類似の記載は、『三国名勝図絵』にもみられる[36]。判然としないのは、季遠から義祐、董親へと託された心経が、日向国分とは別に季遠が持参していた大隅国分なのか、それとも、準備していた日向国分を奉納することができず結果的に大隅国に奉納することになったのか、そもそも、下向時に持参した心経は日向国分ではなく、大隅国分のみであったのかである。

陸奥国　勧修寺尹豊（権大納言／内々衆）は、天文一三（一五四四）年四月二〇日、中山孝親（前参議／内々衆）とともに東国に下向し、同年九月二一日に上洛している。山科言継が尹豊の下向先を「奥州迄下向」と記していることから[37]、［史料四］を加味すると、心経奉納のための下向であると考えられる。奉納に関連して、陸奥国会津を支配する葦名盛舜から尹豊息勧修寺晴秀（右中弁）に送られた請文がある。

［史料六］　葦名盛舜書状（曼殊院文書）（東京大学史料編纂所影写本三〇七一・六二―九―五）

綸旨之趣、謹以拝見候、抑　宸筆之御経一巻、可レ令レ安二置当国（陸奥）一之由畏承候訖、令レ存二其旨一之由、宜レ預二
御　奏聞一候、恐惶謹言、

七月廿八日（天文一一～一五年）　遠江守平盛舜（花押）
謹上　右中弁（勧修寺晴秀）殿

陸奥国に般若心経を安置すべき旨を命じる後奈良天皇綸旨（宛名「右中弁」が綸旨の奉者カ）が出されたことに対し、盛舜が奉納を了承することを伝えた請文である。般若心経の安置を綸旨で命じる事例は、次の越後国の事例でも確認できる。

越後国　勧修寺尚顕（前権大納言入道）は、天文一三（一五四四）年四月二〇日以降に下向し、同年九月二七日に上洛している(38)。後奈良天皇は、尚顕を勅使として、越後国内の神社に心経の奉納を命じる綸旨を発給している。

【史料七】後奈良天皇綸旨（上杉家文書）（『新潟県史』史料編三）

「（封紙ウハ書）長尾六郎殿　右中弁（花押）」
勧修寺（尚顕）入道大納言為二御使一被二差下一候、仍当国（越後）中令二静謐一為二豊年一、震（宸）筆御心経一巻可レ奉二納神前一之由、天気所レ候也、仍状如レ件、
天文十三年四月廿日　右中弁（勧修寺晴秀）（花押）
長尾六郎（晴景）殿

越後国守護代長尾晴景に対し、越後国内の神社への心経の奉納と国内の平穏を求める内容である。小林健彦によれば、この綸旨は、晴景が父為景没後の存立基盤を強化することに寄与しており、宛名からみて、守護上杉定実が朝廷から越後国の領主として認識されていないという(39)。ただし、同国内での奉納に際して、守護・守護代が揃って参列したことが、次の史料からわかる。

【史料八】青梅神社略記（本町古川洸氏所蔵）（『加茂市史』資料編一　古代・中世）

天文十四年（天文十三年甲辰カ）乙巳四月廿四日、勅使勧修寺大納言尚顕入道下著ス、綸命有リテ云ク、越後ノ兵乱、年ヲ経テ猶ホ未ダ已（己カ）マズ、是ニ以テ後奈良帝ノ宸筆ハ国ノ静謐ノ為ニ之ヲ下賜シ、諸社ニ奉納ス可キノ旨ナリ、上杉兵庫頭定実、長尾弾正左衛門晴景、伏拝シテ宣命ヲ承ケ、廼チ家臣ヲシテ弥彦并当社（青梅）ニ納メ使ム、

四月二四日、越後守護上杉定実と守護代長尾晴景が、越後に到着した尚顕を出迎え、その家臣によって弥彦神社・青梅神社へ心経が納められたのである[40]。

なお、尚顕は、この下向中に信濃国高井郡北部を支配する高梨政頼のもとを訪れ、禁裏修理料の納入を依頼した。同年七月、政頼から五千疋が禁裏に献上され、その見返りとして政頼が従四位上に叙されている[41]。

伊勢国　万里小路惟房（権中納言／内々衆）は、天文一三（一五四四）年八月、大和・伊勢国に下向する。目的の一つが伊勢国に心経を遣わすことであった。

［史料九］『後奈良天皇宸記』天文一三年八月二六日条

明日惟房卿山（大）和国、同伊勢国下向之由申、其次顕勝《筒井》、遠忠《十市》両人ニ修法之立願之事、被㆓仰出㆒事也、伊勢国司（北畠晴具）ニ金泥心経遣㆑之、旁時宜如㆓何之㆒、無㆓覚束㆒事也

後奈良天皇が惟房に対し、大和国添下郡の衆徒筒井顕勝・同国十市郡の国民十市遠忠に修法料進納を命じるとともに[42]、伊勢国司北畠晴具に渡すための心経を遣わしている。ただし、後奈良は、伊勢国が心経を遣わす状況に適しているか不安視していることがうかがえる。

加賀国　加賀国白山本宮惣長吏澄辰は、天文一二（一五四三）年一二月末から翌一三年一〇月一三日頃まで、同国山内荘内尾添村と牛首・風嵐村との間で係争中の白山禅頂諸堂造営の杣取権について、朝廷や大坂本願寺に掛

け合うため、上洛した(43)。澄辰が加賀に戻るのにあわせ、武家伝奏広橋兼秀から澄辰に加賀国分の心経が下付されている。

[史料一〇]『言継卿記』天文一三年一〇月一一日条

加賀国へ勅筆心経、今日従二広橋《兼秀》一白光院《澄辰》へ取次被レ出候了、賀州明後日必定下向也、従二禁裏一有二御用一、仍而延引也、御料所軽海郷御代官職今日被二仰付一、綸旨被レ出候了、

この時、禁裏御料所である加賀国軽海郷の代官職への補任もなされている。後奈良天皇は、白山本宮惣長吏の権利を認めることで、心経の奉納や御料所の年貢納入を期待したと推察される。

肥後国・肥前国・周防国　烏丸光康（権中納言／外様衆）は、天文一三（一五四四）年九月二三日に出京、同一〇月には肥後国矢部に到着、同年閏一一月には肥前国岩崎へ、その後、周防国を経由し、翌一四年四月二〇日に上洛している(44)。

阿蘇惟豊（阿蘇大宮司）の館のある矢部に到着した光康は、惟豊に対し、「後奈良天皇口宣案」（叙従三位）と「後奈良天皇綸旨」（さらに禁裏修理料を献上すれば恩賞を与える旨を記す）、「広橋兼秀綸旨副状」（勅使烏丸光康が忠節の詳しい内容を伝える旨を記す）、そして宸筆般若心経を渡している(45)。同じく光康から惟豊に渡された「後奈良天皇女房奉書」から、後奈良天皇の意図をうかがい知ることができる。

[史料一一] 後奈良天皇女房奉書（『大日本古文書　阿蘇文書』一巻、三一二号文書）

「仰《本紙端裏銘》　天文十三九廿三」

あその《阿蘇》大くうし《宮司》これとよ《惟豊》上かい《階》の事御めん《免》候、これは一たん《段》のてうしやう《朝賞》にて候、さてハこの御所大は《破》にをよひ《及》候まゝ、御しゆり《修理》の事ちそう《馳走》いたし《致》候ハヽ、しんへう《神妙》に覚しめし《思召》候ハ《と脱カ》んするよし《由》を、御つかひ《使》として

御下かう《向》候て、よくおほせ《仰》きかせ《聞》られ候へく候、この御心きやう《経》ハ社頭にこめ《籠》まいらせ候へとおほせ《仰》事候へ
く候よし申せとて候、かしく、
「日野《札紙切封ウハ書》、中納言《烏丸光康》とのへ」

女房奉書には、禁裏修理料の献上の御礼として、阿蘇惟豊の上階（叙従三位）を「朝賞」として授与すること、阿蘇社頭に心経を納めるべきことが記されている。同年一二月一八日、惟豊は、上階を認める仰せに感謝し、御礼の修理料奉納を約束、心経を奉納する旨の請文を武家伝奏広橋兼秀に送った[46]。その後、惟豊から阿蘇上宮への実際の奉納は、翌一四年五月二八日に行われた[47]。

この勅使下向による惟豊の昇叙は、天文一二年に一族内の惟前との数十年にわたる抗争が終結した直後に実現したものである[48]。同一三年三月から、所々に段銭徴収を命じるなど勅使を迎えるための準備がなされている[49]。朝廷側の発給文書が揃って伝達されていることと阿蘇氏側の事前準備から、惟豊のもとへの勅使光康の下向は、惟豊の昇叙を認める文書を下付する目的のみでなされたものではなく、後奈良天皇が肥後国の情勢を確認した上で、同国阿蘇社への心経奉納が叶うと見越し、勅使下向が計画されたものだと考えられる。

次いで光康は、同年閏一一月、肥前国高来郡の大名有馬晴純に口宣案（任修理大夫）を授与するため[50]、肥前国へ移っている。晴純は、勅使光康を「岩崎」に出迎え、松岡神社にて「宣命」（口宣案ヵ）を受け取っている[51]。同一五年正月、晴純は勅使派遣の御礼として、「白髪之絲百八十六把」（三万疋分）を朝廷に献上した[52]。

その後、光康は周防国に移動し、心経を奉納したとみられ[53]、同一四年四月二〇日に帰洛した。

豊前国　町資将（参議左大弁／外様衆）は、天文一三（一五四四）年一一月、西国に下向し、同年末、近衛稙家の使者として、薩摩国守護島津貴久や大隅国守護代本田董親・重親父子と面会し、近衛邸造営料の献上を依頼した[54]。

同一四年六月二〇日頃には薩摩を離れ、七月九日までには肥前国有馬に到着、七月一〇日頃には「豊州」に移る予定であったとみられる[55]。同年一二月末の帰洛後、薩摩国一乗院・福昌寺の勅願寺の申請や、本田董親の紀伊守任官、重親の左京大夫任官の申請を取り次ぎ、後奈良天皇の勅許を得ている[56]。

資将の豊前国での動向は不明であるが、同国への心経奉納については、「享保二年八月廿日」の書写年記をもつ「彦山諸覚書」に記録されている。

[史料一二]「彦山諸覚書　二（零本）」（東京大学史料編纂所謄写本二〇一二―一七）

（前略）

一、人王百六代後奈良院天文十六年遣《ス》二持明院中将一被レ寄二‐進《セ》宸翰紺紙金泥《ノ》般若心経《ヲ》於彦山《ニ》一

（後略）

天文一六（一五四七）年、持明院基孝（正四位下左中将）により、豊前国彦山に心経が奉納されたことがわかる。室町期に大内義弘が豊前国守護職に補任されて以降、断続的ながら彦山は大内氏の庇護を受けている[57]。基孝の父基規が義隆を頼り周防国に四度、下向していることからも[58]、彦山への奉納には義隆の関与が想定される。

甲斐国・伊豆国　天文一四（一五四五）年三月二六日、聖護院道増は駿河国臨済寺を離れ、相模国に出向き（北条氏康と対面ヵ）、四月二日に甲斐国甲府（武田晴信と対面）、同月一一日に下総国古河（古河公方と対面）、七月七日に再び駿河の今川義元邸の歌会に出席し、同月一八日に上洛した[59]。道増の廻国の目的は、本山派山伏のネットワークを利用した将軍義晴による「河東一乱停戦令」（抗争中の北条氏と今川氏との和平交渉）であった[60]。

甲斐国分の心経について、道増の関与を示す史料は見出せないものの、天文一九（一五五〇）年四月二〇日、甲斐の武田晴信によって甲斐国一宮浅間神社に心経が奉納されている[61]。次の史料は心経の包紙である。

〔史料一三〕般若心経包紙（『富士の国やまなし国文祭記念事業　企画展山梨の名宝』山梨県立博物館、二〇一三年）

人皇百五代後柏原天皇第一王子今上皇帝震（宸）筆　（武田晴信）（花押）

勅筆

奉納神前般若心経　一巻

天文十九季庚戌卯月廿日　大膳大夫晴信

晴信が心経に自署を据えた包紙を添えて神前に奉納したことは、国の統治者としての立場をあらためて喧伝する意味合いがあったと想定される。同年閏五月二三日、晴信が信濃国信府の掌握をこの浅間神社に祈願していることと関係しているかもしれない[62]。

伊豆国分についても、道増の関与を示す史料は見出せないものの、心経は伊豆山権現（現・伊豆山神社）に現蔵されている[63]。栗木崇は、道増から心経を受け取った小田原の北条氏康は、奉納後の心経の強奪ないし滅失の可能性を考慮し、伊豆・駿河の境目地域に位置する三嶋社よりも、安全かつ三嶋社と同様に東国政権の守護神である伊豆山権現を伊豆国内の奉納先として選択したと指摘する[64]。奉納された心経の適切な管理が国主の責任であるという認識が生じた可能性は、十分にありうる。

信濃国　天文一五（一五四六）年五月七日、三条西実澄（権大納言／内々衆）は武田晴信に後奈良天皇綸旨を与えるべく四辻季遠とともに出京、同年六月一一日、「勅使」として晴信のいる甲斐国甲府に到着した[65]。晴信は与えられた綸旨に喜悦したようで、八月一九日には、信濃国内で一万疋を御料所として朝廷に献上し、信濃国「十二郡」を領有した暁には三万疋に増額することを実澄に約束している[66]。

晴信による侵攻先の信濃国の御料所年貢の献上発言は、上京する実澄を見送る折になされた[67]。それ以前に実澄は、信濃国諏訪や善光寺を訪れている(68)。小川剛生は、信濃侵攻で拡大した版図を示すべく、晴信が実澄に踏査を奨めたものと推察する(69)。おそらく、信濃国の情勢が実澄により後奈良天皇に伝えられ、次の天文二二（一五五三）年の心経奉納の動きにつながったとみられる。

［史料一四］「神使御頭之日記」天文二二年八月条（『信濃史料』第一一巻）

此年八月十六日勅使御下、神長（守矢頼真）御尋御越、同廿日巳刻ニ一字三礼之帝王御自筆之心経御宝殿ニ神長奉二納之一、勅使般若三昧院ト申律僧にて御入候、八月十六日ヨリ同廿六日まで御宿ヲ仕候、又内裏様之祝《ノリト》（詞脱カ）申・御玉会ヲ進上仕候事、神長面目不レ過レ之由風聞申候、於二後日彼勅使般若院一頼申、当社之神名帝皇之御自筆ニ諏方（訪）正一位南宮法性大明神ト申下候、并神長頼真此時正三位之御綸旨被レ下候、於二末代一神長者正三位タルヘク候、

天文二二年八月二〇日、心経を携えた勅使の伏見般舟三昧院西堂友空が信濃国諏訪上社を訪れ、同社神長守矢頼真によって神前に心経が奉納されたのである。その後、西堂は同社権祝矢島重綱のもとを訪れ、後奈良天皇の感謝の念が深いことを伝え、女房奉書を読み上げている(70)。次の史料は読み上げられたと考えられる女房奉書である。

［史料一五］後奈良天皇女房奉書写（守矢文書）（『信濃史料』第一一巻）　※注（16）末柄報告レジュメにもとづき、一部、読みを改めている。

しなのゝくに（信濃国）すわ（諏訪）の大ミやう（明）神、御ほうなう（奉納）のため、心きやう（経）ちよくひつ（勅筆）をそめ（染）られ候、こく（国）中をの（各）〳〵一とう（統）いたし、せいひつ（静謐）の事にて候へく候、それにつきて、きん（禁）中御しゆり（修理）なとの事、ほうこう（奉公）いたし候やうに、上すわ（諏訪）にちそう（馳走）の事、いつれもよく〳〵申とゝけ（届）られ候へく候よし、申とて候、かしく、

（墨引）

はんしゆ院西たう《般舟三昧院西堂友空》へ

信濃国諏訪大明神に奉納するため、後奈良天皇自ら筆をとった心経であることを伝えている。そして、信濃国内が統一され、穏やかに治められることを期待した上で、朝廷への奉公として禁裏の修理料献上を命じている。後奈良天皇からの命に対し、頼真らは、神名「諏方正一位南宮法性大明神」の直筆での下付と、頼真の正三位への昇叙を求めた（[史料一四]）。次の長橋局消息写は、その申請に対する返事である。

[史料一六]　長橋局消息写（守矢文書）（『信濃史料』第一一巻）　※注(16)末柄報告レジュメにもとづき、史料名および、一部、読みを改めている。

すわ《諏訪》の神ミやう《名》の事、申され候、こんと《今度》神《神長》のおさ色々ちそう《馳走》のよし御申候ほとに、かいふん《涯分》申いたし候て、めてたく《目出度》まいらせ候、又御しんきやう《心経》ほうなう《奉納》の御れいをは、いつくのくに《国》〳〵よりも申入候事にて候、国のきたう《祈祷》、又はるのふ《武田晴信》いよ〳〵心にまかせ候事にて、この御所へもほうこう《奉公》候はんするためにて候へハ、よく〳〵なかさかかた《長坂虎房》へおほせ《仰》くたされ候へく候、かしく、

はんしゆ院せいたう《般舟三昧院西堂友空》へ

諏訪神名を後奈良天皇に書いてもらったこと、心経奉納の礼については各国より申し入れがあり、信濃国の祈祷や晴信の思いに叶い、禁裏にも奉公することになるため、晴信臣の長坂虎房に伝えるように命じている。

なお、勅使西堂が頼真に心経受け取りに関する請文の提出を求めたため、頼真から西堂に対し請文が提出されている。[71]

安房国　醍醐寺報恩院源雅は、天文一五（一五四六）年一二月から尾張国万徳寺に下向し、翌春には関東に下る予定であった。[72] この下向は、万徳寺をはじめ隣国の末寺の住僧に印信を伝授することを通じ、教線を拡大しよう

とするためのものであった。[73] 安房国への心経奉納はそれに伴い企図されたと考えられる。次の史料は、翌一六年以降に、報恩院と所縁をもつ安房国府中の宝珠院[74]に宛てられた書状案である。

【史料一七】醍醐寺報恩院源雅書状案（曼殊院文書）（京都府編『宸翰集』上、一九一六年）※掲載の史料画像をもとに翻字を確認した。

以二一書一令レ申候、能々被レ記可レ給候、此外不レ申候、

先年不慮之儀依レ有レ之関東江下向候、其題目其国江震（宸）筆書写（之）金（紺）紙金泥心経於可レ有二御納（奉）一之由候、為二其

勅使一可二罷一下由候、路次雖二相尋候一、不自在之由候間、其間々上洛候、則御経返進（納）上申候処、彼国一向御無

案内之間、可レ被レ下仁躰無レ之、預利申、不二罷一下者可二伝一遣候由被二仰一出候間、先預リ申候、御経之奥仁

阿房（安房）国と被レ遊候、諸国御経大都と（六十六ヶ国嶋国迄納候、）御奉納候、以二此次一其国之領主御礼被レ申候様躰者、其所（之）機根次第候、下

向難レ成候者、可レ然仁躰被レ上、渡申度候、為レ其態此仁召下候、能々有二分別一而御報可レ承候、恐々謹言、

五月　　　　前法務権僧正源雅判

宝珠院

安房国に安置する心経を預かった源雅であったが、道中困難により未納のまま上洛したこと、後奈良天皇から現地の者を上京させてでも渡すよう命じられたことがわかる。[75] 心経の奉納は日本全国にわたって実施することが計画され、「其国之領主」からの「御礼」を求める狙いもあったこともうかがえる。次の史料は、源雅が上洛後、万徳寺に送った書状である。

【史料一八】醍醐寺報恩院源雅書状（万徳寺文書）（『愛知県史』資料編一〇　中世三）

（封紙ウハ書）
「　　　　　　　　　報恩院
万徳寺芳報　　　　　　源雅」

（封裏）
「（切封墨引）」
門徒御上洛、即可二帰寺一候、色々御態示給候、本望候、
懇札被レ閲本望一候、惜二推参一、其憚雖二多端候一、貴命依レ難二違背一、相二随尊意一候、自二先日一猶常住之躰、可レ為二本意一候、不レ可レ申二滞一留候、京都之儀も治乱未定と申候、早々ニ帰洛之由、仰事候、被レ得二叡慮　上意一御下向之由候、阿波（安房）国御経下候事、内　裏・公方無二其隠一候之条、不二付一遣者、不レ可レ然候由候、猶万篇期二参面一候、恐々謹言、
夜更着中八（二月二八日）　　　源雅（花押）
万徳寺芳報

源雅は、「叡感・上意」双方の了解を得て勅使として下向したため、「内　裏・公方」に把握されており、心経を下付しないということはあってはならないとする。後奈良天皇の発願による諸国への心経奉納であるが、将軍義晴も把握していたことがうかがえる。

筑前国　天文一六（一五四七）年一一月末、東坊城長淳（前権中納言／内々衆）は京をたち、同一七年三月中旬まで周防国に滞在した後、筑前国大宰府安楽寺を目指した。(76) 菅氏長者である長淳の安楽寺参詣について、後奈良天皇は勅書で、「毎篇可二扶補一之由」を大内義隆に命じた。(77) ところが、同年三月二三日、長淳が赤間関で急逝した。(78)

次の史料は、長淳没後に義隆が安楽寺別当（同じ菅原氏の高辻家が別当を務める）に送った書状である。

［史料一九］大内義隆書状（太宰府御供屋蔵古文書（福岡市博物館所蔵青柳資料））（『太宰府天満宮史料　補遺』）
坊城（東坊城長淳）下向之時、震（宸）筆之御経御奉納間（候イ）、彼家僕衆進宮之儀、可レ令二下一知之由申置候之条、令レ献候、任レ例可レ有二啓一白候、神慮可レ為二御一納一受之条、珍重一社大慶此事候、早々執二請文一、可レ達二叡一聞之状如レ件、

六月十日（天文一七年カ）　　義隆（大内）

安楽寺別当御房

義隆は、長淳の家僕が安楽寺天満宮に心経を奉納することを知らせるとともに、奉納は神慮に叶うものであるため、後奈良天皇を安心させるためにも早く請文を提出するよう命じている。［史料四］作成下限の天文一四年二月二一日以降も、各国への心経奉納が実際に続けられていたことがわかる。

（2）奉納の動きは不明であるも下向が確認できる国

心経の奉納に関する直接的な文言が史料上には確認できないものの、［史料四］の国別取次と史料上の下向国先が合致する事例として、次の事例がある。

尾張国に記された二条尹房（前左大臣）は、下向先が不明なものの、織田信秀重臣の平手政秀が尾張国より上洛し禁裏修理料を献上した同日、後奈良天皇と面会している[79]。尹房が尾張国に下向し、修理料献上を依頼したと考えられる。三河国より上洛した転法輪三条公頼（内大臣／外様衆）は、松平広忠から献上された禁裏修理料を納めている[80]。駿河国より上洛した中御門宣治（蔵人頭右大弁／外様衆）は、叔母が今川氏親の妻（寿桂尼）のため、血縁による結びつきがある[81]。越前国より上洛した四辻季遠（参議／内々衆）は、禁裏に鳥子百枚を献上している[82]。但馬国に記された転法輪三条公頼については、東国に下向する連歌師宗牧が、「三条殿（転法輪三条公頼）但馬御下国明日の由仰せられて」と記録している[83]。出雲国に記された二条尹房は、「天下ヨリノ御事」（将軍義晴の要請）を受けて、大内義隆に出雲の尼子晴久との和睦を打診するため安芸国厳島に逗留した後、周防国山口に向かったとの記録がある[84]。いずれも心経奉納の勅使としての下向を務めた史料は確認されないものの、［史料四］の該当国と取次者との間に関連を見出すことができる。

以上、［史料四］をもとに各国の奉納実態について検討した。各国の検討から、［史料四］は最終的な奉納先の国とその取次を示す覚書ではなく、「天文十四年二月廿一日」までの段階で、所縁があって各国に下向予定の公家・寺僧に対し、後奈良天皇が心経を奉納するための「勅使」としての役目を請け負わせた際に作成した覚書であると考えられる。

奉納先については、淺野長武が「天皇は更に般若心経を諸国の一宮に頒納せしめ給うた[85]」と述べて以降、後奈良天皇によって諸国の一宮に納められたという見解が大勢を占めてきた。しかし、「州々国分寺」（［史料五］）、「可令安置当国《（陸奥）》」（［史料六］）、「当国《（越後）》中（中略）可奉納神前」（［史料七］）とあるように、当事者たちの間で国内の具体的な安置場所が示されていない。一方で、女房奉書中に「あその（中略）社頭」（［史料一一］）や「すわの大ミやう神」（［史料一五］）とあるように、確実に奉納できる国の場合、その安置場所が明確に示されている。つまり、後奈良は、一宮に限定したわけではなく、自らが書写した心経を各国内の寺社に奉納したいと考えていたとみられる。その際、奉納を確実に行うため、地域権力にすがったのである。それは、心経受け取りに対し、請文が提出されていることから明らかである。

なぜ、後奈良天皇は、これまでの先例をさらに上回る般若心経を諸国に奉納するという計画を立てたのか。それは、地域権力と接触し心経奉納を図ることで、地域秩序が安定の方向に向かう一助になればと願ったためであろう。さらに、接触した国からの経済的支援を得ようとしていた点も見逃すことができない。それは、勅使西堂が肥後の諏訪上社社官の前で読み上げた女房奉書に、「心きやうちよくひつをそめられ候、こく中をの〳〵一とういたし、せいひつの事にて候へく候、それにつきて、きん中御しゆりなとの事、ほうこういたし候やうに」（［史料一五］）とあることや、後奈良から安房国分の奉納を依頼された報恩院源雅が、「御奉納候、以此次其国之領主御礼被申候様」（［史料一七］）と認識していることからも明白である。地域秩序の安定とともに禁裏修理料の献上を求めているのである。

また、奉納を目的として下向した勅使のうち、甲斐・伊豆に下った道増や出雲に下ったと考えられる二条尹房のように、将軍義晴の意を受けて大名間の和平工作が試みられた事例もある。勅使による諸国への心経奉納が「被得叡慮　上意御下向之由候、阿波国御経下候事、内　裏・公方無其隠」（〔史料一八〕）とあることから、将軍義晴も後奈良天皇の意を汲んでいたことが想定される。天文一〇（一五四一）年一〇月末から翌一一年三月末まで義晴が近江国坂本に移座した時期はあるが、同一五（一五四六）年一〇月初旬、土一揆が禁裏に押しかけた際、義晴が禁裏を守るため奉公衆を派遣し警固するなど(86)、後奈良と義晴との関係は比較的安定していたとみられる。

将軍義晴・義輝が地方の紛争調停に積極的に介入した事実について、山田康弘は、将軍自身の権威を高揚させ、秩序の再生産を図るためのものであったと評している(87)。将軍義晴の大名間の紛争調停への介入は、後奈良天皇の意思に応える形で、朝廷を守護する武家の役割として実施されたとみることもできるのではないか(88)。

おわりに

第一節では天文三年・同九年の事例を検討した。後奈良天皇が、先帝の威徳にあやかり、般若心経を書写し、洛中の寺院に奉納することで、天災や飢饉、疾病等で喘ぐ民衆の困苦を和らげたいと願っていたであろうことを明らかにした。

第二節では、天文一〇年からの諸国への奉納事例を検討した。後奈良天皇が、諸国の寺社への心経奉納を企図したことは、地域秩序の安定を願う後奈良の意思の表れであった。そのために、後奈良は、勅使を現地に下向させ、地域の実情を探り、時に地域権力が望む官位叙任に応じながら、各国に無事奉納できるよう手を尽くした。また、後奈良は、地域秩序の安定のため、将軍義晴による紛争調停にも期待したとみられる。地域権力や将軍にも働きかけることによって、領主間の争いの停止や地域権力による一国統治が進み、地域秩序が安定することを願ったのであろう。

勅使下向による諸国への宸筆般若心経の奉納から、直接、地域権力と対峙し、地域秩序の安寧に心をくだいた後奈良天皇の姿がみてとれるのである。それとともに、奉納の対価として禁裏修理料を献上させることで、自ら禁裏の維持に努めたたくましい姿も忘れてはならないのである。

（1）林屋辰三郎「天文と寛永と―歴史の変革と時代区分―」（『近世伝統文化論』創元社、一九七四年、初出は一九六九年）。

（2）山口康助によれば、永正末頃から在国者や下向者が激増し、天文年間に至って夥しい数を示し、天文一三年には公卿総員のうち二二・五％が在国していたという（「中世末期に於ける文化の伝播」『山梨大学学芸学部研究報告』三、一九五二年）。『公卿補任』尻付から公家の地方下向について検討した富田正弘も、永正・大永年間以降に地方下向の記事が増えていき、天文・弘治・永禄年間に集中している感があると指摘する（「戦国期の公家衆」『立命館文学』五〇九、一九八八年）。

（3）久水俊和は、永正期以降、それまでの幕府による朝廷公事用の段銭・国役賦課等の徴収を執行する「室町期型」財政構造が行き詰まりをみせ、勅使が各地の戦国大名方に赴き、禁裏御料からの貢租を依頼する「戦国期型」財政構造に変化したと指摘する（「「室町期型」支出構造の帰納的考察―中・近世移行期から近世における即位礼用途支出構造の変遷―」『室町期の朝廷公事と公武関係』岩田書院、二〇一一年、初出は二〇〇九年）。

（4）髙岸輝・黒田智『天皇の美術史三　乱世の王権と美術戦略』（吉川弘文館、二〇一七年）によれば、歴代天皇の中でも後柏原・後奈良天皇の宸筆は比較的多く伝存しているという。勅額下賜の事例は、後奈良が二二件（歴代天皇の中で後水尾についで多い）。勅願寺・祈願所も、後奈良の四〇か寺が抜きん出て多い。師号（大師や禅師）の宣下は、後柏原が三四例、後奈良が二九例。社寺修造の勅許は後柏原が三〇件、後奈良が二六件とされる。

（5）秋山敬は、甲斐武田氏のもとへ五度下向した四辻季遠を取り上げ、季遠の下向は武田氏の領国支配上の節目の時期に該当し、朝廷側の意向によってのみ実現したわけではないとする（「四辻季遠の甲斐下向とその目的—武田晴信の対朝廷政策と関連させて—」『武田氏研究』四一、二〇一〇年）。山田貴司は、大内義隆が朝廷との親密な関係を活用して戦略的に自他の官位を昇進させ、政治活動を有利に進めようとしていたこと、朝廷を通じ領国内での特定の寺社の修造や格式の上昇を推進することで、外護者としての正当性と影響力を高めようとしたとする（「大内氏と朝廷」大内氏歴史文化研究会編『室町戦国日本の覇者　大内氏の世界をさぐる』勉誠出版、二〇一九年）。

（6）脇田晴子「戦国期における天皇権威の浮上（上・下）」（『日本史研究』三四〇・三四一、一九九〇・一九九一年）。今谷明『戦国大名と天皇—室町幕府の解体と王権の逆襲—』（福武書店、一九九二年）。

（7）池享「戦国・織豊期の朝廷政治」（『戦国・織豊期の武家と天皇』校倉書房、二〇〇三年、初出は一九九二年）。永原慶二「応仁・戦国期の天皇」（同編『講座前近代の天皇二　天皇権力の構造と展開 その二』青木書店、一九九三年）。

（8）井原今朝男『室町廷臣社会論』（塙書房、二〇一四年）。

（9）三上参次「後奈良天皇宸筆心経に就て」（『史学雑誌』一七—七、一九〇六年）。

（10）猪熊信男『古帝王の御聖徳—後奈良天皇御発願の宸筆諸国心経に就て—』一九二二年（岩瀬文庫所蔵函一四五・番二二三）。七か国分の発見の経緯については、猪熊信男『後鳥羽上皇の熊野懐紙と後奈良天皇の勅筆諸国心経』（名古屋史談会、一九三三年）に詳しい。

（11）淺野長武「後奈良天皇御願の般若心経に就いて」（『歴史地理』四一—一、一九二三年）。

（12）伊木壽一「宸筆心経に就いて（上・下）」（『史学』一四（三・四）、一九三五・一九三六年）。

（13）渡邊世祐「後奈良天皇宸筆般若心経と信濃諏訪神社」（『国史論叢』文雅堂書店、一九五六年、初出は一九二四年）。

（14）明治三九（一九〇六）年段階で三上参次が把握していたのが、甲斐国（浅間神社蔵）・肥後国（西巌殿寺蔵）の二か国分である。その後、明治四三（一九一〇）年には周防国（国分寺蔵）が見つけられ、大正三（一九一四）年には猪熊信男が安房国（曼殊院蔵）を、大正一一（一九二二）年ごろには伊木壽一が伊豆国（伊豆山神社蔵）を、大正一三（一九二四）年頃には渡邊世祐が越後国（上杉神社蔵）を発見した。三河国（西尾市岩瀬文庫蔵）については、明治四〇（一九〇七）年に岩瀬弥助が京都の佐々木竹苞楼から購入し、大正一三年に猪熊が後奈良宸筆であることを確認した。以上、七か国分が現存している。

(15)　淺野注(11)論文。
(16)　末柄豊「戦国時代の天皇―西尾市に伝わる文化財を手がかりに―」（岩瀬文庫講座二〇一六年一月三一日）報告レジュメ。『新発見。新知見。―新編西尾市史中間報告展Ⅰ―』（岩瀬文庫、二〇一六年）。
(17)　藤木久志編『日本中世気象災害史年表稿』（高志書院、二〇〇七年）。
(18)　武内孝善『天皇と般若心経―空海『般若心経秘鍵』上表文を読み解く―』（春秋社、二〇二三年）。中世の天皇による般若心経の書写は伊木注(12)論文にも詳しい。
(19)　藤木注(17)書。
(20)　『厳助往年記』天文九年二月一〇日条。
(21)　『大館常興日記』天文九年四月二一日条。
(22)　『大館常興日記』天文九年四月二三日条。
(23)　『大館常興日記』天文九年五月一二日条。
(24)　『大館常興日記』天文九年五月二五日条。
(25)　『大館常興日記』天文九年五月二六日条。
(26)　『お湯殿の上の日記』天文九年六月一七日条・『厳助往年記』天文九年六月一七日条・『五八代記』「義堯」項（『醍醐寺文化財研究所研究紀要』四、一九八二年）。
(27)　『お湯殿の上の日記』天文九年六月三〇日条・七月一六日条・同月二七日条ほか。『天文日記』天文九年七月二九日条。
(28)　『お湯殿の上の日記』天文九年七月二六日条。
(29)　（天文九年推定）九月八日付大内義隆書状（周防国分寺文書）（『周防国分寺文書』一）。（天文九年）九月八日付大内義隆書下（住吉神社文書）三六号（『山口県史』史料編　中世四）。（天文九年）九月十(衍カ)八日付大内義隆書状案（太宰府天満宮文書）・（天文九年）九月十(衍カ)八日付大内義隆判物写（兒玉韞採集文書）・（天文九年）九月十八日付大内義隆書状（承天寺文書）（『大宰府・太宰府天満宮史料』巻一四）。
(30)　木下昌規によれば、朝廷は同年六月二四日開催の義教百年忌仏事による幕府の財政難を気遣っていたとされる。同様の配慮は、天文五年の後奈良天皇即位式に伴う費用を幕府に依頼しなかったことにもみられるという。木下昌規『足利義晴と畿内動乱―分裂した将軍家―』（戎光祥出版、二〇二〇年）。

(31)『厳助往年記』天文一〇年八月二二日条。

(32)（天文一〇年推定）八月十九日付勘解由小路在富勘文（曼殊院文書）には、書写始日次として「今月廿二日丙子・廿三日丁丑」が記されている。

(33)末柄（注(16)レジュメ）によれば、曼殊院に残された安房国の般若心経（後述）や関連文書は、本来、歴代天皇のもとに残された史料群の一部で、江戸時代初期に天皇から当時の曼殊院門跡に分け与えられた禁裏文書の分枝とされる。

(34)『大館常興日記』天文九年三月五日条、天文一〇年八月二七日付後奈良天皇口宣案写ほか（伊東文書）（『宮崎県史』史料編　中世二）。

(35)「日向記」（『宮崎県史』史料編　中世二）。

(36)「時に日隅大乱起りて、道路を断つ、因て心経を伊東大膳太夫義祐に属す、義祐使僧をして、大隅守護代本田紀伊守董親に転致す、董親これを領して、是ノ年十一月四日、当寺に奉納す、事は、義祐七月四日の書翰、董親十一月四日の願書にみえたり、心経は紺地金泥を以て書き、白木の函に納め、義祐の書と共に、今董親が後昆の家に伝ふ、」（『三国名勝図絵』第三巻、一九八二年）。

(37)『言継卿記』天文一三年九月二三日条。

(38)『お湯殿の上の日記』天文一三年九月二七日条。

(39)小林健彦「謙信と朝廷・公家衆」（池享・矢田俊文編『定本上杉謙信』高志書院、二〇〇〇年）。

(40)現在、心経は上杉神社に現存している（米沢市文化財保護協会『米沢の文化財』一九六七年）。

(41)（天文一三年）四月廿日付後奈良天皇綸旨案・後奈良天皇女房奉書案・天文十三年七月二日付後奈良天皇口宣案（叙従四位上）・（天文一三年）八月五日付勧修寺尚顕書状。以上、いずれも「高梨文書」（『信濃史料』第一一巻）。

(42)『後奈良天皇宸記』天文一三年閏一一月二九日条によれば、筒井の万疋進上により、清涼殿において不動小法が実施されている。

(43)『お湯殿の上の日記』天文一二年一二月二八日条。『言継卿記』天文一三年一〇月一三日条。

(44)『言継卿記』天文一三年九月二〇日条。『お湯殿の上の日記』天文一四年四月二三日条。

(45)天文十三年九月十六日付後奈良天皇口宣案（『大日本古文書　阿蘇文書』一巻、三一一号文書）。（天文一三年）九月十六日付後奈良天皇綸旨（『同』一巻、三一〇号文書）。（天文一三年）九月二十三日付広橋兼秀綸旨副状（『同』一巻、三一三号文書）。
(46)（天文一三年）十二月十八日付阿蘇惟豊請文案（阿蘇家書札案写）（『大日本古文書　阿蘇文書』二巻）。
(47)（天文一四年）五月二十八日付成満院・万福院・一山衆徒中宛阿蘇惟豊書状（『大日本古文書　阿蘇文書』三巻、五号文書）。阿蘇上宮に奉納された心経は、その後、西巌殿寺が所蔵。現在、熊本県立美術館に寄託されている（「美術館コレクション三　仏と神と侍と」二〇二一年一〇月七日～一二月二五日、展覧会出品リスト）。
(48)熊本大学・熊本県立美術館編『阿蘇家文書修復完成記念　阿蘇の文化遺産』（二〇〇六年）。
(49)柳田快明『中世の阿蘇社と阿蘇氏―謎多き大宮司一族―』（戎光祥出版、二〇一九年）。
(50)『大館常興日記』天文八年七月一六日条によれば、伊勢氏の計らいで偏諱が与えられるとともに、修理大夫に任じられている。
(51)「歴代鎮西要略」（『後鑑』天文一三年閏一一月条）。
(52)『言継卿記』天文一五年正月一八日条。
(53)『言継卿記』天文一四年四月二〇日条。現在、心経は国分寺に現存する（防府市教育委員会『防府史料　第一五集　周防国分寺史』一九七六年）。
(54)（天文一五年）二月二十九日付日野町資将書状（『鹿児島県史料　旧記雑録』前編二、二五二八号）。
(55)（天文一四年ヵ）六月十三日付日野町資将書状（『鹿児島県史料　旧記雑録』拾遺家わけ十、八九号）。（天文一四年ヵ）七月九日付日野町資将書状（『同』拾遺家わけ十、九〇号）。林匡「戦国期の大隅国守護代本田家と近衛家」（『黎明館調査研究報告』一八、二〇〇五年）に詳しい。
(56)『お湯殿の上の日記』天文一五年三月五日条。天文十五年三月四日付後奈良天皇綸旨（『鹿児島県史料　旧記雑録　前編二』二五二九号）。天文十五年三月八日付後奈良天皇綸旨（『同』二五三二号）。天文十五年八月十一日付後奈良天皇口宣案（本田家記文書及系譜）（『鹿児島県史料　旧記雑録』拾遺家わけ十、六三号）。
(57)『彦山編年史料　古代中世篇』（文献出版、一九八六年）。
(58)萩原大輔「戦国期大内氏分国下向公家と「陶隆房の乱」」（『日本文学研究ジャーナル』一九、二〇二一年）の別表参照。

(59)『為和集』（『静岡県史』資料編七　中世三、一七三〇・一七四〇・一七四三号）。「高白斎日記」天文一四年条（『甲府市史』史料編一　原始古代中世）。四月二十一日付聖護院道増書状・四月二十三日付足利晴氏書状案（喜連川文書）（『栃木県史』史料編　中世二、二七・二八号）。

(60)大石泰史「足利義晴による河東一乱停戦令」（黒田基樹編著『（シリーズ・中世関東武士の研究）北条氏康』戎光祥出版、二〇一八年、初出は二〇一〇年）。黒嶋敏「山伏と将軍と戦国大名―末期室町幕府政治史の素描―」（『年報中世史研究』二九、二〇〇四年）。

(61)奉納された心経は、浅間神社に現蔵されている（『富士の国やまなし国文祭記念事業　企画展山梨の名宝』山梨県立博物館、二〇一三年）。なお、心経の最終行には国名「甲斐国」に続いて、他国分の心経には見られない一文「国家安穏万民和楽」が追筆されている。追筆の金泥は、般若心経本文および国名よりも濃く見受けられる。後奈良天皇は、一旦、国名まで染筆した後、何らかの機会に追記したと考えられる。想像をたくましくすると、道増の下向段階では、甲斐国分が晴信に手渡されず、後奈良の追記を経て、道増よりも後の年月に別な人物が甲斐国に下向して晴信に手渡し、奉納された可能性があるのではないか。

(62)（天文二〇年）二月五日付武田晴信判物（浅間神社文書）（『戦国遺文　武田氏編』第一巻、三一八号）。

(63)『開館三〇周年記念特別展　国際観光温泉文化都市　熱海ゆかりの名宝―学校の先生と学芸員がつくった展覧会―』（ＭＯＡ美術館、二〇一二年）。

(64)栗木崇「伊豆山神社所蔵「紺紙金泥般若心経〈後奈良天皇宸翰／（伊豆国）〉」の伝来について」（『國學院大學研究開発推進機構紀要』一三、二〇二一年）。

(65)三条西実澄に同行した相玉長伝が記した「心珠詠藻」（私家集大成『山梨県史』史料編六　中世三下　県外記録）に、「天文十六年、三条大納言殿為御勅使甲斐国御下向之時、信濃国善光寺へ御参詣有し御供申せし後、寺にて」の記述がある。

(66)「高白斎日記」天文一五年八月一九日条（『信濃史料』第一一巻）。

(67)「甲信紀行の歌」（『山梨県史』史料編六　中世三下　県外記録）。

(68) 注(65)・(67)史料参照。
(69) 小川剛生「積翠寺蔵和漢聯句「心もて」注釈―天文十五年の武田晴信・三條西実澄・妙心寺派禅僧―」(『三田国文』六五、二〇二〇年)。
(70) (天文一三年)正月吉日付禁中修理料進献目録の端書に、「重綱始一同叡感不レ浅旨仰被達、女房之奉書御読聞せ之上下賜、何も恐入難レ有冥加至極也」とある(矢島文書)(『信濃史料』第一一巻)。
(71) (天文一二年)八月廿日付般若院宛神長頼真請文案(守矢文書)(『信濃史料』第一一巻)。
(72) 『厳助往年記』天文一六年二月条。
(73) 藤井雅子「醍醐寺・根来寺と田舎本寺との寺僧交流―尾張万徳寺を通して―」(永村眞編『中世寺院の仏法と社会』勉誠社、二〇二一年)。
(74) 「房州諸寺院本末帳　宝珠院宥鍐」(延宝八(一六八〇)年の明記あり)には、醍醐寺報恩院の末寺で安房国真言一派諸寺院支配所とある。茨城県水戸市の六地蔵寺には、享徳元(一四五二)年や寛正六(一四六五)年に、宝珠院の宥伝が上醍醐寺の院家で書写した奥書をもつ聖教がある。以上、『三芳村史編纂史料Ⅱ』(一九八一年)。
(75) 安房国分は、現在、曼殊院に現存している(京都府編『宸翰集』上、一九一六年)。
(76) 『公卿補任』天文一六年条・『言継卿記』天文一七年四月二七日条。
(77) (天文一七年)三月十七日付大内義隆請文(北九州市立歴史博物館所蔵文書)(『大宰府・太宰府天満宮史料』巻一四)。
(78) 注(76)史料。
(79) 『お湯殿の上の日記』天文一二年五月六日条。
(80) 『お湯殿の上の日記』天文一二年六月一八日条。『東国紀行』には、「典侍殿の御局より三条右府へ仰せのむねを伝へられて」とあり、連歌師宗牧を通して広忠に渡す御礼の女房奉書の宛名が「三条右府」となっている。なお、公頼が内大臣から右大臣に移ったのは、天文一二年七月二八日である。
(81) 『言継卿記』天文一三年一二月一〇日条。
(82) 『お湯殿の上の日記』天文一二年一二月二五日条。
(83) 『東国紀行』(『群書類従』第一五巻、紀行部二)。

（84）「房顕覚書」天文一三年四月条（野坂家文書）（『広島県史』古代中世　史料編二）。
（85）淺野注(11)論文。
（86）木下注(30)書。
（87）山田康弘「戦国期将軍の大名間和平調停」（阿部猛編『中世政治史の研究』日本史史料研究会、二〇一〇年）。
（88）禁裏修理料の献上の契機は、天文九（一五四〇）年三月、後奈良天皇が関白近衛稙家と諮って幕府に依頼したものである（『お湯殿の上の日記』天文九年三月四日条）。その後、幕府は、禁裏修理料として、各国「百貫」ずつの「諸国役段銭」を賦課し（『天文日記』天文一一年一〇月三〇日条）、いくつかの大名がそれに応じている（『大友家文書録』九八五・九九三、（天文九年）十月八日付大館晴光書状案（阿波谷伸子・大内田貞郎・木田和子・平井良朋・八木よし子・山根陸宏「大舘記(二)」『ビブリア』七九、一九八二年）など）。また、本章で検討した各国のうち、心経奉納後に受け取り手から御礼として献上された修理料の金額が、「百貫文」であった国が複数ある（日向伊東・信濃武田・肥後阿蘇・信濃諏訪）。

第12章　戦国期宗教勢力の都鄙的世界——本願寺を素材として——

安藤　弥

はじめに

本章の課題は、戦国期（一五世紀後半～一六世紀）の宗教勢力として代表的な存在である浄土真宗・本願寺が有した思想および教団構造に「都鄙」的世界という歴史的実態とその性格を読み取ることである。

日本史研究における「都鄙」（都会と田舎）の視点は、「都鄙」関係を交通・流通や経済圏、人的交渉・往還などから読み解き、時代・社会構造を把握する際に用いられる傾向にあり、これは宗教勢力の歴史的実態においても、もちろん重要な課題である。さらに、宗教史における独自の問題として、

①教団的構造論として《本山―末寺・門徒》関係を「都鄙」関係と見ることが可能

②宗教思想として「極楽浄土＝都」観が存在

という論点が挙げられる。本章ではこの二つの論点が典型的に見出せる本願寺を素材に検討を行う。

以上の視点を主軸に論じた先行研究は見出し難いが、(1) ①はきわめて基本的な構造・性格であり、戦国期本願寺教団史、また一向一揆研究の蓄積・成果において数々の事象を拾い出すことが可能である。井上鋭夫の本願寺

「法王国」論[2]、金龍静・草野顕之らによる教団構造論などが前提となる[3]。

②についても金龍教英・草野・平田厚志らの研究に興味深い指摘がある[4]。詳しくは後述するが、戦国～江戸期において本山（本願寺）を「都（洛・極楽浄土）」とする認識が見出せるという問題である。具体的な史料表現としては、たとえば本願寺証如の日記『天文日記』に見える「上洛」の多くは大坂本願寺に行くことを指しているという事例を挙げることができる[5]。

本章の検討手順としては、まず第一節で戦国期本願寺「教団」を成立させた蓮如の「京都」観（認識）を確かめて導入とし、次に第二節で戦国期本願寺の「教団」構造を僧侶・門徒の《本山↕地域》往還の実態を中心に整理し、さらに第三節で本山（大坂本願寺）を「都（浄土）」と認識する宗教思想に注目して論じることにしたい。

一　本願寺蓮如の「京都」観

草野顕之は「蓮如は、真宗における信心の根源を京都という場所に求めていた。つまり、京都にあっての本願寺であり、京都にあってこそ親鸞の御影堂である」「蓮如は完成なった山科本願寺を、明らかに「京都本願寺」と呼んでいるのである」と述べた[6]。その論拠となるおもな史料は次の二点である（傍線は筆者による、以下同）。

【史料一】　蓮如書状（文明四（一四七二）年一二月二八日付）[7]

又京都ハ本来本所タルカユヘニ、コヽニテウル所ノ信心ハ、ミナモト京都聖人ノ御恩ナルカユヘニ、トヲク京都ノ御恩ヲ悦フ道理ニモカナフヘキ歟、

【史料二】　蓮如御文（文明一五（一四八三）年一一月二二日付）[8]

一、京都本願寺御影前へ参詣申ス身ナリト云テ、イカナル人ノ中トモイハス、大道大路ニテモ開渡ノ船中ニ

テモハ、カラス、仏法方ノコトヲ人ニ顕露ニ沙汰スルコト、大ナルアヤマリナリ、

蓮如（一四一五～九九）は戦国期にその宗教活動により多くの人びとの帰依を得て真宗門徒の勢力を拡大し、京都東山大谷に所在した本願寺を本山寺院とする「教団」を形成した。ただし、そのことで寛正六（一四六五）年に比叡山延暦寺からの弾圧を受け、大谷本願寺は破却される。蓮如は京都を離れて各地をめぐり、文明三～七（一四七一～七五）年は北陸吉崎にいた。その後、畿内に帰還して文明一二年、洛外山科に本願寺を再興することになる。

［史料一］は蓮如がその北陸吉崎時代において、真宗に帰依した慶恩房という門徒に対して、信心の源は京都（とそこにあるべき親鸞「真影」）にあり、その「京都の御恩」を悦ぶことが道理にかなうと説く内容である。また、山科に再興した本願寺を、洛外にもかかわらず明確に「京都本願寺」と呼称しているのが［史料二］である。そもそも、蓮如が京都から各地に赴き、京都に帰還する行動自体を「都鄙往還」と捉えることが可能なのであるが、ここでは、この蓮如による「京都」認識が土地的な場所としての「京都」にとどまるのか否かという問題に焦点を当てる。

そこで注目すべきことは蓮如の「涅槃のみやこ（都）」認識である。蓮如は長禄二（一四五八）年一一月に『正信偈大意』を著し、浄土真宗の宗祖親鸞（一一七三～一二六二）の『正信偈』の内容を解説しているが、その中に次のような一節がある。(9)

［史料三］『正信偈大意』

還来生死輪転家　決以疑情為所止　速入寂静無為楽　必以信心為能入トイフハ、生死輪転ノ家トイフハ、六道輪廻ノコトナリ、コノフルサトヘカヘルコトハ、疑情ノアルニヨリテナリ、マタ寂静無為ノ浄土ヘイタルコトハ、信心ノアルニヨリテナリ、サレハ選択集ニイハク、生死ノイヘニハウタカヒヲモテ所止トシ、涅槃

ノミヤコニハ信ヲモテ能入トストイヘルハ、コノコ、ロナリ、『正信偈』内の文「速入寂静無為楽」（速やかに寂静無為の楽（みやこ）に入ることは）を解説する中で、法然（一一三三〜一二一二）の『選択本願念仏集』の内容を引用しつつ「楽（都）＝浄土」と確認するのである。(10) この思想的認識を前提にすれば、蓮如が「京都」に対して土地的な場所という認識にとどまらず、「楽（都）＝浄土」という宗教的な意味を見出していたと考えてよいのではないだろうか。

二　戦国期本願寺の「教団」構造――「都鄙」意識・実態への視点から――

親鸞を宗祖とし、「専修念仏」を教義・実践的課題とする宗教勢力として浄土真宗（一向宗）が歴史的に出現する。初期真宗門流の時代（一三世紀後半〜一五世紀前半）には、おもに関東に端を発する諸門流が全国各地に拡散的に展開し、それと並行して京都の親鸞墓所が廟堂、そして本願寺となるが、必ずしも京都・本願寺が諸門流の強い結集核にはならなかった。親鸞を宗祖とする「浄土真宗」意識は未成熟で、天台系汎浄土教念仏者集団とでも言うべき実態が垣間見えるのであるが、担い手の往還は広範であったものの、「都鄙」（本山―末寺・門徒）関係は未成熟であった。

それが、戦国時代になり、蓮如の宗教活動により本願寺「教団」が形成されていくことになる。蓮如は帰依した門徒にまず名号を授け、さらに地域門徒集団の信仰拠点となる道場（後の寺院）に本尊として「方便法身尊像」（阿弥陀如来絵像）を授け、門徒との宗教的な結び付きを生み出していった。そして、「宗祖＝親鸞」意識を明示し、その「御真影」のある本願寺を本山（中心・都）とする「教団」体制を構築した。蓮如が説く教えに帰依した者たちは本山（本願寺）に参詣（上洛）してさまざまな宗教役（三十日番衆や斎・非時頭人）を勤仕することで、本願寺門徒としての証を得ることになった。蓮如の後を継いだ実如以降、本願寺「教団」はさらに拡大し、畿内・北陸・東海「教団」から全国「教団」化を志向し、それだけ門徒集団の本願寺「上山」と地元帰還、すなわち都鄙往還の動向は活性化した。その象徴的事例を示す史料を二点、確かめておく。

［史料四］ 蓮如御文（文明五（一四七三）年八月一二日付）(11)

ソモ〱コノコロ吉崎ノ山上ニ一宇ノ坊舎ヲタテラレテ、言語道断オモシロキ在所カナトマフシサフラフナカニモ、コトニ加賀・越中・越後・信濃・出羽・奥州六ヶ国ヨリ、カノ門下中コノ当山へ道俗男女参詣ヲイタシ、群集セシムルヨシ（後略）

［史料五］『本福寺跡書』（近江堅田の本願寺僧侶・本福寺明誓の記録）(12)

一、昔、カタ、ニ有得（徳）ノ人ハ、能登・越中・越後・信濃・出羽・奥州、ニシハ因幡・伯耆・出雲・岩見（石）・丹後・但馬・若狭へ越テ商ヲセシホドニ、人ニモナリケイクワイモセリ、イマハ湖ノハタハカリ廻テハ、ナニノマフケノアルヘキソ、ソノハタハリナクシテ心ネヲソロシク候ソ、ブンゲンナレバ心ユタカニ仏法ニ物ヲナクルモノナリ、

［史料四］は北陸吉崎時代のことにはなるが、越前・加賀の国境に所在する吉崎御坊に遠くは出羽・奥州からも門徒の参詣・群集があったとするもので、［史料五］は堅田の有徳人（本願寺門徒）が東北の出羽・奥州のみならず西は山陰に至るまで日本海の海運を用いて往還していることを示すものである。また、次の［史料六］から、蓮如期の有力な北陸の本願寺門徒において、一年に一度の本山参詣とともに一か月に一度は近くの親鸞真影のあるところに参詣すべきであるという意識の醸成も見出される。実際に北陸門徒と京都本願寺の往還は日常的に見出されることであった。

［史料六］『昔物語記』（蓮如伝・蓮如一〇男実悟の編集と推定）(13)

一、アカヲノ道宗マフサレサフラフ、一日ノタシナミニハ、アサツトメニカ、サシトタシナメ、一月ノタシナミニハ、チカキトコロ御開山様ノ御座候トコロニマイルヘシトタシナムヘシ、一年ノタシナミニハ、御本寺ヘマイルヘシトタシナムヘシト云々、（後略）

続いて、実如・証如期（山科本願寺・大坂本願寺）における《本山↕門末（都鄙往還）》関係を、関連史料から確かめていく。

本願寺から門徒への道場本尊の授与は実如期に最大数となる。おもに永正年間であるが、全国に現存約一〇〇〇点が見出され、北は蝦夷、南は薩摩にまで及ぶ。道場本尊をはじめとする法宝物については、門徒が上山（上洛）して本願寺住職に対面し受け取るありかたが原則であったと想定される。(14)

門徒の上山行動は本願寺における宗教役勤仕に顕著に見出される。すなわち、全国各地から門徒が上山（上洛）し、一か月（三〇日）の間、番衆として本山警固役を含む運営に携わる（三十日番衆）。また、各種儀式における「斎」「非時」（食事）の調進も当番（頭人役）として上山し勤仕するというものである。これらは山科本願寺時代から見出されるが、大坂本願寺時代になると『天文日記』(15)（本願寺証如の日記）や『私心記』(16)（蓮如一三男で本願寺の常住一家衆、後に河内国枚方順興寺に入る実従の日記）から、さらに活発な僧侶・門徒の往還が相当に多く見出される。

そうした動向に大坂本願寺をめぐる「都鄙」的世界を見出していきたい。大坂本願寺は戦国社会にその位置を確立し、本願寺門徒が本山と地元を往還する日常があった。それは宗教的行為でありかつ注目すべき社会経済活動でもあった。遠近各地の政治的勢力もまた本願寺と頻繁な音信関係を構築したことが知られている。(17)

『天文日記』『私心記』に「都鄙」表現自体は見出せないのであるが、僧侶・門徒の「上洛」表現等に注目すべき点がある。まず、次の条文を見てみよう。

［史料七］『天文日記』天文六（一五三七）年三月二日条

二日（中略）聖徳寺・福勝寺・顕祐ニ以上野申事にハ、山科にて長在京之衆ハ、万事雖可為不弁候、此方居候へかしと申候処ニ、各返事ニハ御懇ニ被仰候、忝存候、可致伺候由申候、上野迄申とて、荊安賀申事にハ、山科よりも一日路遠候、然者役所なとも多候、左様に候へハ、門徒見舞なとも成かね候へく候、野村にてもとき〳〵御暇申て、在所へ罷下、堪忍の調をも成候事に候、一年之内七月計ハ伺候仕、今五月計ハ在所にあるへきよし申候、（中略）色々坊主衆申通無余儀候、然者本寺前のよりも一日・二日とをきとて、上下の儀もあるましき歟、本寺といふ事ハ不限山科、いつくにも立候とも、とをき所にて候ハヽ、参詣なとの儀もあるましき候歟、左様の心中にても候ハヽ、此方も成其心得、座配以下ニ可成覚悟候と申したるとて、三人ニ申せ、と申され候へハ、かしこまりて候、可致伺候被申候、然者、長在京分ニ相定候、

山科本願寺が天文元（一五三二）年に焼失し、本願寺が大坂に移ってまだ落ち着いていない時期のことである。本願寺証如が聖徳寺・福勝寺・顕祐という三人の僧侶に対して、家臣（奏者）の下間上野を通し、山科本願寺において「長在京之衆」であった者たち、すなわち聖徳寺ら三人には（本願寺が大坂に移ったので）万事、不便なことではあるが、こちら（大坂）に居てほしいと伝えた。それに対して荊安賀（聖徳寺）は（大坂は）山科よりも一日、距離が遠く、そのぶん役所（関所）も多い（ので難儀である）。そうであれば、「門徒見舞」（地元での法務）などもやりかねることになる。野村（山科本願寺）においても時々、暇乞いをして「在所」（地元）に下り、「堪忍」（生活収入）を調えていることである。一年のうち七か月は伺候し、五か月は在所にいなくては成り立たないと返答する。その後もやりとりは続いたが、最後に証如は、いろいろ僧侶たちが言うのはやむを得ないことではあるが、「本寺」（本山・本願寺）が前よりも一、二日遠いからといって往還しないということがあろうか。「本寺」ということは山科に限らず、どこに立ったとしても、遠いからといって参詣しないということがあろうか。そのよ

うな心中ならば、こちらも考えがあり、座配等について覚悟するように、と三人に伝えるよう下間上野に指示したところ、（三人は）畏まり、伺候するとの返事で、（三人はまた）「長在京分」に定まったという内容である。証如の強権ぶりも興味深いが、ここで注目するのは「長在京」という表現と苅安賀聖徳寺の本山・「在所」往還の実態である。

「長在京」というのはこの場合、長期間にわたり本願寺にあって役勤仕をすることで、具体的には本願寺「常住衆」という立場（教団内身分）となる。山科時代から聖徳寺ら三人がこの「常住衆」を勤めていたのであり、大坂に移っても勤め続けてほしいというのが証如からの要請であった。この際、山科であろうと大坂であろうと本願寺を指して「京」と示していることが確かめられる。

次に、聖徳寺は尾張国苅安賀（現愛知県一宮市）が「在所」（地元）であり、山科時代から本山に七か月、地元に五か月という実態であったことが知られる。往還しながら何とか地元の法務も行い、生計を立てているというのが聖徳寺の主張であり、大坂に移りさらに一日分遠くなると困難が増すとして躊躇するのであるが、最後には証如からの強い要請を受諾せざるを得ない関係にあったのである。

このような実態があることを前提に今度は「上洛」表現に注目して検討を進めたい。

［史料八］『天文日記』天文五（一五三六）年二月二〇～二二日条

廿日、本宗寺上洛、入相之時分ニ会候、（中略）

廿一日、（中略）今朝、佐々木上宮寺、土呂と同道候て上候、礼五拾疋、かんにてあひ候、又養蔵主、是も土呂と同道、礼廿疋、一献にてあひ候、又慈光寺ものほり候、

廿二日、土呂みやけとて遠江茜、綱しりかひ十具、手縄五筋、田布十端、白鳥一ツ到来也、

二〇日条において、これは証如が明らかに大坂本願寺にいて、そこで本宗寺（実円）が「上洛」してきて、日

暮れ時に対面したと記すのであるから、本願寺に行くことを「上洛」と表現している。決して本宗寺が京都に行ったことを指しているのではない。本宗寺は三河国土呂（現愛知県岡崎市）に所在した御坊寺院である。二一日条からは佐々木上宮寺、養蔵主、慈光寺も本宗寺に同道して三河から大坂本願寺に来たことがわかり、二二日条からは土呂本宗寺実円から証如への土産として「遠江茜」等が献上されていることも知られる。［史料八］の場合、「上洛」が本願寺に行くことを指しているのは明白なのであるが、ややこしいのは次の条文である。

［史料九］『天文日記』天文五（一五三六）年五月一二日条

　十二日、土呂早々ニ上洛候、しのひて也

『天文日記』同月五日条によれば、その時点で土呂本宗寺実円は大坂本願寺にいることがわかるので、この場合は京都に向かったことになるのである。つまり本願寺に行く場合も、京都に行く場合も同じ「上洛」表現を用いている。そもそも『天文日記』では本願寺外部の人たちが大坂から京都に行く場合、「上洛」表現を用いるところが多数ある。すなわち、『天文日記』において「上洛」がどこに行くことを指すのかについては、それぞれの文脈で読み取っていくことが求められるのである。

また、この「上洛」行動はどこまでの範囲に展開するのであろうか。次の史料を見てみたい。

［史料一〇］『天文日記』天文五（一五三六）年一一月七日条

　紀州衆へ飛脚下、先百なりとも、其上にても、為番早々上洛候へ、又相留門徒衆ハ左右次第に可上洛覚悟なされ候へと申下候、

これは本願寺証如が紀州門徒に対して飛脚を送り、まず一〇〇人なりともそれ以上でも番衆として早々に上洛して欲しい、また地元に留まる門徒衆においても、指示があり次第、上洛すべき覚悟を持っておいて欲しいと伝えている内容である。明らかに地域門徒に対し大坂本願寺への上山要請の文脈で「上洛」表現を使用している。

〔参考表〕『私心記』における「上洛」表現

天文5・正・13	七時、長嶋願証寺上洛、（翌日昼に実従と対面）
天文5・3・16	長嶋兵衛督上洛候、
天文6・7・24	善徳寺子息上洛、得度候、光応寺殿、御堂へ御出候、予ハ不出候、
天文10・正・20	夕六時前、飯貝殿御上洛候、今夜ハ上様無御対面候、
天文18・正・27	勝興寺今朝上洛、御斎へ被参候、
天文21・9・26	堅田慈敬寺上洛候、御東向為志也、
天文22・閏正・25	慈敬寺上洛候、
天文22・2・5	式部卿上洛候、大綱マデ也、
天文22・3・13	飯侍従兄弟上洛候、即被懸御目候、
天文22・4・5	超勝寺上洛候、
天文22・7・24	夜、土呂殿・長嶋上洛云々、
天文22・8・8	昨夜、出口・同南向・土西向・少将、上洛、今日被来候、
天文22・8・9	興行寺上洛候、
天文24・正・18	勝林坊、昨日上洛、御影ノ御迎ナリ、
天文24・11・11	慈敬寺上洛候、
天文24・12・15 ★	朝、驢宿へ行、驢庵、今日上洛、
永禄2・3・22	昨日、長嶋上洛候也、（この日の朝、斎に長嶋願証寺証恵）
永禄2・7・13	鳥越息児、先日上洛候、今日得度候、予不出仕候、
永禄4・4・8	慈敬寺上洛候、就予上之儀候、

よって、本願寺証如は《大坂本願寺＝京・洛（都）》認識を僧侶と門徒いずれにも示しているのである。

さらに『私心記』における「上洛」表現になると、ほぼ各地の僧侶・門徒が大坂本願寺に行くことを指して用いられ、その他はほとんどない。

各地から本願寺一家衆（本願寺住職の一族集団）が大坂本願寺に「上洛」している状況がわかる。ちなみに「上洛」の反対は「下向」であった。『私心記』の「上洛」文言に関して唯一の例外事例は天文二四（一五五五）年一二月一五日条（〔参考表〕の★印）で、驢庵という医者が大坂を辞し京都に帰ることを「上洛」としている。ただし、それ以外の公家等の動向において「上洛」表現は皆無で「御立」などが使用される。この使い分けの傾向に意味があるのかについてはよくわからないが、いずれにせよ、「上洛」文言の多数が大坂へ行くことを指していることからして、本願寺に常住する一家衆であった実従においても《大坂本願寺＝洛》認識は明確にあると言える。

それでは「都（洛）」に対して「鄙」認識はどうであろうか。繰り返すように『天文日記』『私心記』には「鄙」表現が見出されず、同じ性格を持つ表現としては「田舎」「在所」が挙げられる。大坂本願寺における「田舎」表現とその意識・実態について確かめよう。

【史料一一】『天文日記』天文一二（一五四三）年二月一日条

▽一、従三宅出羽為年始礼、以使者令音信、以外取乱就田舎衆対面之儀也間、於綱所横（田脱）彦二郎相伴勧盃、

【史料一二】『天文日記』天文一八（一五四九）年六月三〇日条

一、丹後忌中、田舎衆奏者之儀、駿河ニ申付也、

【史料一三】『私心記』天文五（一五三六）年三月二五日条

朝、田舎衆四・五人ニ斎振舞候、

【史料一四】『私心記』天文五（一五三六）年五月七日条

朝、兵衛督、伊勢へ下向、於田舎、中陰アルベキ也、

【史料一五】『私心記』天文一〇（一五四一）年二月一四日条

女房衆・田舎衆皆、堺へ唐船見物ニ御出候、アカ同、

「田舎」についてはあまり用例が多くない。まず、［史料一四］では、兵衛督（長島願証寺証恵）が本国の伊勢に下向し、「田舎」（＝伊勢）において、父親実恵の中陰法要を行うことを記録しており、本山（中央・都）に対する「田舎」（地方・鄙）認識が明確である。残る四点はすべて「田舎衆」という表現で［史料一一〜一三］では「田舎衆」が何を指すのか判然としないが、［史料一五］では女房衆と併記されており、「アカ」はおそらく実従の二男を指し、それらが堺へ唐船見物に出かけていることを記録する内容なので、本願寺の一門・一家衆（血縁・縁戚集団）のうち、本山に常住せず、各地から上ってくる者を指して用いていることがわかる。

「在所」表現と意識・実態はどうであろうか。「在所」（住んでいるところ、田舎）について、『私心記』には「近所之在所之衆」という表現が二か所あり、遠方の「田舎」との区別が感じられる。一方で『天文日記』には「在所」用例が多数あり、前掲［史料七］で用いられるごとく、やはり「田舎」と同じように本山（中央・都）に対しての意味を持つことが多い。

以上のように大坂本願寺（中央・都）―「在所」「田舎」（地方・鄙）という「都鄙」的世界、その連関と相互認識を『天文日記』『私心記』等の史料から確かめることができた。この宗教的都鄙世界において、僧侶・門徒が往還を行うのであるが、その典型的な行動事例として、門徒による大坂本願寺における「申斎《もうしとき》」の実施を示したい。(18)

［史料一六］『天文日記』天文六（一五三七）年一〇月二四日条

△一、尾張国小林浄了逝去之為志、子先日令上洛候（于時五歳）、斎したきよし申候間、今日ニ定候、

尾張国小林光明寺の浄了が逝去したため、その志として、浄了の子（五歳）が先日、大坂本願寺に上洛し、斎を行いたいとのことで、その実施日が当日に定まったという内容である。ちなみに、五歳の子に六人の僧侶が付き添っての「上洛」であった。(19)

斎とは亡くなった縁者への志として実施されるもので、読経の後、参集者で共同飲食する法要行事である。

『天文日記』には、教団法要における「御斎」の実施が多く記され、重要な儀礼であることがわかるとともに、俗人門徒による「申斎」（申請により行われる斎）も多数、見出される。門徒はそれぞれの「在所」における葬送等の実施にとどまらず、さらに「上洛」して「申斎」を本山という場で行うのであり、そのことに重要な宗教的意味があった。この際、遺骨を持参した可能性がある。[20] いわゆる納骨という行為についてはまた別途に検討すべき課題にもなるが、[21] とりあえず本章においては、本山本願寺という宗教空間に対する門徒の信仰意識の問題として重要と考えておきたい。

都鄙の連関と「相互認識」という以上、本願寺側の認識のみならず、このような門徒側の認識と行動をさらに確かめる必要がある。節を改めて検討を進めたい。

三　真宗門徒の《大坂本願寺＝「洛（都・浄土）」》意識について

大坂本願寺（中央・都）に対する門徒（地域・鄙）側の認識と行動については史料も限られているが、注目すべき事例を以下に三つ示して検討したい。

（1）地域門徒の《本願寺＝京都》認識

第一節で本願寺蓮如の「京都」観を見たが、これは地域門徒においても史料から確かめられる。

［史料一七］五箇山十日講衆連判申定（天文二一（一五五二）年一〇月二七日付）[22]

一、京都へ毎年進上仕候御志之糸・綿之儀、致如在間敷之事、

越中国五箇山の十日講衆が連判して申し定めた三か条の二条目に、京都へ毎年進上している志の糸・綿について抜かりないように、という内容がある。『天文日記』を確かめれば、越中国五箇山より毎年、糸・綿が進上さ

れていることがわかるので、この場合の「京都」はまた明らかに大坂本願寺を指している。この史料を紹介した金龍教英の研究[23]によれば、さらに元亀三（一五七二）年までの間で、越中門徒における本願寺を指す「京都」文言史料が六点あり、門徒の《本願寺＝京都》認識を示す史料群として貴重である。

なお、金龍によれば、金沢を北陸三国の「都」とする認識も醸成されたといい、各地域に成立する御坊をその地域の「都（本願寺）」としていく認識の歴史的、地域的醸成もまた重層的な都鄙世界の形成という観点から興味深い問題である[24]。

（2）真宗門徒（民衆）による大坂本願寺（本山境内）認識

さらに注目すべきは、次に示す本願寺門徒の強烈な宗教意識である。

［史料一八］『耶蘇会士日本通信』（一五六一年八月一七日付、堺発、パードレ・ガスパル・ビレラより印度のイルマン等に贈りし書翰[25]）

毎年甚だ盛なる祭を行ひ、参集する者甚だ多く、寺に入らんとて門に待つ者、其の開くに及び競ひて入らんとするが故に常に多数の死者を出す。而も此際死することを幸福と考へ、故意に門内に倒れ、多数の圧力に依りて死せんとする者あり。

戦国時代に日本に来訪したキリシタン宣教師が見聞した大坂本願寺に関する情報で、毎年一一月に行われる「報恩講」法要において参詣者が多く、開門と同時に競って入るために多数の死者を出すほどで、しかも故意に門内で倒れて死のうとする者がいたという記録である。すなわち、これは門徒において、大坂本願寺内が極楽浄土に行ける場と信じられたということであり、第一節における検討と併せて考えれば、ここにも《本願寺＝極楽浄土・「洛（都）」》認識が明確に見出せるものと言えよう。

なお、一五六一年＝永禄四年は大坂本願寺において親鸞三百回忌が盛大に行われた年である。[26] 戦国期宗教勢力としての本願寺教団の絶頂期にこのような第三者的記録が残ることもまた留意すべきことであろう。

（3） 戦国期真宗僧の「みやこ」「うき世」観

最後に少し事例としては飛躍的かもしれないが、戦国末期に朝鮮出兵に従軍するという激烈な状況を生き抜いた真宗僧の日記から、課題を抽出してみたい。

［史料一九］ 安養寺慶念『朝鮮日々記』慶長二（一五九七）年八月二六日・一一月二九日条[27]

同廿六日ニかやうのうらめしき旅なりとも都に参候ハんハ、うれしかるへき也

此うきを　ミやこのたひと　おもひなは　さこそうれしく　かきりあらしな

（中略）

同廿九日、さてもミやこへのほり仏法の庭にましる物ならハ、いかはかりもうれしくおもひ侍らんに、かやうのあさましけなるゑひすの国へハ来りけるカ、ミる人もきく人もとんよくを心のまゝにおこし、しんい(意)いかりはかりにてあけくれをもしらす、仏神三宝と申ことハかつてなし、もろともに三悪の火きやうにししつミはてやせんと、なけき侍る也、

ましるへき　御法の庭に　ありもせて　おもわぬほかの　旅はうき世か

これは豊臣秀吉の第二次朝鮮侵略に出兵した太田一吉軍に従軍の真宗僧侶安養寺慶念が、死線に直面する中で日記に記し続けた従軍＝「うき世」の旅路の記録である。慶念は目の前の惨状を「うき世」と繰り返し述懐的に記述しており、心身ともに追い詰められた様相が読み取れる。八月二六日条には漢城への悲惨な進軍を指して、「このようなうらめしい旅も、都への旅と思えばうれしく思えるであろう」とあり、一一月二九日条では、「都に

上り、仏法の庭にまじるならば、どれだけうれしく思うであろうに、このような外国に来てしまい……」と嘆いている。平田厚志は、ここでいう「都」は攻略すべき漢城を指すというよりも、心に価値転換を起こしての「浄土」であるといい[28]、まさにそのとおりであろう。ここに、《「みやこ」＝浄土》認識を確認することができる。「鄙」表現は直接的には無いが、対置される「うき世」（浮世）がそれに相当することが言えるであろう。これもまた宗教的「都鄙」感覚として読み取れ、本章の課題中に意味付けられるものである。

なお、ここでみる宗教思想的「都鄙」認識は、「浮世」から「都（浄土）」への方向性のみが基本となり、都から浮世に戻ることは想定されていない[29]。また、慶念の記述には故郷に帰り、家族と再会して自坊で勤行したいとはあるものの、再び本山参拝を期すというような内容は無い。とはいえ、「うき世」から「都」への旅路という感性はまた宗教的都鄙世界を考える上で一つの重要な示唆を与えてくれるものであろう。

おわりに

本章では、戦国期本願寺の教団構造・宗教思想に見出せる「都鄙」的世界（実態・性格）の一端を提示し、宗教勢力における「都鄙」の連関と相互認識について問題提起を試みた。

今後の課題としては、一つにはその他の宗教勢力に関する検討と比較考察が必要となる。顕密仏教の世界の場合、比叡山等の中央寺社が地方寺社に対して本山的権威・権力を発揮していく実態が知られ、禅・法華等では複数の本山的寺院の存在と門流・門派の重層的な関係性などが見出される。もう一つには、そもそもの前提となる日本中世、とりわけ戦国期の「都（鄙）」意識が、政治権力のみならず民衆世界においてどう見出されるかという問題がある。

いずれにしても、本章における宗教的都鄙世界に関する事例提示と問題提起は今後、議論を進めていくに際しての有効な素材と視座であると考える。

（1）その中で重要な提言となるのは、誉田慶信『中世奥羽の民衆と宗教』（吉川弘文館、二〇〇〇年）一五六頁の「注意すべきは、宗教を地域社会の全体的な関連性のなかで考察することである。地域内の個々の寺社ではなく、地域と王都、地域と地域との全体的な関連性（交通関係）こそが問題なのであり、宗教構造の全体像が地域の宗教空間、神仏群の配置にどのように関係していたのかという論点が重要である」という視座である。

（2）井上鋭夫『一向一揆の研究』（吉川弘文館、一九六八年）四八一頁「本願寺の俗的権力の及ぶ地域は、守護領国の緩やかな支配の下に、潜在的に、しかして隔地間的に、全国的連関をもって存在しているのである」（本願寺領国＝「法王国」論）。

（3）金龍静『一向一揆論』（吉川弘文館、二〇〇四年）、草野顕之『戦国期本願寺教団史の研究』（法藏館、二〇〇四年）。また拙著『戦国期宗教勢力史論』（法藏館、二〇一九年）の成果も前提となる。

（4）金龍教英「仏法と王法のあいだに―「京都」と石山本願寺―」（『富山史壇』第八二号、一九八三年）、草野注（3）書第六章（初出一九九八年）、平田厚志「「うき世」から「ミやこ」への旅路」（朝鮮日々記研究会編『朝鮮日々記を読む―真宗僧が見た秀吉の朝鮮侵略―』法藏館、二〇〇〇年。初出一九九六年）。

（5）筆者は『愛知県史　資料編10中世3』（愛知県、二〇〇九年）編纂時に、この「上洛」が京都に行くことを指すのではないかという意見と向き合い、そうではなく大坂にある本願寺に行くことを指していると議論して綱文等に反映させたことがあり、それが本章執筆の動機の一つになっている。

（6）草野注（3）書一〇四頁。

（7）『真宗史料集成』（以下『集成』）第二巻（同朋舎出版、一九九一年改訂版）三一七～三一八頁「諸文集」(255)。

（8）注（7）『集成』第二巻二五二頁「諸文集」(127)。

（9）注（7）『集成』第二巻一二九頁。

（10）親鸞の『唯信鈔文意』「法性ノミヤコ」、『浄土文類聚鈔』「速入寂静無為都」などからも《浄土＝都》認識は確認できる。なお、覚如（親鸞曽孫）の『改邪鈔』には「当世都鄙に流布して遁世者と号するは、多分、一遍房・他阿弥陀仏等の門人をいうか」といった普通の「都鄙」表現の使用も確認できる。
(11)　注(7)『集成』第二巻一五九頁「諸文集」(26)。
(12)　注(7)『集成』第二巻六五一頁。
(13)　注(7)『集成』第二巻六一一頁。
(14)　『私心記』天文二四（一五五五）年正月一八日条「勝林坊、昨日上洛、御影ノ御迎ナリ」（〔参考表〕内）は明らかに勝林坊が許可された「御影」を受領するために大坂本願寺に「上洛」している。なお、本願寺が京都東山大谷から移転して後も本願寺住職が門徒に授与する法宝物の裏書に「大谷本願寺」と書くことがある。これも重要な意識と行動である。
(15)　『集成』第三巻、『大系真宗史料』文書記録編8・9（法藏館、二〇一五・二〇一七年）など。なお、本章で以下、引用する『天文日記』の出典はいずれも『大系真宗史料』による。
(16)　『集成』第三巻、『大系真宗史料』文書記録編10（法藏館、二〇一六年）など。
(17)　石田晴男「戦国期の本願寺の社会的位置―『天文日記』の音信・贈答から見た―」（『講座蓮如』第三巻、平凡社、一九九七年）など。
(18)　注(3)拙著第Ⅰ部第八章（初出二〇一七年）。
(19)　一般には「供養」と言えばわかりやすいであろうが、本願寺では「供養」という表現を原則としては用いない。実際に証如は「供養」とは表記しない。ただし、門徒側の意識については別途、考えなくてはならない（注(18)拙稿）。
(20)　『天文日記』天文五（一五三六）年七月九日条、同一〇年九月一〇日条、同一一年一〇月一一日条、同一八年八月二二日条、同二一年三月五日条、同二三年六月三〇日条に斎と納骨に関する記述が見出される。ただし、これらはいずれも僧侶・家臣のもので地域俗人門徒の事例ではなく、検討の余地はある。
(21)　蒲池勢至『真宗と民俗信仰』（吉川弘文館、一九九三年）。
(22)　『富山県史　史料編Ⅱ中世』（富山県、一九七五年）九三二～九三四頁・史料番号一五二六。金龍注(4)論文参照。
(23)　金龍注(4)論文。

（24）金龍注（4）論文。なお、三河国「土呂」を「都路」と表記する心性なども同事例であろう（『土呂山畑今昔実録』）。

（25）『異国叢書』第一（聚芳閣、一九二七年）四三頁。

（26）注（3）拙著。

（27）注（4）『朝鮮日々記を読む』一九・二〇・三八頁。

（28）注（4）『朝鮮日々記を読む』二八三頁。

（29）浄土真宗の思想においては、「都」（浄土）・「鄙」（浮世）間を自在に行き来する人間は存在しえず、それを為し得るのは仏である（往相・還相論）。

［コメントと展望3］

都鄙をめぐる中世史研究の成果と課題

井原今朝男

都鄙の連関と相互認識に関する研究史

都鄙に関する中世研究史を見直してみると、一九八〇年代には「東と西のテーマ」で網野善彦『東と西の語る日本の歴史』（そしえて、一九八二年）が東国と西国の特質を論じ、佐藤進一『日本の中世国家』（岩波書店、一九八三年）は王朝国家と東国国家の二重国家論を提起した。

「都鄙のテーマ」では戸田芳実『歴史と古道』（人文書院、一九九二年）と保立道久[1]が交通論・貴族の留住論を提起し、脇田晴子『日本中世商業発達史の研究』（御茶の水書房、一九六九年）が求心的経済構造論、早島大祐『首都の経済と室町幕府』（吉川弘文館、二〇〇六年）が首都圏論を論じて、「都としての京都」＝中央への集中性を解明した。また鈴木敦子『日本中世社会の流通構造』（校倉書房、二〇〇〇年）は地域経済圏論、榎原雅治『日本中世地域社会の構造』（校倉書房、同年）は地域社会論をそれぞれ提起し、山室恭子『黄金太閤』（中公新書、一九九二年）や本郷恵子『蕩尽する中世』（新潮選書、二〇一二年）が都市の消費活動、西尾和美・清水克行[2]『大飢饉、室町社会を襲う！』（吉川弘文館、二〇〇八年）が都の飢饉を論じたことで、都鄙間の格差や差異・地域性が解明された。

他方、新田英治[3]は東西地域間での信用経済の一体性を論じ、小島道裕『戦国・織豊期の都市と地域』（青史出版、二〇〇五年）は守護所・国人館が都の「花の御所」を模倣したとする都鄙間の共通性を論じた。末柄豊[4]も室町文化は都鄙ともに連歌や茶の湯・禅・一揆など座の文化で共通し、地方に小京都が簇生した京都文化であったとする。都鄙間の中央志向性や格差から、両者の共通・一体性へと問題関心が多様化し、「都鄙の連関と相対認識」が問われた。

最近になって小林丈広・高木博志・三枝暁子『京都の歴史を歩く』（岩波新書、二〇一六年）や『京都の中世史』全七巻（吉川弘文館、二〇二二年）は「特権化された京都論」ではなく、「地域史としての京都論」を提起した。都鄙を都市論で分析する方法から、都市の鄙や地方の都を分析する視点に転換・多元化してきた。

研究史における六論文の位置付け

長村論文では、院政～鎌倉期には中央志向の都鄙間交流が政治力・軍事力・経済力を生み出したとする。池田論文では、鄙とされた鎌倉が禅興隆の中心と認識され、都鄙の交替を指摘。上嶋論文では、公家衆の地方下向・在国は朝廷での禁裏小番や朝務と矛盾するとされたが、後奈良朝では在国の公家衆も上洛勤務して、天皇は都鄙の結びつきを認識していたとする。安藤論文も、門徒中では御影堂参詣が都＝浄土への道と認識されたとする宗教意識の都鄙論を分析した。いわば、四論文は、都鄙の連関が格差や中央志向から、鎌倉や「御影堂」を都と信仰する宗教意識を論じ、都の場が拡散・分散することを解明したといえよう。

水野論文は武家政治史の都鄙関係を整理して、南北朝期には美濃・尾張・伊勢三国や遠江と駿河の一体性が生まれ、戦国争乱で分散化したものの、織田や徳川による領国制の下で東海という地域性が成立したとの仮説を提起した。千枝論文は「伊勢神宮地域」概念を設定のうえ、伊勢御師の金融・信用・信仰経済を分析して、堺・京都と伊勢・宇治山田の都鄙関係を地域経済圏として考察しようとした。二論文は、東海と伊勢神宮地域という範囲は異なるが、地域概念を設定して時代により伸び縮みする地域の一体性を検討する必要性を提起した。

東国・西国の境界地域としての東海の地域性・地域論の問題提起

近年、川岡勉・古賀信幸編『日本中世の西国社会』全三巻（清文堂出版、二〇一〇〜一一年）、天野忠幸ほか編『戦国・織豊期の西国社会』（日本史史料研究会、二〇一二年）や、『動乱の東国史』全七巻（吉川弘文館、二〇一二年）、『東北の中世史』全五巻（吉川弘文館、二〇一五年）、小川弘和『中世的九州の形成』（高志書院、二〇一六年）などで地域論が高揚している。二〇〇〇年の地方分権一括法を契機とした中央集権制国家論から地方分権国家論への転換が定着した影響とみられる。東国・西国や東北・京都・東海・九州という地域概念がいつ、どのような過程で成立したのか学問的な検討はなされてこなかった。その意味でも、本大会での東海地域論の問題提起は斬新で時宜にあったものといえる。

全体シンポの成果と今後の課題

中世史研究会による二〇二三年度大会での全体シンポジウムから得た六論文によって、都鄙の連関による新しい相互認識が生み出され、地域の一体性の解明を今後の研究課題としたことは大きな成果と考える。その反面、未解決で困難な論点も残された。当面三点を指摘したい。

第一は、地域の一体性というとき、テーマや分野によって地域の範囲はまちまちであり、なにをメルクマールに範囲を特定し、一体性をどのように論証するのか、方法論的な問題が残る。旧来の地域経済圏論・地域社会論でも、範囲や地域の一体性がなにか曖昧である。戦国大名の領国経済圏論でも、桜井英治[5]は流通の自由化策や升・秤の統一策をあげる一方で、大名権力による遠隔地間流通への依存が顕著で矛盾した政策対立がみられるとし、地域経済圏はそもそも自己完結性をもちえないのではないか、との疑念を提示した。不可知論の深淵を覗き込みながら、水野論文が提起した東海地域の範囲と一体性の解明のための方法論的な試行錯誤をつづけることが重要である。一つの試みとして永原慶二編『常滑焼と中世社会』（小学館、一九九五年）に学びたい。永原は、伊勢湾海上交通圏について、一一～一七世紀の常滑焼・渥美焼を研究対象に議論を組み立てた。東海の陶磁器生産は、猿投焼・瀬戸焼・常滑焼の尾張、渥美焼・足助焼等の三河、東濃焼・恵那焼等の美濃、湖西焼・金谷焼等の遠江など国境を跨いだ地域的広がりを持っている。しかも、伊勢渡海神船は鎌倉期には品川や関東に及び、文明年間には「神船三十六艘は当時二十艘に足らざるの間ならび彼小廻船の神役肝要たる」（氏経卿引付一八四・三重県史）といわれ、神船が半減しても小廻船の比重が増加し、戦国期には神船と小廻船の海上交通システムが恒常化・組織化され、永禄四（一五六一）年には北条氏が「伊勢廻船中・問屋中」に命じて積荷の米を兵粮として小田原で独占販売させた[6]。ここから、伊勢の便船システムが東海地域交易圏の一体性を生み出していた可能性は高い。多様な方法論の開拓のための試行錯誤が重要になる。

　第二は、都鄙間の経済分野をめぐる論点である。網野善彦らは、一一世紀には市場経済による交換が経済システムの中核を占め、代銭納が普及する一三世紀後期からは本格的な市場経済段階に入ったとする[7]。拙著等は、中世では公田売買禁止令や稲出挙利倍法・銭出挙利半倍法・質物売買規制法などによって貨幣経済が抑制され、質経済と貨幣経済が併存したとする歴史像を提起して、厳しい批判が起こり論争となった[8]。

　最近では、荒木仁朗『江戸の借金』（八木書店、二〇二三年）が、江戸の借金は年貢未進の借米として口約束ではじまり、累積して二両前後になると金子借用証文が作成され、債務が四～五両になると有合売渡証文に書き換え年季売や無年季質地とされ、さらに一〇両以上になると請戻権を保持した永代売証文（質流証文）によって債務契約が清算され、貸借契約の変化にあわせて近世借用文書がつくりかえられたという。近世社会は中世同様に質経済と貨幣経済が併存していたとする。小山貴子は、[9]『那智大社文書』の旦那売券七五六点を再検討し、借銭・年季売・本銭返・永代売に類型・分類するとともに、熊野御師の院家や坊舎間での借銭の返済が滞ると、質物の旦那職が年季売から本銭返に切り替えられ、最終的に永代売によって貸主が債権を回収している事例を実証した。熊野御師間での困窮と集中によって最終的に旦那売券が華蔵院や実報院に収斂しており、中世売券の内実は「売買と質契約が内在し「もどり」を期待した契約」であると結論した。

二〇二三年度大会での発表に基づく千枝論文でも、伊勢神宮の『外宮子良館日記』にみえる信仰経済や商取引の用語が網羅的に盛り込まれた。それらは、御祓・御供・初尾・神物・神馬・神楽料・散米など参詣人から神への寄進物が大量に集積して運用資金にされ、「取かへ」「借」「借用状」「負」「預物」「預り物」「しち物」などの貸借取引と「売り物」「買い物」「口入」「すわい」「売り買い値」「町の値」「うりかい升」「時のうりかい」などの売買取引の二大原理で織豊期から慶長・元和年間における地域金融・信用経済が運営、展開されていた史料群として分析できるのではなかろうか。「遅れた高利貸資本」「領主制への寄生」「小経営への搾取」とする見方を脱して市場経済原理とは異質なコモンズの経済要素を追究して、ポスト資本主義経済原理の要素を解明する二一世紀の経済史学・法史学の世界を開拓する試行錯誤が必要である。

第三は、鄙の農村社会をめぐる論点である。惣と町による自治と相互扶助の裏側では、村・町の交戦権と自検断における残虐な処刑・殺人の世界が生きていた。貧困・飢饉・災害の厳しさと社会的弱者への差別が内戦の暴力・残虐性と共存した。山野河海での入会の慣行と領主の立林・立山による入会との対抗関係、資源管理と荒廃とが相克した。[10] 天正年間の本所による荘園収取は、内検帳と御料所構造が必須とされた。[11] 志賀節子は中世の百姓・村請や村検断が近世の農村社会とどこに相違点があるのかを明確にする必要があるとし、斎藤夏来も中世農村と近世農村との対比研究をはじめている。[12] 中世と近世の村落・鄙の時代的差異と共通点の解明が重要な検討課題になっている。

（1）保立道久「荘園制支配と都市・農村関係」（『歴史学研究』一九七八年大会別冊）、同「律令制支配と都鄙交通」（『歴史学研究』四六八、一九七九年）。
（2）西尾和美「室町中期京都における飢饉と民衆」（『日本史研究』二七五、一九八五年）。
（3）新田英治「中世後期、東西両地域間の所領相博に関する一考察」（『学習院史学』三七、一九九九年）。
（4）末柄豊「室町文化とその担い手たち」（榎原雅治『一揆の時代』吉川弘文館、二〇〇三年）。
（5）桜井英治「中世の商品市場」（桜井・中西聡編『流通経済史』山川出版社、二〇〇二年）。
（6）綿貫友子『中世東国の太平洋海運』（東京大学出版会、一九九八年）、盛本昌広「走湯山灯油料船と神崎関」（『千葉史学』一三、一九八八年）、稲本紀昭「伊勢・志摩の交通と交易」（森浩一ほか編『海と列島文化八　伊勢と熊野の海』小学館、一九九二年）、永原慶二「小田原北条氏の兵糧米調達」（『おだわら―歴史と文化―』四、一九九〇年）、同「伊勢・紀伊の海賊商人と戦国大名」（『戦国期の政治経済構造』岩波書店、一九九七年）。
（7）網野善彦『日本中世に何が起きたか』（日本エディタースクール出版部、一九九七年）、深尾京司ほか編『岩波講座日本経済の歴史一　中世』（岩波書店、二〇一七年）。
（8）拙著『日本中世債務史の研究』（東京大学出版会、二〇一一年）、同『中世日本の信用経済と徳政令』（吉川弘文館、二〇一五年）、西村安博「書評拙後著」（『法制史研究』六六、二〇一六年）、桜井英治「書評拙後著」（『日本史研究』六五一、二〇一六年）、新田一郎「書評拙後著」（『歴史評論』八〇四、二〇一七年）。論点は、「特集債務史研究の可能性をさぐる」（『歴史評論』七七三、二〇一四年）、「小特集　日本中世の契約と取引慣行」（『歴史学研究』九二八、二〇一五年）、拙論「笠松宏至『徳政令』を読む―近代経済史・法史学の方法論をめぐって―」（『日本史研究』六八八、二〇一九年）参照。
（9）小山貴子「中世後期の熊野参詣の「衰退」をめぐる再検討」（『中世修験道の展開と地域社会』同成社、二〇二三年）。荒木仁朗（『江戸の借金』）・小山両研究では、借銭・年季売・本銭返・永代売などの借文・質券・売券の文書様式は、貸借契約の清算過程で文書の書き換えによるものとし、古文書作成過程を根本的に見直す方法論を提起している。

（10）坂田聡・榎原雅治・稲葉継陽『村の戦争と平和』（中央公論新社、二〇〇二年）、井原今朝男編『環境の日本史三　中世の環境と開発・生業』（吉川弘文館、二〇一三年）。

（11）須磨千頴『賀茂別雷神社境内諸郷の復元的研究』（法政大学出版局、二〇〇一年）、井原今朝男「戦国織豊期の東国荘園領主権について」（『武田氏研究』六六、二〇二二年）。

（12）志賀節子『中世荘園制社会の地域構造』（校倉書房、二〇一七年）、斎藤夏来「百姓の信仰」『徳川のまつりごと』（吉川弘文館、二〇二三年）。

〔コメントと展望4〕

「中心」と「周縁」と日本中世

川戸貴史

中世史研究会五〇周年第二回大会のテーマである「都鄙の連関」について、核となる「都鄙」という概念は、より一般化すれば「中心」と「周縁」に言い換えることができるだろう。この「中心」と「周縁」(あるいは「辺境」)を考える時、とりわけ歴史学あるいは人類学においては、いわゆる社会史との関係、具体的にはイマニュエル・ウォーラーステインがかつて牽引した近代世界システム論をただちに連想する人も少なくないのではないか(1)。ただし、戦後日本の人文学においてこの概念を用いた代表的な研究者は、文化人類学者の山口昌男であった(2)。山口によると、中心を秩序あるいはマジョリティを、周縁は中心を揺さぶり秩序の変動をもたらすとした。

これを地理的な日本中世の「都鄙」に当てはめるならば、まさに中心となって秩序を担う都と、それを揺さぶる力となる鄙という図式になる。このような機械的な当てはめ自体に賛否はあると思われるが、以上のように捉えるならば、中心はその時代の静的な秩序、周縁はその時代を揺るがす新たな動向をみるにふさわしいフィールドということになる。それを踏まえて日本中世史ではどうであるか考えてみたい。

日本中世史における「中心」と「周縁」

日本中世史において「中心」と「周縁」とはなにか。日本中世史の文脈でいえば、空間的には当然ながら「都」とは京都を措いてほかは無い。政治・経済・文化など、あらゆる面において「都」京都が「中心」であったことは否定できないだろう。すなわち、日本中世における「都鄙」を単純に図式化するならば、「都」京都を中心として、そこから同心円状に遠ざかると「鄙」となる。よって、「鄙」とは「周縁」とほぼ同義とすることができる。なお、「都」と「鄙」の境界線がどこかについては、ごく一般的に定義するならば畿内とその外との境界が基準となるだろうが、どの地点から「鄙」となるかは論者によって差異があるに違いない。

ところで、日本中世史の場合、先行研究で「中心」という単語が著書や論題などのタイトルに用いられる事例は、それほど多くはなさそうである。一方で、「周縁」という単語が用いられる事例は比較的多い。たとえば都市論においては、「都市」である鎌倉あるいは京都に対置する問題関心から地方の「都市的な場」を発掘し、それぞれを「中心」・「周縁」と捉えて両者の関係、とくに地方の市を分析する研究が盛んに行われていた。あるいは「都市」のなかでも権力者が君臨する場が「中心」となり、「周縁」の地域は遍歴する人々や墓地などが配置された点が注目された(3)。網野善彦の都市論はこれら「周縁」地域を照射することによって展開していったこともよく知られている(4)。

このほか政治・経済・文化などあらゆる論点においても、とりわけ一九八〇年代以降の日本中世史では「中心」と「周縁」の観点から多くの研究が生み出されてきたといってよいであろう。その背景にはやはり社会史の影響が無視できない。現在においては「社会史ブーム」が沈静化したといわれるが、社会史のもつ分析概念は現在においても多く用いられており、まだ有効であるといえるだろう。

もっともここでの「周縁」については、単なる空間的な発想に基づく議論に限られたものではなく、被差別民などの身分的周縁を対象として論じられてきたことに目を向ける必要がある。そのため、都鄙関係の議論を単純な「中心」と「周縁」への議論に連結させることに対しては必ずしも同意が得られるわけではないかもしれない。それでもなお、さまざまな側面における中世の都鄙関係がより一層明らかになることにより、中世社会を空間的な「中心」・「周縁」と捉える視座から新たな研究動向が見出されることを期待したい。

日本中世における「都」と「鄙」に寄せて

以上の点を確認した上で、「都鄙の連関」を論じた五〇周年記念大会第二回の報告に基づく論考について、コメントを寄せたい。

「連関」としたように、都鄙は相互補完関係にあるという視座を重視する意識が個々に共通していたようにみられた。たとえば上嶋康裕のように、戦国期に後奈良天皇が朝廷の衰微を幕府の地方支配の弱体化によると認識していた点を指摘し、「都鄙の結びつき」という相互補完関係を意識した認識の存在を強調している。また安藤弥は、戦国期の本願寺を対象として、本願寺を「都」とみなして「上洛」するという意識が教団内に存在した点を指摘し、門徒の都鄙往還が両者をつなぐ存在だったとみている。これらのように、積極的な「連関」の視座からそれぞれのテーマに応じて多彩な事例が紹介されており、当時の社会における都鄙関係の具体像がより明らかになったのではないかと考えられる。もっとも、池田丈明は、南北朝期では鄙たる関東の禅林が「手本」とされており、都鄙関係においてつねに都が優位であったわけではないとしている。当然ながら「都鄙の連関」において留意すべき点であろう。

一方で、都鄙の連関についてやや異なった視点もある。水野智之は、京・鎌倉の中間地としての「東海」地域で両者をつなぐ地理的重要性が徐々に高まったとしつつも、都鄙について必ずしも相互補完関係にあったとはみていない。「東海」が鄙か否かという議論もありうるが、都でも鄙でもない中間地域とするならば、そこからは両者の関係を相対視できる可能性があることがうかがえる。(5)

そして、当然ながら「連関」する側面もあればそうではない側面もある。決して個々の論考がその点を無視したわけではないことを前提としつつ、補足として都鄙関係における負の側面ともいえる事例を一つ取り上げるならば、やはり室町期の社会を揺るがした寛正の大飢饉が好例であろう。そもそも飢饉は当然、主要作物の不作がおおむね原因となるが、単にそれだけではない。飢饉は物流など食糧供給に支障が生じることによって被害を増幅させることが重視されるようになっている。(6)それに加え、経済規模の小さい地方では不作のため食糧がすぐに尽きることによって、難民化した人々が都市へ集中し、都市での飢饉を増幅させる結果をもたらすことも多い。すでに指摘されているように、寛正の大飢饉はまさにその典型例となった。(7)その後は日本列島において政治権力のみならず流通構造まで分裂したとも指摘されており、都鄙の「連関」がややもすれば切断されるに至ったともみられている。(8)一五二〇年代には甲斐国郡内地方において「銭飢渇」が散発的に発生して物流に支障が生じた現象が確認されており、(9)都鄙間における経済的な緊張関係も当然ながら見逃してはならない論点といえるだろう。

しかし上嶋や安藤の論考にみたように、戦国期にも都鄙の連関の存在が意識された議論も多い。これは近年の研究に多くみられる傾向であり、この観点から今後も多くの場面で議論が続けられていくものと考えられる。

日本列島を超えた「都」と「鄙」はありうるか

最後に、中近世移行期を専門とする立場から、日本列島の都鄙を超えたネットワークについて言及したい。とくに一六世紀は「海域アジア」世界での交流が活性化し、日本においても列島外に対して非常に開放的な時代だったといえる。ことに東シナ海に面する九州では、日本列島の都と鄙を超えたネットワークが形成されていたことはいうまでもないだろう（五〇周年記念大会第一回の鹿毛敏夫報告を参照）。

以上のような視点は、日本列島で完結する都鄙連関と相互認識という問題意識を相対化するものであるともいえるが、だからといって列島における都鄙関係を論じることが無効であるということは決してない。ただし、近年の日本中世史研究において、一九九〇年代以降に活性化した「海域アジア」の視点による研究が再び稀薄化しつつあるという懸念を抱くこともある。五〇周年記念大会では鹿毛報告がその問題に応える成果になったと考えられるが、日本列島内外の有機的な関係についての議論がより一層深まることを期待したい。

このことに関連して、近年ではグローバル・ヒストリーという言葉を目にすることが多くなった。そのこと自体に賛否はあるだろうが、日本に限らず歴史学研究において一国史的な枠組みで論じられることが多い傾向を相対化する必要性が長らく叫ばれてきたなかで、あらためて注目すべき動向であるとはいえるだろう。そして、近年では英語圏での研究会等において、やはり「中心」と「周縁」というテーマが注目される傾向にある。同大会テーマは時宜にかなったものといえるのではないだろうか。今後の研究進展に寄与することを期待して筆を擱く。

（1） イマニュエル・ウォーラーステイン（川北稔訳）『近代世界システム』全四巻（名古屋大学出版会、二〇一三年、原著初版一九七四～二〇一一年）。

（2） 山口昌男『文化と両義性』（岩波現代文庫、二〇〇〇年、初版一九七五年）、同『知の祝祭―文化における中心と周縁―』（河出文庫、一九八八年、初版一九七七年）など。ただし後述のように、山口の述べる周縁は中心からの物理的距離を念頭に論じているわけではなく、おもに日本近世史で議論されている身分的周縁論に近いことに注意する必要がある。

（3） 代表的な研究として、ここでは石井進『石井進著作集九　中世都市を語る』（岩波書店、二〇〇五年）を挙げるにとどめたい。山村亜希『中世都市の空間構造』（吉川弘文館、二〇〇九年）参照。

（4）網野善彦『網野善彦著作集一二　無縁・公界・楽』（岩波書店、二〇〇七年、初版一九七八年）、同『網野善彦著作集一三　中世都市論』（岩波書店、二〇〇七年）など。

（5）紙幅の都合上、第Ⅱ部すべての論考に触れることができなかった点をお詫びしたい。

（6）アマルティア・セン（黒崎卓・山崎幸治訳）『貧困と飢饉』（岩波現代文庫、二〇一七年、原著初版一九八二年）。

（7）西尾和美「室町中期京都における飢饉と民衆―応永二八年及び寛正二年の飢饉を中心として―」（『日本史研究』二七五、一九八五年）、早島大祐『首都の経済と室町幕府』（吉川弘文館、二〇〇六年）など。

（8）たとえば流通構造においては、京都を中心とする求心的流通構造が崩壊し、畿内近国に排他的な経済圏である「首都経済圏」や、各地では物流拠点や政治拠点を核とした「地域経済圏」が分立したとみられてきた。ただし「首都経済圏」については、戦国期の京都は依然として各地域との物流を維持していたことから、その排他性については否定的に捉えられている。脇田晴子『日本中世商業発達史の研究』（御茶の水書房、一九六九年）、鈴木敦子『日本中世社会の流通構造』（校倉書房、二〇〇〇年）、早島注（7）書など。

（9）「勝山記」（『山梨県史』資料編六下所収）。中島圭一「撰銭再考」（五味文彦ほか編『モノとココロの資料学―中世史料論の新段階―』高志書院、二〇〇五年）などを参照。

［討論記録］都鄙の連関と相互認識

司会：鹿毛敏夫　準備が整いましたので総合討論に入りたいと存じます。まずは会場およびZoomで事前に頂いた質問から参りたいと思います。一つめは、上嶋報告に対して、山本さんからご質問です。

山本浩樹　レジュメを拝見したとき、「一六世紀は復興の世紀」というのが目に入ってきたのですが、お話を聞いて、当時の状況は地方の在地領主や寺社頼みでなんとか危機を切り抜けようとしている状況ではないかなと思うのですが、いかがでしょうか。

上嶋康裕　そのとおりだと思います。黒田智さんの言葉をそのまま使っていて、字面だけだと一六世紀に世の中が立て直されたみたいにもとれてしまいますが、この報告の中ではそういうことを意識して書いた言葉ではありません。

鹿毛　もう一点、上嶋報告について、松薗さんから届いています。

松薗斉　平安中期以降、天皇は地方のことは頭にないと考えています。それが最後の段階になって、後奈良天皇という影の薄い天皇が般若心経を書写し、一宮に奉納することで、再び国家の中心に天皇がいるような、記紀的な世界を復活させていくみたいなところがある。単に経済的な対応という面もあると思いますが、一宮の人事の問題とか、実際の統治とか、意識的な問題とも関わっているのではないかと思います。

上嶋　おっしゃるとおりで、経済的な補塡、窮状を解決するためと史料では出てきますが、その先にこれをどう位置付けていくのかというのは、今後自分の中で整理していきたいと思います。

鹿毛　つづいて水野報告に関して、山下さんからご質問です。

山下智也　東海地域の一体性をもたらす地域の権力としての水野十郎左衛門尉の存在を挙げられていますが、どういう力によってその役割が果たせているのでしょうか。

水野智之　水野十郎左衛門尉は戦国期には境界の領主で、大きな権力のはざまにいるようなところがあり、いろいろな勢力とうまく関係を取り持って生き延びていったんだと思います。そしてその力の源は、知多半島の水運などに何らかの関与をしていたからではないかと考えています。

鹿毛　関連して、同じく水野報告に対して、播磨さんからご質問です。

播磨良紀　政治史的なことで特異性が出てくるというお話ですが、経済的な面も非常に大きいのではないでしょうか。とくに東西の海運の問題で、伊勢湾が中心になっていたというのはすでに研究で明らかですし、今堀日吉神社文書にもあるように、近江・美濃・伊勢辺で流通に関して一体性が出てくるのではないかと思います。また、結局東海地域の特徴・特性をどう捉えるかという点に関係して、なぜ天下人が出てきたのが東海地域からなのか、そこに何らかの東海地域の特徴があるのではないかと思うのですが、見解を聞かせてほしいと思います。

水野　東海地域を考えるときに、海に面している領域であることは大事だと思います。ただ、大湊から関東の方までの太平洋水運を東海の特質と言ってしまってよいのか、うまく整理できないところがあります。しかしそれぞれの湊で、非常に活発な流通があったであろうことは推測できます。織田信秀が破格の献金ができるというのは、銭を集められる構造ができていたからだと思います。天下人の輩出の話につなげると、海や流通・交易の重要性というのが、大きいのではないかと想定しています。

播磨　海運でいうと、一六世紀ぐらいになると伊勢湾のなかでも流通がかなり盛んになり、諸港からいろいろな文物が集まってくるという経済構造があるのではないかと思います。

鹿毛　今の点に絡んで山下さんからもう一つ、水野および千枝報告両方に対してご質問です。

山下　千枝さんの報告のように東海地域を南の方からみていく場合と、権力からみた場合の、南へ広がっていく見方とでは、かなり範囲の区切り方が違ってくるかなと思うのですが、尺度が違う場合での、東海地域の区切り方・見方について、お考えをお聞きしたいと思います。

千枝大志　水運では一六世紀以降に「東海」という名前の船が出ていて、通説では「関東渡海船」の「渡海」が「東海」という字をあてているとされる、そういうのが関東の方で出てくるのは、伊勢湾と関東の水運をつなげるネットワークが東海にあるということかと思うのですが、一方で関東だけでなく、西にも目を向けているところもあるのではと感じていて、とくに一六世紀になると九州などから、信仰財関係のいろいろなお金が入ってくるという流れがあるので、畿内も含めた西日本の中にも伊勢を絡められるのではと考えています。

水野　東海という言葉がどう出てくるかを、ずっと調べているのですが、やはり東海道の意味合いでしか出ない。今でいう東海地域の意味合いで、東海という用語が出るとその地域の存在を証明できるのですが。ただ、今言われたように、関東渡海船の意味で、東海という言葉が出ているとしたら、貴重なあり様ですので、自分でも確認して考えていきたいと思いました。あと、政治権力の方からのあり様と、伊勢の方から流通のあり様でみていくと違って見えるということですが、院政期のころから東海道の流通というものはあり、長い時間のうえでずっと展開していて、そこに時々の政治権力が、いかに関わっていくかという視点で見ていくと、うまく整合的に描けるのかなという気がします。

各報告の論点

鹿毛　東西論にしても都鄙論にしても、東海論をきちっと定義していかなければ、議論が深まらないということかと思います。会場およびZoomからの事前のご質問は以上になります。それではコメンテーターをお願いしております、井原さん、川戸さんからコメントをいただきたいと思います。まず井原さんからお願いいたします。

コメンテーター：井原今朝男　個別報告へのコメント・質問から入っていきます。まず長村報告では、坊門家という大国受領の公家が、都鄙関係によって財力と軍事力を獲得し、家門としての社会基盤を確立したと主張されました。この点について都鄙問題の視点からいえば、脇田晴子さんの求心的な経済構造論や早島大祐さんの首都圏論などと同一延長線上の議論・問題提起だという風にうかがいました。質問ですが、報告では坊門家の右馬頭歴任と、右馬寮領の請負契約、知行国支配での都鄙間交流を重視していました。しかし、鎌倉期の右馬寮領と左馬寮領を比較すると、圧倒的に左馬寮領が多い。その意味では坊門家の右馬寮支配は形式的で、実質的な財政収入の実入りは少なかったとみた方がよいのではと思うのですが、その点についての見解をうかがいたい。ただ坊門家では、右馬頭の前に修理大夫を任じられている人物が複数いる。だから、坊門家などの院の近臣の蓄財の源泉というのは、修理大夫側にあったのではないかという議論もあるわけですが、この点について報告者の意見をお願いしたいです。

　池田報告について。建長寺と円覚寺の対立や京都五山・鎌倉五山の都鄙問題は、禅宗史の研究史のなかでは、ともに両者の関係を競争の視点を重視して認識されていると思います。しかし報告者は両者の関係を、「都鄙を以て座位を改む」という共通の価値観を持っていたのではないか、そして天下の禅刹の興隆のためには政権掌握者の信仰を鎌倉で獲得するか、京都で獲得するかの対立・対抗に過ぎないとしました。とすれば、両派の都鄙間の連関について、両派の座位争いという対立面があるとともに、共通の価値観も持っていたという側面を問題提起してくれたものと受け取りましたが、そういう理解の仕方について報告者のご意見をうかがいたいと思います。

水野報告は、東海という地域認識が中世において成立したか否かを、武家政治の視点から探ろうとしている。ただしその場合に、報告者は中世の時代に生きた人々の中に東海という地域の一体性が生まれていたか否かを検討したいのか、それとも研究者が東海という分析概念を用いて東海という地域認識がいつの時代に、どのように成立したのかを、問題提起しようとしているのか、どちらなのかをはっきりと示していただきたい。その理由は、私が調べた限りでも、地域概念としての東海というのは今のところない。だから、中世という時代に、中世人が東海という地域概念を持っていたか否か、これについてはっきりとまず、報告者の意見をうかがいたい、これが一つです。二つめは、戦国大名の対抗関係の中でも東海地域の一体性が醸成された可能性を主張されましたが、東海地域の一体性は何によって論証できるのか、その方法をどのように考えているのか、お聞きしたい。具体例で質問すれば、大名領国の範囲を超えて、東海の地域性・一体性を考える時に、交易圏の広りに注目する方法があります。たとえば山科言継が駿河に下向した時の事例から、伊勢・三河・尾張の交通路が、伊勢湾・三河湾の廻船で結ばれていたことがわかります。こうした事例を、広域な東海地域の交易圏の範囲と一体性を示すものとして評価してよいのか、その場合に便船の市場原理と戦国大名の交通政策の結合によって、東海としての交通の一体性ができていたと考えてよいのか、報告者のご意見をうかがいたいと思います。

千枝報告は、伊勢神宮地域という地域経済圏の一体性を提起しました。また、子良館の経済システムを検討して、伊勢地域での信用の問題を背景に独自の決済システムを作っていた事例などを明らかにされました。こういう点は、交易圏の一体性としてよく理解できます。質問は、こうした貨幣・金融面での地域的一体性が、なぜ伊勢神宮地域で独自に発達したのでしょうか。貨幣史の分野では、西国と東国という二つの基準通貨圏を介在したのが伊勢商人であるとされています。とすれば、伊勢神宮地域での独自の金融貨幣慣行が生まれた理由は、二つの基準通貨圏の接点であったがゆえであると言えるのではないかと思いますが、この見解について報告者のご意見を求めます。もう一つは、報告者は伊勢御師の生業を金融業、廻船業、宿泊業の三つに分類しています。この場合に地域の一体性は、御師の信者などの分布圏に範囲を設定できると思うのですね。また伊勢渡海神船の交易圏も一定の地域性が想定できる。さらには金融業者の信用圏の範囲でも地域の統一性が設定できるのではないかと。そのように見た時に、分析概念としての東海地域の一体性の存在を想定できると考えているのかどうか、ご意見をうかがいたいと思います。

上嶋報告は、公家衆の在京者や地方下向者の間で一定の政務分担に取り組んでいた可能性があり、後奈良朝の天文年間には、公家の下向と在京で、都鄙の結びつきがむしろ強化されたという一体性の議論を提起されました。研究史を見ますと、公家衆の地方下向と在国について、富田正弘さんたちは、大臣も廷臣も必要とせず、公家社会の統括者としての地位を喪失しており、地方に下向した公家衆は朝廷から離脱し対立していたという、官僚制のない裸の天皇制論を提示しました。一方、神田裕理さんや私は、最低限の活動を維持するため、官僚制は維持していた。そして共通の価値観がこの官僚の中に存在していたとしました。こうした中で、報告者は後奈良朝の時代には、公家衆の地方下向と禁裏の朝務の勤仕とが併存し、両者が都鄙の対立関係ではなく、都鄙の結びつきという共通の価値認識を持っていたという見解を対置したように思えますが、そういう理解でよいでしょうか。それから、一条教房・房家が土佐に在国し、土佐一条家が成立したということが通説になっていると思います。ところが実際には、房家の実子の房通は在国しながら一条冬良の娘聟になり、上洛と在国を繰り返しながら、関白にまで上がっています。そして実子の兼冬も関白になって、摂家一条家をつくっている。因幡に下向在国した柳原資綱・量光・資定三代の場合も、因州知行国を確保しながら上洛を繰り返して、権大納言に昇って元旦の内弁を勤仕しています。こうしてみると天文年間の後奈良朝には、公家衆の地方在国と朝務勤仕が対立しない体制が生まれていたと評価できるのではないかと思いますが、これについてご意見をうかがいたいと思います。

安藤報告は、教団構造論として本山・末寺関係を見た時には、都鄙関係と一緒に規定できるのではと言われました。それと本願寺門徒の宗教意識として都を浄土とする意識が存在するとし、宗教的都鄙関係の存在という問題を初めて提起してくれました。質問は、本寺・末寺関係は、これまでの研究史では、荘園論で論じられてきましたが、都鄙関係論を提起した戸田芳実・保立道久氏も交通論として、荘園制は抜いて都鄙関係という概念を設定したのですね。したがって、本末関係を都鄙概念に入れる場合には、分析概念の変更として、独自な問題提起が必要なように思うのですが、これについてご意見をうかがいたいと思います。それから二点め、神田千里さんによれば、真宗の諸門流の中で専修寺派と佛光寺派が一向一揆に加わっていない、本願寺派だけが親鸞から蓮如への血脈重視の一族統制原理を生み出して結集力を高めたとされています。親鸞から本願寺歴代への血脈信仰が、涅槃への都イコール浄土とする宗教意識が生まれてくる背景としてみてよいのか、この点についての報告者のご意見をうかがいたいと思います。

二つめに、都鄙の連関と相互認識と六本の報告の関連をどう理解するかですが、長村・池田・上嶋・安藤報告の四つは、京都以外の地域も都として認識される相互認識が生まれてきたことや、都の意識が地方や宗教意識に拡散していたことを明らかにしたと思います。こういう点は研究史で見れば、脇田さんや早島さんの議論に代表されるように、都鄙の連関は中央への集中性として議論されてきました。ところが最近になって、小林丈広・高木博志・三枝暁子『京都の歴史を歩く』（岩波書店、二〇一六年）や『京都の中世史』全七巻（吉川弘文館、二〇二一～二三年）は、地域史としての京都論という分析視角を提起しています。今回の四報告はそれらとリンクして都鄙の連関を対抗的なものとする視点を見直して、共通点や一体化の視点から分析しなおす視角を提起したものとして、研究史上高く評価してよいのではないかと思います。それから、水野報告と千枝報告はともに地域概念を設定して都鄙の連関という問題から、地域の一体性を検討する必要性を研究課題として提起した点で、非常に重要な問題提起であったと思います。

この東海の地域性・地域論の問題提起については、川岡勉・古賀信幸編『日本中世の西国社会』全三巻（清文堂出版、二〇一〇～一一年）、『動乱の東国史』全七巻（吉川弘文館、二〇一二～一三年）、『東北の中世史』全五巻（同、二〇一五～一六年）、『京都の中世史』などによって、各地の地域論が注目されるようになっています。そういう意味からすると、東国と西国との接点である中間地域としての東海論の問題提起は、今後きわめて重要な地域認識の展開論になっていくのではないかと思います。これまで東海の地域認識がどのように展開してきたかについての学問的検討は、まったくなされていませんでした。その意味で非常に新しい重要な問題提起だと考えます。

三つめに、総合テーマの「日本中世の東西と都鄙」との関連ですが、一体性という問題を課題としたときに、地域概念の範囲の特定と一体性の論証を、何をメルクマールにどのように分析するかという方法論的な定義については、これまでまったく打ち出すまでには至っていませんでした。鈴木敦子さんらの地域経済論でも、その範囲や地域の一体性を何に求めるかは不明確なままになっています。桜井英治さんは、戦国大名の領国経済圏は、自己完結性は持ちえなかったのではないかとの疑念を提起されています。こうした不可知論の深淵を覗きこみつつ、東海地域の範囲と一体性を何に求めるか、試行錯誤を続けていくことが重要だと思います。その一方、方法論として、東海地域の特産品の共通性という問題と、交通手段としての伊勢神船などを研究対象にして、東海の範囲と一体性を研究する方法を提起したいと思います。かつて永原慶二さんが、伊勢湾を起点とする海上交通を検討するために常滑・渥美焼を議論に立てたことがあります。ところが実際は中世を通じて、東海地域の国々にはいずれも中世陶器の生産地としての共通性が見られます。こうした共通性の解明は、まだ研究されていない重要な課題だと思います。それから、伊勢渡海神船は鎌倉期にすでに関東に及んでいたことが綿貫友子さんらによって指摘され、とくに文明年間に伊勢渡海神船が減少して、伊勢商廻船の比重が増加したことが稲本紀昭さんの研究によって指摘されます。この伊勢渡海神船と商廻船の海上交通については、戦国期には組織化されて永禄四（一五六一）年の段階では、北条氏が伊勢廻船中・問屋中に対して積載の米を兵粮米として独占販売させた事例が永原さんによって指摘されています。こうした視点に立てば、伊勢渡海神船や伊勢商廻船の便船システムが、戦国期には伊勢廻船中・問屋中に発展して、日常的に米などの積載物を運搬する体制が生まれ、東海地域の交易の一体性を生み出していた可能性があると考えます。こうした点を含めて、東海地域の一体性を解明するための試行錯誤が重要になっているのではないかと思いまして、コメントを終わります。

鹿毛　まず前半部分で個別報告に対するコメントがございました。順に返答をお願いいたします。

長村祥知　はじめに、右馬寮領と左馬寮領を比べた時に、左馬寮領の方がはるかに多いのではというご指摘ですね。『吾妻鏡』に左馬寮領を書き上げた注文が入っていて、史料的にそれで確認できるのに対し、右馬寮領をまとめて確認できる史料はないので、データベース化した時に左馬寮領の方がはるかに多くなってしまうのは史料の残存状況によるものが大きいかと思います。ただ、ご指摘のとおりで、左馬寮領の方が安定していたのだろうというのは、実質的に院の御厩領と左馬寮領は一体的な関係になっていて、鎌倉時代に西園寺家のもとで経済的に再編成されていく中で、所領は維持されていただろうと想像できます。また元々の規模としても左馬寮領の方が大きかったのだろうと思われます。ただ、右馬寮領は史料上で見えるよりは、まだ幾ばくか残っていたのではないかという気はします。坊門家が承久の乱で大打撃を受けたあとは鎌倉後期に四条家が右馬寮を知行して、御所の修造をしたという史料があったと思いますので、何かしらの家門が右馬寮領を知行して、造営用途をそこから出せる程度にはきちんと所領としての体裁はあったと考えております。もう一つ、修理大夫とか他の官職ですね、平安から鎌倉にかけて、室町時代で言うところの四職大夫のうち官職に大国受領系の家の人はなっています。ただ結局、経営手腕次第で、それが財源にもなるし、赤字部署にもなる。なので、知行国・修理職と同様に経営的に管理をする対象として右馬寮も重要であろうということで、左馬寮ほどではないとしても、経済的な実態はあったと考えています。

池田丈明　史料に見られた「都鄙により座位を改めよ」という一文について、私は「都鄙」の文言がうまく出てきたなという程度の認識にとどまっていたのですが、ご指摘いただいて単純な二項対立ではなく、秩序をもたらす共通の価値観が表された言葉だということに気づかされました。また、建長寺と円覚寺の対立にまでこの考え方が適応できるのではないかと具体的にお示しいただきました。確かに建長寺と円覚寺の渡諷誦、それはまさにここでいわれている「賓主之礼」にもとづき行われていたと思います。一方で、渡諷誦が円覚寺の火災に行き着くまで、長い確執を持ち続けたのも事実です。したがって「都鄙により座位を改めよ」という共通の価値観が、実際に秩序をもたらすものだったのか、それともいろいろな確執があったのかということを今後の検討課題としていきたいと思います。

水野　私としては、中世の人々に東海という地域認識があったのかどうかを示したいのですけれども、なかなか史料用語には出てこない。現代にもあるような地域の東海という意味での史料用語としてあるのか、あるいは別の言葉で中世の人々は認識していたのかという点はなかなか見えていないのですが、中世の展開を通じて東海地域を一体的に捉える地域認識が当時の人々にあったのではないかと今の時点では考えています。地域の一体性を何にもとめるのか、明確な一つの像が出てこない危惧もあるというご指摘もいただきましたが、中世の権力のあり様は、重層的なところがあるので、どこの権力に支配されているかで、同じ地域にあったとしても多様な地域観というものが重層的に展開していたのかなと思います。その重層的で多様な地域観念を明らかにできれば面白いし、実際、東海の経済圏の一体性というものがうっすらと見えてきている。これも研究史の進展ではないかと思います。あと、斎藤・今川・松平あたりの一体性をどのように考えるかは、今川領国が伝馬で一体性をもつという点は非常にわかりやすいですが、他にも、たとえば連歌師が戦国期にはいろいろな領国を渡り歩いて活動しています。そうした連歌師や公家が移動する際に、それぞれの領国の境界でどういうやり取りがあったのかということを、考えていければと思います。

千枝　二つの大きな経済圏の接点だからこそ伊勢が両替的な機能をもっているのではないかという点は、私も考えています。また羽書という最初の紙幣が伊勢で出てくるというような特殊な動きがあるのも、東西の秩序の中でいろいろなお金が入ってきて、それを両替する金融としての宇治山田があるからだと考えています。その中でより細かい単位での金融がどうなっているかを考えた時、京都の場合はいろいろなものが入ってくるのが早いのですが、伊勢は少し遅れる、タイムラグがあるのではないかと思います。決済方法についても、遠方と近い地域の場合とで違いがある。

こうした地域性を踏まえたうえで、それをフラットにする機能を町全体が持っているのではないかと思います。その中でたとえば、自分で祈禱ができる本当の神宮神職である正禰宜と、権利を買って明日から神職をするという権禰宜以下の伊勢御師たちとでは、宗教的行為の実態が違っていて、伊勢御師らは正禰宜にお金を払い、借金をして御札を入手して、それを元手に全国に廻檀活動をしていく。その際、返済については年何回かの廻檀活動を通じた分割払いが前提の社会というのがあるのだと思います。いわば〈借金の作法〉のようなものがおそらくあるはずで、そういう問題を論じていかないと中世の信用と金融の問題はわかりませんし、そのようなものが、井原さんの分析概念につながるのではないかと思います。

上嶋　一点めは天文期について、富田さんたちの話や、井原さんたちの話とは別の新たな提起をしたいのかというご質問だったかと思います。新たに出したいというより、井原さんたちが示された最低限度の官僚制があった上で、天文期は富田さんたちがおっしゃっているところまで来ている部分もあるのかなと思っています。また、朝廷への勤仕と公家衆の下向は対立しないとの認識でよいのかということについては、そういう面もあると思いますが、天文年間に到ると、年に数回の禁裏への出仕すらも滞っているような人間も出てきていて、昇進を許可しなかった事例もあるので、戦国期特有の秩序すらも天文期にはかなり危機的な状況にあったと言えるのでないかと考えます。

安藤弥　最初に寺社領庄園や交通の問題で論じられてきた都鄙論を、本末関係をもとに論じるならば、分析概念の変更が必要ではないかという点ですが、都鄙論というものが、経済史や交通流通史の問題設定なのだから、今回の話は入らないということはなく、入るのだと思います。人間同士の関係に基づいて都や鄙をどう見ているかを示す史料が宗教の世界においてはあるので、これも一つの都鄙論として議論してよいかと思います。二点めで、本願寺だけが専修寺や佛光寺とは少し画するようになっていくのはなぜかというのは、蓮如が京都意識を強調し、他と一線を画そうとすることで、独自の展開を遂げていくという視角で理解できるのではと思います。

都鄙の矛盾そして列島を越える都鄙

鹿毛　個別のコメントへの受け答えを行っていただきました。井原さんのコメントは、そのあと今回の都鄙論、あるいは東西論を含めた全体的な議論について、ご意見をいただいております。そのあたりは、川戸さんのコメントにも関わってくるように思いますので、続いて川戸さんからコメントをお願いしたいと思います。

コメンテーター：川戸貴史　今回のテーマである中心と周

縁という観点で都鄙間が議論されてきて、これは日本史に限らず、割とよく取り上げられるテーマです。近年こういう議論が比較的人気なのは、ウォーラーステインが提唱した近代世界システム論の影響がおそらくある。そして重要なところは、中心である都が、周縁である鄙から富を永久に収奪することで、都の経済発展が維持されるというモデルがあるのに対して、そういう観点からの克服を目指す議論も近年では行われるようになってきているということです。

二つめですが、日本中世史における都と鄙について、ポジティブな面だけでよいのかというのは確認しておいた方がいい。たとえば中世史では寛正の大飢饉の問題があり、これは気候不順の問題だけではなくて物流の問題や地方で不作になった人々が職を求めて都に押し寄せた影響で飢饉が悲惨化した。このようなマイナス、ネガティブな側面が様々な事件を起こし、深刻な社会問題を引き起こすという点は忘れてはならない。そういう都鄙間の矛盾もあることは踏まえた上で連関というポジティブな側面に注目することが重要だと思います。以前、永正一五（一五八七）年に伊達稙宗が幕府周辺の人物に莫大な贈り物をした事例を取り上げた際に、陸奥と京の金の値段を銭立てで比較したところ、京都の方が安かった。つまり金の集積が京都でいびつに行われていてダブついている。これは明らかに不自然で、都と鄙における不正常な矛盾を抱えていることによって生じた現象といえます。他には、甲斐の『勝山記』によると、一五二〇年代になると極端に流通する銭の量が減って取引もできないという現象が起きる。こういったこの時期の都と鄙の抱える経済的なレベルにおける深刻な矛盾・社会問題というのは、やはりクローズアップされるべきだと思います。

もう一つ気になるのは日本列島を越えた都と鄙の形成はありえるのかという問題で、とりわけ一六世紀は日本列島においても国境管理が非常に杜撰で、その分非常に開放的なネットワークが形成された。その中心は九州で、九州の戦国大名たちは京都を向いて活動しているのかという問題を考えた時に、日本列島の空間的範囲として都と鄙という問題設定をした場合には、日本列島外との交流というものが抜け落ちてしまうのが気になります。池田さんの報告との関連でいうと、鎌倉から室町期の禅宗の世界ではむしろ都は中国にあって、日本は鄙でその中の鎌倉か京都かという議論になるのかなと。そういう視点で禅宗の世界を都鄙の問題として設定できると、また違った議論ができるような気がしました。

それから、一六世紀から一七世紀にかけての東海地域における貨幣秩序の議論で、一六世紀に関しては東海地域では一体的、独立的な貨幣流通秩序があるという印象はあまりなくて、まずは京都の影響力が強いように思うのですが、その後金や銀が流通するようになり、一七世紀前半は銀が優勢で、後半になってくるとだんだん金建てに変わってきて、江戸の影響が強くなってくる。これは単純に経済的な事情によらない可能性があります。たとえば名古屋は政治的に江戸の影響が非常に強い都市なので、強制的にそうなった可能性がある。そういう変化を伊勢湾岸地域で共有しているかもしれません。

最後に常滑焼の流通を無視できないと思います。銭を蓄える時に使う甕はほとんどが常滑焼です。常滑焼の流通圏は平安ごろから形成されて、それが中世にかけて非常に重要になってくる。そういう観点からの研究も、東海地域の経済的な卓越性の議論につながるかと思います。

千枝　川戸さんのコメントを受けて、伊勢の方を見ていると、金が一六世紀の初めぐらいから使われ始めて、金が優越してくるのは永禄以降です。さらに文禄ぐらいになると銀も優越し、慶長・元和期になると銀がほとんどという傾向になる。ただ、たとえば、射和羽書を見ると、最初は券面情報上、寛永期より小判とも交換可能な銀立ての紙幣なのですが、正保期より銀六六匁で小判一両という固定相場が出てくるので、一七世紀初期には金の流入を無視できなくなってきている。尾張の話を聞くとやはり同様だと思いました。また名古屋の場合は政治性という話でしたが、伊勢商人が活動してくる寛文期ぐらいから、江戸に棚を持つ長期ビジネスが出てくるので、それと連環していたのかもしれません。江戸の影響を受けたビジネスが育ってくると金も使いやすいのかなと感じます。あとは陶器の問題もすごく大きく、慶長期の東海地方の物産をみると、陶器と美濃紙がよく出てきます。また堺の『天王寺屋会記』などに伊勢御師の名が散見されます。勢州山田の住人と泉州堺の会合衆は茶の湯関係で結びつき、また、伊勢湾地域の陶磁器の流通が、地域を越えた連帯性につながっている。そういう関係から、東海地域で生まれた特産品が京都にいくようなビジネスがあるのではと感じた次第です。

都意識の相対化

鹿毛　話をもどして、都鄙論の井原さんによるまとめの中で、従来の中央集権的な京都意識ではなく、都への意識が地方に拡散していく、地域として京都を見るような流れになるのではないかと、四人の報告をまとめていただいたのですが、その点を補足いただけたらと思います。

井原　都というのは京都イコールだった。ところが今日の報告では、京都以外を都と認識する事例が紹介されています。こういう認識論では、国立歴史民俗博物館にいた小島道裕さんが、花の御所体制論、中央と地方の価値観が一致して、京都以外のものを都の文化として捉えるという論を提起されています。末柄豊さんも、座の文化として都鄙間での共通性という形で室町文化を捉えようとされています。そうすると、この都鄙間の連関と相互認識という時に、都と鄙の格差を強調するのではなく、両者の共通性や一体性への関心が研究動向として高まってきているのではないかと思います。つまり、違いを強調するのではなくて、対立関係をどうしたら持続的な交換関係に変えていけるのか、そういう価値観を探ることの方が、今後の二一世紀の人文社会科学の課題と結びつくのではないかということです。

千枝　今の件に関連して、中世学研究会が幻想の京都モデルというシンポジウムを開催した時に、京都を模倣する文化や流通があるという話が出ました。考古学でも、伊勢で京都タイプの土器が出土するなど模倣や変容の事例が確認されたことを伊藤裕偉さんが指摘されていますので、変容という要素で東海地域についても考えることができるのではないかと思いました。

池田　禅宗では、中国が都で日本の京都も鎌倉も鄙ではないかというご指摘について、最初の栄西の段階では伝法の問題があるので中国に行かざるを得なかった。ところがだんだん日本国内で法が授けられるようになると、それほど中国に行く必要がなくなってくる。鎌倉段階でも無住の説話集の中には中国の作法を過剰にするお坊さんの滑稽さを取り上げ、中国を相対化する話が出てきます。また都が拡散していくという話については、最初中国が都だったところが、鎌倉が、そして京都が禅の中心になっていくのかなと思いました。それから回向文などが、中国で作成された清規をもとに日本でより多くつくられた、というのも都が拡散していくという一つの事例になるのかなと思います。

鹿毛　長村さんの中世前期の坊門家による都鄙交流のお話、上嶋さんの天文期の天皇の諸国への意識やまなざしといった点からも、都意識の相対化が見えてくるのではないかと思うのですが、いかがでしょうか。

長村　平安時代を見ていると京都が突出していることは否めないと思いますが、その中で荘園制が出てきて都鄙交流が盛んになって、都鄙関係が緊密化していくみたいな言い方がされていると思います。いろいろな価値観を取り入れることで京都を相対化する方向が実際に出てくるようになるというのが、平安から鎌倉にかけての時代なのかなと思いました。

上嶋　後奈良天皇が、諸国が衰微していることで禁裏もまた衰退していると言ってるのは、都鄙を一体的に見ていて、自身が国の為政者であるという認識があるからかなと思います。ただ理念はそうですが、実態としてはガタガタになっているので、理念に近づけようと、後奈良天皇は諸国の者たちと結びつきを強めようとするのではないかと感じました。

松薗　文化史の問題で、中世から近世にかけて家元制が成立してきます。家元制というのは、都側から蔦を絡めて取るというか、あくまでも都の文化が至上であるということです。いわば都側からの圧。こういう方向性がつねに存在したのだと思います。ここに一種、都と鄙の対立があるかなと考えます。

斎藤夏来　都の拡散というのは、結局農村の再把握が必要だということかと思います。近世の東海地域では検地で地域を抑えていきますが、徳川家康の場合、寺社領朱印状を旧領国ごとに様式をしっかり分けて発行しているけれども、二代秀忠になるとそれが崩れていく。そのあたり、東海の問題を考えるうえでもヒントになる素材であり、近世史から見るというのは非常に有効性があると思います。それから禅宗の問題について私の観点からいうと、京都・鎌倉は都で、本当の田舎は別のところにあり、京都と鎌倉の間に都鄙関係はないと思います。瀬戸の定光寺では、炭窯を焼いている人や狩猟民のような人たちが定光寺を盛り立てている、そういう様相は五山文学を読み解くことで把握できます。あと、中国が都で列島が鄙というのは、私は反対です。中国の禅僧で列島の禅僧を見下すような発言はあまり見受けられない。辺境同士のつきあいというのが禅宗の基本線で、中華と列島の上下関係というのは禅宗については非常に希薄なのではないか思います。

井原　先ほど都鄙関係というのは荘園制論だというお話をして、だから都鄙論を宗教世界に拡大しても意味がないと受け取られたようですが、そういうことを言っているのではないのですね。過去の都鄙関係論に対する批判を行って、新しい分析概念としての都鄙関係論を提起する必要があるのではないかということです。また都の拡散や都意識の相対化といった変化を本日の四報告は非常にクリアに出してきていると思います。こういう議論は今まであまりなされていないように思えたのです。やはり、古い概念というものを、研究段階が進むにつれてもう一度規定しなおすことが必要なのではないかということを補足させていただきます。

総合討論を終えるにあたり

鹿毛　都鄙論のことについて、今後の課題・展望も含めてまとめていただきました。二〇二二年の東西論と二〇二三年の都鄙論は、東西論が横軸、都鄙論を縦軸と考えて本大会で議論してきました。その中で、一つは当然東海地域の定義が問題になってきた。一方で列島を越えた都鄙はありえるかという問題も出てきました。そのあたりで考えがおありの方はいらっしゃいませんでしょうか。

山田邦明　今回は東海に限定するわけではなく、都と鄙という非常に壮大な問題を扱っていてよいと思うのですが、一方で東海にまだ注目した方がよいということもあり、二つの議論をどう展開するかというのも、今後の課題になってくると思います。確かに、荘園制が解体してもなお残る中央志向に対し、東海も含めた地域が鄙として対峙する。その中で東海の特徴は何なのかということになると、少し分かりにくいところがあります。私は北陸との違いで、学生たちに東海の特徴を説明する。北陸の方が京都っぽい、東海はかなり京都とは違う、言葉が違うという話をするのですが、そういう認識でよいのかが心配です。そういった点についてコメントがありましたら教えてください。

鹿毛　東海は京都と関東の中間地域であるとよく言われます。その表現というのは、京都と九州の間の中間地域、中国地方に似ているのではないかと捉えています。中国というのは中間の国ですから。ただ結末として東海地域から天下人が出て中国地方からは出なかったということにはなるのですが、途中の経過とすれば同じような分析の仕方で両地域を研究していけば、両地域の特色が見えてくるのではないかと思うのですが、この点山本さんいかがでしょう。

山本　私もそれはずっと思っていました。中国というのが史料にも出てきますので、中国という認識が中世に生まれてくることと、東海の場合とで比較検討できると思います。また都と鄙ということで、本願寺の史料を読んでいると、実際の京都に対しては上洛と言ったり、京都から下向してくるという言い方もしていますので、やはり京都に対してはまたちょっと違う都鄙観というものがあるのかなと感じました。

井原　これまでの東海の議論は、東海という意識があったかなかったかまでで、統一性が何かというところまで行かない問題だった。これは西国の方でも同じで、中国地方という概念は、いつ成立して、そのメルクマールは何かという学問的検討はない。そういう中で、今回水野・千枝報告が地域の一体性という問題について学問的検討が必要で、中世史・日本史学の課題として考えることが重要だと提起したことは、もう少し高く評価されてよいと思います。この問題意識が定着して今後六〇周年大会に向けて結論が出るようにしていただきたいと思いました。

鹿毛　西国と東国に分けて考える際に、京都から西をひとまとまりにすること自体が私はおかしいと思います。地域概念が全然備わってない。中国地方の特色、九州の特色があるでしょうから、京都とは別の地域という分け方で議論していくことも今後課題になると思います。それから九州からさらに大陸へ伸びていくエネルギー的なものをどう評価するかというところも、大事な観点になると思っています。

（記録：小池勝也）

五〇周年記念大会を振り返る——二つの討論を終えて——

山下智也（中世史研究会五〇周年大会論集編集委員）

本大会シンポジウムは、中世史研究会五〇周年という大きな節目にあたり、その記念として二〇二二・二三年の二年にわたる計画で開催したものである。「日本中世の東西と都鄙」を全体テーマとし、二〇二二年は「列島東西の社会構造とその変質」、二三年は「都鄙の連関と相互認識」という個々のテーマを掲げ、各回六名、計一二名の報告者に、計四名のコメンテーターをお招きし、それぞれに司会が一人立って、総勢一八名の登壇者を中心に参加者の皆様と共に議論を進めた。個々の報告における成果については各章を、議論に及んだ具体的な内容については「討論記録」を、それらに対する評価と展望については各コメンテーターの「コメントと展望」を参照されたいが、ここではあらためて本シンポジウムの各討論で交わされた議論を振り返り、それによって明らかになった点や重要な指摘、今後検討すべき課題や論点について簡単に整理しておきたい。

初年度のシンポジウムⅠ「列島東西の社会構造とその変質」における総合討論では、東西を単純に二分するのではなく、東西を横断する動きや東日本的、西日本的と区分しがたい地域にも焦点を当てることが重要であるとの指摘があった。小久保報告のように明確に東西を意識した報告により比較検討がなされたものもある一方で、中島・山下報告のように東西で捉えられない地域や中間地帯を扱うもの、田中・小久保報告のように意識・思考の問題を扱う報告もあった。かつて本会四〇周年記念シンポジウムでは、「東海」をテーマとして扱い、地域の実態の中から東海の特質を明らかにしようと試みたことは趣旨などでも触れているが(1)、今回は周辺地域との比較検討により中間地域である「東海」を相対化して見ようとするという新たな視点から、そのあり様について問うてきた。中間地域の位置づけは、地域の史料から見えてくる実態の考察とその相対化を今後も積み重ねていくことで議論を深めていく余地があると考える。そして、意識・思考を扱ったことについては、当時の人の思考のあり方を探り、社会の実態に照らしていくという手法を採ることにより、新たな歴史像が紡ぎ出されていく可能性があることが示された。

また斎藤報告により、宗教・信仰に関しては列島も大陸も同じ認識であったという考え方が示されており、中間地域とも異なる東西二分論では表現できない地域の実態や個人の意識についても、議論に乗せていく必要があることが確認された。東西二分論の限界性については、地域権力から検討した鹿毛報告にも強く表れており、コメンテーターや参加者からも同様の意見が寄せられた。列島における東西認識、東西の比較検討は今回の議論を経て東西差異を包摂する総合的理解に向けた考証へと、新たなステージに移行していくことであろう。

加えて、東西のあり様をどう捉えるかについては、次のことをふまえておく必要があることが提言された。東の史料にあって西にはない、西の史料にあって東にはないというような史料の存在の有無や残存の濃淡差は個々の地域性に基づく差異であり、史料を残した者の行動のあり方や史料の性格などにバイアスがかかっていることも留意が必要であるとの指摘である。今後はそうした差異を判断基準として優劣評価や標準創出をするのではなく、文献史料や考古学も含めた総合的な考察のもと、東と西、そして北や南の世界を相対的に捉えていくことが必要で、今回あえて再び「東西」のあり様について問うてきたことで、それが浮き彫りになった。

二年度めのシンポジウムⅡ「都鄙の連関と相互認識」では、前年度の東西のあり方を問う議論をふまえつつ討論を行った。長村報告では、武家関係が中心であった都鄙論について、個別公家家門に視点を置くことでその一門の趨勢に都鄙関係が深く関与してくることが示された。さらに池田報告により、京都・鎌倉間では、都鄙関係は対立ばかりではなく共通の価値観を保ち、秩序の創出に関わっているといった指摘があり、上嶋報告においても朝廷と地方の共通認識について取り上げられ、連関という部分で多くのことが明らかにされた。さらに、水野・千枝報告が東海地域の一体性について取り上げたことは前年の議論とも関わって重要な指摘であり、中世社会における地域の実態としての「東海」認識の多様性および重層性が提示された。さらに踏み込んでいくと地域概念としての「東海」が成り立つのか、地域認識として「東海」という意識が当時からあったのかについては今後も大きな検討課題となっていくと考えられる。中間地域として中国地方との共通性についても指摘があったが、それらの地域的なまとまりとその起源については現時点で未解明であり、両者を比較検討していくことが今後の研究を進展させていくための筋道として見えてきた。

また、安藤報告では宗教的都鄙感覚という、都鄙について探る上での新たな概念が提起されている。これによって中央集権的な都鄙の連関から、京都以外の地域も都と認識する意識など、都（みやこ）の拡散、都（みやこ）意識を相対化していくという新たな見方が示された。

シンポジウムⅠ・Ⅱを通じ、海への意識ということも一つのポイントとして挙げられる。その端緒が大名領国制を海からの視点で捉えなおした鹿毛報告であり、この海からの視点というのは、大都市ではない地方において展開する権力・流通・文化などの諸要素について、東海や瀬戸内などの中間地域をみる上でも、新たな視角を与えてくれるものであり、海とのつながりを交えた議論が希求される。

以上のことをはじめ、この二年にわたるシンポジウムでは、「東西」と「都鄙」という二つを軸としそれらを交差させて議論してきた。東西を扱うシンポジウムは二〇一三年の中世史サマーセミナーでも取り上げられ、この時の成果は論集となって看取することができる。(2) 同シンポでは政治史が中心であったが、本シンポでは、政治史に限らず、流通・経済や宗教など多分野を織り交ぜ、単純な東西対比だけではなく、都鄙関係も加えることで、先のシンポの補足・補完をすることも狙いの一つであった。各報告者の提示する素材を基に進められた二度にわたる討論により、多くの提言が得られるとともに、さらに議論を深めていくべき種々の課題や論点も提示されたように思う。今後は、本書・本シンポジウムの成果をもう一つの道標、あるいは梃子としてもらい、より豊かな中世社会像が描き出されていくことを期待したい。

さて、最後にこの場をお借りして筆者の感想を述べておきたい。本会の五〇周年という特別な機会に際して大会担当として携わることができたことは、委員の末席に立つ若輩の筆者にとって日常では得難い貴重な経験であった。一方で、自身の報告の拙さや大会担当としての役割を上手くこなせなかったことへの反省は尽きない。それでも本シンポジウムが、活発な議論により盛会のなか終えることができたこと、その成果を本論集として刊行できる運びとなったことは大変ありがたく、報告者／コメンテーター／司会として登壇された皆様や当日ご参加いただいた方々、そして本書刊行をご快諾下さった思文閣出版の田中峰人氏に厚く御礼申し上げる次第である。そして本企画を先頭に立って舵取りされた鹿毛敏夫氏、それを的確に支え運営された水野智之氏には多大なる謝意を表し筆を擱くこととしたい。

（1）シンポジウム「日本中世史のなかの東海地域」。『年報中世史研究』三八（二〇一三年）に特集として報告内容を基にした各論考を掲載。
（2）川岡勉編『（戎光祥中世史論集）中世の西国と東国―権力から探る地域的特性―』（戎光祥出版、二〇一四年）。

[執筆者紹介]（掲載順）

安藤　弥（あんどう・わたる）
1975年生まれ　同朋大学文学部教授

鹿毛敏夫（かげ・としお）
1963年生まれ　名古屋学院大学国際文化学部教授

斎藤夏来（さいとう・なつき）
1969年生まれ　名古屋大学大学院人文学研究科教授

田中大喜（たなか・ひろき）
1972年生まれ　日本大学文理学部教授

中島雄彦（なかしま・たけひこ）
1974年生まれ　岐阜市ぎふ魅力づくり推進部文化財保護課

山下智也（やました・ともや）
1988年生まれ　刈谷市歴史博物館学芸員

小久保嘉紀（こくぼ・よしのり）
1979年生まれ　愛知東邦大学・桜花学園大学・椙山女学園大学・中京大学・春日井工科高等学校非常勤講師

村井章介（むらい・しょうすけ）
1949年生まれ　東京大学名誉教授

山田邦明（やまだ・くにあき）
1957年生まれ　愛知大学文学部教授

上嶋康裕（うえしま・やすひろ）
1983年生まれ　大垣市教育委員会

水野智之（みずの・ともゆき）
1969年生まれ　中部大学人文学部教授

長 村 祥 知（ながむら・よしとも）
1982年生まれ　富山大学学術研究部人文科学系講師

池 田 丈 明（いけだ・たけあき）
1975年生まれ　正眼短期大学講師

千 枝 大 志（ちえだ・だいし）
1976年生まれ　中京大学大学院等非常勤講師・同朋大学仏教文化研究所客員所員

井原今朝男（いはら・けさお）
1949年生まれ　国立歴史民俗博物館・総合研究大学院大学名誉教授

川 戸 貴 史（かわと・たかし）
1974年生まれ　名古屋市立大学大学院人間文化研究科教授

小 池 勝 也（こいけ・かつや）
1987年生まれ　中京大学文学部准教授

索　引

＊採録語句が章・節・項のタイトルに含まれる場合は該当頁をゴシック表記にし、その章・節・項からは採録を省略した。

【人名】

あ

い

う

え

お

か

き

く

け・こ

さ

し

【事項】

さ行

た行

な行

は行

ま行

や行

ら行

【研究者名】

日本《にほん》中世《ちゅうせい》の東西《とうざい》と都鄙《とひ》
中世史《ちゅうせいし》研究会《けんきゅうかい》五〇周年《ごじゅっしゅうねん》大会《たいかい》論集《ろんしゅう》

2024（令和6）年9月14日発行

編　者　中世史研究会
発行者　田中　大
発行所　株式会社　思文閣出版
〒605-0089 京都市東山区元町355
電話 075-533-6860（代表）

装　幀　小林　元
印　刷
製　本　株式会社 思文閣出版 印刷事業部

 ISBN978-4-7842-2099-1　C3021

説話研究を拓く――説話文学と歴史史料の間に

倉本一宏　編

説話とは何か？
まったくの創作でもなく古記録でもない、このつかみどころのない作品たちはなぜ生まれ、いかに編纂され、そして伝えられたのか。
日本史学や日本文学、宗教学、文化史学の研究者が一堂に集い、「説話」という文学ジャンルを解明すべく企図された、国際日本文化研究センター共同研究の成果。
説話文学と歴史史料の間を往還しつつ、説話研究に新たな地平を拓く。

▶A5判上製・452頁／定価 9,900円（税込）　ISBN978-4-7842-1967-4

失われた院政期絵巻の研究

苫名悠　著

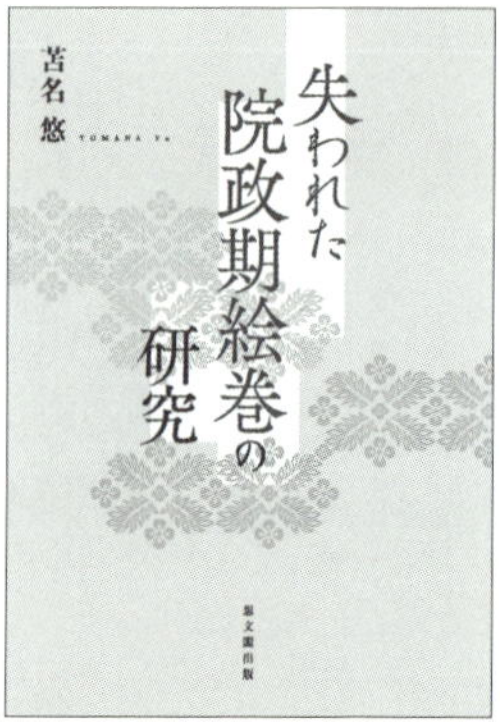

平安時代末期に制作された絵巻の諸作品は「院政期絵巻」と総称され、現存する最古の絵巻群として、早くから美術史学の研究対象として取り上げられてきた。一方で、多くは史料にその名が見えるものの原本が失われており、これらの作品が美術史学の研究対象として取り上げられる機会は少ない。
本書は、原本が失われた絵巻作品を積極的に取り上げ、模本によってその絵画表現を分析することなどを通じて、これらの作品を含めた院政期絵巻の再評価を試みたものである。

▶A5判上製・358頁／定価 8,250円（税込）　ISBN978-4-7842-2068-7

中世史料との邂逅——室町・戦国・織豊期の文書と記録

村井祐樹　著

寺社・個人・公的機関等、延べ1300件以上の史料所蔵者を訪ね歩いた著者が、様々な機会に、合縁奇縁に出逢った様々な史料たち。その中から特に印象深かったものを選び、読解・分析し、未知の事実を浮かび上がらせ、そして何よりも史料自体の面白さを伝えるためにまとめた一書。インターネットオークションで幸運にも落札した秀吉宛書状や、「ついで」の筈の調査で掘り当てた大量の秀吉朱印状、はたまた足かけ十年におよぶ執念で辿り着いた湯原氏関係文書など……、多岐にわたる史料を検討し、新知見を提供する。
書籍内附録および附編として、明智光秀の初出記事が話題となった『針薬方』の表裏すべての写真・釈文を掲載したほか、佐々木六角氏関係史料を収録。

▶A5判上製・580頁／定価 11,000円（税込）

ISBN978-4-7842-2083-0

戦国期守護権力の研究

川岡勉　著

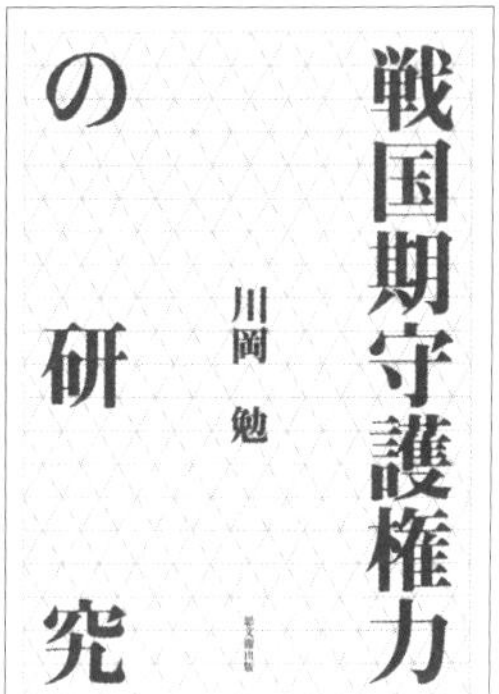

中世の終わりに登場した戦国大名が自らの力で領国をつくり上げ、幕府や守護といった古い権威から自立して新しい地域支配を行う。このような教科書的な戦国時代像は、じつは「戦国大名」とは何かという判別基準からして曖昧なままに積み上げられてきたもので、近年の研究の深化により多方面から問い直されつつある。
本書は、戦国大名という概念を疑うことなく構築されてきた従来の研究に対し、戦国期の守護を軸にすえて多様な権力秩序の展開の様相をさぐったものであり、戦国期守護論を提示して当該期の権力論の再構築を目指す。

▶A5判上製・430頁／定価 9,900円（税込）

ISBN978-4-7842-2056-4

摂関・院政期研究を読みなおす

有富純也・佐藤雄基　編

摂関・院政期研究の現在を知るには何を読んだらよいのだろう？

摂関・院政期は、戦後歴史学において古代から中世への移行期として注目され、双方の研究者が各自の立場から研究を蓄積してきた。しかし、近年は両者の対話が十分にできておらず、議論が深まっていないのではないか。それゆえ、何が最新の研究成果で、どこに議論の余地があるのか、外からは見えにくくなっている。

こうした問題意識のもと、古代・中世を専門とする中堅・若手の研究者が、それぞれの専門から研究史を振り返り、混沌とした研究状況を整理して、研究の最前線と展望を示す。

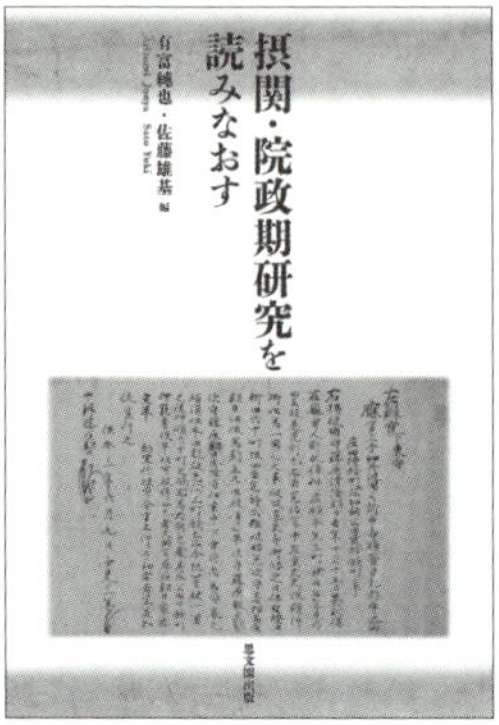

▶A5判上製・400頁／定価 5,060円（税込）　ISBN978-4-7842-2066-3

貴族とは何か、武士とは何か

倉本一宏　編

約四百年にもわたり、貴族が栄華を誇った平安時代。平和な世から武士が発生し、政権を樹立するまでに至ったのはなぜか？　貴族たちはなぜ武家政権の成立を許したのか？　そして武家政権下で公家が存続できたのはなぜか？

「貴族と武士」という日本史の最重要テーマを、古代・中世・近世・近代・東洋史の研究者約40名が集い議論する。

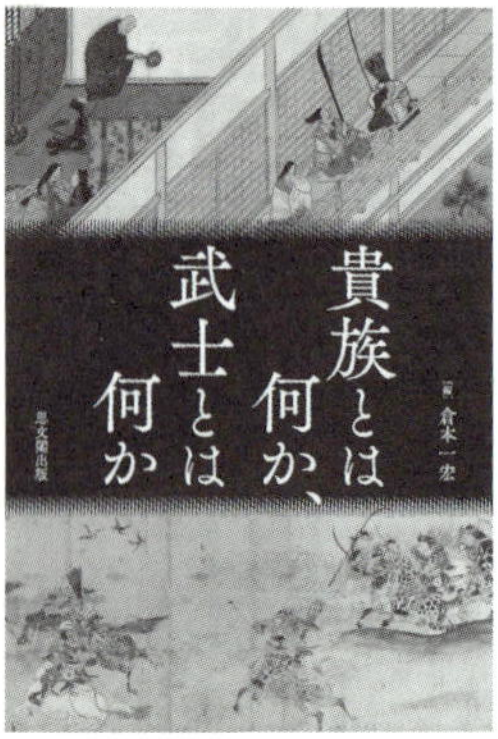

▶A5判上製・696頁／定価 11,000円（税込）　ISBN978-4-7842-2077-9